Der „besondere Schutz" der Ehe gem. Art. 6 Abs. 1 GG in der Rechtsprechung des Bundesverfassungsgerichts

Europäische Hochschulschriften

European University Studies

Publications Universitaires Européennes

Reihe II **Rechtswissenschaft**

Series II Law

Série II Droit

Band/Volume **5943**

Leonie Viktoria Böcking

Der „besondere Schutz" der Ehe gem. Art. 6 Abs. 1 GG in der Rechtsprechung des Bundesverfassungsgerichts

Eine Untersuchung unter besonderer Berücksichtigung der Entscheidungen zur Gleichstellung der eingetragenen Lebenspartnerschaft mit der Ehe

PL ACADEMIC RESEARCH

Bibliografische Information der Deutschen Nationalbibliothek
Die Deutsche Nationalbibliothek verzeichnet diese Publikation in der Deutschen Nationalbibliografie; detaillierte bibliografische Daten sind im Internet über http://dnb.d-nb.de abrufbar.

Zugl.: Gießen, Univ., FB Rechtswissenschaft, Diss., 2017

D 26
ISSN 0531-7312
ISBN 978-3-631-72819-2 (Print)
E-ISBN 978-3-631-72816-1 (E-PDF)
E-ISBN 978-3-631-72817-8 (EPUB)
E-ISBN 978-3-631-72818-5 (MOBI)
DOI 10.3726/b11533

PL Academic Research ist ein Imprint der Peter Lang GmbH.
Peter Lang – Frankfurt am Main · Bern · Bruxelles · New York · Oxford · Warszawa · Wien

Diese Publikation wurde begutachtet.

www.peterlang.com

Meinen Eltern

Inhaltsverzeichnis

Vorwort

Die vorliegende Arbeit wurde im Wintersemester 2016/2017 vom Fachbereich Rechtswissenschaft der Justus-Liebig-Universität Gießen als Dissertation angenommen. Rechtsprechung und Literatur wurden bis August 2016 berücksichtigt.

Mein herzlicher Dank gilt zuvörderst meinem verehrten Doktorvater, Herrn Professor Dr. *Martin Lipp*, der mich während meines gesamten Promotionsprojektes fortwährend unterstützt und ermutigt hat. Seine stetige Gesprächsbereitschaft und sein in mich investiertes Vertrauen haben den Fortgang der Arbeit wesentlich beeinflusst. Herrn Professor Dr. *Christoph Benicke* danke ich für die überaus zügige Erstellung des Zweitgutachtens.

Frau Dr. *Anja Schneider* und Frau *Julia-Anne Schick* schulde ich Dank für die Mühen des Korrekturlesens.

Ein besonderer Dank gilt meinem Partner Herrn *Dr. Daniel Schlitzer*, der mein Vorhaben durch alle Höhen und Tiefen begleitet hat und mir stets mit Rat und Tat zur Seite stand. Gewidmet ist die Arbeit meinen Eltern *Michaela Kunze-Böcking* und *Norbert Böcking*, die mich während meiner gesamten Ausbildung materiell und immateriell in jeder erdenklichen Weise gefördert haben.

Linden, im April 2017 *Leonie Viktoria Böcking*

1. Teil: Einleitung

A. Problemstellung und Erkenntnisinteresse

Im Grundgesetz der Bundesrepublik Deutschland stehen Ehe und Familie in Art. 6 Abs. 1 GG unter dem „besonderen Schutze der staatlichen Ordnung“. Deutschland ist damit eines der wenigen Länder, welches Ehe und Familie einen verfassungsrechtlichen Schutz gewährt.[1] Der Wortlaut des Art. 6 Abs. 1 GG gilt seit Inkrafttreten des Grundgesetzes im Jahr 1949 unverändert fort. Allerdings hat sich die gesellschaftliche Realität seit dem Zeitpunkt der Verfassungsgebung geändert: Die Zahl der Eheschließungen geht kontinuierlich zurück und die Zahl der Ehescheidungen hat sich verdreifacht.[2] Das traditionelle Ehe- und Familienmodell, in dem verschiedengeschlechtliche, verheiratete Eltern mit ihren Kindern zusammenleben, ist nur noch eine Möglichkeit von vielen. Neben zahlreichen kinderlosen Ehen und nichtehelichen Lebensgemeinschaften ist auch die sog. eingetragene Lebenspartnerschaft zwischen gleichgeschlechtlichen Paaren, im täglichen Sprachgebrauch salopp als „Homo-Ehe“[3] bezeichnet, an der Tagesordnung.

Das familienrechtliche Institut der eingetragenen Lebenspartnerschaft wurde im Jahr 2001 durch das „Gesetz zur Beendigung der Diskriminierung gleichgeschlechtlicher Gemeinschaften: Lebenspartnerschaften (LPartDisBG)“[4] eingeführt. Die eingetragene Lebenspartnerschaft erlaubt es gleichgeschlechtlichen Paaren, ihrer Partnerschaft einen rechtsverbindlichen Rahmen zu geben. Ziel des LPartDisBG ist der Abbau von Diskriminierungen gegenüber gleichgeschlechtlichen Partnerschaften.[5] Das Gesetz regelt unter anderem die Begründung und Beendigung einer eingetragenen Lebenspartnerschaft sowie die gegenseitigen Verpflichtungen der Lebenspartner. Dabei orientiert sich die einfachgesetzliche Ausgestaltung der eingetragenen Lebenspartnerschaft an den für Ehepartner geltenden Vorschriften, sodass Ehe und Lebenspartnerschaft auf einfachgesetzlicher Ebene weitgehend inhaltsgleich ausgestaltet sind. Gegen das LPartDisBG strengten die Sächsische Staatsregierung, die Landesregierung von Thüringen und die Bayerische

---

1 Eine Übersicht der EU-Mitgliedstaaten, die Ehe und Familie in ihre Verfassungen aufgenommen haben, findet sich bei *Seiler,* in: Kahl/Waldhoff/Walter, BK-GG, Bd. 2, Art. 6 Abs. 1 (Stand: Juli 2014) Rn. 27 ff.

2 Vgl. zur Statistik der Eheschließungen sowie zur Statistik der Ehescheidungen, Statistisches Bundesamt, Statistisches Jahrbuch 2015, S. 52, 55.

3 Vgl. etwa *Trimbach/Webert,* NJ 1998, 63 (63 ff.); *Selder,* DStR 2013, 1064 (1064 ff.).

4 Vgl. BGBl. 2001 I, S. 266 ff.

5 Vgl. den von den Fraktionen der SPD und Bündnis 90/Die Grünen in den Bundestag eingebrachten „Entwurf eines Gesetzes zur Beendigung der Diskriminierung gleichgeschlechtlicher Gemeinschaften: Lebenspartnerschaften (Lebenspartnerschaftsgesetz-LPartG)“, auf dem das LPartDisBG beruht, BT-Drucks. 14/3751 v. 04.07.2000, S. 1.

Staatsregierung eine abstrakte Normenkontrolle vor dem Bundesverfassungsgericht an.[6] Sie rügten insbesondere die materielle Unvereinbarkeit des Gesetzes mit Art. 6 Abs. 1 GG, denn diese Norm verbiete die Einführung eines nahezu ehegleich ausgestalteten Rechtsinstituts.[7] Das Bundesverfassungsgericht erklärte die Einführung der eingetragenen Lebenspartnerschaft hingegen in seiner Lebenspartnerschaftsentscheidung für verfassungsgemäß und ermächtigte den Gesetzgeber, für die Ausgestaltung der eingetragenen Lebenspartnerschaft Regelungen zu erlassen, „die denen der Ehe gleich oder nahe kommen."[8] In den darauffolgenden Jahren erfolgten aufgrund dessen weitere einfachgesetzliche Angleichungen der eingetragenen Lebenspartnerschaft an die Ehe, hauptsächlich durch das am 1. Januar 2005 in Kraft getretene „Gesetz zur Überarbeitung des Lebenspartnerschaftsrechts"[9], sodass sich die eingetragene Lebenspartnerschaft immer mehr von einem „eheähnlichen zu einem ehegleichen Rechtsinstitut"[10] wandelte. Auch die jüngste Rechtsprechung des Bundesverfassungsgerichts ab dem Jahr 2009 knüpft an diese Entwicklung an.[11] Allerdings ist in den aktuellen Urteilen des Gerichts ein Perspektivwechsel zu erkennen: Ging es in der Lebenspartnerschaftsentscheidung noch um die Verfassungsmäßigkeit der eingetragenen Lebenspartnerschaft, beschäftigen sich die aktuellen Entscheidungen nun bereits damit, inwieweit eingetragenen Lebenspartnern ein Anspruch auf Gleichbehandlung mit Ehegatten zusteht. Das Bundesverfassungsgericht stellt in diesem Zusammenhang fest, dass die Ungleichbehandlung von Ehe und eingetragener Lebenspartnerschaft an Art. 3 Abs. 1 GG zu messen sei. Allerdings könne der in Art. 6 Abs. 1 GG statuierte „besondere Schutz" der Ehe dann nicht als sachlicher Rechtfertigungsgrund für eine Ungleichbehandlung herangezogen werden, wenn die eingetragene Lebenspartnerschaft „nach dem geregelten Lebenssachverhalt und den mit der Normierung verfolgten Zielen" mit der Ehe vergleichbar sei, denn in dieser Konstellation rechtfertige der bloße Verweis auf das

6 Vgl. BVerfGE 105, 313 (318 ff.).
7 Vgl. BVerfGE 105, 313 (321 f.).
8 BVerfGE 105, 313, LS 3.
9 Vgl. BGBl. 2004 I, S. 3396 ff.
10 *Kemper*, FF 2005, 88 (88 ff.); ebenso *Gade/Thiele*, DÖV 2013, 142 (146 f.).
11 Vgl. die aktuellen Entscheidungen des Gerichts zur Gleichstellung der eingetragenen Lebenspartnerschaft mit der Ehe im Bereich der betrieblichen Hinterbliebenenversorgung für Arbeitnehmer des öffentlichen Dienstes (BVerfGE 124, 199 ff.), sowie zur Gleichstellung im Erbschaftsteuer- und Schenkungsteuergesetz (BVerfGE 126, 400 ff.), zur Gewährung des Familienzuschlags der Stufe 1 im Beamtenrecht auch für eingetragene Lebenspartner (BVerfGE 131, 239 ff.), zur Befreiung eingetragener Lebenspartner von der Grunderwerbsteuer (BVerfGE 132, 179 ff.), zur Zulassung der Sukzessivadoption durch eingetragene Lebenspartner (BVerfGE 133, 59 ff.) und zur Verfassungswidrigkeit des Ausschlusses eingetragener Lebenspartner vom Ehegattensplitting (BVerfGE 133, 377 ff.).

Schutzgebot der Ehe eine solche Differenzierung nicht.[12] Die Rechtfertigung einer Ungleichbehandlung von Ehe und Lebenspartnerschaft bedürfe in diesen Fällen vielmehr eines „hinreichend gewichtigen Sachgrundes, der gemessen am jeweiligen Regelungsgegenstand und -ziel die Benachteiligung“ rechtfertige.[13]

Diese Entwicklungen in der jüngsten Rechtsprechung des Gerichts werfen die Frage auf, inwieweit die Ehe als einzige verfassungsrechtlich geschützte Form der Paarbeziehung noch unter dem durch Art. 6 Abs. 1 GG garantierten „besonderen“ Schutz der staatlichen Ordnung steht. Kritiker werfen dem Bundesverfassungsgericht eine ungeschriebene Erweiterung des Art. 6 Abs. 1 GG um die eingetragene Lebenspartnerschaft und damit einen Verstoß gegen die in der Verfassung garantierte exklusive Stellung der Ehe und ein Obsoletwerden des „besonderen Schutzes“ als solchem vor.[14] Dies gilt unter anderem auch vor dem Hintergrund, dass eine geplante Verfassungsänderung mit dem Ziel, auch andere auf Dauer angelegte Lebensformen unter den Schutz des Art. 6 Abs. 1 GG zu stellen, mehrfach gescheitert ist.[15] Begrifflich fällt die eingetragene Lebenspartnerschaft zwar auch nach aktueller Rechtsprechung des Bundesverfassungsgerichts nicht unter den besonderen Schutz des Art. 6 Abs. 1 GG, denn dieser schützt – und diesbezüglich besteht allgemein Einigkeit – ausschließlich die verschiedengeschlechtliche Paarbeziehung.[16] Einfachrechtlich ist die eingetragene Lebenspartnerschaft allerdings mit nahezu ehegleichen Rechten ausgestattet. Und dort, wo der einfache Gesetzgeber auf eine allgemeine Gleichstellung verzichtet hat, verhilft das Bundesverfassungsgericht der eingetragenen Lebenspartnerschaft in jüngster Rechtsprechung über den Rückgriff auf Art. 3 Abs. 1 GG zur Gleichstellung. Und dies, obwohl die Verfassung ausschließlich die Ehe und nicht auch die eingetragene Lebenspartnerschaft unter ihren „besonderen Schutz“ stellt. Diese jüngsten Entscheidungen des Bundesverfassungsgerichts geben Anlass,

12 BVerfGE 124, 199 (226); 126, 400 (420); 131, 239 (260); 132, 179 (191 f.); 133, 59 (96); 133, 377 (411).

13 BVerfGE 124, 199 (226); 131, 239 (260); 133, 59 (96).

14 Vgl. insbesondere die krit. Beiträge von *Uhle,* in: Epping/Hillgruber, OK-GG, Art. 6 (Stand: 01.09.2015) Rn. 36 ff.; *Hofmann,* in: Schmidt-Bleibtreu/Hofmann/Henneke, GG, Art. 6 Rn. 19 ff.; *von Coelln,* in: Sachs, GG, Art. 6 Rn. 48 ff.; *Badura,* in: Maunz/Dürig, GG, Bd. II, Art. 6 (Stand: April 2012/Mai 2013) Rn. 32a, 58 ff.; *Stern,* Staatsrecht, Bd. IV/1, S. 489 f.; *Seiler,* in: Uhle, Zur Disposition gestellt?, S. 37 (55 ff.); *Gärditz,* in: Uhle, Zur Disposition gestellt?, S. 85 (98 ff.); *Krings,* in: Höfling, FS für Friauf, S. 269 (270 ff.); *Hopfner,* BetrAV 2009, 772 (772 f.); *Hillgruber,* JZ 2010, 41 (41 ff.); *ders.,* JZ 2011, 861 (865 f.); *Rieble,* NJW 2011, 819 (821); *Gärditz,* JZ 2011, 930 (933 f.); *Benedict,* JZ 2013, 477 (484 ff.); *Gade/Thiele,* DÖV 2013, 142 (147 ff.).

15 Vgl. BT-Drucks. 12/6000 v. 05.11.1993, S. 55.

16 Vgl. BVerfGE 105, 313 (345 f.); ebenso *Jarass,* in: ders./Pieroth, GG, Art. 6 Rn. 4; *Badura,* in: Maunz/Dürig, GG, Bd. II, Art. 6 (Stand: April 2012) Rn. 58; *Leibholz/Rinck,* GG, Bd. I, Art. 6 (Stand: Mai 2014) Rn. 46; *Richter,* in: Denninger u.a., AK-GG, Art. 6 (Stand: 2001) Rn. 15; *Robbers,* in: v. Mangoldt/Klein/Starck, GG, Bd. 1, Art. 6 Rn. 45; *Stern,* Staatsrecht, Bd. IV/1, S. 373 f.; *Steiner,* in: Merten/Papier, HGR IV, § 108 Rn. 9; *Ipsen,* in: Isensee/P. Kirchhof, HStR VII, § 154 Rn. 9; *Burgi,* Der Staat 39 (2000), 487 (491).

die Bedeutung des grundgesetzlichen Eheschutzes in der verfassungsgerichtlichen Rechtsprechung zu untersuchen. Hierbei geht es insbesondere um die Frage, ob die Ehe auch in der aktuellen Judikatur noch den ihr verfassungsrechtlich durch Art. 6 Abs. 1 GG zugesicherten „besonderen Schutz" genießt oder ob dieser Schutz zunächst durch die Erklärung der Verfassungsmäßigkeit der eingetragenen Lebenspartnerschaft und sodann über die durch Art. 3 Abs. 1 GG erreichte Gleichbehandlung von eingetragener Lebenspartnerschaft und Ehe an Bedeutung verloren hat oder sogar überhaupt nicht mehr existiert. Zwar darf grundsätzlich niemand aufgrund seiner sexuellen Orientierung zum gleichen Geschlecht benachteiligt werden. Deutschland unterscheidet sich aber von anderen Ländern, welche die gleichgeschlechtliche Ehe zulassen oder gleichgeschlechtlichen Partnern ein eheähnliches Institut zur Verfügung stellen, durch den im Grundgesetz explizit verankerten „besonderen Schutz" der Ehe.[17]

B. Gang der Untersuchung

Ziel der vorliegenden Arbeit ist die Untersuchung des in Art. 6 Abs. 1 GG statuierten „besonderen" Eheschutzes in der Rechtsprechung des Bundesverfassungsgerichts. In diesem Zusammenhang geht es insbesondere um die Frage, ob die Ehe auch in der aktuellen Rechtsprechung des Gerichts zur Gleichstellung der eingetragenen Lebenspartnerschaft mit der Ehe noch unter dem durch Art. 6 Abs. 1 GG garantierten „besonderen Schutz" der staatlichen Ordnung steht. Um diese Frage umfassend beantworten zu können, muss zunächst untersucht werden, was die in Art. 6 Abs. 1 GG verwendete Formulierung des „besonderen Schutzes" überhaupt bedeutet, denn aufgrund des knappen Wortlauts der Norm ist ihre dogmatische Einordnung äußerst komplex. Im 2. Teil der Arbeit wird aufgrund dessen grundlegend das verfassungsgerichtliche Verständnis des besonderen Eheschutzes untersucht. Als Basis dieser Untersuchung dient eine Analyse der verfassungsgeschichtlichen Entwicklung und Bedeutung des „besonderen Schutzes" der Ehe in der Weimarer Reichsverfassung und im Grundgesetz, denn im Rahmen seiner Auslegung des „besonderen Schutzes" bezieht sich das Bundesverfassungsgericht unter anderem auf die historischen Wurzeln des Art. 6 Abs. 1 GG und des ebenfalls einen „besonderen Schutz" gewährenden Art. 119 Abs. 1 S. 1 WRV. Im Anschluss hieran wird das verfassungsgerichtliche Eheverständnis ermittelt, denn die genaue Bestimmung des Schutzgutes ist wesentlich für die umfassende Untersuchung des „besonderen Schutzes". Als Kernteil des ersten Abschnitts folgt schließlich die Untersuchung der Bedeutung des „besonderen Schutzes" der Ehe in der bisherigen Rechtsprechung des Bundesverfassungsgerichts.

---

17 Vgl. ebenso *Gade/Thiele,* DÖV 2013, 142 (151), die den besonderen Eheschutz als „nationale Besonderheit" bezeichnen; *Badura,* in: Maunz/Dürig, GG, Bd. II, Art. 6 (Stand: April 2012) Rn. 58.

Der 3. Teil der Arbeit befasst sich mit der Entwicklung des besonderen Eheschutzes in der jüngsten Rechtsprechung des Bundesverfassungsgerichts zur Gleichstellung der eingetragenen Lebenspartnerschaft mit der Ehe. Diese Rechtsprechung wird zunächst dargestellt und sodann unter anderem mit Blick auf eine mögliche Verletzung des Art. 6 Abs. 1 GG einer kritischen Analyse unterzogen. Die Untersuchung beginnt mit dem Lebenspartnerschaftsurteil des Bundesverfassungsgerichts vom 17. Juli 2002, in dem das Gericht die Einführung der eingetragenen Lebenspartnerschaft durch das LPartDisBG für verfassungsgemäß erklärt. Sie beschäftigt sich sodann mit den jüngsten Urteilen des Gerichts ab dem Jahr 2009, welche sich mit dem Anspruch eingetragener Lebenspartner auf Gleichstellung mit Ehegatten aus Art. 3 Abs. 1 GG auseinandersetzen. Am Ende des jeweiligen Abschnitts werden Schlussfolgerungen in Bezug auf die geltende Auslegung des Art. 6 Abs. 1 GG gezogen. Der dritte Teil schließt mit einer Gesamtbetrachtung der Entwicklung des besonderen Eheschutzes in der untersuchten Rechtsprechung.

Im letzten Teil der Arbeit werden die wesentlichen Untersuchungsergebnisse zusammengefasst. Die Arbeit endet mit einem Fazit sowie einem Ausblick.

2. Teil: Der „besondere Schutz“ der Ehe gem. Art. 6 Abs. 1 GG in der Rechtsprechung des Bundesverfassungsgerichts

Art. 6 Abs. 1 GG stellt schlicht die „Ehe“ unter den „besonderen Schutz“ der „staatlichen Ordnung“. Aus dieser knappen Formulierung lässt sich die rechtliche Bedeutung dieser Norm aber nicht erkennen, denn sowohl der Begriff der „Ehe“, als auch die Formulierung des „besonderen Schutzes durch die staatliche Ordnung“ bleiben unbestimmt. Die dogmatische Einordnung des Art. 6 Abs. 1 GG ist aufgrund dessen äußerst komplex.

Als oberstes Verfassungsgericht Deutschlands ist in besonderem Maße das Bundesverfassungsgericht zur Auslegung und – innerhalb der Grenzen der richterlichen Entscheidungsfreiheit – auch zur Fortbildung der Verfassung berufen.[18] Das Bundesverfassungsgericht interpretiert dabei die Verfassung gem. § 31 BVerfGG mit verbindlicher Wirkung sowohl für den Bürger als auch für sämtliche Staatsorgane.[19] Trotz dessen steht das Bundesverfassungsgericht nicht über der Verfassung, aus der es seine Existenz ableitet, sondern unter ihr.[20] Das heißt, das Gericht darf die Verfassung zwar auslegen, muss dabei aber im Wesentlichen deren Inhalt wiedergeben.[21] Aufgabe der Verfassungsinterpretation ist es also, „das verfassungsmäßig „richtige“ Ergebnis in einem rationalen und kontrollierbaren Verfahren zu finden, dieses Ergebnis rational und kontrollierbar zu begründen und auf diese Weise Rechtsgewissheit und Voraussehbarkeit zu schaffen.“[22] Das Bundesverfassungsgericht selbst geht insoweit davon aus, dass „für eine Interpretation des Gesetzes nur dann Raum [ist], wenn der Wortsinn zweifelhaft erscheint“.[23] Bei der Auslegung der Verfassung

---

18 *Larenz,* Methodenlehre, S. 347 f. Krit. hierzu bereits elf Jahre nach Gründung des Gerichts *Smend,* in: Häberle, Verfassungsgerichtsbarkeit, S. 329 (330): „Das Grundgesetz gilt nunmehr praktisch so, wie das Bundesverfassungsgericht es auslegt, und die Literatur kommentiert es in diesem Sinne.“. So auch *Lamprecht,* NJW 2009, 1454 (1454), der von einer „Symbiose zwischen Verfassung und ihrem allein befugten Interpreten“ spricht, sowie *Böckenförde,* Der Staat 29 (1990), 1 (2), „zum Verfassungsgericht als Nebengesetzgeber oder Superkontrolleur im Grundrechtsbereich“ mit weiterführendem Verweis auf *Vogel,* DÖV 1978, 665 (665 ff.) und *Gusy,* EuGRZ 1982, 93 (93 ff.) und *Schlink,* Der Staat 28 (1989), 161 (168), der auf das „sprichwörtlich gewordene Aperçu“ „Karlsruhe locuta, causa finita“ verweist.

19 Diese Bindung begründet und legitimiert sich durch die Bindung aller staatlichen Gewalt an die Verfassung, *Hesse,* Verfassungsrecht, Rn. 50 f.

20 *Larenz,* Methodenlehre, S. 347 f.; *Hesse,* Verfassungsrecht, Rn. 50 f.; vgl. hierzu auch *Sodan,* in: Depenheuer/Dogan/Can, Forum für Staatsrechtslehre I, S. 11 (12 ff.).

21 *Hesse,* Verfassungsrecht, Rn. 50 f.

22 *Hesse,* Verfassungsrecht, Rn. 50 f.

23 BVerfGE 1, 263 (264).

greift das Gericht hauptsächlich[24] auf die von *Friedrich Carl von Savigny* begründeten Auslegungsregeln zurück.[25] Dem Auslegungsziel dienen dabei nach dem Bundesverfassungsgericht „die Auslegung aus dem Wortlaut der Norm (grammatische Auslegung), aus ihrem Zusammenhang (systematische Auslegung), aus ihrem Zweck (teleologische Auslegung) und aus den Gesetzesmaterialien und der Entstehungsgeschichte (historische Auslegung)".[26] Hierbei stehen die verschiedenen Auslegungsmethoden „nebeneinander" und „im Verhältnis gegenseitiger Ergänzung".[27]

A. Die verfassungsgeschichtliche Entwicklung des „besonderen" Eheschutzes

Grundlage und Ausgangspunkt der Rechtsprechung des Bundesverfassungsgerichts zum verfassungsrechtlichen Eheschutz ist Art. 6 Abs. 1 GG. Diese Norm konkretisiert allerdings weder den verfassungsrechtlichen Ehebegriff oder die Formulierung des „besonderen Schutzes" noch erfolgt eine Begründung, weswegen der Verfassungsgeber gerade die Institution der Ehe für so schutzbedürftig und -würdig hält, um sie unter den „besonderen Schutz" der „staatlichen Ordnung" zu stellen.

Das Bundesverfassungsgericht füllt diese Lücke neben einer grammatikalischen Auslegung unter anderem durch eine historische Auslegung des Art. 6 Abs. 1 GG. Hierzu greift das Gericht auf die Entstehungsgeschichte dieser Norm sowie auf Entstehungsgeschichte und Bedeutung der ebenfalls den „besonderen Schutz" der Ehe statuierenden verfassungsgeschichtlichen Vorgängernorm dieses Artikels in der Weimarer Reichsverfassung zurück.[28] Die Entstehungsgeschichte dient dem Gericht dabei als Bestätigung seiner bereits anhand des Wortlauts getroffenen Interpretation.[29] Dabei stellt das Bundesverfassungsgericht darauf ab, dass der über die Institutsgarantie hinausreichende Sinngehalt des Art. 6 Abs. 1 GG durch die Entstehungsgeschichte der Norm bestätigt werde und „im wesentlichen den Inhalt der Absätze 1 und 2 des Art. 119 WRV" übernehme.[30]

---

24 Vgl. zu den in der Spruchpraxis ebenfalls angewandten Auslegungsmethoden *Böckenförde*, NJW 1976, 2089 (2090 ff.).

25 *Sodan*, in: Depenheuer/Dogan/Can, Forum für Staatsrechtslehre I, S. 11 (14).

26 BVerfGE 11, 126 (130).

27 BVerfGE 35, 263 (279).

28 BVerfGE 6, 55 (72 ff.).

29 Grundsätzlich ist der Umgang des BVerfG mit dem überwiegend vertretenen Vorrang der objektiven vor der subjektiven Auslegung nicht konsequent. Teilweise geht das Gericht davon aus, dass die Entstehungsgeschichte einer Norm lediglich ein bereits durch andere Auslegungsmethoden ermitteltes Ergebnis bestätigt, in anderen Entscheidungen stellt das Gericht die genetische Auslegung gleichwertig neben die anderen Auslegungsmethoden bzw. geht sogar von einem Vorrang der genetischen Interpretation aus (*Sodan*, in: Depenheuer/Dogan/Can, Forum für Staatsrechtslehre I, S. 11 (15 ff.) m.w.N.).

30 BVerfGE 6, 55 (72 f.).

Aufgrund dessen ist die Untersuchung der verfassungsgeschichtlichen Wurzeln des Art. 6 Abs. 1 GG auch für die vorliegende Arbeit unverzichtbar.

I. Der „besondere Schutz" der Ehe in der Weimarer Reichsverfassung

Der Schutz der Ehe hat in der deutschen Verfassungsgeschichte noch keine sehr lange Tradition.[31] Erwähnt wurde die Ehe in der Paulskirchenverfassung[32] von 1849 und der Preußischen Verfassung[33] von 1850, jedoch nicht gesondert geschützt.[34] Geregelt wurde lediglich die Einführung der obligatorischen Zivilehe.

Die im Grundrechtsteil der Weimarer Reichsverfassung von 1919 verankerte Norm des Art. 119 Abs. 1 stellte zum ersten Mal in der deutschen und auch europäischen Verfassungsgeschichte die Ehe unter den „besonderen Schutz der Verfassung":

> *„Die Ehe steht als Grundlage des Familienlebens und der Erhaltung und Vermehrung der Nation unter dem besonderen Schutz der Verfassung. Sie beruht auf der Gleichberechtigung der beiden Geschlechter."*

1. Die Entstehung des Art. 119 Abs. 1 S. 1 WRV im „Unterausschuß für die Grundrechte"

Beteiligt an der Erarbeitung des Art. 119 WRV waren neben der Weimarer Nationalversammlung der Verfassungsausschuss (8. Ausschuss) der Nationalversammlung und ein Unterausschuss des Verfassungsausschusses.[35]

---

31 Auch auf internationaler Ebene gab es wohl nur wenige Vorbilder für einen verfassungsrechtlichen Eheschutz, vgl. *Stern,* Staatsrecht, Bd. IV/1, S. 631 mit Verweis auf Art. 9 der Verfassung des Kantons St. Gallen vom 1. März 1831 sowie *Scheffler,* in: Bettermann/Nipperdey/Scheuner, Die Grundrechte IV/1, S. 245 (247), die auf die Verfassungen von Costa Rica (07. Dezember 1871) und von El Salvador (13. August 1886) verweist; vgl. auch *Seiler,* in: Kahl/Waldhoff/Walter, BK-GG, Bd. 2, Art. 6 Abs. 1 (Stand: Juli 2014) Rn. 33, der sogar eine Vorbildfunktion des Art. 119 WRV für die internationale Entwicklung vermutet.

32 § 150 Abs. 1 Paulskirchenverfassung: „Die bürgerliche Gültigkeit der Ehe ist nur von der Vollziehung des Civilaktes abhängig; die kirchliche Trauung kann nur nach der Vollziehung des Civilaktes stattfinden. Die Religionsverschiedenheit ist kein bürgerliches Ehehinderniß."

33 Art. 19 Preußische Verfassung: „Die Einführung der Civilehe erfolgt nach Maaßgabe eines besonderen Gesetzes, was auch die Führung der Civilstandsregister regelt."

34 *Gröschner,* in: Dreier, GG, 2. Aufl., Bd. I, Art. 6 Rn. 1; *Ipsen,* in: Isensee/P. Kirchhof, HStR VII, § 154 Rn. 1; *Pieroth,* in: Merten/Papier, HGR II, § 25 Rn. 53.

35 Die Beratungen der Nationalversammlung und des Verfassungsausschusses zu Art. 119 WRV wurden stenographisch festgehalten, über die Sitzungen des Unterausschusses liegen nur kurze Beschlussprotokolle vor. Abgedruckt sind die Kurzprotokolle des „Unterausschußes für die Grundrechte" bei *T. Wirth,* in: Jahrbuch der Hambach Gesellschaft, Bd. 2, S. 129 (170 ff.).

Der ursprünglich von dem Staatsrechtler *Hugo Preuß* stammende, vom Vorsitzenden des Rats der Volksbeauftragten *Friedrich Ebert* in Auftrag gegebene und der Nationalversammlung mehrfach redigiert[36] vorgelegte Verfassungsentwurf[37] für die Weimarer Reichsverfassung enthielt zunächst keine Erwähnung der Ehe.[38] Diese tauchte erst auf, nachdem der Entwurf von der Nationalversammlung an den Verfassungsausschuss und von diesem weiter an den sog. „Unterausschuß für die Grundrechte" überwiesen worden war.[39] Der Unterausschuss empfahl dem Verfassungsausschuss dann, einen den Eheschutz beinhaltenden Artikel aufzunehmen.[40] Der Verfassungsausschuss nahm diesen Vorschlag an und verabschiedete einen Art. 118 mit folgendem, später noch durch das Plenum der Nationalversammlung mehrmals abgeänderten,[41] Wortlaut:

---

36 Zu den verschiedenen Stadien der Entstehung dieses Entwurfs vgl. *Gusy,* Weimarer Reichsverfassung, S. 69 ff.; *Pauly,* Grundrechtslaboratorium Weimar, S. 9 ff. sowie *Köster,* Entstehungsgeschichte, S. 65 ff. Letztendlich vorgelegt wurde der Nationalversammlung der sog. „Entwurf IV", auch bezeichnet als „Regierungsentwurf II", *Pauly,* Grundrechtslaboratorium Weimar, S. 12.

37 Abgedruckt in: Verhandlungen der verfassungsgebenden deutschen Nationalversammlung, in: Stenographische Berichte über die Verhandlungen des Reichstags, online abrufbar unter www.reichstagsprotokolle.de, (im Folgenden zitiert als: „Verhandlungen"), Bd. 335 (Anlagen), Aktenstück Nr. 59, S. 48 ff.

38 Auch der die Grundrechtsdebatte im Verfassungsausschuss anstoßende Entwurf von *Friedrich Naumann* über die „Volksverständlichen Grundrechte" in: Verhandlungen, Bd. 336 (Anlagen), S. 171 ff. enthielt keine Erwähnung des besonderen Eheschutzes. Er entfachte aber die Diskussion über die fast ausschließlich den status negativus betreffenden Grundrechtsartikel des Entwurfs IV zur WRV, abgedruckt in: *Triepel,* Quellensammlung, S. 27 ff. Durch den Entwurf Naumanns angeregt, artikulierten auch die politischen Parteien ihre Ideen und Forderungen bezüglich der Erweiterung des Grundrechtskatalogs. Hieraus entstand der Zweite Hauptteil der WRV (*Gusy,* Weimarer Reichsverfassung, S. 75, 273).

39 *Schwab,* in: Habscheid, FS für Bosch, S. 893 (895). Offiziell war der „Unterausschuß für die Grundrechte" nie eingesetzt worden (*Richter,* Kirche und Schule in den Beratungen, S. 412), sondern beruhte auf einer „engeren Aussprache" zwischen dem Vorsitzenden des Verfassungsausschusses *Haußmann* und dem Abgeordneten *Beyerle* sowie den „führenden Persönlichkeiten" aller Parteien, *Beyerle,* Zehn Jahre Reichsverfassung, S. 21.

40 *Schwab,* in: Habscheid, FS für Bosch, S. 893 (895).

41 Verhandlungen, Bd. 328, S. 1621 f.: *„Die Ehe steht unter dem Schutz der Verfassung. Die Mutterschaft hat Anspruch auf den Schutz und die Fürsorge des Staates."* (Antrag Nr. 547, eingebracht von der DDP in der 2. Lesung des Verfassungsentwurfs in der Nationalversammlung) und Bd. 328, S. 2127 in der Endversion (Antrag 680 Ziff. 3 des Verfassungsausschusses bezüglich S. 1 und Antrag Nr. 711 der DDP bezüglich S. 2), welche nach einer erneuten Beratung des Verfassungsausschusses vorgeschlagen und von den Abgeordneten der Nationalversammlung angenommen wurde. Die zu Art. 118 gestellten Abänderungsanträge finden sich in: Verhandlungen, Bd. 328, S. 1599 f. Die Mutterschaft fand schließlich in Art. 119 Abs. 3 WRV ihren Platz.

„Die Ehe steht als Grundlage des deutschen Familienlebens und als Urquell der Erhaltung und Vermehrung der Nation unter dem besonderen Schutze der Verfassung."[42]

Auf welche Weise der verfassungsrechtliche Eheschutz Eingang in die Sitzungen des Unterausschusses fand und wie es letztendlich zur Formulierung des einschlägigen Artikels und dessen Vorlage an den Verfassungsausschuss kam, lässt sich aufgrund der lediglich vorhandenen Kurzprotokolle nicht mehr genau rekonstruieren. Die Basis und Arbeitsgrundlage für die Arbeit des Unterausschusses stellten jedenfalls die Entwurfsvorarbeiten des Zentrums-Abgeordneten und Unterausschussmitglieds *Konrad Beyerle* dar.[43] Die von *Beyerle* erstellten und mehrmals überarbeiteten „Vorschläge zu einer Stoffgliederung und Textgestaltung des Verfassungsabschnittes über die Grundrechte des Deutschen Volkes"[44] enthielten bereits die Textfassung eines Abschnitts mit der Überschrift „Grundrechte und Grundsätze über Religion, Religionsgesellschaften, Schule, Ehe".[45] Dieser Abschnitt untergliederte sich in drei Unterabschnitte: a) Religion und Religionsgemeinschaften b) Schule und c) Ehe. Die vom Verfassungsausschuss selbst bereits beratenen

42 Abgedruckt in: Verhandlungen, Bd. 336 (Anlagen), S. 11. Der vollständige „Entwurf einer Verfassung des Deutschen Reichs nach den Beschlüssen des 8. Ausschusses" ist abgedruckt in: Verhandlungen, Bd. 336 (Anlagen), S. 2 ff. Bestätigt wurde dieser Wortlaut bereits im Kurzprotokoll der 3. Sitzung des Unterausschusses für Grundrechte vom 05. Mai 1919, vgl. *T. Wirth,* in: Jahrbuch der Hambach Gesellschaft, Bd. 2, S. 129 (175 f.). Der Entwurf des Unterausschusses diente als Basis für die Arbeit des Verfassungsausschusses, *Köster,* Entstehungsgeschichte, S. 155. Die Arbeit des Unterausschusses basierte wiederum auf den oben erwähnten Entwurfsvorarbeiten *Beyerles, Köster,* Entstehungsgeschichte, S. 173. Unterstützt bei der Erarbeitung eines Grundrechtsentwurfs wurde *Beyerle* von dem Abgeordneten der DNVP *Adelbert Düringer, T. Wirth,* in: Jahrbuch der Hambach Gesellschaft, Bd. 2, S. 129 (137).

43 *Hense,* Konrad Beyerle, S. 148; *Köster,* Entstehungsgeschichte, S. 178; *Voigt,* Geschichte der Grundrechte, S. 131.

44 In: Bundesarchiv, Nachlass *Konrad Beyerle,* Bd. 60 (N 2022/60), Bl. 631 ff. (bereits mit handschriftlicher Überarbeitung versehen).

45 Siehe zu den Entwurfsvorarbeiten *Beyerles* auch: *Pauly,* Grundrechtslaboratorium Weimar, S. 37 f. Vgl. zum besonderen Eheschutz auch *Hense,* Konrad Beyerle, S. 146 ff., der den Ablauf und die verschiedenen, teilweise schwer zu rekonstruierenden Arbeitsschritte *Beyerles* bei der Erstellung des Grundrechtsteils darstellt, u.a. die Aufnahme und Umgestaltung des Artikels über den Eheschutz, S. 148 f., Fn. 785. Zum Inhalt der verschiedenen Entwürfe vgl. *Köster,* Entstehungsgeschichte, S. 176 ff. Als Arbeitsgrundlage für seinen Entwurf dienten *Beyerle* neben dem Regierungsentwurf größtenteils Grundrechtsanträge, v.a. Antrag Nr. 82 (Naumann, Versuch volksverständlicher Grundrechte, in: Verhandlungen, Bd. 336, S. 171 ff.) sowie Antrag Nr. 89 (Quarck/Sinzheimer, in: Verhandlungen, Bd. 336, S. 173 f.), beide in der ersten Lesung der Grundrechte im Verfassungsausschuss gestellt (*Völtzer,* Der Sozialstaatsgedanke in der Weimarer Reichsverfassung, S. 161) und bereits existierende Verfassungsentwürfe und (Länder)verfassungen, *Köster,* Entstehungsgeschichte, S. 176, 196 f.

Kirchen- und Schulbestimmungen behielt *Beyerle* in seinem Entwurf bei.[46] Hinzu kam die einzige Norm des dritten Unterabschnitts, Art. 44, deren erster Absatz[47] den besonderen verfassungsrechtlichen Schutz der Ehe garantierte. In Absatz 2 der Vorschrift wurden die bürgerliche Ehe und das kirchliche Eherecht normiert. In einer überarbeiteten Version des Entwurfs[48] befindet sich der Artikel über den verfassungsrechtlichen Eheschutz (nun Art. 14[49]) dann bereits an der Spitze des Abschnitts „Grundlagen des Gemeinschaftslebens" und die Bestimmungen über die bürgerliche Ehe und das kirchliche Eherecht sind entfallen.[50] Der Ausschuss kam diesbezüglich wohl zu dem Ergebnis, dass Detailfragen die einfachrechtliche Ausgestaltung der Ehe betreffend besser dem bürgerlichen Recht und seiner Weiterentwicklung überlassen bleiben sollten.[51]

Diese bereits in den Vorarbeiten *Beyerles* enthaltene Fassung des Eheschutzartikels nahmen sowohl der Unterausschuss (aus redaktionellen Gründen in leicht veränderter Form[52]) als auch der Verfassungsausschuss an. Im Plenum der Nationalversammlung wurde die Formulierung des Artikels dann leicht abgeändert. Ob der komplette Artikel oder nur Teile auf einem Antrag *Beyerles* beruhen, lässt sich nicht mit Sicherheit sagen. Allerdings werden in einem früheren Entwurf *Beyerles*[53], welcher lediglich Artikelüberschriften sowie Quellenangaben zur Herkunft der einzelnen Artikel enthält, zur Herkunft des Eheschutzartikels keine Angabe gemacht. *Beyerle* selbst bezeichnet den kompletten zweiten Abschnitt als Neuschöpfung „nach

46 *Köster,* Entstehungsgeschichte, S. 177.

47 Art. 44 Abs. 1 lautete: „Verfassungsmäßige Garantie der Ehe: Die Ehe zwischen Mann und Frau steht als Grundlage des deutschen Familienlebens und als Urquell der Erhaltung und Vermehrung der Nation unter dem besonderen Schutze der Verfassung."

48 In: Bundesarchiv, Nachlass *Konrad Beyerle,* Bd. 60 (N 2022/60), Bl. 291.

49 Art. 14 lautete: „Verfassungsmäßige Gewähr der Ehe: Die Ehe zwischen Mann und Frau steht als Grundlage des deutschen Familienlebens und als Urquell der Erhaltung und Vermehrung der Nation unter dem besonderen Schutze der Verfassung." Die Passage „zwischen Mann und Frau" wurde (wahrscheinlich im Rahmen einer Überarbeitung) bereits in dieser Fassung handschriftlich gestrichen.

50 Diese Bestimmungen waren bereits im Entwurf vom 29. April 1919 (wahrscheinlich im Rahmen einer Überarbeitung) handschriftlich gestrichen worden. *Beyerle* erläutert in: Verhandlungen, Bd. 328, S. 1598, dass es sich bei dem der Nationalversammlung später vorgelegten Art. 118 um die „knappe Fassung" handele und die Norm ursprünglich noch „oberste Grundsätze des bürgerlichen Eherechtes" enthalte sollte, davon dann aber letztendlich abgesehen wurde.

51 So Abg. *Beyerle,* in: Verhandlungen, Bd. 328, S. 1598.

52 *Köster,* Entstehungsgeschichte, S. 208; *T. Wirth,* in: Jahrbuch der Hambach Gesellschaft, Bd. 2, S. 129 (152).

53 „Vorschläge zu einer Stoffgliederung des Verfassungsabschnitts über die Grundrechte des Deutschen Volkes", in: Bundesarchiv, Nachlass *Konrad Beyerle,* Bd. 60 (N 2022/60), Bl. 627 ff.

Form und Inhalt".[54] Sehr wahrscheinlich ist deshalb, dass der Ursprung der Norm in der konservativen Zentrums-Partei zu finden ist, der auch *Beyerle* angehörte.[55]

Die Intention, welche der Unterausschuss mit der Aufnahme einer solchen, noch nie zuvor dagewesenen verfassungsrechtlichen Gewährleistung der Ehe verfolgte, kann nicht mehr zweifelsfrei nachgewiesen werden. Allerdings lässt allein die Tatsache, dass die verfassungsrechtliche Verankerung des Eheschutzes überhaupt in Erwägung gezogen wurde, bereits darauf schließen, dass dieses Thema nicht unumstritten war.[56] Denkbar als Begründung einer solch umfassenden Schutzbereichsgewährleistung sind verschiedene Aspekte: Zum einen der Wille, das Rechtsinstitut Ehe in seiner damaligen Form zu wahren und zu schützen, andererseits aber auch der Wunsch nach Weiterentwicklung bzw. Wandel des Instituts – oder auch eine Mischung aus beidem.[57] Die Mehrheit der mit dem verfassungsrechtlichen Eheschutz in der Reichsverfassung befassten Kommentierungen geht allerdings von einer konservativen Herkunft der Norm aus.[58] Nach Aussage des Zentrums-Abgeordneten und Mitglied des Unterausschusses *Mausbach* war es die Intention des Unterausschusses, in die Grundrechte „Grundlagen des Rechtslebens und auch der Ethik" aufzunehmen.[59] Hierzu zählten die Mitglieder des Unterausschusses wohl auch den Schutz der Ehe.

2. Die Stellungnahmen der mit Art. 119 WRV befassten Abgeordneten

Der Großteil der im Verfassungsausschuss und Plenum der Nationalversammlung mit der Ausarbeitung des späteren Art. 119 Abs. 1 S. 1 WRV befassten Abgeordneten betrachtete die Ehe als schützenswertes Gemeinschaftsgut. Probleme bereiteten den Abgeordneten aber die juristische Umsetzung und die rechtliche Wirkung eines Eheschutzartikels in der Verfassung.

a. Anerkennung der Ehe als schützenswertes Gemeinschaftsgut

Engagierteste Fürsprecher für den verfassungsrechtlichen Eheschutz waren die Abgeordneten der konservativen Zentrumspartei, unter ihnen der für den Eheschutzparagraphen maßgeblich verantwortliche Abgeordnete des Zentrums

---

54 Verhandlungen, Bd. 328, S. 1597.

55 Dies vermuten auch *Köster,* Entstehungsgeschichte, S. 185 und *Stern,* Staatsrecht, Bd. IV/1, S. 360. In diesem Sinne äußert sich auch das Zentrums- und Unterausschussmitglied *Mausbach,* Kulturfragen, S. 39 f. Auch *Schwab* geht von einem konservativen Ursprung der Norm aus, in: Habscheid, FS für Bosch, S. 893 (894 f.). Im „Unterausschuß für die Grundrechte" gehörten vier der insgesamt 14 Mitglieder dem Zentrum an, *T. Wirth,* in: Jahrbuch der Hambach Gesellschaft, Bd. 2, S. 129 (138).

56 *Schwab,* in: Habscheid, FS für Bosch, S. 893 (893). So auch *v. Campenhausen,* VVDStRL 45 (1987), S. 8 (11).

57 *Schwab,* in: Habscheid, FS für Bosch, S. 893, (893, 898).

58 So auch *Schwab,* in: Habscheid, FS für Bosch, S. 893 (894) mit weiteren (zeitgenössischen) Wertungen.

59 Abg. *Mausbach,* in: Verhandlungen, Bd. 336 (Anlagen), S. 379.

Beyerle. Dieser sah in dem verfassungsrechtlichen Schutz der Ehe die Garantie der Grundlage des sozialen Lebens und des Familienrechts.[60] Er begründete die Aufnahme des „Versuchs einer verfassungsmäßigen Gewährleistung der Ehe“ mit dem „volkserzieherischen Wert der Grundrechte“.[61] Zudem solle eine Verfassung, welche Vermögensrechte sichere, auch soziale Rechte beinhalten.[62] Dass dem Abgeordneten durchaus bewusst war, dass mit der Aufnahme einer verfassungsmäßigen Gewährleistung des Eheschutzes völliges Neuland betreten wird, ist an der Formulierung des „Versuchs“ zu erkennen. Ausschließlich geschützt werden durch Art. 119 Abs. 1 S. 1 WRV sollte nur die bürgerliche Ehe zwischen Mann und Frau als „Normalform des menschlichen Geschlechts- und Gemeinschaftslebens“,[63] nicht andere ehelose Formen des Zusammenlebens.[64] Andere Zentrums-Abgeordnete sprachen sich ebenfalls für den verfassungsrechtlichen Eheschutz aus. Sie sahen die Ehe als „Säule, auf der die menschliche Gesellschaft ruht, auf der jedes Staatswesen ruht“[65] und bezeichneten den verfassungsrechtlichen Eheschutz als Festigung der Ehe“ gegenüber dem „illegitimen Verhältnis“[66] und als „natürlichen und festen Schutz für die Frau, für Mutter und Kind“[67]. Aufgrund dessen müsse die Ehe vor allen Gefahren, sowie vor Untergrabung und Aushöhlung geschützt werden.[68] Zwar umfasse der Eheschutz nicht den Schutz der Mutterschaft, denn Ehe sei nicht immer mit Mutterschaft gleichzusetzen[69], doch sei durch den ausdrücklichen Schutz der Ehe nicht im Umkehrschluss die Benachteiligung der unehelichen Mutter und des unehelichen Kindes intendiert.[70] Die außereheliche Geschlechtsverbindung sowie die Gleichstellung der ehelichen mit den nichtehelichen Kindern wurden hingegen abgelehnt, „man versündigt sich gegen die Ehe, wenn man derartige weitschweifende Forderungen stellt“[71].

Auch die Ansichten der restlichen Abgeordneten gingen bezüglich der Einführung eines verfassungsrechtlichen Eheschutzes weitgehend konform. Fast alle Abgeordneten hielten die Ehe für wichtig und schützenswert. Der Sozialdemokrat *Katzenstein* betonte die Einigkeit des Plenums über die Eigenschaft der Ehe als „gesündeste Form des Familienlebens“ und „gesündester Daseinsbedingung für die Kinder“.[72] Die Abgeordnete der SPD *Röhl* sah in der kinderlosen Ehe zwar keine Familie, wie sie durch „eine uneheliche Mutter und ihr Kind“ oder Mann und Frau

60 Verhandlungen, Bd. 328, S. 1598; so auch Abg. *Burlage*, in: Verhandlungen, Bd. 328, S. 1609.
61 Abg. *Beyerle*, in: Verhandlungen, Bd. 336 (Anlagen), S. 377.
62 Abg. *Beyerle*, in: Verhandlungen, Bd. 328, S. 1597.
63 Abg. *Beyerle*, in: Verhandlungen, Bd. 328, S. 1598.
64 So auch Abg. des Zentrums *Neuhaus*, in: Verhandlungen, Bd. 328, S. 1601.
65 Abg. des Zentrums *Burlage*, in: Verhandlungen, Bd. 328, S. 1609.
66 Abg. *Neuhaus*, in: Verhandlungen, Bd. 328, S. 1601 f.
67 Abg. *Neuhaus*, in: Verhandlungen, Bd. 328, S. 1602.
68 Abg. *Burlage*, in: Verhandlungen, Bd. 328, S. 1609.
69 Abg. *Röhl*, in: Verhandlungen, Bd. 328, S. 1600.
70 Abg. *Beyerle*, in: Verhandlungen, Bd. 328, S. 1598.
71 Abg. *Burlage*, in: Verhandlungen, Bd. 328, S. 1608 f.
72 Verhandlungen, Bd. 328, S. 1609.

und deren Kinder entstehe, sie merkte aber an, dass alle Ehen, auch die kinderlosen nicht nur geschützt, sondern auch gepflegt werden sollten.[73] Die Abgeordnete der USPD *Zietz* hielt die Ehe für eine „hochwichtige Institution".[74] Die DNVP-Abgeordnete *von Gierke* sah den Zweck des Art. 119 WRV darin, der Ehe und Familie „im Volksbewusstsein ihren besonderen geheiligten Platz" zu sichern und sogar in der Abwehr des Kommunismus.[75] Die DDP-Abgeordnete *Brönner* stellte klar, dass der gesetzlichen Einehe, egal ob kinderlos oder kinderreich „als der gesündesten Grundlage, auf der sich ein Staat aufbauen kann" der Schutz und die Fürsorge des Staates zustünden.[76] Lediglich der Sozialdemokrat *Sinzheimer* meinte, dass das Rechtsinstitut der Ehe keinen expliziten verfassungsrechtlichen Schutz benötige.[77]

Die Abgeordneten der SPD und der DDP verlangten neben dem Schutz der Ehe auch einen verfassungsrechtlichen Schutz der Mutterschaft und des nichtehelichen Kindes. Nach dem Abgeordneten der SPD *Quarck* sei der Schutz der Einehe zwar grundsätzlich etwas Erstrebenswertes, es sei allerdings trotzdem zu berücksichtigen, dass auch viele Kinder außerhalb von Ehen geboren würden.[78] Die Abgeordnete *Röhl* stellte den Antrag, den Wortlaut des Art. 119 Abs. 1 S. 1 WRV durch folgende Ergänzung abzuändern: *„Ehe und Mutterschaft stehen unter dem Schutz der Verfassung und haben Anspruch auf die Fürsorge des Staates."*[79] Es ist anzunehmen, dass durch die Gleichstellung von Ehe und Mutterschaft die Relativierung des verfassungsrechtlichen Eheschutzes erreicht werden sollte.[80] Dies ist insoweit denkbar, als der Begriff der „Mutterschaft" in den Verhandlungen sowohl für die Mutter der ehelichen, als auch der nichtehelichen Kinder verwendet wurde[81] und die Vertreter des Zentrums sich ausdrücklich gegen eine Gleichstellung der unehelichen Mutterschaft mit der Ehe ausgesprochen hatten, da sie darin eine Herabsetzung und Gefährdung der Institution Ehe sahen[82]. Des Weiteren war nur noch vom Schutz der Ehe die Rede und nicht mehr vom „besonderen" Schutz. In die gleiche Richtung zielte ein Antrag der Abgeordneten der DDP.[83] Trotz dieser Anträge konnte sich der Versuch, die Mutterschaft im ersten Absatz des Art. 119 WRV neben der Ehe unterzubringen, nicht durchsetzen.

---

73 Abg. *Röhl,* in: Verhandlungen, Bd. 328, S. 1600.
74 Verhandlungen, Bd. 328, S. 1608.
75 Verhandlungen, Bd. 328, S. 1605.
76 Verhandlungen, Bd. 328, S. 1604.
77 Verhandlungen, Bd. 336 (Anlagen), S. 505.
78 Verhandlungen, Bd. 336 (Anlagen), S. 505.
79 Verhandlungen, Bd. 328, S. 1600.
80 *Schwab,* in: Habscheid, FS für Bosch, S. 893 (904); *Schmid,* Familie in Art. 6 GG, S. 252.
81 So auch *Beyerle,* in: Reichsverfassung, S. 52, der feststellt, dass Art. 119 Abs. 3 „jede Art von Mutterschaft" schützt.
82 Vgl. Abg. *Neuhaus,* in: Verhandlungen, Bd. 328, S. 1602 und Abg. *Burlage,* in: Verhandlungen, Bd. 328, S. 1608 ff.
83 Verhandlungen, Bd. 328, S. 1600.

b. Zweifel bezüglich der rechtlichen Wirkung des Eheschutzartikels

Soweit die Abgeordneten Bedenken äußerten, betrafen diese nicht die Wichtigkeit und Schutzbedürftigkeit der Ehe an sich, sondern die rechtlich einwandfreie Ausgestaltung des Eheschutzartikels. Zweifel bestanden bezüglich der konkreten Rechtsfolgen des Art. 119 Abs. 1 WRV. Die genaue Deutung der Norm blieb letztendlich der Wissenschaft überlassen.

Die Abgeordnete *Brönner* kritisierte die juristische Formulierung *„Die Ehe steht unter dem Schutz der Verfassung"* als unklar.[84] Reichsinnenminister *Preuß* schloss aus diesem Wortlaut, dass es eine Bestimmung in der Verfassung geben müsse, welche „der Ehe den besonderen Schutz angedeihen läßt", eine solche ließe sich allerdings nicht finden.[85] Der Abgeordnete *Sinzheimer* beantragte sogar die Streichung des gesamten Absatzes, denn dieser enthalte ein Prinzip, welches selbst kein Rechtsgrundsatz sei, sondern aus dem erst Rechtssätze abgeleitet werden könnten.[86] Der Eheschutz sei ein gesetzgeberisches Motiv bzw. ein politischer Grundsatz, welcher als solcher nicht in die Verfassung aufzunehmen sei.[87] Der Abgeordnete wandte sich also nicht gegen die Ehe als solche, sondern wollte, der „modernen Gesetzgebungstechnik" entsprechend, nur allgemeine Grundsätze aufnehmen, „aber nur soweit, als sie auch realisierbar sind"[88]. Hiergegen wurde vorgebracht, man dürfe die Verfassung nicht wie ein gewöhnliches Gesetz behandeln, sondern in ihr müssten die großen reformatorischen Grundgedanken der Neuzeit festgelegt und allgemeine Richtlinien aufgestellt werden.[89] Aufgrund dessen wäre es bedenklich, „über das große Gebiet der Ehe einfach hinwegzugehen."[90] *Beyerle* erläuterte schließlich, dass alle Rechtsinstitutionen, die unter den „besonderen Schutz der Verfassung" gestellt seien, nur unter denselben, erschwerten Voraussetzungen wie die Verfassung selbst abgeändert werden könnten.[91] Hierbei sollte der verfassungsrechtliche Eheschutz sich aber lediglich auf die Institution Ehe erstrecken[92] und nicht noch zusätzlich den einfachgesetzlichen eherechtlichen Bestimmungen des BGB verfassungsrechtlichen Bestandsschutz gewähren[93]. Es bestehe allerdings die Schwierigkeit, beides zu

84 Verhandlungen, Bd. 328, S. 1604; so auch Abg. der DVP *Heinze,* in: Verhandlungen, Bd. 336 (Anlagen), S. 378.
85 Verhandlungen, Bd. 336 (Anlagen), S. 378.
86 Verhandlungen, Bd. 336 (Anlagen), S. 377 f.
87 Abg. *Sinzheimer,* in: Verhandlungen, Bd. 336, (Anlagen), S. 378.
88 Abg. *Sinzheimer,* in: Verhandlungen, Bd. 336 (Anlagen), S. 378.
89 Abg. *Ablaß,* in: Verhandlungen, Bd. 336 (Anlagen), S. 378.
90 Abg. *Ablaß,* in: Verhandlungen, Bd. 336 (Anlagen), S. 378.
91 Verhandlungen, Bd. 336 (Anlagen), S. 378.
92 Abg. *Katzenstein,* in: Verhandlungen, Bd. 336 (Anlagen), S. 378; so auch Abg. *Ablaß,* in: Verhandlungen, Bd. 336 (Anlagen), S. 379 und Abg. *J. Koch,* in: Verhandlungen, Bd. 336 (Anlagen), S. 505.
93 Dies befürchtete aber der Abg. *Sinzheimer,* in: Verhandlungen, Bd. 336 (Anlagen), S. 378.

unterscheiden.[94] Aufgrund dieser verschiedenen Interpretationsmöglichkeiten der rechtlichen Wirkung des verfassungsrechtlichen Eheschutzes bezeichnete *Sinzheimer* die Vorschrift des Art. 119 Abs. 1 S. 1 WRV als „mit die gefährlichste in der ganzen Reichsverfassung".[95]

c. Die hinter dem besonderen Eheschutz stehenden Motive

Aus den Stellungnahmen der Abgeordneten ergibt sich, dass primär konservative Motive hinter der Aufnahme des Art. 119 Abs. 1 S. 1 WRV in die Weimarer Reichsverfassung standen. Bereits im Entwurf des Unterausschusses wurde – die konservative Herkunft der Norm bestätigend – die Institution der bürgerlichen Ehe als bestehende, feste Einrichtung vorausgesetzt, die keiner weiteren Definition bedurfte.[96] Auch aus den Verhandlungen ergibt sich, dass die Abgeordneten die Ehe als feststehende Größe betrachteten, deren Bedürfnis nach Schutz deshalb auch nicht weiter hinterfragt wurde.[97] Betont wurde die Wichtigkeit der Ehe für das Gemeinschaftsleben. Die monogame bürgerliche Ehe wurde als erstrebenswerte Normalform des Zusammenlebens zweier Menschen und als Grundlage jeder Staatsordnung erklärt und anerkannt, sowie deren feste Verankerung in der menschlichen Geschichte betont. Die Verfassungsgeber statuierten in Art. 119 Abs. 1 S. 1 WRV das in ihren Augen zu erreichende Idealbild der Ehe, dessen Verwirklichung im Rahmen der zukünftigen familienrechtlichen Gesetzgebung durch die verfassungsrechtliche Verankerung ermöglicht und vorangetrieben werden sollte.[98] Durch die überaus positiven Hervorhebungen der Ehe in den Verhandlungen wird deutlich, wie sehr die Abgeordneten auf eine stabilisierende Funktion der Institution Ehe vertrauten.[99] Ein expliziter Grund für die Aufnahme des verfassungsrechtlichen Schutzes der Ehe wird indes nicht genannt.[100] Dass die Abgeordneten aber die Notwendigkeit sahen, die Ehe überhaupt unter verfassungsrechtlichen Schutz zu stellen, lässt auf eine durch sie empfundene konkrete Gefährdung der Ehe schließen.[101] Von wem diese Gefährdung ausging und ob es darum ging, die Ehe vor kompletter Zerstörung bzw. Aushöhlung oder lediglich vor einem gewissen Wandel zu schützen, wurde nicht erörtert. Vorstellbar ist einerseits der Schutz der Ehe vor von außerhalb des Rechtsinstituts kommenden Eingriffen des Staates, also sämtlichen staatlichen

---

94 Abg. *Katzenstein*, in: Verhandlungen, Bd. 336 (Anlagen), S. 378.

95 Verhandlungen, Bd. 336 (Anlagen), S. 505.

96 *Schwab*, in: Habscheid, FS für Bosch, S. 893 (895).

97 *Kingreen*, Die verfassungsrechtliche Stellung der nichtehelichen Lebensgemeinschaft, S. 44.

98 *Gusy*, Weimarer Reichsverfassung, S. 299 f.

99 *Schmid*, Familie in Art. 6 GG, S. 255.

100 Ebenso: *Schwab*, in: Habscheid, FS für Bosch, S. 893 (895); *Häberle*, Entstehungsgeschichte des GG, S. 92 ff.; *v. Campenhausen*, in: VVDStRL 45 (1987), S. 8 (13).

101 *Schwab*, in: Habscheid, FS für Bosch, S. 893 (893). So auch *v. Campenhausen*, VVDStRL 45 (1987), S. 8 (11). Vgl. hierzu auch bereits oben unter 2. Teil, A., I., 1.

Maßnahmen in die Ehe. Aus der Etablierung der Ehe als verfassungsmäßiger Einrichtung ergibt sich aber auch die Intention der Verfassungsgeber, den inneren Aufbau der Ehe zu schützen, also ihre wesensbildenden Charaktereigenschaften zu konservieren, um eine zu starke Veränderung des Instituts zu verhindern. Wodurch eine solche Veränderung der wesensbildenden Merkmale der Ehe hätte eintreten können, bleibt offen. In Frage kommt etwa die Befürchtung eines wesentlichen gesellschaftlichen Wandels oder sogar einer revolutionären Umgestaltung der Gesellschaftsordnung[102].[103]

Neben diesem konservativen Ansatz zeigt sich in den Verhandlungen auch ein gewisser, auf die Fortentwicklung des Familienrechts gerichteter, reformerischer Ansatz.[104] Zum einen wurde Art. 119 Abs. 1 WRV um einen Satz 2 ergänzt, welcher die Gleichberechtigung der Geschlechter in der Ehe vorschrieb. Durch diesen, für die damalige Zeit sehr fortschrittlichen Satz wurde der Grundstein für eine spätere Reform des Familienrechts in Hinblick auf die Gleichberechtigung der Frau gelegt.[105] Zum anderen wurden die familienrechtlichen Vorschriften der Weimarer Reichsverfassung um Regelungen betreffend des Schutzes des unehelichen Kindes und der Mutter erweitert.[106] Bei der Gestaltung der familienrechtlichen Vorschriften der Weimarer Reichsverfassung handelt es sich also um einen politischen Kompromiss, welcher zwischen den unterschiedlichen, in der Nationalversammlung vertretenen Strömungen geschlossen werden konnte.[107] Auf der einen Seite wurde die stark konservative, auf Bewahrung und Schutz des status quo gerichtete verfassungsrechtliche Gewährleistung von Ehe und Familie statuiert. Auf der anderen Seite wurde aber auch ein hauptsächlich an die Legislative gerichteter Umgestaltungsauftrag zur Verbesserung der Stellung des unehelichen Kindes und der Mutterschaft sowie der

---

102 Vgl. *Gusy,* Weimarer Reichsverfassung, S. 79, der als Intention der Verfassungsgeber u.a. herausstellt, durch die Schaffung der Weimarer Reichsverfassung die Novemberrevolution von 1918/1919 beenden zu wollen und so den status quo gegen eine weitergehende revolutionäre Umgestaltung zu schützen. Vgl. auch *Pauly,* Grundrechtslaboratorium Weimar, S. 21, der auf die damals herrschende Furcht vor einer Ausweitung von Chaos und Bürgerkrieg hinweist sowie *Köster,* Entstehungsgeschichte, S. 170, der die Absicht der konservativen Parteien Zentrum, DVP und DNVP aufzeigt, durch die Aufnahme von Grundrechten in die Verfassung eine drohende Veränderung der bürgerlichen Welt- und Gesellschaftsordnung zu verhindern.

103 Verwiesen wurde in diesem Zusammenhang auf den Schutz der Ehe vor „gewisse(n) kommunistische(n) Lehren“ (*Anschütz,* Reichsverfassung, Art. 119 Anm. 1), während andere Autoren die Gefahr im „bolschewistischen“ (*Schmitt,* in: Anschütz/Thoma, HDStR II, S. 584) bzw. „extremen“ (*Hubrich,* Verfassungsrecht, S. 210) Sozialismus sahen.

104 So auch *Schwab,* in: Habscheid, FS für Bosch, S. 893 (904 ff.); *Gusy,* Weimarer Reichsverfassung, S. 299.

105 *Schwab,* in: Habscheid, FS für Bosch, S. 893 (906).

106 Die entsprechenden Anträge finden sich in: Verhandlungen, Bd. 328, S. 1599 f.

107 So auch *Schwab,* in: Habscheid, FS für Bosch, S. 893 (906).

Einführung der familienrechtlichen Gleichberechtigung der Frau verfassungsrechtlich berücksichtigt und damit als politisches und gesellschaftliches Ziel anerkannt.

3. *Die Bedeutung des „besonderen" Eheschutzes in der Wissenschaft*

Die Auslegung des Art. 119 Abs. 1 S. 1 WRV beschäftigte hauptsächlich die zeitgenössische Staatsrechtswissenschaft.

a. *Die exponierte Stellung des Art. 119 WRV im Gefüge der Weimarer Reichsverfassung*

Bereits aus dem Standort des besonderen verfassungsrechtlichen Eheschutzes in der Weimarer Reichsverfassung lassen sich Rückschlüsse auf die hohe Wertigkeit der Ehe in den Augen der Verfassungsgeber ziehen. Die Verortung des Eheschutzes im Abschnitt „Gemeinschaftsleben" des zweiten Hauptteils der Weimarer Reichsverfassung legt zunächst den Schluss nahe, dass die Ehe nach Ansicht der Verfassungsgeber über die für jeden Einzelnen bestehende persönliche Bedeutung hinaus auch eine für das Gemeinschaftsleben wichtige und schützenswerte Funktion erfüllt.[108] Weiterhin steht der verfassungsrechtliche Schutz der Ehe in Satz 1 des ersten Absatzes des Art. 119 WRV allein, also noch vor Familie und Mutterschaft als erster Rechtssatz an der Spitze der familienrechtlichen Vorschriften der Weimarer Reichsverfassung. Durch diese exponierte Stellung wird die hohe Wertigkeit der Ehe auch gegenüber Familie und Mutterschaft zum Ausdruck gebracht. Die Stellung von Ehe und Familie zu Anfang des Abschnitts über „Das Gemeinschaftsleben" begründet sich zudem mit der Systematik der Weimarer Reichsverfassung, welche Ehe und Familie als natürliche Einheiten vor die gewissermaßen „gewillkürten" bzw. „künstlichen" Gemeinschaften wie Vereine und Versammlungen stellt.[109]

b. *Die zeitgenössische Auslegung des Art. 119 Abs. 1 S. 1 WRV als Institutsgarantie*

Unter Ehe im Sinne des Art. 119 Abs. 1 S. 1 WRV wurde die gesetzlich anerkannte und geregelte Verbindung von Mann und Frau zu vollkommener und dauernder Lebensgemeinschaft verstanden.[110] Sie wurzelte im Persönlichkeitsbereich der Ehegatten[111] und wurde als Normalform des menschlichen Geschlechts- und Gemeinschaftslebens angesehen[112]. Die verfassungsrechtliche Anerkennung und Gewährleistung der Ehe galt als bewusste Entscheidung der Verfassungsgeber

---

108 *Wieruszowski,* in: Nipperdey, Reichsverfassung, Bd. 2, Art. 119, S. 73 f.

109 *Beyerle,* Reichsverfassung, S. 51; so auch *Schmid,* Familie in Art. 6 GG, S. 251 f.

110 *Giese,* Reichsverfassung, Art. 119 Anm. II 1, der sich auf die Äußerungen der Abgeordneten bei den Beratungen zu Art. 119 WRV stützt.

111 *Wieruszowski,* in: Nipperdey, Reichsverfassung, Bd. 2, Art. 119, S. 79.

112 *Giese,* Reichsverfassung, Art. 119 Anm. II 2.

für eine bürgerliche Rechtsordnung sowie als Ablehnung einer kommunistischen Gesellschaftsordnung.[113]

Darüber hinaus wurde Art. 119 Abs. 1 S. 1 WRV als verfassungsmäßige Garantie interpretiert, welche die Ehe als Institution anerkannte und in ihrem Bestand gewährleistete.[114] Dies bedeutete, dass sowohl die charakteristischen Grundzüge der Ehe nur unter den Voraussetzungen einer Verfassungsänderung gem. Art. 76 WRV abgeändert als auch das Institut der Ehe als Ganzes nur unter eben dieser Bedingung abgeschafft werden konnte.[115] Als den Grundinhalt der Ehe definierende Merkmale galten beispielsweise die Einschränkung des Zugangs zur Ehe lediglich durch gewisse Ehehindernisse, die im damaligen § 1353 BGB aufgeführte Verpflichtung der Ehegatten zu ungeteilter Lebensgemeinschaft, die Eigenschaft der Ehe als auf Lebenszeit geschlossene Gemeinschaft und hiermit korrespondierend die Formbedürftigkeit der Eheschließung und deren grundsätzliche Unauflösbarkeit sowie die vom Verfassungsgeber intendierte Funktion der Ehe als legitime Grundlage des Familienlebens.[116] Nicht von der Garantie umfasst war die Gesamtheit der die Ehe betreffenden einfachrechtlichen Vorschriften des BGB.[117]

c. Die Begründung des „besonderen Schutzes“ der Ehe

Der besondere, der Ehe gewährte Verfassungsschutz basierte auf der ihr vom Verfassungsgeber zugewiesenen Bedeutung für das Gemeinschaftsleben.[118] Diese Bedeutung ergab sich aus dem Wortlaut des Art. 119 Abs. 1 S. 1 WRV. Hiernach war es Zweck der Ehe, durch die Zeugung von Kindern zur Erhaltung und Vermehrung der Nation beizutragen. Grund für die damalige Privilegierung der Ehe war also zum einen deren Funktion als staatlich legitimierte und privilegierte Reproduktionsgemeinschaft.[119] Zum anderen fungierte die Ehe als die vom Verfassungsgeber

---

113 *Anschütz,* Reichsverfassung, Art. 119 Anm. 1; *Wieruszowski,* in: Nipperdey, Reichsverfassung, Bd. 2, Art. 119, S. 74.

114 *Anschütz,* Reichsverfassung, Art. 119 Anm. 1, der in Fn. 2 auf die von *Carl Schmitt* geprägten Begrifflichkeiten verweist, wonach Art. 119 Abs. 1 eine „Institutsgarantie“ enthalte (*Schmitt,* in: Anschütz/Thoma, HDStR II, S. 596); *Giese,* Reichsverfassung, Art. 119 Anm. II 1; *Wieruszowski,* in: Nipperdey, Reichsverfassung, Bd. 2, Art. 119, S. 76.

115 *Anschütz,* Reichsverfassung, Art. 119 Anm. 1; *Giese,* Reichsverfassung, Art. 119 Anm. II 3.

116 *Wieruszowski,* in: Nipperdey, Reichsverfassung, Bd. 2, Art. 119, S. 77 ff.; Anschütz, Reichsverfassung, Art. 119 Anm. 1.

117 *Wieruszowski,* in: Nipperdey, Reichsverfassung, Bd. 2, Art. 119, S. 76, der sich wie *Giese* (Reichsverfassung, Art. 119 Anm. II 1) auf die Äußerungen der Abgeordneten bei den Beratungen zu Art. 119 WRV stützt; *Anschütz,* Reichsverfassung, Art. 119 Anm. 1.

118 *Wieruszowski,* in: Nipperdey, Reichsverfassung, Bd. 2, Art. 119, S. 75.

119 *Wieruszowski,* in: Nipperdey, Reichsverfassung, Bd. 2, Art. 119, S. 75; *Hofmann,* in: Schmidt-Bleibtreu/Hofmann/Henneke, GG, Art. 6 Rn. 1.

gewollte und angestrebte Grundlage des Familienlebens. Zwar war Ehe nicht mit der Familie gleichzusetzen; sie wurde aber als Grundlage der Familie angesehen, sozusagen als deren Vorstufe. In Fortsetzung dieser Kette wurde die Familie wiederum als am besten geeigneter Ort für das Aufwachsen von Kindern qualifiziert.[120] Art. 119 Abs. 1 S. 1 WRV schützte allerdings trotz der in den Art. 119 ff. WRV statuierten bevölkerungspolitischen Ziele des Schutzes und der Förderung der Familie, der Mutterschaft, des Kinderreichtums und der Erziehung nicht nur kinderreiche, sondern auch kinderlose Ehen.[121]

d. Art. 119 Abs. 1 S. 1 WRV als reines Gesetzgebungsprogramm

In der Weimarer Staatsrechtslehre war umstritten, ob es sich bei den Grundrechten der Weimarer Verfassung um aktuell geltende Rechtsnormen oder um unverbindliche Proklamationen handelte.[122] Eine Art. 1 Abs. 3 GG ähnelnde Norm, welche die drei Staatsgewalten zur Beachtung der Grundrechte verpflichtete, gab es nicht.[123] Darüber hinaus war die gesamte Verfassung im Wege der Gesetzgebung gem. Art. 76 Abs. 1 WRV abänderbar.[124] Zusätzlich enthielt ein Großteil der Weimarer Grundrechte Eingriffsvorbehalte[125], und nicht alle Bestimmungen des zweiten Hauptteils galten unmittelbar, einige Vorschriften enthielten bloße Gesetzgebungsaufträge[126]. Die genaue Reichweite war für jeden Artikel der Weimarer Reichsverfassung einzeln und für jeden der in Art. 119 Abs. 1 WRV enthaltenen Rechtssätze eigenständig zu bestimmen.[127]

Art. 119 Abs. 1 S. 1 WRV selbst galt als reines Gesetzgebungsprogramm, welches dem Einzelnen keine subjektiven Rechte vermittelte[128] oder unmittelbare Rechtswirkungen erzeugte[129]. Teilweise wurde der kompletten Norm aufgrund ihrer

---

120 *Wieruszowski,* in: Nipperdey, Reichsverfassung, Bd. 2, Art. 119, S. 75 f.

121 Abg. *Röhl* in: Verhandlungen, Bd. 328, S. 1600.

122 *Stern,* Staatsrecht, Bd. III/1, S. 123; *ders.*, Staatsrecht, Bd. V, S. 660 f.

123 *Dreier,* in: Merten/Papier, HGR I, § 4 Rn. 8; *Kloepfer,* in: Merten/Papier, HGR II, § 43 Rn. 4.

124 Dies wurde von einigen Staatsrechtslehrern bestritten. Sie vertraten die sog. „Lehre vom Schutz des Verfassungskerns" und äußerten, Art. 76 WRV gelte nicht für prinzipielle Änderungen der Grundlagen der Verfassung, sondern lediglich für die Abänderung von Einzelvorschriften, vgl. *Stern,* Staatsrecht, Bd. V, S. 628 f.

125 *Fenske,* Verfassungsgeschichte, S. 50; *Huber,* Verfassungsgeschichte, Bd. VI, S. 97.

126 *Willoweit,* Verfassungsgeschichte, § 37 Rn. 20; *Anschütz,* Reichsverfassung, Zweiter Hauptteil, Grundrechte und Grundpflichten der Deutschen, Anm. 5c, S. 514.

127 Diese Ansicht wurde von *Preuß* vertreten, der die unmittelbare Grundrechtswirkung „von dem Wortlaut jedes einzelnen Artikels" abhängig machen wollte (Verhandlungen, Bd. 328, S. 1502) und dessen Ansicht sich das Plenum der Nationalversammlung anschloss, *Stern,* Staatsrecht, Bd. III/1, S. 123; *ders.*, Staatsrecht, Bd. V, S. 660. So auch *Anschütz,* Reichsverfassung, S. 515.

128 *Anschütz,* Reichsverfassung, Art. 119 Anm. 3; *Wieruszowski,* in: Nipperdey, Reichsverfassung, Bd. 2, Art. 119, S. 73.

129 *Gusy,* Weimarer Reichsverfassung, S. 300.

mangelnden Reichweite sogar ihre Eigenschaft als Grundrecht abgesprochen, denn als solches könne nur eine Norm gelten, welche subjektive Rechte oder Pflichten individualrechtlichen oder staatsbürgerlichen Inhalts begründe.[130] Bei Art. 119 Abs. 1 WRV handelte es sich hingegen nicht um Gegenwarts- sondern um Zukunftsrecht, eine Richtlinie, welche der Gesetzgeber im Rahmen seiner zukünftigen Gesetzgebung beachten musste.[131] Die in den Art. 119 ff. WRV enthaltenen Gesetzgebungsaufträge zeichneten ein neues, modernes Leitbild von Ehe und Familie, in dem die Familie auf der Ehe basierte, die Geschlechter in der Ehe gleichberechtigt waren und in dem Kinderreichtum, Mutterschaft und Erziehung geschützt und gefördert werden sollten.[132] Derogierende Wirkung, z.B. gegenüber den familienrechtlichen Vorschriften des BGB, kam der Norm allerdings nicht zu.[133] Für alle rechtsanwendenden Instanzen galten die in Art. 119 Abs. 1 WRV enthaltenen Grundsätze lediglich als Auslegungsregel im Rahmen von Ermessensspielräumen.[134]

4. Die Formulierung des „besonderen Schutzes" in Art. 119 Abs. 1 S. 1 WRV

Schließlich ist zu klären, ob sich in der Entstehungsgeschichte des Art. 119 Abs. 1 S. 1 WRV Anhaltspunkte in Bezug auf die Bedeutung der Formulierung des „besonderen Schutzes" finden lassen.[135] Bereits in den Verhandlungen ergaben sich Definitionsschwierigkeiten bezüglich der aus dem Unterausschuss stammenden Formulierung: *„Die Ehe steht (...) unter dem besonderen Schutz der Verfassung"*. Was genau der „besondere Schutz" bedeuten sollte, war unklar.

a. Interpretation des Art. 119 Abs. 1 S. 1 WRV als Institutsgarantie

Der den Entstehungsprozess der Grundrechte im Unterausschuss maßgeblich prägende Abgeordnete *Konrad Beyerle* definierte den „besonderen Schutz" so, dass eine Rechtsinstitution, also hier die Ehe, welche unter den besonderen Schutz der Verfassung gestellt sei, nur unter denselben erschwerten Voraussetzungen wie die Verfassung selbst abgeändert werden könne.[136] Dabei solle lediglich das Institut Ehe, nicht aber die eherechtlichen Bestimmungen des BGB verfassungsrechtlich

---

130 *Wieruszowski,* in: Nipperdey, Reichsverfassung, Bd. 2, Art. 119, S. 73, der sich auf *Thoma,* in: Triepel, Verwaltungsrechtliche Abhandlungen, S. 183 (183 ff.) beruft, der in der durch ihn entwickelten Stufenreihe der Grundrechte Art. 119 WRV nicht erwähnt.

131 *Anschütz,* Reichsverfassung, Art. 119 Anm. 2.

132 *Gusy,* Weimarer Reichsverfassung, S. 299 f.

133 *Anschütz,* Reichsverfassung, Art. 119 Anm. 2.

134 *Anschütz,* Reichsverfassung, Art. 119 Anm. 3.

135 Allgemein zur Untersuchung der Weimarer Grundrechte anhand ihrer Entstehungsgeschichte und ihres Wortlauts, vgl. *Gusy,* Weimarer Reichsverfassung, S. 276 f.

136 Verhandlungen, Bd. 336 (Anlagen), S. 378.

geschützt werden.[137] Diesbezüglich wurde allerdings kritisiert, dass eine trennscharfe Unterscheidung zwischen beidem fast nicht möglich sei.[138]

Unter anderem aus diesen Vorstellungen heraus und unter Berücksichtigung des konservativen Charakters der Norm entwickelte sich nach einiger Zeit die Interpretation des Art. 119 Abs. 1 S. 1 WRV als sog. Institutsgarantie. Diese Bezeichnung beruhte auf der verfassungsdogmatischen „Lehre von den Einrichtungsgarantien"[139], als deren Begründer *Carl Schmitt* gilt.[140] Dieser knüpfte an bereits vorhandene Elemente der Grundrechtsinterpretation an[141] und unterschied die „verfassungsrechtlichen Gewährleistungen" nach ihrer Art.[142] Er unterteilte in Freiheitsgarantien, politische Rechte des Staatsbürgers, Rechte des Einzelnen auf positive Leistungen sozialer oder kultureller Art, Rechte und Ansprüche öffentlicher Körperschaften als solcher gegen den Staat sowie institutionelle Garantien, Institutsgarantien und Garantien des status quo einer bestimmten Rechts- oder Sachlage oder bestimmter Ansprüche.[143] Die Gruppe der Freiheitsgarantien umfasste nach *Schmitt* die Garantie

---

137 Abg. *Katzenstein*, in: Verhandlungen, Bd. 336 (Anlagen), S. 378; Abg. *Ablaß*, in: Verhandlungen, Bd. 336 (Anlagen), S. 378 f.; Abg. der DDP *E. Koch*, in: Verhandlungen, Bd. 336 (Anlagen), S. 505. So auch *Anschütz*, Reichsverfassung, Art. 119 Anm. 1.

138 Abg. *Katzenstein*, in: Verhandlungen, Bd. 336 (Anlagen), S. 378.

139 Der Begriff „Einrichtungsgarantie" als Oberbegriff für institutionelle Garantien und (Rechts-)Institutsgarantien wurde von *F. Klein* geprägt (vgl. *F. Klein*, Institutionelle Garantien und Rechtsinstitutsgarantien, S. 2.). Diese Terminologie verwenden ebenfalls *Stern*, Staatsrecht, Bd. III/1, S. 751 ff.; *Schmidt-Jortzig*, Einrichtungsgarantien der Verfassung, S. 9, 17 mit Fn. 14, 33; *Mager*, Einrichtungsgarantien, S. 1; *Pieroth/Schlink*, Grundrechte, § 4 Rn. 88; *Sachs*, in: ders., GG, Vor Art. 1 Rn. 30.

140 Vgl. hierzu *Schmitt*, Verfassungslehre, S. 163 ff.; *ders.*, in: Anschütz/Thoma, HDStR II, S. 590 ff.; siehe auch *Anschütz*, Reichsverfassung, Art. 119 Anm. 1 Fn. 2; *Stern*, Staatsrecht Bd. III/1, S. 756 f.; *Abel*, Einrichtungsgarantien, S. 17; *Schmidt-Jortzig*, Einrichtungsgarantien der Verfassung, S. 16; *Mager*, Einrichtungsgarantien, S. 21.

141 Siehe hierzu: *Mager*, Einrichtungsgarantien, S. 12 ff. Beachte hierbei vor allem die von *Martin Wolff* zu Art. 153 Abs. 1 S. 1 WRV (Eigentum) und Art. 154 WRV (Erbrecht) entwickelten Ansatzpunkte (so auch: *Gusy*, Weimarer Reichsverfassung, S. 277, der *Wolff* und nicht *Schmitt* als Begründer dieser Lehre ansieht). *Wolff* prägte den Begriff „Institutsgarantie" (*Stern*, Staatsrecht, Bd. III/1, S. 756). In Bezug auf die Ehe formulierte bereits *Giese*, Reichsverfassung, Art. 119 Anm. II 1 und II 3, unter Bezugnahme auf die Äußerungen *Beyerles*, dass Art. 119 Abs. 1 S. 1 der bürgerlichen Ehe, wie sie im BGB kodifiziert sei, die „verfassungsmäßige Garantie" verleihe. Die Ehe stelle eine „verfassungsmäßige Einrichtung" dar, die nur in den erschwerten Formen des Art. 76 WRV ihrer festgesicherten Stellung beraubt oder gar abgeschafft werden könne.

142 *Schmitt*, in: Anschütz/Thoma, HDStR II, S. 590.

143 Vgl. *Schmitt*, Verfassungslehre, S. 163 ff.; *ders.*, in: Anschütz/Thoma, HDStR II, S. 590 ff. *Schmitt* unterschied zunächst nur zwischen Grundrechten und sog. „institutionellen Garantien", Verfassungslehre, S. 170 f. Später folgte die weiter ausdifferenzierte Unterscheidung zwischen „institutionellen Garantien", die „die

der personalen Grundrechte, also Freiheits-, Gleichheits- und Eigentumsrechte.[144] Von den Freiheitsgarantien zu unterscheiden waren die Institutsgarantien, welche die Grundinstitute der objektiven bürgerlichen Rechtsordnung, wie beispielsweise Ehe, Familie, Erbrecht und Eigentum garantierten, sowie die institutionellen Garantien, welche die Grundeinrichtungen der öffentlichen Ordnung garantierten.[145] Eine verfassungsrechtlich garantierte Einrichtung wurde gegen Abschaffung oder grundlegende Umgestaltung im Wege der einfachen Gesetzgebung geschützt.[146] Hierdurch sollte der legislative Gestaltungsspielraum des einfachen, nicht des Verfassungsgesetzgebers, begrenzt werden.[147] Es stand dem Gesetzgeber zwar frei, eine unter Einrichtungsgarantie stehende Einrichtung seinem Belieben nach einfachrechtlich auszugestalten, die Einrichtung an sich, also ihr Kern bzw. ihr Wesen blieb aber verfassungsrechtlich garantiert.[148] Die Aufnahme von Einrichtungsgarantien in die Verfassung erklärt sich nach *Schmitt* „aus konkreten geschichtlichen Gründen, aus der Besorgnis bestimmter Gefahren, die man wegen bestimmter Erfahrungen befürchtet".[149] Sie enthielten einen „Sonderschutz gegen den Mißbrauch der Gesetzgebungsbefugnis, eine Sondergarantie zur Sicherung der Unterscheidung der Gewalten und zur Wahrung eines rechtsstaatlichen Gesetzesbegriffes".[150] Durch die Etablierung von Einrichtungsgarantien sollte bestimmten Einrichtungen ein über den allgemein-rechtlichen, durch einfaches Gesetz vermittelten Schutz hinausgehender besonderer verfassungsrechtlicher und damit qualifizierter Schutz zuteil werden,[151] welcher die Einrichtung gegen einen die Grundrechte zerstörenden oder durch Gesetzesvorbehalt aushöhlenden Gesetzgeber schützen sollte, bzw. diesen Gesetzgeber zur Bewahrung und einfachrechtlichen Ausgestaltung des Instituts

---

wesentlichen öffentlich-rechtlichen Gewährleistungen institutioneller Art" darstellten und den „privatrechtlichen Institutsgarantien", *Schmitt,* in: FS Handels-Hochschule Berlin, S. 1 (4) = Verfassungsrechtliche Aufsätze aus den Jahren 1924-54, S. 140, (143); siehe auch *ders.*, in: Anschütz/Thoma, HDStR II, S. 595 f.

144 *Schmitt,* in: Anschütz/Thoma, HDStR II, S. 590 ff; siehe auch *Huber,* Verfassungsgeschichte, Bd. VI, S. 101.

145 *Schmitt,* in: Anschütz/Thoma, HDStR II, S. 595 f.; siehe auch *Huber,* Verfassungsgeschichte, Bd. VI, S. 101; *Kloepfer,* in: Merten/Papier, HGR II, § 43 Rn. 10.

146 *Schmitt,* Verfassungslehre, S. 170.

147 *Kloepfer,* in: Merten/Papier, HGR II, § 43 Rn. 9.

148 *Anschütz,* Reichsverfassung, Grundrechte und Grundpflichten der Deutschen, Anm. 7, S. 520; *Thoma,* in: Nipperdey, Reichsverfassung, Bd. 1, S. 33; *Apelt,* Geschichte d. WRV, S. 337; *Stern,* Staatsrecht, Bd. III/1, S. 761; *Kloepfer,* in: Merten/Papier, HGR II, § 43 Rn. 9. Vgl. auch *Boehmer,* der die „Lehre von den Einrichtungsgarantien" auf das Privatrecht überträgt, in: *Nipperdey,* Reichsverfassung, Bd. 3, Art. 154, S. 255.

149 *Schmitt,* Verfassungslehre, S. 180.

150 *Schmitt,* Verfassungslehre, S. 180.

151 *Stern,* Staatsrecht, Bd. III/1, S. 762.

verpflichtete[152]. Diese Deutung verleiht den Einrichtungsgarantien einen objektivrechtlichen Gehalt.[153]

Aus der Formulierung des „besonderen Schutzes" ergibt sich folglich primär die Interpretation des Art. 119 Abs. 1 S. 1 WRV als Einrichtungsgarantie, welche aber nicht die Bindungswirkung aufwies, welche den Einrichtungsgarantien des Grundgesetzes eigen ist. Vielmehr entfaltete Art. 119 Abs. 1 S. 1 GG trotz der Einordnung als Institutsgarantie keine unmittelbare Wirkung.[154]

b. Eigenständige Bedeutung des „besonderen Schutzes"?

An das oben Gesagte anknüpfend stellt sich die Frage, ob die Formulierung des „besonderen Schutzes" in Art. 119 Abs. 1 S. 1 WRV eine über die Deutung als Institutsgarantie hinausgehende eigenständige Bedeutung aufweist.

Ausgehend vom Wortlaut des Artikels könnte man annehmen, dass durch den „besonderen Schutz" eine Abstufung zu Rechtsinstituten und Rechtsinstitutionen geschaffen werden sollte, welche lediglich unter dem „Schutz" der Verfassung stehen. Hierfür spricht die Entscheidung der Abgeordneten, es bei der Formulierung des „besonderen Schutzes" der Ehe durch die Verfassung im Gegensatz zum bloßen „Schutz" zu belassen. Gegen diese Abstufung wiederum spricht die Aussage der Abgeordneten, dass die Formulierung unter dem „besonderen Schutz der Verfassung" lediglich bedeute, dass die Einrichtung Ehe verfassungsrechtlich garantiert sei, also nur durch verfassungsänderndes Gesetz abgeändert werden könne.[155]

Neben der Ehe werden in der Weimarer Reichsverfassung auch andere Einrichtungen mit speziellem „Schutz" bedacht. Unter anderem sind hier die Jugend, die Mutterschaft, die Kunst, die Wissenschaft, die Arbeitskraft und die geistige Arbeit zu nennen. Daneben werden weitere Einrichtungen, wie beispielsweise die Wahlfreiheit, die ungestörte Religionsausübung, das Eigentum und das Erbrecht schlicht gewährleistet. Der Grad und die Art des Schutzes, welcher diesen Einrichtungen zuteil wird, variiert. Es kann zwischen dem Schutz durch die Verfassung, dem Schutz des Staates oder dem des Reiches unterschieden werden. Die Intensität ist ebenfalls unterschiedlich. Teilweise kommt zum Schutz noch die Fürsorge oder Pflege hinzu oder die Einrichtung *steht* nicht nur unter dem Schutz, sondern hat sogar einen *Anspruch* auf Schutz. Unter dem besonderen Schutz der Verfassung steht neben der Ehe nur noch die Arbeitskraft. Dafür, dass die Ehe oder die Arbeitskraft intensiver

152 *Dreier,* in: Merten/Papier, HGR I, § 4 Rn. 35.

153 *Kloepfer,* in: Merten/Papier, HGR II, § 43 Rn. 2. Allerdings begründeten die Einrichtungsgarantien der Weimarer Reichsverfassung neben dem verfassungsrechtlichen Schutz der Einrichtung als Ganzes nur selten unmittelbar wirksames Recht, sie überließen es eher der Legislative, aus der Einrichtung subjektive Rechte des Einzelnen abzuleiten bzw. die in den einschlägigen Artikeln enthaltenen Forderungen und Richtlinien zu verwirklichen, *Apelt,* Geschichte d. WRV, S. 338.

154 Vgl. hierzu bereits oben Teil 2, A., I., 3., d.

155 So Abg. *Beyerle,* Verhandlungen, Bd. 336 (Anlagen), S. 378.

geschützt werden sollten, lässt sich – außer dem Wortlaut – aber kein konkreter Anhaltspunkt finden. Der Wortlaut kann hier allerdings nicht als wirklich ausschlaggebend herangezogen werden, da die Weimarer Reichsverfassung verschiedenen Einrichtungen durch jeweils unterschiedliche Formulierungen Schutz gewährte. Es erscheint abwegig, dass allen diesen Einrichtungen ein unterschiedliches Schutzniveau zuteil werden sollte bzw. bestimmte Einrichtungen als „wichtiger" eingestuft wurden als andere. Die Stellungnahmen der Abgeordneten in den Verhandlungen weisen eher darauf hin, dass es bei der Eigenschaft der Norm als Institutsgarantie bleiben sollte.[156] Zudem fällt auf, dass es bei den Abstimmungen zu Art. 119 Abs. 1 WRV unterschwellig um die verschiedenen politischen Positionen zwischen Konservativen und Sozialisten ging. Den konservativen Parteien, hauptsächlich dem Zentrum, kam es auf eine Beibehaltung und Stärkung der bürgerlichen Ehe und Familie an, während die Sozialisten die Begriffe von Ehe und Familie offen für gesellschaftlichen Wandel halten wollten. Es ist folglich davon auszugehen, dass die Ablehnung der Umformulierung des Artikels hauptsächlich aus politischem Kalkül heraus erfolgte und nicht weil die Ehe anders oder intensiver als andere unter dem Schutz der Verfassung, des Reiches oder des Staates stehenden Rechtsinstitute und Rechtsinstitutionen geschützt werden sollte.[157]

Der inhaltliche Gehalt sowie die Funktion des besonderen Eheschutzes in der Weimarer Reichsverfassung definierten sich somit hauptsächlich durch die das Institut der Ehe anerkennende und bewahrende Funktion der Institutsgarantie.[158] Darüber hinaus kam der Formulierung des „besonderen Schutzes" keine eigenständige Bedeutung zu.

5. Die materielle Außerkraftsetzung des verfassungsrechtlichen Eheschutzes in der Zeit des Nationalsozialismus

Bis zur Machtergreifung der Nationalsozialisten galt die Weimarer Reichsverfassung nahezu unverändert fort. Im darauffolgenden nationalsozialistischen Staat wurde sie zwar weder formell aufgehoben noch durch eine neue nationalsozialistische Verfassung ersetzt, allerdings wurde sie in wesentlichen, die Verfassung prägenden Punkten materiell außer Kraft gesetzt.[159] So wurde die Geltung zentraler Grundrechte durch die sog. „Reichstagsbrandverordnung"[160] aufgehoben.[161] Auch die Einrichtungsgarantien verloren im Zuge der nationalsozialistischen Herrschaft

156 Vgl. hierzu oben 2. Teil, A., I., 2.

157 Ebenso *Gröschner*, in: Dreier, GG, 2. Aufl., Bd. I, Art. 6 Rn. 2, der in der Betonung des „besonderen Schutzes" „keine dogmatische Aussage, (...) sondern ein politisches Programm" sieht.

158 So auch *Gusy*, Weimarer Reichsverfassung, S. 301.

159 *Frotscher/Pieroth*, Verfassungsgeschichte, § 19 Rn. 685.

160 Verordnung zum Schutze von Volk und Staat vom 28. Februar 1933.

161 *Frotscher/Pieroth*, Verfassungsgeschichte, § 19 Rn. 685.

ihre Bedeutung.[162] Durch das „Gesetz zum Schutze des deutschen Blutes und der deutschen Ehre“ vom 15. September 1935 wurden „Eheschließungen zwischen Juden und Staatsangehörigen deutschen oder artverwandten Blutes“ verboten bzw. nicht mehr anerkannt und so das Rechtsinstitut Ehe in seinem wesentlichen Grundzügen erschüttert.[163] Zusätzlich wurde als Folge der im Nationalsozialismus herrschenden aggressiven Bevölkerungspolitik die Eigenschaft der Ehe als Fortpflanzungsgemeinschaft hervorgehoben und gefördert.[164] Nicht nur die Geburt ehelicher, sondern auch die Geburt nichtehelicher Kinder wurde ausdrücklich unterstützt, sodass die Ehe die ihr ursprünglich in Art. 119 Abs. 1 S. 1 WRV zugewiesene Bedeutung als einzige staatlich legitimierte Form einer Reproduktionsgemeinschaft verlor.[165] Die Gemeinschaft von Eltern und Kind stand gleichberechtigt neben der Mutter-Kind-Gemeinschaft.[166] Andere Funktionen, welche der Ehe über die reine Nachwuchszeugung hinaus durch die Weimarer Reichsverfassung exklusiv zuerkannt worden waren, wie Grundlage des Familienlebens und hieran anschließend am besten geeigneter Ort für das Aufwachsen von Kindern zu sein, wurden nun auch von anderen Gemeinschaften, wie etwa Alleinerziehenden oder nicht verheirateten Paaren oder vom Staat übernommen.[167]

II. Die Aufnahme des „besonderen Schutzes“ der Ehe in das Grundgesetz

In Anknüpfung an die Weimarer Reichsverfassung statuiert auch das Grundgesetz einen besonderen verfassungsrechtlichen Eheschutz. In Art. 6 Abs. 1 GG heißt es:

„Ehe und Familie stehen unter dem besonderen Schutze der staatlichen Ordnung.“

Der Wortlaut von Art. 119 Abs. 1 S. 1 WRV und Art. 6 Abs. 1 GG gleichen sich also insoweit, als die Ehe jeweils unter den „besonderen Schutz“ der Verfassung bzw. der staatlichen Ordnung gestellt wird.

1. *Die Entstehung des Art. 6 Abs. 1 GG in den Fachausschüssen des Parlamentarischen Rates*

Der Parlamentarische Rat trat von September 1948 bis Mai 1949 in Bonn zusammen, um auf Anweisung von Frankreich, Großbritannien und den Vereinigten Staaten von Amerika ein vorläufiges Grundgesetz für die drei westlichen Besatzungszonen

---

162 Vgl. hierzu *Menzel,* AöR N.F. 28 (1937), 32 (32 ff.); *Stern,* Staatsrecht, Bd. IV/1, S. 362.
163 *Stern,* Staatsrecht, Bd. III/1, S. 763.
164 *Schmid,* Familie in Art. 6 GG, S. 62; *C. Wirth,* Art. 6 Abs. 1 GG und die demografische Entwicklung, S. 60.
165 *Schmid,* Familie in Art. 6 GG, S. 65.
166 *C. Wirth,* Art. 6 Abs. 1 GG und die demografische Entwicklung, S. 61.
167 *Schmid,* Familie in Art. 6 GG, S. 65 f.; *C. Wirth,* Art. 6 Abs. 1 GG und die demografische Entwicklung, S. 61.

auszuarbeiten.[168] Bis zu seiner endgültigen Vollendung durchlief das Bonner Grundgesetz mehrere Stufen.[169] Der erste Entwurf des Grundgesetzes wurde 1948 von den Mitgliedern des Herrenchiemseer Verfassungskonvents erstellt.[170] Dieser Entwurf sollte dem Parlamentarischen Rat als Grundlage für seine Beratungen dienen.[171] Eine Bestimmung über den verfassungsrechtlichen Schutz der Ehe war hierin noch nicht enthalten.[172] Der Herrenchiemseer Entwurf sowie zwei weitere Entwürfe der CDU/CSU und der SPD wurden zunächst im Plenum des Parlamentarischen Rates diskutiert, bevor sie an verschiedene Ausschüsse weiter verwiesen wurden.[173] Die einzelnen Ausschüsse erstellten sodann Vorentwürfe, welche von einem „Allgemeinen Redaktionsausschuss" redigiert[174] und an den Hauptausschuss zur Diskussion und Abstimmung weitergeleitet wurden.[175] Die Aufnahme des verfassungsrechtlichen Eheschutzes ergab sich erst im Grundsatzausschuss, einem Fachausschuss des Parlamentarischen Rates.

a. Die Einführung des verfassungsrechtlichen Eheschutzes im Ausschuss für Grundsatzfragen

Der Themenkomplex „Schutz von Ehe und Familie" kam in der 24. Sitzung des Grundsatzausschusses vom 23. November 1948 aufgrund von Eingaben der evangelischen und der katholischen Kirche durch einen Antrag der CDU/CSU-Fraktion zur Sprache. Hiernach sollte der entsprechende Artikel folgende Fassung haben:

> *„Art. ... (Schutz der Ehe und Familie)*
> *Die Ehe als die rechtmäßige Form der dauernden Lebensgemeinschaft von Mann und Frau und die aus ihr wachsende Familie sowie die aus der Ehe und Zugehörigkeit zur Familie fließenden Rechte und Pflichten stehen unter dem besonderen Schutz der Verfassung."*[176]

---

168 *Frotscher/Pieroth,* Verfassungsgeschichte, § 21 Rn. 786. Der Rat bestand aus Vertretern der Landtage der elf von den Westmächten besetzten Länder.

169 Am 8. Mai 1949 verabschiedete der Parlamentarische Rat das Grundgesetz. Anschließend wurde es durch die Militärgouverneure genehmigt und von zwei Dritteln der westdeutschen Länder gem. Art. 144 Abs. 1 GG angenommen, vgl. *Frotscher/Pieroth,* Verfassungsgeschichte, § 21 Rn. 798; *Siebert,* Von Frankfurt nach Bonn, S. 150.

170 Zu diesem entsandte jedes der westlich besetzten Länder zwei Sachverständige, hauptsächlich Minister und Ministerialbeamte, *Fenske,* Verfassungsgeschichte, S. 94; *Hucko,* Von der Paulskirche zum Museum Koenig, S. 74.

171 *Frotscher/Pieroth,* Verfassungsgeschichte, § 21 Rn. 782.

172 Häberle, Entstehungsgeschichte des GG, S. 93.

173 *Fenske,* Verfassungsgeschichte, S. 94.

174 Der Parlamentarische Rat, Bd. 5/I, S. XXIV.

175 *Willoweit,* Verfassungsgeschichte, § 42 Rn. 7.

176 Antrag der CDU/CSU vom 24.11.1948, Drucks. Nr. 302, abgedruckt in: Der Parlamentarische Rat, Bd. 5/II, Nr. 31, Fn. 28 (S. 634). Der Antrag war zum Zeitpunkt der Sitzung wohl noch im Stadium der Bearbeitung, in einem ungezeichneten

aa) Die Begründung des Antrags

Der CDU-Abgeordnete und Vorsitzende des Grundsatzausschusses *von Mangoldt* begründete den Antrag seiner Fraktion damit, dass auch der Kommissionsentwurf der Vereinten Nationen zu den Menschenrechten einen Artikel über Ehe und Familie[177] beinhalte.[178] *Von Mangoldt* hielt es mit Hinweis auf die gesellschaftlichen Verhältnisse der Sowjetunion für wesentlich, eine ähnliche Vorschrift in das Grundgesetz aufzunehmen, welche vor allem das „Recht zur Eheschließung" und das „Recht zur Gründung einer Familie" gewährleiste.[179] Zur Entfaltung der Persönlichkeit gehöre auch das überaus wichtige Wirken in Ehe und Familie.[180]

Aus der Formulierung dieses Antrags ergibt sich zum einen die Verschiedengeschlechtlichkeit der Partner als Voraussetzung der Eheschließung, zum anderen die Anerkennung der Ehe als „rechtmäßige" und damit hoheitlich gebilligte Form der Paarbeziehung zwischen Mann und Frau. Zudem wächst die Familie nach dieser Formulierung aus der Ehe.

bb) Art. 119 Abs. 1 WRV als historische Vorlage

Als historische Vorlage verwies *von Mangoldt* auf den Schutz der Ehe durch Art. 119 WRV. Wie auch in der Reichsverfassung bedeute der „Schutz der Verfassung", dass die Grundinhalte von Ehe und Familie nicht durch einfaches, sondern nur durch verfassungsänderndes Gesetz berührt werden könnten.[181] Im Gegensatz zu Art. 119 WRV solle aber der entsprechende Artikel des Grundgesetzes nicht nur eine Richtlinie, sondern unmittelbar geltendes Recht darstellen.[182] In der 29. Sitzung

---

und undatierten „Entwurf von Abg. Dr. v. Mangoldt" befindet sich diese Fassung bereits ausformuliert, Der Parlamentarische Rat, Bd. 5/II, Nr. 31, Fn. 28 (S. 634 f.).

177 V. Mangoldt bezog sich hier auf Art. 14 des Entwurfs der „Erklärung der Menschenrechte" vom 7. Oktober 1948. Dieser lautete: „1. Der Mann oder die Frau im heiratsfähigen Alter haben das Recht, sich zu vermählen und eine Familie zu gründen. Sie genießen in eherechtlicher Beziehung die gleichen Rechte. 2. Die Ehe kann nur mit der vollen Einwilligung der beiden Gatten geschlossen werden. 3. Die Familie ist das natürliche und fundamentale Element der Gesellschaft und hat Recht auf Schutz.", zit. nach: *Häberle*, Entstehungsgeschichte des GG, S. 93 Fn. 2.

178 24. Sitzung des Grundsatzausschusses, in: Der Parlamentarische Rat, Bd. 5/II, Nr. 31, S. 642; so auch Abg. der FDP *Heuss*, in: 24. Sitzung des Grundsatzausschusses, in: Der Parlamentarische Rat, Bd. 5/II, Nr. 31, S. 645.

179 24. Sitzung des Grundsatzausschusses, in: Der Parlamentarische Rat, Bd. 5/II, Nr. 31, S. 643.

180 Abg. *v. Mangoldt*, 24. Sitzung des Grundsatzausschusses, in: Der Parlamentarische Rat, Bd. 5/II, Nr. 31, S. 645.

181 Abg. *v. Mangoldt*, 24. Sitzung des Grundsatzausschusses, in: Der Parlamentarische Rat, Bd. 5/II, Nr. 31, S. 643.

182 Abg. *v. Mangoldt*, 24. Sitzung des Grundsatzausschusses, in: Der Parlamentarische Rat, Bd. 5/II, Nr. 31, S. 644.

des Ausschusses für Grundsatzfragen am 4. Dezember 1948 sprach sich die CDU-Abgeordnete *Weber* ebenfalls mit Verweis auf Art. 119 WRV für die Aufnahme des „Schutz(es) der Ehe und der Familie als Grundlage des Gemeinschaftslebens" in das Grundgesetz aus.[183]

cc) Zweifel hinsichtlich der Rechtswirkungen eines verfassungsrechtlichen Eheschutzartikels

Zweifel bestanden bei den Abgeordneten hinsichtlich der rechtlichen Wirkungen eines grundgesetzlichen Eheschutzartikels. Der Abgeordnete *Heuss* meinte, dass ein Eheparagraph „in die Formgesetzgebung nicht hereinpasst", da dieser keine unmittelbare Rechtswirkung entfalte, sondern eher eine „traditionell-biologische" bzw. „moralische Sache" ausspreche.[184] Wenn die Ehe „unter dem besonderen Schutz der Verfassung" stehen solle, müsse definiert werden, in welcher Form die Ehe durch die Verfassung geschützt werde.[185] Grundsätzlich war *Heuss* aber bereit, den Eheschutz aufzunehmen, allerdings hielt er es aufgrund des durch den Krieg bestehenden „großen Frauenüberschußes" und dem sehr wahrscheinlich auftretenden Kinderwunsch dieser Frauen auch für notwendig, die Mutter und das uneheliche Kind unter den Schutz der Verfassung zu stellen.[186] Der SPD-Abgeordnete *Bergsträsser* sah in der Fassung des Artikels eine reine Deklaration und kein einklagbares Recht.[187] Der Abgeordnete der DP *Heile* verwies auf die Zerrüttung der Familie durch den nationalsozialistischen Staat und hielt aufgrund dessen den Schutz von Ehe und Familie gerade nicht für eine „Deklamation", sondern für eine „Notwendigkeit".[188] In diesem Zusammenhang verwies der Abgeordnete auf einen Antrag seiner Fraktion[189], welcher seines Erachtens kürzer und klarer sei: *„Ehe und Familie sind die Grundlagen der menschlichen Gesellschaft. Sie stehen unter dem Schutz des Staates."*[190] Gegen diesen Antrag wendete *von Mangoldt* allerdings ein, dass die Formulierung „stehen unter dem Schutz des Staates" keinerlei rechtliche Bedeutung habe, also eine „reine Deklaration" darstelle, während die ursprünglich vorgeschlagene Formulierung auf der in

---

183 29. Sitzung des Grundsatzausschusses, in: Der Parlamentarische Rat, Bd. 5/II, Nr. 38, S. 806.

184 29. Sitzung des Grundsatzausschusses, in: Der Parlamentarische Rat, Bd. 5/II, Nr. 38, S. 808.

185 Abg. *Heuss*, 29. Sitzung des Grundsatzausschusses, in: Der Parlamentarische Rat, Bd. 5/II, Nr. 38, S. 808 f.

186 29. Sitzung des Grundsatzausschusses in: Der Parlamentarische Rat, Bd. 5/II, Nr. 38, S. 808 f.

187 Abg. *Bergsträsser*, 24. Sitzung des Grundsatzausschusses, in: Der Parlamentarische Rat, Bd. 5/II, Nr. 31, S. 643.

188 24. Sitzung des Grundsatzausschusses, in: Der Parlamentarische Rat, Bd. 5/II, Nr. 31, S. 645.

189 Anträge der DP vom 19.11.1948, Drucks. Nr. 298.

190 29. Sitzung des Grundsatzausschusses, in: Der Parlamentarische Rat, Bd. 5/II, Nr. 38, S. 825.

der Weimarer Reichsverfassung begonnenen Verfassungstradition beruhe und dem Artikel somit dieselbe rechtliche Bedeutung zukomme wie seinerzeit Art. 119 Abs. 1 S. 1 WRV.[191] Schutzgut des Artikels solle, so wie in Art. 119 Abs. 1 S. 1 WRV auch, die „in der abendländischen Welt seit Jahrtausenden bestehende Institution der monogamischen Ehe“ sein.[192] Auch der Abgeordnete *Greve* sprach sich gegen diese Formulierung *Heiles* aus, da er die Formulierung des CDU-Antrags für konkreter hielt.[193] Zwar seien auch Ehe und Familie die Grundlagen der menschlichen Gesellschaft, es gäbe aber auch noch „andere als Ehe und Familie“.[194] Für Diskussionen sorgte auch die Bezeichnung der Ehe als „rechtmäßige Form“ der dauernden Lebensgemeinschaft. Auf die Frage des SPD-Abgeordneten *Eberhard*, ob die vorgeschlagene Formulierung des Eheartikels bedeute, dass Ehebruch mit Gefängnis bestraft wird, konkretisierte *Süsterhenn*, dass der Artikel darauf abziele, „die Ehe (...) als Institution im Prinzip aufrechtzuerhalten“.[195] *Von Mangoldt* fügte hinzu, dass die Institutionen so erhalten bleiben sollten, „wie sie in ihren überlieferten Grundzügen vorhanden sind“.[196] Nicht unter den Schutz der Verfassung sollte nach dieser Formulierung die nichteheliche Beziehung zwischen Mann und Frau, damals noch als „Konkubinat“ bezeichnet, fallen.[197] Der SPD-Abgeordnete *Maier* fasste die Rechtsfolge des Eheartikels folgendermaßen zusammen, dass zur Abschaffung der Institution Ehe eine Verfassungsänderung notwendig sei.[198] Was der Bundestag letztendlich außerhalb dieser verfassungsrechtlich garantierten Grundzüge mit einfacher Mehrheit beschließe, könne von dem Artikel nicht beeinflusst werden.[199]

---

191 29. Sitzung des Grundsatzausschusses, in: Der Parlamentarische Rat, Bd. 5/II, Nr. 38, S. 826.

192 Abg. *v. Mangoldt*, 29. Sitzung des Grundsatzausschusses, in: Der Parlamentarische, Bd. 5/II, Nr. 38, S. 826 mit Verweis auf *Anschütz*, Die Verfassung des Deutschen Reiches, Kommentierung von Art. 119 WRV, S. 559.

193 29. Sitzung des Grundsatzausschusses, in: Der Parlamentarische Rat, Bd. 5/II, Nr. 38, S. 826.

194 Abg. *Greve*, 29. Sitzung des Grundsatzausschusses, in: Der Parlamentarische Rat, Bd. 5/II, Nr. 38, S. 826.

195 29. Sitzung des Grundsatzausschusses, in: Der Parlamentarische Rat, Bd. 5/II, Nr. 38, S. 827.

196 29. Sitzung des Grundsatzausschusses, in: Der Parlamentarische Rat, Bd. 5/II, Nr. 38, S. 827.

197 Abg. *v. Mangoldt*, 29. Sitzung des Grundsatzausschusses, in: Der Parlamentarische Rat, Bd. 5/II, Nr. 38, S. 827.

198 29. Sitzung des Grundsatzausschusses, in: Der Parlamentarische Rat, Bd. 5/II, Nr. 38, S. 827.

199 Abg. *Süsterhenn*, 29. Sitzung des Grundsatzausschusses, in: Der Parlamentarische Rat, Bd. 5/II, Nr. 38, S. 827.

dd) Gleichrangiger Schutz kinderreicher und kinderloser Ehen

Einig waren sich die Abgeordneten darin, dass kinderreiche und kinderlose Ehen gleichberechtigt nebeneinander unter dem Schutz der Verfassung stehen sollten.[200] Die Formulierung des CDU/CSU-Antrags „und die aus ihr (der Ehe) wachsende Familie“ wurde abgeändert in „und die mit ihr gegebene Familie“.[201] Durch diese Fassung sollte sowohl die Ehe ohne Kinder, als auch die Ehe mit leiblichen Kindern oder Adoptivkindern geschützt werden.[202] Aus diesen Aussagen ergibt sich, dass die Abgeordneten der Ehe als Lebens- und Arbeitsgemeinschaft eine eigenständige Bedeutung zumaßen, welche es rechtfertigte, die Ehe ihrer selbst wegen zu schützen und nicht nur in ihrer Funktion als mögliche Grundlage einer Familie.[203] Der so nur leicht umformulierte Antrag der CDU/CSU-Fraktion wurde zu Art. 7a Abs. 1 und hatte am Ende der 29. Sitzung des Grundsatzausschusses folgende Fassung:

> *„(1) Die Ehe als die rechtmäßige Form der fortdauernden Lebensgemeinschaft von Mann und Frau und die mit ihr gegebene Familie sowie die aus der Ehe und der Zugehörigkeit zur Familie erwachsenden Rechte und Pflichten stehen unter dem besonderen Schutz der Verfassung.“*[204]

ee) Der Verzicht auf den „besonderen“ Schutz

In der 32. Sitzung des Grundsatzausschusses am 11. Januar 1949 brachte der Vorsitzende *von Mangoldt* einen aufgrund von Verbesserungsvorschlägen des deutschen Sprachvereins erstellten neuen Entwurf des Art. 7a ein, welcher noch in derselben Sitzung angenommen wurde. Abs. 1 dieser Fassung lautete:

> *„(1) Die Ehe ist die rechtmäßige Form der Lebensgemeinschaft von Mann und Frau. Sie bildet die Grundlage der Familie. Ehe und Familie und die damit verbundenen Rechte und Pflichten stehen unter dem Schutze der Verfassung.“*[205]

Von Mangoldt bezeichnete diesen Entwurf als eine inhaltlich gleiche, aber sprachlich besser gefasste Umformulierung des bereits im Grundsatzausschuss diskutierten und leicht abgeänderten Antrags der CDU/CSU-Fraktion.[206] Er wies jedoch darauf

---

200 Abg. *Heuss*, 29. Sitzung des Grundsatzausschusses, in: Der Parlamentarische Rat, Bd. 5/II, Nr. 38, S. 828.

201 29. Sitzung des Grundsatzausschusses, in: Der Parlamentarische Rat, Bd. 5/II, Nr. 38, S. 828.

202 Abg. *v. Mangoldt* und Abg. *Greve*, 29. Sitzung des Grundsatzausschusses, in: Der Parlamentarische Rat, Bd. 5/II, Nr. 38, S. 828.

203 So auch *Schmid*, Familie in Art. 6 GG, S. 267; *Tettinger*, in: Marré/Schümmelfeder/Kämper, Essener Gespräche, Bd. 35 (2001) S. 117 (128 f.).

204 Fassung des Grundsatzausschusses, Drucks. 341, zit. nach *Häberle*, Entstehungsgeschichte des GG, S. 96.

205 32. Sitzung des Grundsatzausschusses, in: Der Parlamentarische Rat, Bd. 5/II, Nr. 42, S. 935.

206 32. Sitzung des Grundsatzausschusses, in: Der Parlamentarische Rat, Bd. 5/II, Nr. 42, S. 935.

hin, dass auf die Formulierung des „besonderen“ Schutzes der Verfassung verzichtet wurde, „höchstens“ diese könne man noch einfügen.[207] Zudem wurde das Wort „fortdauernde“ vor „Lebensgemeinschaft“ gestrichen. Die Abgeordneten waren sich aber einig, dass das Wort „Lebensgemeinschaft“ an sich bereits eine gewisse Dauerhaftigkeit beinhalte.[208]

b. Die erneute Umformulierung des Vorschlags im Allgemeinen Redaktionsausschuss

Der Allgemeine Redaktionsausschuss legte in seinem Vorschlag vom 13. Dezember 1948 eine gekürzte Version des damaligen Art. 7a Abs. 1 vor:

> *„(1) Ehe und Familie stehen unter dem besonderen Schutz der staatlichen Ordnung.“*

In dieser (endgültigen) Fassung wurde auf eine Legaldefinition der Ehe verzichtet. Begründet wurde die vorgenommene Kürzung damit, dass die Bezeichnung der Ehe als „rechtmäßige Form der fortdauernden Lebensgemeinschaft von Mann und Frau“ unnötig sei, da die Ehe als solche ja bereits unter dem Schutz des Staates stehe.[209] Der Redaktionsausschuss ging somit ganz selbstverständlich von dem bereits in der Weimarer Reichsverfassung geschützten und in den Sitzungen des Grundsatzausschusses durch die Abgeordneten der CDU und des Zentrums wieder eingebrachten, traditionellen Bild der bürgerlichen Ehe, als dauerhafter Paarbeziehung zwischen Mann und Frau, aus. Weiterhin impliziere der Schutz von Ehe und Familie durch die staatliche Ordnung bereits, dass zugleich die aus diesen Institutionen „fließenden Rechte“ unter den besonderen Schutz gestellt seien.[210] Zwar wurde dem Art. 7a Abs. 1 in der Drucksache Nr. 370 des Parlamentarischen Rates nur „programmatische Bedeutung“ zugemessen, dies wurde allerdings in Drucksache Nr. 394 dahingehend berichtigt, dass lediglich Abs. 3 gemeint war.[211]

c. Die Annahme der gekürzten Endversion des Art. 6 Abs. 1 GG durch den Hauptausschuss

Die Fassung des Grundsatzausschusses lag zusammen mit der Fassung des Allgemeinen Redaktionsausschusses dem Hauptausschuss in seiner zweiten Lesung der Grundrechte in der 43. Sitzung am 18. Januar 1949 vor. Der Hauptausschuss entschied sich gegen die in der 32. Sitzung des Grundsatzausschusses beschlossene

---

207 Abg. *v. Mangoldt,* 32. Sitzung des Grundsatzausschusses, in: Der Parlamentarische Rat, Bd. 5/II, Nr. 42, S. 935.

208 Abg. der DP *Heile,* 32. Sitzung des Grundsatzausschusses, in: Der Parlamentarische Rat, Bd. 5/II, Nr. 42, S. 935.

209 Stellungnahme des Allg. Redaktionsausschusses, in: Der Parlamentarische Rat, Bd. 7, Nr. 4, S. 138.

210 Stellungnahme des Allg. Redaktionsausschusses, in: Der Parlamentarische Rat, Bd. 7, Nr. 4, S. 138.

211 *Stern,* Staatsrecht, Bd. IV/1, S. 444, Fn. 487.

Version, sodass es bei der kürzeren Formulierung des Allgemeinen Redaktionsausschusses blieb.[212] Aus dem Wegfall der Bezeichnung der Ehe als der „rechtmäßigen Form der fortdauernden Lebensgemeinschaft von Mann und Frau“, wird abgeleitet, dass davon abgesehen wurde, die Ehe als „einzige“ rechtlich anerkannte Form der Lebensgemeinschaft von Mann und Frau zu sichern.[213] Zudem ist die Fassung des Art. 6 Abs. 1 GG insoweit weiter als Art. 119 Abs. 1 S. 1 WRV, als hierin die Ehe nicht mehr als „Grundlage des Familienlebens und der Erhaltung und Vermehrung der Nation“ bezeichnet wird.[214] Der dieser Fassung entsprechende Antrag der CDU/CSU-Fraktion wurde abgelehnt. Aus dem Wegfall dieser Bezeichnung und hiermit verbunden dem eigenständigen Schutz der Familie im Grundgesetz ergibt sich, dass die exklusive Funktionszuweisung als Grundlage der Familie, welche die Ehe in der Weimarer Reichsverfassung erhielt, entfallen ist. Ehe und Familie stehen nun gleichberechtigt nebeneinander.[215]

Allerdings zeigt sich trotz einer gewissen Offenheit des Verfassungsgebers in Bezug auf außereheliche Lebensgemeinschaften in den Beratungen der Abgeordneten, dass diese mit einer solch großen Selbstverständlichkeit von der Ehe als Verbindung zwischen Mann und Frau ausgingen, dass sie eine Erwähnung dieser Tatsache im Verfassungstext wohl für überflüssig hielten. Dies gilt insbesondere vor dem Hintergrund, dass zur Zeit der Verfassungsgebung die Homosexualität gem. § 175 StGB a.F. unter Strafe gestellt war.[216] Die nach der zweiten Lesung beschlossene Fassung[217] wurde schließlich von einem Fünferausschuss neu geordnet und um das Erziehungsrecht der Eltern ergänzt.[218] In seiner 47. Sitzung am 8. Februar 1949 nahm der Hauptausschuss die neu gegliederte Fassung in dritter Lesung an.[219] Auch in der vierten Lesung des Hauptausschusses (57. Sitzung, 5. Mai 1949) wurde der Absatz 1 in der Fassung des Allgemeinen Redaktionsausschusses nicht mehr geändert[220] und

212 43. Sitzung des Hauptausschusses, in: Der Parlamentarische Rat, Bd. 14/II, Nr. 43, S. 1346.

213 *Klein,* in: v. Mangoldt/Klein, GG, 2. Aufl., Bd. 1, Art. 6 Anm. III/2, S. 266; *I. v. Münch,* in: Landwehr, Nichteheliche Lebensgemeinschaft, S. 137 (144 f.).

214 So auch *Klein,* in: v. Mangoldt/Klein, GG, 2. Aufl., Bd. 1, Art. 6 Anm. III/2, S. 266.

215 So auch *Mager,* Einrichtungsgarantien, S. 198; *Rijsbergen,* Der besondere Schutz von Ehe und Familie, S. 129; *E. M. v. Münch,* in: Benda/Maihofer/Vogel, HVerfR, § 9 Rn. 4; *Coester-Waltjen,* in: v. Münch/Kunig, GG, Bd. 1, Art. 6 Rn. 4; krit. *Lecheler,* in: Isensee/P. Kirchhof, HStR VI, § 133 Rn. 42 ff.; vermittelnd *Robbers,* in: v. Mangoldt/Klein/Starck, GG, Bd. 1, Art. 6 Rn. 17 f.

216 So auch *Rijsbergen,* Der besondere Schutz von Ehe und Familie, S. 127.

217 Fassung des Hauptausschusses in zweiter Lesung, Drucks. 535 vom 20.01.1949.

218 Vorschlag des Fünferausschusses vom 05.02.1949, Drucks. 591.

219 47. Sitzung des Hauptausschusses, in: Der Parlamentarische Rat, Bd. 14/II, Nr. 47, S. 1490.

220 57. Sitzung des Hauptausschusses, in: Der Parlamentarische Rat, Bd. 14/II, Nr. 57, S. 1815.

schließlich ohne weitere Erörterungen als Art. 6 Abs. 1 GG in die Endfassung des Grundgesetzes aufgenommen[221].

2. *Die Formulierung des „besonderen Schutzes" in Art. 6 Abs. 1 GG*

Auch in der Entstehungsgeschichte des Art. 6 Abs. 1 GG lässt sich – wie auch bei Art. 119 Abs. 1 S. 1 WRV[222] – die Intention des Gesetzgebers erkennen, Art. 6 Abs. 1 GG als Einrichtungsgarantie auszugestalten. Darüber hinaus ist zu untersuchen, ob sich aus der Entstehungsgeschichte des Art. 6 Abs. 1 GG weitere Rückschlüsse auf die Bedeutung des „besonderen" Eheschutzes ziehen lassen.

a. Die Interpretation des Art. 6 Abs. 1 GG als Institutsgarantie

In den Sitzungen des Grundsatzausschusses wird die Formulierung des „besonderen Schutzes" der Ehe primär mit der aus Art. 119 Abs. 1 WRV übernommenen Einordnung des Artikels als Institutsgarantie verbunden. Zwar lassen sich in den Vorarbeiten zum Grundgesetz keine expliziten Äußerungen zu den Einrichtungsgarantien finden. Formulierungen wie die Ehe sei „als Institution (...) aufrechtzuerhalten"[223] oder die „Grundinhalte von Ehe und Familie" könnten „nur durch verfassungsänderndes Gesetz berührt werden"[224] sowie die Verweise auf Art. 119 Abs. 1 WRV[225] im Zusammenhang mit der Diskussion über den „besonderen Schutz" lassen aber erkennen, dass das Prinzip der Einrichtungsgarantie den für das Grundgesetz verantwortlichen Abgeordneten nicht fremd war.[226]

---

221 Fassung der vierten Lesung des Hauptausschusses, in: Der Parlamentarische Rat, Bd. 7, Nr. 13, S. 533.

222 Vgl. oben unter 2. Teil, A., I., 4., a.

223 Abg. *Süsterhenn*, 29. Sitzung des Grundsatzausschusses, in Der Parlamentarische Rat, Bd. 5/II, Nr. 38, S. 827.

224 Abg. *v. Mangoldt*, 24. Sitzung des Grundsatzausschusses, in Der Parlamentarische Rat, Bd. 5/II, Nr. 31, S. 643.

225 Vgl. Abg. *v. Mangoldt*, 24. Sitzung des Grundsatzausschusses, in: Der Parlamentarische Rat, Bd. 5/II, Nr. 31, S. 643; 29. Sitzung des Grundsatzausschusses, in: Der Parlamentarische Rat, Bd. 5/II, Nr. 38, S. 826; Abg. *Weber*, 29. Sitzung des Grundsatzausschusses, in: Der Parlamentarische Rat, Bd. 5/II, Nr. 38, S. 806.

226 So auch *Stern*, Staatsrecht, Bd. III/1, S. 764. Die bereits zur Zeit der Weimarer Reichsverfassung geltende „Lehre von den Einrichtungsgarantien" gewann nach der völligen Aushöhlung und Außerkraftsetzung durch den Nationalsozialismus noch vor Inkrafttreten des Grundgesetzes im Rahmen der Kommentierungen zweier Landesverfassungen aus dem Jahr 1948 langsam wieder an Bedeutung, vgl. hierzu *Stern*, Staatsrecht, Bd. III/1, S. 763 m.w.N. Die Ehe wird in diesem Zusammenhang bereits wieder als Einrichtungsgarantie genannt.

b. Eigenständige Bedeutung des „besonderen Schutzes"?

Aus der Eigenschaft des Art. 6 Abs. 1 GG als Institutsgarantie ergibt sich bereits, dass die Institution Ehe als solche unmittelbar vor Aushöhlung oder Zerstörung durch den einfachen Gesetzgeber geschützt werden sollte. Eine Änderung ihrer grundlegenden Strukturprinzipien sollte nur im Wege einer Verfassungsänderung möglich sein. Ein Grund für diesen Schutz wird, im Gegensatz zur Weimarer Reichsverfassung, explizit nicht genannt, es ist aber anzunehmen, dass wie in der Weimarer Reichsverfassung auch die Ehe als staatlich präferierte und althergebrachte Form der Paarbeziehung zwischen Mann und Frau angesehen wurde und aufgrund dessen den Schutz der Verfassung genießen sollte. Ob sich über die Eigenschaft der Norm als Institutsgarantie hinaus aus der Genese der Norm eine eigenständige Bedeutung des „besonderen Schutzes" ermitteln lässt, ist im folgenden Absatz zu untersuchen.

Der Wortlaut des Art. 6 Abs. 1 GG wurde mehrmals abgeändert. Die ursprünglich beantragte Version der CDU/CSU-Fraktion wollte die Ehe unter den „besonderen Schutz der Verfassung" stellen. Hieran bemängelte der Abgeordnete *Heuss,* es müsse noch deklariert werden, „in welcher Form die Verfassung die Ehe schützt".[227] Die DP beantragte, die Ehe „unter den Schutz des Staates" zu stellen.[228] Dieser Antrag wurde aber unter anderem mit Verweis auf die Verfassungstradition der Weimarer Reichsverfassung zugunsten des CDU-Antrags abgelehnt.[229] Der Allgemeine Redaktionsausschuss schlug daraufhin vor, die Ehe „unter den besonderen Schutz der staatlichen Ordnung" zu stellen[230], während der aufgrund von Verbesserungsvorschlägen des deutschen Sprachvereins erstellte und vom Vorsitzenden *von Mangoldt* eingebrachte Entwurf die Ehe lediglich „unter den Schutze der Verfassung" gestellt sehen wollte[231]. *Von Mangoldt* hielt besagten Entwurf für eine inhaltlich gleiche aber sprachlich besser gefasste Version des ursprünglichen CDU/CSU-Antrags.[232] Zwar war ihm bewusst, dass auf die Formulierung des „besonderen Schutzes" verzichtet wurde, er hielt diese aber nicht für unbedingt zwingend.[233] Eine Diskussion erfolgte weder über den „besonderen" Schutz noch über den Wechsel zwischen „Verfassung" und „staatlicher Ordnung". Sachliche Unterschiede wurden in den verschiedenen

---

227 29. Sitzung des Grundsatzausschusses, in: Der Parlamentarische Rat, Bd. 5/II, Nr. 38, S. 808 f.

228 Anträge der DP vom 19.11.1948, Drucks. 298, 29. Sitzung des Grundsatzausschusses, in: Der Parlamentarische Rat, Bd. 5/II, Nr. 38, S. 825.

229 29. Sitzung des Grundsatzausschusses, in: Der Parlamentarische Rat, Bd. 5/II, Nr. 38, S. 826.

230 Stellungnahme des Allg. Redaktionsausschusses, in: Der Parlamentarische Rat, Bd. 7, Nr. 4, S. 138.

231 32. Sitzung des Grundsatzausschusses, in: Der Parlamentarische Rat, Bd. 5/II, Nr. 42, S. 935.

232 32. Sitzung des Grundsatzausschusses, in: Der Parlamentarische Rat, Bd. 5/II, Nr. 42, S. 935.

233 Abg. *v. Mangoldt,* 32. Sitzung des Grundsatzausschusses, in: Der Parlamentarische Rat, Bd. 5/II, Nr. 42, S. 935.

Formulierungen wohl nicht erblickt, es bestand aber zumindest Einigkeit darüber, Ehe und Familie mit Verfassungsrang auszustatten und ihnen einen inhaltlich mit Art. 119 Abs. 1 S. 1 WRV vergleichbaren Schutz zu gewähren, welcher aber im Gegensatz zu den Grundrechten der Weimarer Reichsverfassung unmittelbar geltendes Recht darstellen sollte.[234] Aus der mehrfachen Abänderung des Wortlauts der Norm sowie dem kommentarlosen Wechsel zwischen dem „Schutz" der Ehe und dem „besonderen Schutz" ergibt sich, dass auf die genaue Formulierung kein gesteigerter Wert gelegt wurde.

Hinzu kommt, dass zum Zeitpunkt der Verfassungsgebung die Reichweite des verfassungsrechtlichen Eheschutzartikels unter den Abgeordneten nicht abschließend geklärt war.[235] Eine genaue rechtliche Einordnung der Norm wurde nicht vorgenommen.[236] Der ursprüngliche Antrag der CDU[237] sprach noch von „aus der Ehe (...) fließenden Rechten und Pflichten" während die Abgeordneten *Heuss*[238] und *Bergsträsser*[239] in dieser Fassung eine reine Deklaration und kein unmittelbar geltendes Recht erblickten. In dem Antrag der DP, welcher die Ehe unter den Schutz des Staates stellte, sah wiederum *von Mangoldt* keinerlei rechtliche Bedeutung.[240] Der Allgemeine Redaktionsausschuss, welcher die endgültige Fassung des späteren Art. 6 Abs. 1 GG vorschlug, deklarierte, dass durch den Schutz der Ehe auch die aus der Ehe „fließenden Rechte" unter dem besonderen Schutz der staatlichen Ordnung stehen.[241]

Festzuhalten bleibt deshalb, dass zwar der Schutz der Ehe gewollt war, auf einen darüber hinaus gehenden, qualifizierten, herausgehobenen, „besonderen" Schutz dieses Rechtsinstituts weist die Genese der Norm hingegen nicht hin. Die Ehe sollte als schützenswertes Verfassungsgut anerkannt und in ihren althergebrachten Strukturprinzipien gesichert werden, wobei im Gegensatz zu Art. 119 Abs. 1 WRV der Art. 6 Abs. 1 GG mehr als nur Programmfunktion haben sollte.[242] Im Ergebnis kann somit festgestellt werden, dass sich aus der entstehungsgeschichtlichen Betrachtung des Art. 6 Abs. 1 GG keine eigenständige Bedeutung der Formulierung des „besonderen Schutzes" ergibt.[243]

---

234 So auch *Stern,* Staatsrecht, Bd. IV/1, S. 444.

235 So auch *Rijsbergen,* Der besondere Schutz von Ehe und Familie, S. 131.

236 *Rijsbergen,* Der besondere Schutz von Ehe und Familie, S. 134.

237 Antrag der CDU/CSU vom 24.11.1948, Drucks. 302, abgedruckt in: Der Parlamentarische Rat, Bd. 5/II, Nr. 31 Fn. 28 (S. 634).

238 29. Sitzung des Grundsatzausschusses, in: Der Parlamentarische Rat, Bd. 5/II, Nr. 38, S. 808.

239 24. Sitzung des Grundsatzausschusses, in: Der Parlamentarische Rat, Bd. 5/II, Nr. 31, S. 643.

240 29. Sitzung des Grundsatzausschusses, in: Der Parlamentarische Rat, Bd. 5/II, Nr. 38, S. 826.

241 Stellungnahme des Allg. Redaktionsausschusses, in: Der Parlamentarische Rat, Bd. 7, Nr. 4, S. 138.

242 So auch *Stern,* Staatsrecht Bd. IV/1, S. 444.

243 So auch *Rijsbergen,* Der besondere Schutz von Ehe und Familie, S. 130 f.

III. Unterschiede und Gemeinsamkeiten zwischen Art. 119 Abs. 1 S. 1 WRV und Art. 6 Abs. 1 GG

1. Konservativer Ursprung beider Normen

Die Diskussionen der Abgeordneten zu Art. 6 Abs. 1 GG waren – wie bei den Verhandlungen zu Art. 119 WRV auch – geprägt durch den Willen der konservativen Parteien, die Ehe zu schützen, während vor allem die Abgeordneten der SPD zum einen den Schutz der Mutter und des nichtehelich geborenen Kindes forderten und zum anderen die unmittelbare Wirksamkeit eines verfassungsrechtlichen Eheschutzes in Zweifel zogen.[244] Der „Weimarer Verfassungskompromiss" setzte sich im Grundgesetz fort.[245] Auch die Parteien des Parlamentarischen Rates zeigten hohe Konsensbereitschaft. Während sich die CDU/CSU, das Zentrum und die DP für Ehe, Familie, die Eltern-Kind-Beziehung und das Elternrecht einsetzten, waren die Sozialdemokraten und die Freien Demokraten eher am Schutz der Mutter und an der Gleichstellung der unehelichen mit den ehelichen Kindern interessiert.[246] Aufgrund dieser unterschiedlichen Positionen wurde im Rahmen des „großen Bonner Grundrechtskompromisses" im Austausch gegen die Zustimmung der SPD-Fraktion zu Art. 6 und Art. 7 GG die Zustimmung der bürgerlichen Parteien zu Art. 15 GG erreicht.[247]

Art. 119 WRV und Art. 6 Abs. 1 GG haben insoweit gemeinsam, dass sie auf Antrag der konservativen Kräfte des jeweiligen Parlaments die bürgerliche Ehe, als auf Dauer angelegte Beziehung zwischen Mann und Frau, unter einen besonderen verfassungsrechtlichen Schutz stellen. Andere Formen des Zusammenlebens, wie beispielsweise die nichteheliche Lebensgemeinschaft oder die gleichgeschlechtliche Partnerschaft wurden dabei nicht berücksichtigt, denn die Verfassungsgeber sahen die Ehe als verfassungsrechtlich zu privilegierende Normalform und Regelfall des Zusammenlebens zwischen Mann und Frau an. Im Gegensatz zur Weimarer Reichsverfassung waren sich die Verfassungsgeber des Grundgesetzes aber durchaus über die Existenz außerehelicher Verbindungen bewusst und lehnten diese auch nicht entschieden ab, ein expliziter verfassungsrechtlicher Schutz derselben sollte aber nicht erfolgen. Die gleichgeschlechtliche Lebensgemeinschaft wird weder bei den Vorarbeiten zu Art. 119 Abs. 1 S. 1 WRV noch zu Art. 6 Abs. 1 GG erwähnt.

2. Die Verbindung von Ehe und Familie

Unterschiedlich gehandhabt wird in den Verfassungen die Beziehung zwischen Ehe und Familie. Während die Weimarer Reichsverfassung die Eigenschaft der Ehe als Vorstufe zur Familie und Grundlage des Familienlebens betont, wurden solche

---

244 Vgl hierzu oben Teil 2, A., II., 1., a.

245 Vgl. hierzu oben Teil 2, A., I., 2., c.

246 *Stern,* Staatsrecht, Bd. IV/1, S. 367.

247 *Stern,* Staatsrecht, Bd. IV/1, S. 367; *Ipsen,* in: Isensee/P. Kirchhof, HStR VII, § 154 Rn. 2.

Formulierungen aus Art. 6 Abs. 1 GG gestrichen. Ehe und Familie stehen vom Wortlaut her betrachtet, verbunden durch ein "und", gleichberechtigt nebeneinander, auf eine kausale Verknüpfung der beiden Institute wurde verzichtet.[248] Zwar ging es auch bei der Bearbeitung des Art. 6 Abs. 1 GG um bevölkerungspolitische Motive,[249] der explizite bevölkerungspolitische Bezug des Art. 119 Abs. 1 S. 1 WRV wurde in Art. 6 Abs. 1 GG aber nicht übernommen, weswegen wurde nicht näher diskutiert[250]. Wahrscheinlich wollte man den ursprünglichen, nationalistisch klingenden Wortlaut abändern, um jegliche Verbindung zum NS-Regime zu vermeiden.[251] Zudem wollte man eine Diskriminierung von kinderlosen Ehen verhindern.[252]

Dadurch, dass die Ehe nicht mehr „nur" als Vorstufe der Familie, sondern gleichberechtigt neben der Familie steht, lässt sich eine geänderte Ausrichtung des Eheschutzes bzw. ein geändertes Funktionsverständnis im Vergleich zur Weimarer Reichsverfassung erkennen. Diente die Ehe in der damaligen Zeit aufgrund ihrer Reproduktionsfunktion noch primär der Volksgemeinschaft, lässt sich im Grundgesetz eine subjektive und individualistische Ausrichtung des Eheschutzes erkennen.[253] Die Ehe wird auch um ihrer selbst willen als Lebens- und Arbeitsgemeinschaft geschützt.[254] Daneben zwar auch, jedoch – im Unterschied zu Art. 119 Abs. 1 S. 1 WRV – nicht ausschließlich aufgrund ihrer Eigenschaft als möglicher Vorstufe zur Familie. Trotz dieser Unterschiede verbleibt als verbindendes Element dieser beiden Normen der Wille der Verfassungsgeber sowohl der Weimarer Reichsverfassung als auch des Grundgesetzes, die bürgerliche, monogame Ehe als rechtlich anerkannte Normalform der Paarbeziehung zwischen Mann und Frau sowie möglicher und wahrscheinlicher, aber nicht zwingender und einziger Vorstufe der Familie zu schützen.[255] Zwar sollte der verfassungsrechtliche Schutz der Ehe deren Eigenschaft als staatlich präferierte Lebensform und Grundlage der Familie sichern, die Verfassungsgeber des Grundgesetzes waren sich aber bewusst, dass es neben der Ehe auch noch andere Formen des Zusammenlebens von Mann und Frau gibt und dass die auf der Ehe basierende Familie zwar die Normalform, aber nicht die einzig mögliche Form der Familiengründung darstellt. Ein exklusiver Schutz lediglich der Ehe als Grundlage der Familie kann deshalb im Gegensatz zur Weimarer Reichsverfassung in der Entstehungsgeschichte des Grundgesetzes nicht mehr festgestellt werden.

---

248 *Mager,* Einrichtungsgarantien, S. 198; *Rijsbergen,* Der besondere Schutz von Ehe und Familie, S. 129; *E. M. v. Münch,* in: Benda/Maihofer/Vogel, HVerfR, § 9 Rn. 4; *Coester-Waltjen,* in: v. Münch/Kunig, GG, Bd. 1, Art. 6 Rn. 4; krit. *Lecheler,* in: Isensee/P. Kirchhof, HStR VI, § 133 Rn. 42 ff.; vermittelnd *Robbers,* in: v. Mangoldt/Klein/Starck, GG, Bd. 1, Art. 6 Rn. 17 f.

249 Vgl. oben 1. Teil, A., II., 1., a. So auch *Roellecke,* NJW 2002, 2539 (2539).

250 Näher hierzu *Brosius-Gersdorf,* Familienförderung, S. 182 ff.

251 *Schmid,* Familie in Art. 6 GG, S. 276; *Roellecke,* NJW 2002, 2539 (2539).

252 *Schmid,* Familie in Art. 6 GG, S. 276.

253 *Hofmann,* in: Schmidt-Bleibtreu/Hofmann/Henneke, GG, Art. 6 Rn. 1 f.; *Robbers,* in: v. Mangoldt/Klein/Starck, GG, Bd. 1, Art. 6 Rn. 5.

254 So auch *Coester-Waltjen,* in: v. Münch/Kunig, GG, Bd. 1, Art. 6 Rn. 131.

255 Ähnlich auch *Badura,* in: Maunz/Dürig, GG, Bd. II, Art. 6 (Stand: April 2012) Rn. 23.

3. *Unterschiedliche Bindungswirkung beider Normen*

Prägendes Unterscheidungskriterium der beiden Normen ist ihre unterschiedliche Bindungswirkung. Interpretiert werden zwar sowohl Art. 119 Abs. 1 S. 1 WRV, als auch Art. 6 Abs. 1 GG als Institutsgarantie, allerdings fehlt es Art. 119 Abs. 1 WRV an der Art. 6 Abs. 1 GG eigenen umfassenden Bindungswirkung, sodass die in dieser Norm enthaltene Institutsgarantie wesentlich weitreichender ist als diejenige des Art. 119 WRV. Die Bindungswirkung der Grundrechte wurde nach den Erfahrungen der Weimarer Reichsverfassung und des Nationalsozialismus erheblich ausgeweitet und klar geregelt. Die Grundrechte des Grundgesetzes binden im Gegensatz zu den Grundrechten der Weimarer Reichsverfassung[256] alle Träger der Staatsgewalt als unmittelbar geltendes Recht.[257] Sie sind mehrfach durch das Grundgesetz selbst abgesichert, vgl. Art. 1 Abs. 3 GG, Art. 19 Abs. 1 und 2 GG und Art. 79 Abs. 3 GG und stellen vom Einzelnen einklagbares Recht dar, vgl. Art. 19 Abs. 4 GG und § 90 BVerfGG. Eine Verfassungsänderung ist zwar möglich, denn nur die Art. 1 und 20 GG sowie die Gliederung des Bundes in Länder und die grundsätzliche Mitwirkung der Länder gehören gem. Art. 79 Abs. 3 GG zu dem sog. verfassungsfesten Minimum. Allerdings sind hierbei die nach Art. 79 Abs. 2 GG nötige Zweidrittelmehrheit sowie der (mittelbare) Schutz über die Menschenwürdegarantie und die Grundsätze der Demokratie und des Rechtsstaates zu beachten.[258] Art. 6 Abs. 1 GG stellt zwingendes Verfassungsrecht dar, Art. 119 Abs. 1 S. 1 WRV war hingegen, trotz der bereits damals erfolgten Auslegung als Institutsgarantie, ein reines Gesetzgebungsprogramm ohne unmittelbare Rechtswirkung.

4. *Keine entstehungsgeschichtlich belegte eigenständige Bedeutung des „besonderen Schutzes“*

Schließlich betonen beide Normen den „besonderen Schutz“ der Ehe. Allerdings lässt sich weder aus der Entstehungsgeschichte des Art. 119 Abs. 1 S. 1 GG, noch aus derjenigen des Art. 6 Abs. 1 GG eine eigenständige Bedeutung der Formulierung des „besonderen Schutzes“ im Sinne einer herausgehobenen Stellung oder qualitativen Abstufung gegenüber anderen Verfassungsgütern ermitteln. Vielmehr wurde eine explizite rechtliche Einordnung dieser Formulierung nicht vorgenommen, sodass sich aus der Entstehungsgeschichte nicht abschließend ermitteln lässt, was unter dem „besonderen Schutz“ der Ehe zu verstehen ist.[259] Insofern ist es Aufgabe von

256 Zur Bindungswirkung der Grundrechte der Weimarer Reichsverfassung vgl. oben 2. Teil, A., I., 3., d. Siehe auch *Winkler,* Weimarer Demokratie, S. 30; *Frotscher/Pieroth,* Verfassungsgeschichte, § 16 Rn. 542.

257 Vgl. Art. 1 Abs. 3 GG.

258 *Frotscher/Pieroth,* Verfassungsgeschichte, § 21 Rn. 813.

259 So auch *v. Campenhausen,* in: VVDStRL 45 (1987), S. 8 (34); *Pirson,* in: Kahl/Waldhoff/Walter, BK-GG, Bd. 2, Art. 6 Abs. 1 (Stand: August 1976) Rn. 2; *Gröschner,* in: Dreier, GG, 2. Aufl., Bd. I, Art. 6 Rn. 16; *Krings,* ZRP 2000, 409 (411); *Burgi,* Der Staat 39 (2000), 487 (499).

Wissenschaft und Rechtsprechung, eine weitergehende Konkretisierung dieser Formulierung vorzunehmen.

B. Das verfassungsgerichtliche Eheverständnis

In Kenntnis einer Vielzahl weiterer Möglichkeiten des Zusammenlebens von Menschen, stellt das Grundgesetz allein Ehe und Familie unter den „besonderen Schutz" des Staates. Dabei setzt es die Ehe als „besondere Form menschlichen Zusammenlebens" voraus, ohne diese näher zu bestimmen.[260] Bevor der Gewährleistungsumfang des in Art. 6 Abs. 1 GG statuierten „besonderen Schutzes" untersucht wird, muss deshalb zunächst festgestellt werden, was genau Schutzobjekt dieses Artikels ist.

I. Notwendigkeit einer verfassungsgerichtlichen Bestimmung des Ehebegriffes

Wenn die Ehe als Erscheinungsform des sozialen Lebens, wie durch Art. 6 Abs. 1 GG geschehen, zum Tatbestandsmerkmal eines Rechtssatzes gemacht wird, ist die Klärung des verfassungsrechtlichen Ehebegriffs für einen effektiven Verfassungsschutz zwingend notwendig.[261] Hierbei stellt sich die Frage, woraus sich dieser Ehebegriff ergibt.

Eine Ableitung des Ehebegriffs anhand der Bedeutung der Ehe in der außerrechtlichen Ordnung kommt nicht in Betracht. Zwar ist die Ehe auch außerhalb des Rechtssystems ein geläufiger Begriff des Soziallebens, welcher sich durch einen engen Bezug zur Lebenswirklichkeit auszeichnet, das heißt, tatsächlich gelebt wird.[262] Der reine Hinweis auf die Bedeutung des Begriffes in der sozialen Gemeinschaft genügt jedoch im Rahmen der Bestimmung eines Tatbestandsmerkmals einer Verfassungsnorm nicht.[263] Dies gilt schon allein vor dem Hintergrund, dass die Ehe als soziale Erscheinung im Laufe der Zeit eine nicht unerhebliche Wandlung ihrer Wesensmerkmale vollzogen hat und dies in Zukunft womöglich auch weiterhin tun wird, sodass ein vom außerrechtlichen Ehebegriff abgeleiteter verfassungsrechtlicher Ehebegriff stets dem gesellschaftlichen Wandel unterliegen

---

260 BVerfGE 105, 313 (345); so auch *Badura*, in: Maunz/Dürig, GG, Bd. II, Art. 6 (Stand: Mai 2013) Rn. 33; *Leibholz/Rinck*, GG, Bd. I, Art. 6 (Stand: Mai 2014) Rn. 46; *Kotzur*, in: Stern/Becker, Grundrechte, Art. 6 Rn. 15; *Ipsen*, in: Isensee/P. Kirchhof, HStR VII, § 154 Rn. 9. Vgl. hierzu auch *Pirson*, in: Kahl/Waldhoff/Walter, BK-GG, Bd. 2, Art. 6 Abs. 1 (August 1976) Rn. 1.

261 BVerfGE 31, 58 (69); 36, 146 (161 f.); so auch *Coester-Waltjen*, in: v. Münch/Kunig, GG, Bd. 1, Art. 6 Rn. 3; *Richter*, in: Denninger u.a., AK-GG, Art. 6 (Stand: 2001) Rn. 15; *Pirson*, in: Kahl/Waldhoff/Walter, BK-GG, Bd. 2, Art. 6 Abs. 1 (Stand: August 1976) Rn. 1; *Stern*, Staatsrecht Bd. IV/1, S. 368; *Lecheler*, in: Isensee/P. Kirchhof, HStR VI, § 133 Rn. 15.

262 *Gade*, VR 2002, 397 (397); *Zeidler*, in: Benda/Maihofer/Vogel, HVerfR, S. 555 (555).

263 *Pirson*, in: Kahl/Waldhoff/Walter, BK-GG, Bd. 2, Art. 6 Abs. 1 (Stand: August 1976) Rn. 1; *Stern*, Staatsrecht, Bd. IV/1, S. 330.

würde.[264] Auch eine Bestimmung des Begriffs der Ehe durch das jeweils geltende einfache Recht ist aufgrund der herausgehobenen Stellung des Art. 6 Abs. 1 GG als Verfassungsnorm nicht möglich.[265] Im Umkehrschluss ergibt sich dagegen vielmehr, dass einfachgesetzliche Normen an Art. 6 Abs. 1 GG als vorrangiger und grundsätzlicher Leitnorm gemessen werden müssen.[266] Dies hindert den einfachen Gesetzgeber aber nicht daran, das Institut der Ehe einfachrechtlich auszugestalten.[267] Eine Ableitung des Ehebegriffs aus dem Naturrecht scheitert schließlich an dessen Nachweisbarkeit und Wandelbarkeit.[268]

Notwendig ist folglich eine selbstständige verfassungsgerichtliche Begriffsbildung. Die Unbestimmtheit des Ehebegriffs ist dabei von Vorteil,[269] denn eine feste Definition der Ehe im Grundgesetz bzw. eine ausschließliche Begriffsbestimmung der geschützten Institute des Art. 6 Abs. 1 GG anhand ihrer Bedeutung zu Zeiten der Grundgesetzgebung würde den Ehebegriff und damit Art. 6 Abs. 1 GG versteinern.[270] Gerade in diesem Bereich der höchstpersönlichen Lebensgestaltung muss das Verfassungsrecht aber genügend Spielraum für eine sich wandelnde Ausgestaltung des Ehebegriffs durch die Legislative lassen[271].

II. Der Ehebegriff in der Rechtsprechung des Bundesverfassungsgerichts

Der verfassungsgerichtliche Ehebegriff wurde durch zahlreiche Entscheidungen des Bundesverfassungsgerichts geprägt und über Jahre hinweg ständig weiterentwickelt. Dabei hielt das Gericht den Begriff der Ehe in seinen ersten beiden Entscheidungen zu diesem Themenkomplex[272] noch für so selbstverständlich, dass es auf eine Definition verzichtete.[273]

In jüngster Rechtsprechung versteht das Gericht unter Ehe im Sinne des Art. 6 Abs. 1 GG die Vereinigung eines Mannes und einer Frau zu einer auf Dauer angelegten Lebensgemeinschaft, begründet auf freiem Entschluss unter

264 *Pirson,* in: Kahl/Waldhoff/Walter, BK-GG, Bd. 2, Art. 6 Abs. 1 (Stand: August 1976) Rn. 1.

265 *V. Coelln,* in: Sachs, GG, Art. 6 Rn. 2; *Coester-Waltjen,* in: v. Münch/Kunig, GG, Bd. 1, Art. 6 Rn. 3.

266 BVerfGE 31, 58 (69 f.); 36, 146 (162).

267 BVerfGE 31, 58 (70); 36, 146 (162).

268 *V. Coelln,* in: Sachs, GG, Art. 6 Rn. 2; *Coester-Waltjen,* in: v. Münch/Kunig, GG, Bd. 1, Art. 6 Rn. 3.

269 So auch *Lecheler,* in: Isensee/P. Kirchhof, HStR VI, § 133 Rn. 15; unentschieden *Stern,* Staatsrecht, Bd. IV/1, S. 368.

270 *V. Coelln,* in: Sachs, GG, Art. 6 Rn. 2.

271 *Seiler,* in: Kahl/Waldhoff/Walter, BK-GG, Bd. 2, Art. 6 Abs. 1 GG (Stand: Juli 2014) Rn. 56.

272 BVerfGE 3, 225 (225 ff.) und BVerfGE 6, 55 (55 ff.).

273 *Zuck,* NJW 2009, 1449 (1450).

Mitwirkung des Staates, in der Mann und Frau in gleichberechtigter Partnerschaft zueinander stehen und über die Ausgestaltung ihres Zusammenlebens frei entscheiden können.[274] Hierbei geht das Bundesverfassungsgericht davon aus, dass der Verfassung das durch das Christentum und das römische Recht geprägte Bild der „verweltlichten" bürgerlich-rechtlichen Ehe zugrunde liegt, so wie es der allgemeinen Begriffsverwendung zur Zeit der Verfassungsgebung entsprach.[275] Die Basis des verfassungsgerichtlichen Ehebegriffs bildet somit das zum Zeitpunkt der Verfassungsgebung allgemein geteilte Wortverständnis, welches sich an das damals geltende Eherecht anlehnt.[276] Dies entspricht auch dem entstehungsgeschichtlichen Befund. Die Verfassungsgeber des Grundgesetzes hatten bei der Ausarbeitung des Art. 6 Abs. 1 GG ganz selbstverständlich und wie zur Zeit der Verfassungsgebung auch üblich, eine auf Dauer angelegte Verbindung zwischen Mann und Frau als damalige Normalform der menschlichen Paarbeziehung vor Augen.[277] Eigens in den Verfassungstext aufgenommen wurde diese Vorstellung aber nicht. Damit verweist die Verfassung auf eine Form des menschlichen Zusammenlebens, welche zwar primär der sozialen Wirklichkeit angehört, seit jeher aber auch eine bestimmte Form in der Rechtsordnung gefunden hat, an welche die verfassungsrechtliche Garantie des Art. 6 Abs. 1 GG nun anknüpft.[278] Dieses historisch überlieferte Konzept der Ehe hat das Bundesverfassungsgericht durch die verfassungsdogmatische Struktur des Art. 6 Abs. 1 GG abgesichert.[279]

1. *Die durch Art. 6 Abs. 1 GG gewährleisteten Strukturprinzipien der Ehe*

Bei der verfassungsgerichtlichen Definition des Ehebegriffes orientiert sich das Bundesverfassungsgericht eng an den Wertungen des Grundgesetzes. Aus diesen besonderen Wertentscheidungen leitet das Gericht aber keine feststehende,

---

274 BVerfGE 105, 313 (345). Vgl. auch BVerfGE 121, 175 (193, 198); so auch weite Teile des Schrifttums, beispielsweise *Badura,* in: Maunz/Dürig, GG, Bd. II, Art. 6 (Stand: April 2012) Rn. 4; *Burgi,* in: Friauf/Höfling, GG, Bd. 1, Art. 6 (Stand: 2002) Rn. 18; *Coester-Waltjen,* in: v. Münch/Kunig, GG, Bd. 1, Art. 6 Rn. 5; *Jarass,* in: ders./Pieroth, GG, Art. 6 Rn. 4; *Robbers,* in: v. Mangoldt/Klein/Starck, GG, Bd. 1, Art. 6 Rn. 38; *Sodan,* in: ders., GG, Art. 6 Rn. 3; *Umbach,* in: ders./Clemens, GG, Bd. I, Art. 6 Rn. 22; *Lecheler,* in: Isensee/P. Kirchhof, HStR VI, § 133 Rn. 19 ff.; *Epping,* Grundrechte, Rn. 505; *Burgi,* Der Staat 39 (2000), 487 (491); *Pauly,* NJW 1997, 1955 (1955); *Karpen,* JuS 1987, 593 (597).

275 BVerfGE 31, 58 (83); 53, 224 (245); BVerfG (K), NJW 2001, 2874 (2874); so auch *Uhle,* in: Epping/Hillgruber, OK-GG, Art. 6 (Stand: 01.09.2015) Rn. 2; *v. Coelln,* in: Sachs, GG, Art. 6 Rn. 3.

276 *Seiler,* in: Kahl/Waldhoff/Walter, BK-GG, Bd. 2, Art. 6 Abs. 1 (Stand: Juli 2014) Rn. 56.

277 Vgl. hierzu und insgesamt zur Entstehungsgeschichte des besonderen Eheschutzes Teil 2, A.; so auch *Ipsen,* in: Isensee/P. Kirchhof, HStR VII, § 154 Rn. 9, der von einer Evidenz des Ehebegriffs für die Schöpfer des Grundgesetzes ausgeht.

278 *Badura,* in: Maunz/Dürig, GG, Bd. II, Art. 6 (Stand: April 2012) Rn. 4.

279 *Benedict,* JZ 2013, 477 (478).

abstrakte Definition der Ehe ab, sondern wesentliche, das Institut der Ehe prägende „Strukturprinzipien“ durch die sich die Ehe definiert und welche dieser trotz des gesellschaftlichen Wandels und den damit verbundenen rechtlichen Veränderungen zugewiesen sind.[280] Diese wesentlichen Strukturprinzipien ergeben sich aus der Anknüpfung des Art. 6 Abs. 1 GG an die vorgefundene Lebensform Ehe in Verbindung mit dem Freiheitscharakter des verbürgten Grundrechts und anderen Verfassungsnormen.[281] Das Bundesverfassungsgericht spricht in diesem Zusammenhang vom „Ordnungskern“ der Ehe.[282] Dieser wird durch die in Art. 6 Abs. 1 GG enthaltene Institutsgarantie geschützt und muss vom Gesetzgeber beachtet werden; darüber hinaus obliegt die einfachrechtliche Ausgestaltung der Ehe dem Gesetzgeber.[283] Das Bundesverfassungsgericht und mit ihm die überwiegende Meinung[284] zählen zum unveränderlichen, durch die Institutsgarantie geschützten Kern der Ehe, dass es sich bei dieser um eine Lebensgemeinschaft zwischen Mann und Frau[285] handelt, welche auf Dauer angelegt[286] bzw. grundsätzlich unauflöslich[287] oder unauflösbar[288] ist, die zudem unter Mitwirkung des Staates geschlossen wird[289] und auf dem freien

280 BVerfGE 10, 59 (66 f.); 31, 58 (69); 105, 313 (345).

281 BVerfGE 36, 146 (162); so auch *Leibholz/Rinck*, GG, Bd. I, Art. 6 (Stand: Mai 2014) Rn. 46; vgl. hierzu auch *Gröschner*, in: Dreier, GG, 2. Aufl., Bd. I, Art. 6 Rn. 36, der im Bezug auf diese Formulierung auf die Gefahr eines Zirkels zwischen Verfassung und verfassungsgemäßem Gesetz einerseits und zwischen Regelung und geregelter Lebensform andererseits hinweist.

282 BVerfGE 10, 59 (66).

283 BVerfGE 31, 58 (70); 36, 146 (162); 81, 1 (6 f.); 105, 313 (345).

284 Der Ehebegriff ist unterschiedlicher Deutung zugänglich, je nachdem welche Begriffsmerkmale der Ehe als konstitutiv zugeordnet werden, *Pirson*, in: Kahl/Waldhoff/Walter, BK-GG, Bd. 2, Art. 6 Abs. 1 (Stand: August 1976) Rn. 1. Vgl. beispielsweise *Brosius-Gersdorf*, in: Dreier, GG, 3. Aufl., Bd. I, Art. 6 Rn. 50, welche die Strukturmerkmale der staatlichen Mitwirkung an der Eheschließung, der Einehe, der Eingehung der Ehe auf Lebenszeit sowie die Verschiedengeschlechtlichkeit der Partner nicht als zwingende, durch die Institutsgarantie geschützte Merkmale der Ehe einordnet.

285 BVerfGE 10, 59 (66); 29, 166 (176); 53, 224 (245); 62, 323 (330); 105, 313 (345); vgl. auch *Burgi*, in: Friauf/Höfling, GG, Bd. 1, Art. 6 (Stand: 2002) Rn. 18; *Epping*, Grundrechte, Rn. 505; *Steiner*, in: Merten/Papier, HGR IV, § 108 Rn. 9.

286 BVerfGE 105, 313 (345); so auch *Burgi*, in: Friauf/Höfling, GG, Bd. 1, Art. 6 (Stand: 2002) Rn. 18; *Badura*, in: Maunz/Dürig, GG, Bd. II, Art. 6 (Stand: April 2012) Rn. 4; *Leibholz/Rinck*, GG, Bd. I, Art. 6 (Stand: Mai 2014) Rn. 46.

287 BVerfGE 10, 59 (66); so auch *Badura*, in: Maunz/Dürig, GG, Bd. II, Art. 6 (Stand: April 2012) Rn. 45; *Robbers*, in: v. Mangoldt/Klein/Starck, GG, Bd. 1, Art. 6 Rn. 59; *Hufen*, Grundrechte, § 16 Rn. 4.

288 BVerfGE 49, 286 (300); 53, 224 (245); 62, 323 (330); *Michael/Morlok*, Grundrechte, § 9 Rn. 252.

289 BVerfGE 29, 166 (176); 62, 323 (330); 105, 313 (345); vgl. auch *Umbach*, in: ders./Clemens, GG, Bd. 1, Art. 6 Rn. 22; *Epping*, Grundrechte, Rn. 505.

Entschluss[290] von gleichberechtigten Partnern beruht[291], die über die Ausgestaltung ihres Ehelebens autonom entscheiden können[292]. Das Bundesverfassungsgericht leitet diese Strukturelemente zum einen aus der außerrechtlichen Lebensordnung, zum anderen aus den besonderen Wertentscheidungen des Grundgesetzes ab.[293]

a. Verbindung zwischen Mann und Frau

Wesentliches Strukturmerkmal der Ehe im Sinne des Art. 6 Abs. 1 GG ist nach dem Bundesverfassungsgericht die Verschiedengeschlechtlichkeit der Partner, welche nach Ansicht des Gerichts zu dem durch das Grundgesetz geprägten Gehalt der Ehe gehört, der dieser trotz des gesellschaftlichen Wandels und den mit diesem verbundenen rechtlichen Veränderungen innewohnt.[294]

aa) Verschiedengeschlechtlichkeit der Ehegatten

Die Verschiedengeschlechtlichkeit der Ehegatten wurde in Art. 119 Abs. 1 S. 2 WRV noch ausdrücklich erwähnt und von den Verfassungsgebern des Grundgesetzes dann als selbstverständlich vorausgesetzt.[295] Auch für das Bundesverfassungsgericht[296] und den Großteil der Literatur[297] zählt das Merkmal der Verschiedengeschlechtlichkeit

---

290 BVerfGE 29, 166 (176); 105, 313 (345); so auch *Badura,* in: Maunz/Dürig, GG, Bd. II, Art. 6 (Stand: April 2012) Rn. 4.

291 BVerfGE 37, 217 (249 ff.); 103, 89 (101); 105, 313 (345); BVerfG, NJW 2011, 836 (837); vgl. auch *Uhle,* in: Epping/Hillgruber, OK-GG, Art. 6 (Stand: 01.09.2015) Rn. 7; *Umbach,* in: ders./Clemens, GG, Bd. I, Art. 6 Rn. 24.

292 BVerfGE 39, 169 (183); 48, 327 (338); 66, 84 (94); 105, 313 (345); so auch *Leibholz/Rinck,* GG, Bd. I, Art. 6 (Stand: Mai 2014) Rn. 46; *Uhle,* in: Epping/Hillgruber, OK-GG, Art. 6 (Stand: 01.09.2015) Rn. 6.

293 BVerfGE 10, 59 (66 f.); 31, 58 (69); 105, 313 (345).

294 BVerfGE 105, 313 (345); BVerfG (K), NJW 1993, 3058 (3058).

295 Vgl. hierzu 2. Teil, A., I., 2., a. So auch *v. Coelln,* in: Sachs, GG, Art. 6 Rn. 6; *Uhle,* in: Epping/Hillgruber, OK-GG, Art. 6 (Stand: 01.09.2015) Rn. 4; *Stern,* Staatsrecht, Bd. IV/1, S. 373.

296 Vgl. BVerfGE 10, 59 (66); 31, 58 (69); 36, 146 (161 f.); 49, 286 (300); 53, 224 (245); 58, 377 (391); 62, 323 (330); 76, 1 (51); 87, 234 (264); 103, 89 (101); 105, 313 (345); 115, 1 (19); 121, 175 (193); 131, 239 (259); gegen die Einstufung der Verschiedengeschlechtlichkeit der Ehepartner als wesentliches Strukturprinzip AG Frankfurt am Main, NJW 1993, 940 (940 f.), allerdings aufgehoben durch LG Frankfurt am Main, NJW 1993, 1997 (1997 f.).

297 Vgl. etwa *Uhle,* in: Epping/Hillgruber, OK-GG, Art. 6 (Stand: 01.09.2015) Rn. 4; *Jarass,* in: ders./Pieroth, GG, Art. 6 Rn. 4; *Badura,* in: Maunz/Dürig, GG, Bd. II, Art. 6 (Stand: April 2012) Rn. 58; *Leibholz/Rinck,* GG, Bd. I, Art. 6 (Stand: Mai 2014) Rn. 46; *Richter,* in: Denninger u.a., AK-GG, Art. 6 (Stand: 2001) Rn. 15; *Robbers,* in: v. Mangoldt/Klein/Starck, GG, Bd. 1, Art. 6 Rn. 45; *Seiler,* in: Kahl/Waldhoff/Walter, BK-GG, Bd. 2, Art. 6 Abs. 1 (Stand: Juli 2014) Rn. 62; *Stern,* Staatsrecht, Bd. IV/1, S. 373 f.; *Steiner,* in: Merten/Papier, HGR IV, § 108 Rn. 9; *Ipsen,* in: Isensee/P. Kirchhof, HStR VII, § 154 Rn. 9; *Burgi,* Der Staat 39 (2000), 487 (491); a.A.

unstreitig zu den wesentlichen Strukturprinzipien der Ehe.[298] Begründet wird dieses Strukturmerkmal zum einen mit dem zur Zeit der Verfassungsgebung üblichen Sprachgebrauch, an welchem sich auch die Mitglieder des Parlamentarischen Rates ganz selbstverständlich orientierten.[299] Zudem wird teilweise auf einen systematischen Zusammenhang des Eheschutzes mit dem ebenfalls in Art. 6 Abs. 1 GG geregelten Schutz der Familie verwiesen, als deren biologische Grundlage nur eine Verbindung zwischen Mann und Frau fungieren könne.[300] Dabei schütze das Wesensmerkmal der Verschiedengeschlechtlichkeit nicht die dem Schutz der Privatsphäre unterfallende sexuelle Orientierung der Ehegatten, sondern das grundsätzliche Angelegtsein der Ehe auf die Familie, welches abstrakt, also bezogen auf die potentielle Fortpflanzungsfähigkeit der verschiedengeschlechtlichen Ehegatten und unabhängig von der individuellen Zeugungs- und Gebärfähigkeit bzw. -bereitschaft anzunehmen sei.[301] Das Bundesverfassungsgericht stellt lediglich darauf

---

Brosius-Gersdorf, in: Dreier, GG, 3. Aufl., Bd. I, Art. 6 Rn. 81; *Sanders,* in: Emmenegger/Wiedmann, Linien der Rechtsprechung des BVerfG, S. 351 (365); *Möller,* DÖV 2005, 64 (70); *Ott,* NJW 1998, 117 (118); *Trimbach/Webert,* NJ 1998, 63 (66); *Bruns,* ZRP 1996, 6 (7); *Schimmel/Meier,* StAZ 1993, 210 (213 f.). Krit. auch *Huster,* Neutralität des Staates, S. 579 f.

298 Dagegen gehört die Verpflichtung zur ehelichen Lebensgemeinschaft nicht zu den wesentlichen Strukturprinzipien der Ehe. A.A. *Coester-Waltjen,* in: v. Münch/Kunig, GG, Bd. 1, Art. 6 Rn. 12; *dies.,* in: Gernhuber/Coester-Waltjen, Familienrecht, § 5 Rn. 2 ff.

299 *Seiler,* in: Kahl/Waldhoff/Walter, BK-GG, Bd. 2, Art. 6 Abs. 1 (Stand: Juli 2014) Rn. 62; *Franz/Günther,* JuS 2007, 626 (626); ähnlich *Windthorst,* in: Gröpl/Windthorst/v. Coelln, GG, Art. 6 Rn. 14 f., der in der Geschlechtsverschiedenheit ein entstehungsgeschichtlich verfestigtes Wesensmerkmal der Ehe sieht; ebenso *Coester-Waltjen,* in: v. Münch/Kunig, GG, Bd. 1, Art. 6 Rn. 9; *Stern,* Staatsrecht, Bd. IV/1, S. 373.

300 So etwa *Seiler,* in: Kahl/Waldhoff/Walter, BK-GG, Bd. 2, Art. 6 Abs. 1 (Stand: Juli 2014) Rn. 62; *Krings,* ZRP 2000, 409 (410); vgl. auch *Gade/Thiele,* DÖV 2013, 142 (144), die mit Verweis auf BVerfGE 6, 55 (71) die Grundlage für das Prinzip der Geschlechtsverschiedenheit in der Funktion der Ehe als „Keimzelle einer jeden menschlichen Gemeinschaft" sehen.

301 Vgl. z.B. *v. Coelln,* in: Sachs, GG, Art. 6 Rn. 6, der auf die „prinzipielle (...) Offenheit in Richtung der Familie" als Spezifikum der Verbindung von Mann und Frau abstellt; *Uhle,* in: Epping/Hillgruber, OK-GG, Art. 6 (Stand: 01.09.2015) Rn. 4; *Seiler,* in: Kahl/Waldhoff/Walter, BK-GG, Bd. 2, Art. 6 Abs. 1 (Stand: Juli 2014) Rn. 62; *Robbers,* in: v. Mangoldt/Klein/Starck, GG, Bd. 1, Art. 6 Rn. 45 f., der den Sinn des Art. 6 Abs. 1 GG auch darin sieht, das „Weiterleben der Gesellschaft" zu sichern; vgl. auch *Gröschner,* in: Dreier, GG, 2. Aufl., Bd. I, Art. 6 Rn. 44, der als Unterscheidungsmerkmal einer verschiedengeschlechtlichen Beziehung zu einer gleichgeschlechtlichen Beziehung die „generelle Fortpflanzungsfähigkeit" anführt, bei der es weder auf die individuelle Zeugungs- und Gebärfähigkeit noch auf den individuellen Entschluss, von den betreffenden Fähigkeiten Gebrauch zu machen ankommt; so auch *Gade,* VR 2002, 397 (401); siehe auch *Ipsen,* in:

ab, dass es sich um eine verschiedengeschlechtliche Verbindung handelt. Die individuelle Fortpflanzungsfähigkeit der Ehegatten ist dagegen nicht erforderlich, sodass etwa auch die kinderlose Ehe unter den Schutzbereich des Art. 6 Abs. 1 GG fällt.[302]

Eine von zwei Partnern gleichen Geschlechts eingegangene Verbindung gilt aus diesem Grund nach allgemeiner Ansicht grundsätzlich nicht als Ehe im Sinne des Art. 6 Abs. 1 GG.[303] Allerdings wird immer wieder die Miteinbeziehung gleichgeschlechtlicher Lebenspartnerschaften in den Schutzbereich des Art. 6 Abs. 1 GG bzw. die Öffnung der einfachgesetzlichen Ehedefinition des BGB[304] kontrovers diskutiert.[305] Sowohl Gegner[306] als auch Befürworter[307] einer Einbeziehung

---

Isensee/P. Kirchhof, HStR VII, § 154 Rn. 17; *Nesselrode,* Das Spannungsverhältnis zwischen Ehe und Familie, S. 115; *P. Kirchhof,* FPR 2001, 436 (437), die ebenfalls auf die potentielle Fortpflanzungsfähigkeit zwischen verschiedengeschlechtlichen Ehegatten abstellen.

302 BVerfGE 49, 286 (300); BVerfG (K), NJW 1993, 3058 (3058).

303 Vgl. zuletzt BVerfGE 105, 313 (342); 131, 239 (259); so auch *Badura,* in: Maunz/Dürig, GG, Bd. II, Art. 6 (Stand: April 2012) Rn. 55, 58; *Coester-Waltjen,* in: v. Münch/Kunig, GG, Bd. 1, Art. 6 Rn. 9; *v. Coelln,* in: Sachs, GG, Art. 6 Rn. 6; *Ipsen,* in: Isensee/P. Kirchhof, HStR VII, § 154 Rn. 9; *Stern,* Staatsrecht, Bd. IV/1, S. 373; *Steiner,* in: Hofer/Klippel/Walter, FS für Schwab, S. 433 (439); *Pauly,* NJW 1997, 1955 (1955 f.); *Scholz/Uhle,* NJW 2001, 393 (397); *Gade/Thiele,* DÖV 2013, 142 (144); *Tettinger,* in: Marré/Schümmelfeder/Kämper, Essener Gespräche, Bd. 35 (2001), S. 117 (128, 133 f.); *Rijsbergen,* Der besondere Schutz von Ehe und Familie, S. 224.

304 Vgl. hierzu jüngst den Gesetzentwurf des Bundesrates (BR-Drucks. 18/6665 v. 11.11.2015) sowie den Gesetzentwurf der BT-Fraktion Bündnis 90/Die Grünen (BT-Drucks. 17/6343 v. 29.06.2011, S. 3), die vorschlagen, den § 1353 Abs. 1 S. 1 BGB dergestalt zu erweitern, dass auch gleichgeschlechtliche Personen eine Ehe eingehen können. Vgl. hierzu auch den Antrag der SPD-Fraktion (BT-Drucks. 17/8155 v. 14.12.2011, S. 1 ff.) sowie den Beschluss des Bundesrates (BR-Drucks. 196/13 v. 22.03.2013, S. 6 ff.) in dem dieser auf einen Bedeutungswandel des Eheverständnisses hinweist.

305 Vgl. zur hierzu geführten Diskussion bereits vor Einführung der eingetragenen Lebenspartnerschaft etwa *Bruns/Beck,* MDR 1991, 832 (834); *Schimmel/Meier,* StAZ 1993, 210 (210 ff.); *Louven,* ZRP 1993, 12 (12 ff.); *Willutzki,* MDR 1993, 116 (116 ff.); *Reiß,* KJ 27 (1994), 98 (98 ff.); *Pauly,* NJW 1997, 1955 (1955 ff.); *Trimbach/Webert,* NJ 1998, 63 (63 ff.).

306 *V. Coelln,* in: Sachs, GG, Art. 6 Rn. 6; *Umbach,* in: ders./Clemens, GG, Bd. I, Art. 6 Rn. 58; *Coester-Waltjen,* in: v. Münch/Kunig, GG, Bd. 1, Art. 6 Rn. 9; *Robbers,* in: v. Mangoldt/Klein/Starck, GG, Bd. 1, Art. 6 Rn. 45 f.

307 *Brosius-Gersdorf,* in: Dreier, GG, 3. Aufl., Bd. I, Art. 6 Rn. 81; *dies.,* FamFR 2013, 169 (171), nach der die durch die Institutsgarantie gewährleistete Ehe nicht auf eine Verbindung zwischen Mann und Frau beschränkt ist. Zur Begründung führt sie an, dass an der Institutsgarantie nur diejenigen Merkmale teilnehmen, welche zur Gewährleistung der Funktion der Ehe als Beistands- und Verantwortungsgemeinschaft notwendig sind. Diese Funktion der Ehe könne sowohl von verschiedengeschlechtlichen, als auch von gleichgeschlechtlichen Partnern erfüllt

gleichgeschlechtlicher Lebensgemeinschaften in den Schutzbereich des Art. 6 Abs. 1 GG argumentieren mit der Funktion der Ehe und der Begründung des verfassungsrechtlichen Eheschutzes. Von den Gegnern einer Einbeziehung wird zudem auf einen aktuell noch fehlenden Bedeutungswandel hinsichtlich des den verfassungsrechtlichen Ehebegriff prägenden Merkmals der Verschiedengeschlechtlichkeit der Ehepartner verwiesen,[308] sodass eine Einbeziehung gleichgeschlechtlicher Lebenspartner in den Schutzbereich des Art. 6 Abs. 1 GG nur durch eine Verfassungsänderung möglich sei[309]. Das Bundesverfassungsgericht selbst betont zwar die Bedeutung der herrschenden Anschauungen für den Inhalt des Ehebegriffs,[310] sieht allerdings bis zum jetzigen Zeitpunkt keine „hinreichenden Anhaltspunkte für einen grundlegenden Wandel des Eheverständnisses in dem Sinne, dass der Geschlechtsverschiedenheit keine prägende Bedeutung mehr zukäme".[311] Eine explizite Verfassungsänderung mit dem Ziel der Einbeziehung der gleichgeschlechtlichen Lebenspartnerschaften in den Schutzbereich des Art. 6 Abs. 1 GG wurde 1993 von der gemeinsamen Verfassungskommission abgelehnt.[312]

bb) Transsexualität: Durchbrechung der Verschiedengeschlechtlichkeit?

Eine differenzierte Betrachtung ist im Falle der Transsexualität eines Ehepartners erforderlich. Transsexualität hat eine Diskrepanz zwischen körperlicher und seelischer Geschlechtlichkeit zur Folge.[313] Dies führt dazu, dass Transsexuelle sich dem anderen Geschlecht komplett zugehörig fühlen und ihr eigenes, eindeutig

---

werden; *Sanders,* in: Emmenegger/Wiedmann, Linien der Rechtsprechung des BVerfG, S. 351 (365); *Schimmel,* Eheschließungen gleichgeschlechtlicher Paare?, S. 131; *Beck,* FPR 2010, S. 220 ff.; *Möller,* DÖV 2005, 64 (70); *Ott,* NJW 1998, 117 (119); *Trimbach/Webert,* NJ 1998, 63 (63 ff.).

308 *Coester-Waltjen,* in: v. Münch/Kunig, GG, Bd. 1, Art. 6 Rn. 9; *Umbach,* in: ders./Clemens, GG, Bd. I, Art. 6 Rn. 58; *Badura,* in: Maunz/Dürig, GG, Bd. II, Art. 6 (Stand: April 2012) Rn. 58; *Gade/Thiele,* DÖV 2013, 142 (145); *Lindenberg/Micker,* DÖV 2003, 707 (710); *Gade,* VR 2002, 397 (401); *Robbers,* JZ 2001, 779 (781); *Sachs,* JR 2001, 45 (45); *Krings,* ZRP 2000, 409 (410); *E. M. v. Münch,* in: Benda/Maihofer/Vogel, HVerfR, § 9 Rn. 8; *Kleffmann,* Ehe und andere Lebensgemeinschaften nach Landes- und Bundesverfassungsrecht, S. 53. Hingegen für einen Bedeutungswandel des verfassungsrechtlichen Eheverständnisses *Ott,* NJW 1998, 117 (118 f.); *Trimbach/Webert,* NJ 1998, 63 (66); *Bömelburg,* NJW 2012, 2753 (2758) bzw. für die Einbeziehung gleichgeschlechtlicher Paare in den verfassungsrechtlichen Ehebegriff *Schimmel,* Eheschließung gleichgeschlechtlicher Paare, S. 187 ff.

309 *Coester-Waltjen,* in: v. Münch/Kunig, GG, Bd. 1, Art. 6 Rn. 9; *Pauly,* NJW 1997, 1955 (1957).

310 Vgl. BVerfGE 36, 146 (163); 105, 313 (345).

311 BVerfG (K), NJW 1993, 3058 (3058 f.). Auch nach Ansicht des EGMR obliegt die Entscheidung über die Öffnung der Ehe den Mitgliedstaaten, vgl. Schalk und Kopf v. Österreich v. 24.06.2010, Nr. 30141/04, EuGRZ 2010, 445 (445 ff.).

312 Vgl. BT-Drucks. 12/6000 v. 05.11.1993, S. 54 ff.

313 Nevinny-Stickel/Hammerstein, NJW 1967, 663 (664).

männliches oder weibliches Geschlecht als Irrtum der Natur empfinden.[314] Sie verfolgen daher den Wunsch einer möglichst vollkommenen Geschlechtsumwandlung.[315] Denkbar sind im Zusammenhang mit einer Eheschließung verschiedene Konstellationen: Zum einen, dass ein Transsexueller bzw. eine Transsexuelle nach erfolgter geschlechtskorrigierender Operation sowie nach Berichtigung des Geschlechtseintrags im Geburtenbuch einen Angehörigen seines bzw. ihres früheren Geschlechts heiratet.[316] Diese Konstellation ist nach Ansicht des Bundesverfassungsgerichts zulässig.[317] Hierbei heiraten allerdings genau genommen zwei Personen unterschiedlichen Geschlechts, sodass das Merkmal der Verschiedengeschlechtlichkeit gewahrt bleibt. Anders ist dies bei einem homosexuell orientierten Transsexuellen ohne Geschlechtsumwandlung aber mit nach § 1 TSG geändertem, an das empfundene Geschlecht angepasstem Vornamen.[318] Diesem war nach alter Rechtslage die Eingehung einer eingetragenen Lebenspartnerschaft aufgrund der nach § 1 Abs. 1 S. 1 LPartG vorausgesetzten Gleichgeschlechtlichkeit der Partner nicht möglich, sodass der Betroffene bei dem Wunsch nach einer rechtsverbindlichen Partnerschaft auf die Eingehung einer Ehe verwiesen wurde, welche er allerdings nach § 7 Abs. 1 Nr. 3 TSG a.F. nur eingehen konnte, wenn er auf den geänderten Vornamen verzichtete. Das Bundesverfassungsgericht erklärte daraufhin § 7 Abs. 1 Nr. 3 TSG a.F. mit Art. 2 Abs. 1 GG i.V.m. Art. 1 Abs. 1 GG als unvereinbar.[319] Nach Ansicht des Gerichts verletzt diese Norm sowohl das durch das allgemeine Persönlichkeitsrecht geschützte Namensrecht eines homosexuell orientierten Transsexuellen, als auch sein Recht auf Schutz seiner Intimsphäre.[320] In den Bereich des allgemeinen Persönlichkeitsrechts fällt dabei nach Ansicht des Gerichts auch der Schutz des intimen Sexualbereichs, welche „die sexuelle Selbstbestimmung des Menschen und damit das Finden und Erkennen der eigenen geschlechtlichen Identität sowie der eigenen sexuellen Orientierung umfasst."[321] Aufgrund dessen legte

314 Nevinny-Stickel/Hammerstein, NJW 1967, 663 (665).
315 Nevinny-Stickel/Hammerstein, NJW 1967, 663 (665).
316 Vgl. hierzu BVerfGE 49, 286 (300).
317 BVerfGE 49, 286 (300).
318 Vgl. hierzu BVerfGE 115, 1 (14 ff.).
319 BVerfGE 115, 1 (14 ff., 20). Diese Entscheidung steht in einer Linie mit der ständigen Rechtsprechung des BVerfG zur Transsexualität seit 1978 (*Grünberger*, JZ 2010, 516 (517) mit Verweis auf BVerfGE 49, 286 (298); 60, 123, (134); 88, 87 (97 f.); BVerfG (K), NJW 1997, 1633 (1633).
320 BVerfGE 115, 1 (1 ff.).
321 BVerfGE 115, 1 (14). Das Recht auf Selbstbestimmung der sexuellen Orientierung wird dabei nicht explizit genannt. Hauptprüfungspunkt ist in dieser Entscheidung das Recht auf Selbstbestimmung der Geschlechtsidentität, welches von § 7 Abs. 1 Nr. 3 TSG a.F. aber nur mittelbar betroffen ist, denn die Norm entzieht i.V.m. § 7 Abs. 2 TSG den selbst gewählten Vornamen des Transsexuellen und ersetzt diesen durch seinen ursprünglichen Vornamen, sodass das Recht auf Geschlechtsidentität durch das auch vom allgemeinen Persönlichkeitsrecht erfasste Namensrecht ergänzt wird, *Grünberger*, JZ 2010, 516 (517 f.).

das Bundesverfassungsgericht dem Gesetzgeber auf, homosexuellen Transsexuellen eine rechtlich gesicherte Partnerschaft auch ohne Verlust des von ihnen nach § 1 TSG gewählten Vornamens zu ermöglichen. Hierbei überließ es das Gericht zunächst dem Gesetzgeber, ob es sich bei dieser rechtlich gesicherten Partnerschaft um eine Ehe oder eine eingetragene Lebenspartnerschaft handelt.[322] In einer späteren Entscheidung engte das Bundesverfassungsgericht den Spielraum des Gesetzgebers allerdings dahingehend ein, dass es einem Transsexuellen auch ohne geschlechtskorrigierende Operation ermöglicht werden müsse, eine personenstandsrechtliche Anerkennung des empfundenen Geschlechts zu erreichen, sowie die dem empfundenen Geschlecht entsprechende Partnerschaft einzugehen.[323] Einer weiteren Differenzierung bedarf es schließlich, wenn die Verschiedengeschlechtlichkeit der Ehepartner zwar zum Zeitpunkt der Eheschließung vorliegt, einer der Partner aber während der Ehe eine personenstandsrechtlich anerkannte Geschlechtsänderung vornehmen lässt. Hier sollte § 8 Abs. 1 Nr. 2 TSG a.F. dazu führen, dass eine verheiratete Person, die sich aufgrund ihrer transsexuellen Prägung einer geschlechtsändernden Operation unterzogen hat und nun einen Antrag auf Änderung ihres Geburtseintrags stellen möchte, sich zunächst von ihrem Ehepartner scheiden lässt. Diese Norm (und so auch § 8 Abs. 1 Nr. 3 und 4 TSG a.F.) wurden vom Bundesverfassungsgericht allerdings als verfassungswidrig eingestuft.[324] Zwar sei es dem Gesetzgeber unbenommen, zum Schutz des Instituts Ehe als verschiedengeschlechtlicher Partnerschaft nicht zuzulassen, dass Paare, bei denen es durch die Feststellung der geänderten Geschlechtszugehörigkeit des transsexuellen Partners zu einer personenstandsrechtlichen Gleichgeschlechtlichkeit kommt, in der Ehe verbleiben.[325] Er müsse allerdings dafür sorgen, dass die bisher als Ehe geführte Beziehung als rechtlich gesicherte Verantwortungsgemeinschaft fortbestehen könne.[326] In welcher Form der Gesetzgeber die Kontinuität dieser Verantwortungsgemeinschaft sicher stellt, bleibe ihm überlassen.[327] Möglich wäre sowohl die „Überführung" der in der vorherigen Ehe erworbenen Rechte und Pflichten in eine eingetragene Lebenspartnerschaft als auch in eine rechtlich abgesicherte Lebensgemeinschaft sui generis.[328] Möglich sei letztlich aber auch, dass sich der Gesetzgeber aufgrund des Schutzes, welcher diesen ursprünglich bestehenden Ehen aus Art. 6 Abs. 1 GG zusteht und der geringen Zahl der Betroffenen, dafür entscheidet, die Ehe trotz der nachträglich

322 BVerfGE 115, 1 (24 f.).
323 BVerfGE 128, 109 (123 ff.).
324 BVerfGE 121, 175 (175 ff.).
325 BVerfGE 121, 175 (202 f.). Ähnlich bereits BVerfGE 115, 1 (17), wonach die Vermeidung des Eindrucks, dass auch gleichgeschlechtliche Partner eine Ehe eingehen können, ein legitimes Gemeinwohlziel darstellt. Krit. hierzu *Grünberger*, JZ 2010, 516 (518 f.).
326 BVerfGE 121, 175 (203).
327 BVerfGE 121, 175 (203).
328 BVerfGE 121, 175 (203).

eingetretenen Gleichgeschlechtlichkeit der Ehegatten weiter bestehen zu lassen.[329] Der Gesetzgeber hat sich dazu entschlossen, letztgenannten Weg zu wählen und in oben beschriebenen Fällen gleichgeschlechtliche Ehen bestehen zu lassen.[330] Dieses Vorgehen führt zu einer Durchbrechung des Merkmals der Verschiedengeschlechtlichkeit der Ehepartner und wird aufgrund dessen teilweise als nicht systemgerecht kritisiert.[331] Das Bundesverfassungsgericht stellt in diesem Fall allerdings darauf ab, dass die Ehe ursprünglich zwischen Mann und Frau geschlossen wurde und somit bei ihrer Eingehung allen Merkmalen entsprochen habe, welche den Gehalt der Ehe prägen.[332] Zwar ändere sich das äußere Erscheinungsbild der Ehe hin zur Gleichgeschlechtlichkeit der Partner, Art. 6 Abs. 1 GG schütze aber neben der Verschiedengeschlechtlichkeit der Partner auch die Eigenschaft der Ehe als dauerhafte Lebens- und Verantwortungsgemeinschaft zweier Ehegatten und als solche bestünde die ursprünglich zwischen Mann und Frau geschlossene Ehe auch nach der operativen Korrektur der äußeren Geschlechtsmerkmale eines Ehepartners fort.[333]

b. Auf Dauer angelegt

In der aktuellen Rechtsprechung des Bundesverfassungsgerichts wird die Ehe als auf Dauer angelegt definiert.[334] § 1353 Abs. 1 S. 1 BGB konkretisiert dieses Merkmal dahingehend, dass die Ehe auf Lebenszeit geschlossen wird.[335] Dieses Strukturmerkmal hat in der Rechtsprechung des Bundesverfassungsgerichts eine gewisse Entwicklung erfahren.[336] In der früheren Rechtsprechung des Gerichts wird die Ehe zunächst noch als grundsätzlich (im Gegensatz zu absolut[337]) unauflöslich[338] bzw. unauflösbar[339] bezeichnet. In jüngster Rechtsprechung spricht das Gericht lediglich noch von der Ehe als einer „auf Dauer angelegten Lebensgemeinschaft".[340] Zudem

---

329 BVerfGE 121, 175 (203 f.).

330 Vgl. BT-Drucks. 16/13157 v. 26.05.2009, S. 4.

331 *V. Coelln,* in: Sachs, GG, Art. 6 Rn. 6.

332 BVerfGE 121, 175 (198 f.); so auch *Uhle,* in: Epping/Hillgruber, OK-GG, Art. 6 (Stand: 01.09.2015) Rn. 5.

333 BVerfGE 121, 175 (198 f.).

334 Vgl. BVerfGE 105, 313 (345); 115, 1 (19); 121, 175 (193).

335 Vgl. hierzu BVerfGE 53, 224 (245).

336 So auch *Stern,* Staatsrecht, Bd. IV/1, S. 376 f.; *Steiner,* in: Merten/Papier, HGR IV, § 108 Rn. 25, der in dieser Entwicklung eine Abbildung der Lebenswirklichkeit sieht, in der sich Ehe und nichteheliche Lebensgemeinschaft einander tendenziell annähern; vgl. auch *Zuck,* NJW 2009, 1449 (1451).

337 BVerfGE 31, 58 (82).

338 BVerfGE 10, 59 (66).

339 Seit BVerfGE 49, 286 (300). Vgl. auch BVerfGE 62, 323 (330).

340 Vgl. BVerfGE 105, 313 (345); 115, 1 (19); 121, 175 (193); ähnlich *Brosius-Gersdorf,* in: Dreier, GG, 3. Aufl., Bd. I, Art. 6 Rn. 80, die es mit der Funktion der Ehe als Beistands- und Verantwortungsgemeinschaft für vereinbar erachtet, wenn die Ehe lediglich auf eine bestimmte Zeit geschlossen würde oder nach einer gewissen

geht das Gericht davon aus, dass der Gesetzgeber die Möglichkeit der Scheidung gescheiterter Ehen vorsehen muss.[341] Dies leitet es aus dem Bild der „verweltlichten" bürgerlich-rechtlichen Ehe ab, welches der Verfassung zugrunde liegt. Es gebiete, dass Ehegatten unter gesetzlich bestimmten Voraussetzungen geschieden werden können und damit ihre Eheschließungsfreiheit zurückerhalten.[342] Begründet wird dies damit, dass die Ehe zwar von beiden Partnern als dauerhafte, womöglich sogar auf Lebenszeit[343] angelegte Gemeinschaft beabsichtigt und versprochen worden sei, die Ehepartner an dieser Aufgabe aber aus bestimmten Gründen scheitern könnten.[344] Dem trägt die Anerkennung des Zerrüttungsprinzips als Scheidungsgrund Rechnung.[345] Die Scheidung müsse allerdings die Ausnahme vom Grundsatz der zeitlichen Unbeschränktheit der ehelichen Lebensgemeinschaft bleiben und das geltende Scheidungsrecht habe zudem eheerhaltende Elemente zu beinhalten.[346] Ein freies „Kündigungsrecht" der Ehepartner, welches zur Beendigung der Ehe führt[347] oder die Einführung einer befristeten Ehe[348] wären mit diesem Strukturmerkmal nicht vereinbar.[349] Auch der reinen Konsensualscheidung wurde bisher die verfassungsrechtliche Zulässigkeit versagt.[350]

Zeit kündbar wäre. Die grundsätzliche Eigenschaft der Ehe als Verbindung auf Lebenszeit wird ihrer Ansicht nach nicht als wesentliches Merkmal durch die Institutsgarantie gesichert; so auch *Richter,* in: Denninger u.a., AK-GG, Art. 6 (Stand: 2001) Rn. 38.

341 BVerfGE 31, 58 (83); 53, 224 (245); 62, 323 (329 f.); so auch *Kotzur,* in: Stern/Becker, Grundrechte, Art. 6 Rn. 20.

342 BVerfGE 31, 58 (83); so auch *Uhle,* in: Epping/Hillgruber, OK-GG, Art. 6 (Stand: 01.09.2015) Rn. 8; *Hofmann,* in: Schmidt-Bleibtreu/Hofmann/Henneke, GG, Art. 6 Rn. 14; *Badura,* in: Maunz/Dürig, GG, Bd. II, Art. 6 (Stand: April 2012) Rn. 45.

343 Vgl. beispielsweise BVerfGE 53, 257 (296 f.); so auch *Pirson,* in: Kahl/Waldhoff/Walter, BK-GG, Bd. 2, Art. 6 Abs. 1 (Stand: August 1976) Rn 13.

344 BVerfGE 53, 224 (245).

345 BVerfGE 53, 224 ff.; so auch *Richter,* in: Denninger u.a., AK-GG, Art. 6 (Stand: 2001) Rn. 15.

346 BVerfGE 53, 224 (246); 55, 134 (141 f.).

347 *Robbers,* in: v. Mangoldt/Klein/Starck, GG, Bd. 1, Art. 6 Rn. 64 f; *Coester-Waltjen,* in: v. Münch/Kunig, GG, Bd. 1, Art. 6 Rn. 13.

348 Vgl. hierzu *Coester-Waltjen,* in: v. Münch/Kunig, GG, Bd. 1, Art. 6 Rn. 10 Fn. 68.

349 Vgl. *Kotzur,* in: Stern/Becker, Grundrechte, Art. 6 Rn. 19 sowie *Uhle,* in: Epping/Hillgruber, OK-GG, Art. 6 (Stand: 01.09.2015) Rn. 30, der in einer jederzeit kündbaren Ehe einen Verstoß gegen die Institutsgarantie erblickt. A.A. *Brosius-Gersdorf,* in: Dreier, GG, 3. Aufl., Bd. I, Art. 6 Rn. 80; ähnlich *Coester-Waltjen,* in: v. Münch/Kunig, GG, Bd. 1, Art. 6 Rn. 18, die sich für die Einführung einer leicht auflösbaren, nur wenige Verpflichtungen erzeugenden Ehe ausspricht.

350 *Uhle,* in: Epping/Hillgruber, OK-GG, Art. 6 (Stand: 01.09.2015) Rn. 8; zur sog. Scheidung „light" vgl. auch *Göhler-Schlicht,* FF 2007, 170 (170 f.); *Schnitzler,* FF 2007, 307 (307 ff.).

c. Einehe

Der Schutz des Art. 6 Abs. 1 GG umfasst lediglich die Einehe,[351] also die Ehe eines Mannes mit einer Frau[352]. Eheliche Monogamie sei von jeher trotz immer häufiger werdender Scheidung und Wiederverheiratung wesentliches Merkmal der Ehe.[353] Der in Art. 6 Abs. 1 GG statuierte Schutz der Ehe erfordere es, neben der Ehe keine andere rechtsverbindliche Partnerschaft der Eheleute zu gestatten.[354]

d. Konsens

Wesentliches Strukturmerkmal ist nach dem Bundesverfassungsgericht zudem, dass die Begründung der Ehe auf freiem Entschluss und übereinstimmendem Willen der Eheschließenden bei der Eheschließung beruht.[355] Die Formalien der Eheschließung sollen diesen Konsens sicherstellen.[356] Ehen, welche unter Zwang geschlossen wurden, genießen keinerlei Grundrechtsschutz.[357]

e. Staatliche Mitwirkung

Zum Gehalt der Ehe, wie sie durch das Grundgesetz geprägt wird, gehört nach Ansicht des Bundesverfassungsgerichts auch, dass der Staat bei der Eheschließung mitwirkt.[358] Die erforderliche staatliche Mitwirkung werde dadurch umgesetzt, dass bestimmte, vom Gesetz vorgeschriebene Formen bei der Eheschließung gewahrt

---

351 Vgl. BVerfGE 29, 166 (176); 31, 58 (69); 62, 323 (330).

352 Vgl. BVerfGE 10, 59 (66); 105, 313 (345); 115, 1 (19); 121, 175 (193).

353 BVerfGE 105, 313 (343): „personelle Exklusivität"; so auch *Coester-Waltjen,* in: v. Münch/Kunig, GG, Bd. 1, Art. 6 Rn. 8; *Seiler,* in: Kahl/Waldhoff/Walter, BK-GG, Bd. 2, Art. 6 Abs. 1 (Stand: Juli 2014) Rn. 61; a.A. *Brosius-Gersdorf,* in: Dreier, GG, 3. Aufl., Bd. I, Art. 6 Rn. 79, mit dem Argument, die Funktion der Ehe als Beistands- und Verantwortungsgemeinschaft lasse sich grundsätzlich sowohl von monogamen als auch von polygamen Gemeinschaften erfüllen.

354 BVerfGE 105, 313 (343).

355 Vgl. BVerfGE 29, 166 (176); 62, 323 (331); 105, 313 (345); 115, 1 (19); 121, 175 (193); so auch *Gröschner,* in: Dreier, GG, 2. Aufl., Bd. I, Art. 6 Rn. 3; *Seiler,* in: Kahl/Waldhoff/Walter, BK-GG, Bd. 2, Art. 6 (Stand: Juli 2014) Rn. 63. Dass ein Konsens zwischen den Eheschließenden vorliegen muss, ist an sich unstreitig. Unklar ist hingegen, wie weit dieser Konsens reichen muss, vgl. *Lecheler,* in: Isensee/P. Kirchhof, HStR VI, § 133 Rn. 19.

356 *V. Coelln,* in: Sachs, GG, Art. 6 Rn. 8; *Uhle,* in: Epping/Hillgruber, OK-GG, Art. 6 (Stand: 01.09.2015) Rn. 6.

357 *V. Coelln,* in: Sachs, GG, Art. 6 Rn. 8; *Busch,* NJ 2010, 18 (20); *Göbel-Zimmermann/Born,* ZAR 2007, 54 (54 ff.); *Kingreen,* ZAR 2007, 13 (14).

358 Vgl. BVerfGE 10, 59 (66); 29, 166 (176); 62, 323 (330); 105, 313 (345); 115, 1 (19); 121, 175 (193); so auch *Sodan,* in: ders., GG, Art. 6 Rn. 3; *Seiler,* in: Kahl/Waldhoff/Walter, BK-GG, Bd. 2, Art. 6 Abs. 1 (Stand: Juli 2014) Rn. 64; *Gröschner,* in: Dreier, GG, 2. Aufl., Bd. I, Art. 6 Rn. 39 f.; *Mikat,* in: Marré/Stüting, Essener Gespräche, Bd. 21 (1986), S. 9 (39); *Stern,* Staatsrecht, Bd. IV/1, S. 387 f.

werden müssten.[359] Hierzu gehöre u.a. die Eheschließung vor einem zur Mitwirkung bereiten Standesbeamten gem. §§ 1310 ff. BGB. Die staatliche Mitwirkung an der Eheschließung sei für die Prüfung der Ehevoraussetzungen und Ehehindernisse von Bedeutung.[360] Zudem solle sie die Offenkundigkeit der Eheschließung und so die Klarheit der Rechtsverhältnisse gewährleisten.[361] Ohne eine staatliche Mitwirkung an der Eheschließung liegt rechtlich gesehen lediglich eine nichteheliche Lebensgemeinschaft vor, welche nicht dem Schutz des Art. 6 Abs. 1 GG, sondern dem des Art. 2 Abs. 1 GG unterfällt.[362] Gleiches gilt auch für die seit dem 1. September 2009 zulässige rein kirchliche Eheschließung.[363]

f. Gleichberechtigungsgebot

Schließlich stehen die Ehegatten in gleichberechtigter Partnerschaft zueinander.[364] Der Ehegesetzgeber hat diese Wertung zu beachten.[365] Umstritten ist, aus welcher Norm bzw. aus welchen Normen sich die Gleichberechtigung der Ehepartner ergibt. Herangezogen werden entweder Art. 3 Abs. 2 S. 1 GG[366] oder Art. 6 Abs. 1 GG[367] oder beide Normen[368].

g. Freie Entscheidung über das eheliche Zusammenleben

Wesentliches Strukturelement der Ehe ist nach dem Bundesverfassungsgericht schließlich die autonome Entscheidungsbefugnis der Ehegatten über ihr Zusammenleben.[369] Diese üben sie auf der Grundlage gleichberechtigter Partnerschaft aus.[370] Aus dieser sog. Ehegestaltungsfreiheit[371] ergibt sich, dass der Gesetzgeber nach Möglichkeit Regelungen zu vermeiden hat, die in diese Entscheidungsbefugnis eingreifen könnten.[372]

---

359 BVerfGE 29, 166 (176).
360 BVerfGE 29, 166 (176).
361 BVerfGE 29, 166 (176).
362 *V. Coelln,* in: Sachs, GG, Art. 6 Rn. 9; *Uhle,* in: Epping/Hillgruber, OK-GG, Art. 6 (Stand: 01.09.2015) Rn. 12; *Gröschner,* in: Dreier, GG, 2. Aufl., Bd. I, Art. 6 Rn. 42.
363 *V. Coelln,* in: Sachs, GG, Art. 6 Rn. 9; *Windthorst,* in: Gröpl/Windthorst/v. Coelln, GG, Art. 6 Rn. 11; Schwab, FamRZ 2008, 1121 (1121).
364 Vgl. BVerfGE 10, 59 (66 f.); 35, 382 (408); 37, 217 (249 ff.); 63, 88 (109); 89, 48 (64); 103, 89 (101); 105, 1 (10); 105, 313 (345); 124, 199 (229).
365 BVerfGE 103, 89 (101); 105, 1 (12).
366 So BVerfGE 76, 1 (45); 104, 373 (387).
367 So BVerfGE 47, 85 (100); 57, 361 (390), 61, 319 (346 f.); 105, 313 (345).
368 So BVerfGE 6, 55 (72 f., 82); 124, 199 (229); 128, 193 (207).
369 BVerfGE 39, 169 (183); 48, 327 (338); 66, 84 (94); 105, 313 (345).
370 BVerfGE 103, 89 (101); 105, 1 (10 f.); 105, 313 (345).
371 Vgl. hierzu unten unter 2. Teil, C., I, 1, b., bb).
372 BVerfGE 39, 169 (183); 66, 84 (94).

2. Ausgestaltungsspielraum des einfachen Gesetzgebers

Dem einfachen Gesetzgeber bleibt neben den verfassungsrechtlich garantierten Strukturmerkmalen ein erheblicher Gestaltungsspielraum, innerhalb dessen es ihm freisteht, Form und Inhalt der Ehe zu bestimmen.[373] Nach dem Bundesverfassungsgericht bedarf Art. 6 Abs. 1 GG sogar der Ausgestaltung durch den Gesetzgeber, stellt also ein normgeprägtes Grundrecht dar.[374] Die rechtliche Regelung der Ehe diene dazu, den von Art. 6 Abs. 1 GG gebotenen Schutz voll verwirklichen zu können.[375] Erforderlich seien konkretisierende familienrechtliche Rechtssätze, welche die in Art. 6 Abs. 1 GG geschützte Ehe definieren und ausgestalten.[376] Möglich seien beispielsweise Regelungen zur Form der Eheschließung und den Voraussetzungen der Auflösung einer Ehe.[377] Wie genau der Gesetzgeber die Ausgestaltung dann letztendlich vornehme, sei aber Sache seiner politischen Entscheidung.[378] Allerdings solle die Ausgestaltung durch den einfachen Gesetzgeber in einer sachgerechten und der Natur und Funktion der Ehe entsprechenden Weise geschehen.[379] Eine zulässige Ausgestaltung stellt, so das Bundesverfassungsgericht, keinen Eingriff dar.[380] Die einfachgesetzlich bestimmten Merkmale der Ehe nähmen am verfassungsrechtlichen Schutz des Art. 6 Abs. 1 GG teil,[381] könnten aber im Gegensatz zu den durch die Institutsgarantie verbürgten Merkmalen jederzeit durch den einfachen Gesetzgeber abgeändert werden.[382] Die Grenzen der Ausgestaltung ergäben sich aus den durch die Institutsgarantie geschützten Wesensmerkmalen der Ehe.[383] Der

---

373 BVerfGE 31, 58 (70); 36, 146 (162); 105, 313 (345); 108, 351 (364).

374 BVerfGE 31, 58 (69); 105, 313 (345). Zum Begriff des „normgeprägten Grundrechts" vgl. auch *Epping,* Grundrechte, Rn. 433 ff.; zur Unterscheidung zwischen natürlichem bzw. sachgeprägtem Schutzbereich und normgeprägtem Schutzbereich vgl. *Burkiczak,* Grundgesetz und Deregulierung des Tarifvertragsrechts, S. 163 ff.; *Krings,* Grund und Grenzen grundrechtlicher Schutzansprüche, S. 174 ff. m.w.N.

375 BVerfGE 31, 58 (69); 81, 1 (6 f.); 105, 313 (345); so auch *Robbers,* in: v. Mangoldt/Klein/Starck, GG, Bd. 1, Art. 6 Rn. 30; *Coester-Waltjen,* in: v. Münch/Kunig, GG, Bd. 1, Art. 6 Rn. 12.

376 BVerfGE 28, 324 (361); 31, 58, (69); 36, 146 (162); 62, 323 (330); 105, 313 (345); so auch *Coester-Waltjen,* in: v. Münch/Kunig, GG, Bd. 1, Art. 6 Rn. 12; *Jarass,* in: ders./Pieroth, GG, Art. 6 Rn. 18.

377 BVerfGE 31, 58 (70); 62, 323 (330).

378 BVerfGE 81, 1 (7).

379 BVerfGE 81, 1 (6 f.).

380 BVerfGE 133, 59 (84); *Jarass,* in: ders./Pieroth, GG, Art. 6 Rn. 18; *Sodan,* in: ders., GG, Art. 6 Rn. 8.; vgl. auch *Kingreen,* Jura 1997, 401 (403).

381 Vgl. BVerfGE 31, 58 (82 f.); 105, 313 (345).

382 *Brosius-Gersdorf,* in: Dreier, GG, 3. Aufl., Bd. I, Art. 6 Rn. 49; a. A. *Burgi,* in: Friauf/Höfling, GG, Bd. 1, Art. 6 (Stand: 2002) Rn. 17, der nicht alle einfachgesetzlichen Merkmale unter den Schutz des Art. 6 Abs. 1 GG fallen lassen will.

383 BVerfGE 105, 313 (345); so auch *v. Coelln,* in: Sachs, GG, Art. 6 Rn. 31; *Coester-Waltjen,* in: v. Münch/Kunig, GG, Bd. 1, Art. 6 Rn. 13.

Gesetzgeber müsse bei der Ausgestaltung die wesentlichen Strukturprinzipien beachten, welche die Ehe als solche prägen.[384] Eine uneingeschränkte Befugnis zur Ausgestaltung der Ehe existiere nicht.[385] Es gelte das Prinzip der Verhältnismäßigkeit.[386] Die einfachrechtlichen Vorgaben dürften nicht in den von Art. 6 Abs. 1 GG geschützten Bereich eingreifen.[387] Vielmehr seien sie ihrerseits an Art. 6 Abs. 1 GG zu messen.[388]

3. *Keine abstrakte Gewährleistung der Ehe*

Weiterhin sieht das Bundesverfassungsgericht in Anknüpfung an die oben[389] erläuterte Offenheit bzw. Unbestimmtheit des grundgesetzlichen Ehebegriffs das Institut der Ehe nicht als abstrakt gewährleistet an, sondern nimmt einen Einfluss der herrschenden, in den gesetzlichen Regelungen zum Ausdruck kommenden Anschauungen auf die inhaltliche Ausgestaltung des Instituts an.[390] Das bedeutet, dass diejenige Ehe unter dem Schutz des Art. 6 Abs. 1 GG steht, die den herrschenden Anschauungen, welche sich in der aktuellen gesetzlichen Regelung niedergeschlagen haben, entspricht.[391] Dies liege daran, dass das Ehegrundrecht – außerhalb des durch

---

384 BVerfGE 31, 58 (70); 36, 146 (162); 81, 1 (6 f.); 105, 313 (345); so auch *Leibholz/Rinck*, GG, Bd. I, Art. 6 (Stand: Mai 2014) Rn. 46.

385 So *Papier*, in: BVerfGE 105, 313 (357 [357 f.]); *Uhle*, in: Epping/Hillgruber, OK-GG, Art. 6 (Stand: 01.09.2015) Rn. 2; *Kotzur*, in: Stern/Becker, GG, Art. 6 Rn. 16.

386 BVerfGE 31, 58 (70).

387 *Coester-Waltjen*, in: v. Münch/Kunig, GG, Bd. 1, Art. 6 Rn. 12.

388 *Papier*, in: BVerfGE 105, 313 (357 [357 f.]) mit Verweis auf BVerfGE 10, 59 (66); 24, 104 (109); 31, 58 (69 f.); so auch *Stern*, Staatsrecht, Bd. IV/1, S. 368 f.

389 Vgl. oben, 2. Teil, B., I.

390 Vgl. BVerfGE 15, 328 (332); 31, 58 (82 f.); 53, 224 (245); 105, 313 (345); BVerfG (K), NJW 1993, 3316 (3316 f.); BVerfG (K), NJW 2001, 2874 (2874); so auch *Badura*, in: Maunz/Dürig, GG, Bd. II Art. 6 (Stand: April 2012) Rn. 4; *Robbers*, in: v. Mangoldt/Klein/Starck, GG, Bd. 1, Art. 6 Rn. 7; *Antoni*, in: Hömig, GG, Art. 6 Rn. 5; *Pieroth/Kingreen*, KritV 85 (2002), 219 (220); *Zippelius*, DÖV 1986, 805 (806 f.); beachte aber das Sondervotum des Bundesverfassungsrichters *Papier*, in: BVerfGE 105, 313 (357 [357 f.]), der betont, dass die Ehe zwar auf eine einfachrechtliche Regelung angewiesen sei, dies aber nicht die uneingeschränkte Befugnis für den einfachen Gesetzgeber eröffne, „die Ehe nach den *jeweils* in der Gesellschaft wirklich oder vermeintlich herrschenden Auffassungen auszugestalten." Vielmehr seien die einfachgesetzlichen Regelungen an Art. 6 Abs. 1 GG als vorrangiger, selbst die Grundprinzipien enthaltender Leitnorm zu messen (mit Verweis auf BVerfGE 10, 59 (66); 24, 104 (109); 31, 58 (69 f.); 36, 146 (162); i.E. ebenso *Coester-Waltjen*, in: v. Münch/Kunig, GG, Bd. 1, Art. 6 Rn. 3; *Gröschner*, in: Dreier, GG, 2. Aufl., Bd. I, Art. 6 Rn. 36; *Burgi*, in: Friauf/Höfling, GG, Bd. 1, Art. 6 (Stand: 2002) Rn. 17; *Robbers*, in: v. Mangoldt/Klein/Starck, GG, Bd. 1, Art. 6 Rn. 32; *Stern*, Staatsrecht, Bd. IV/1, S. 368 f.; *Lecheler*, in: Isensee/P. Kirchhof, HStR VI, § 133 Rn. 15 ff.; *Möller*, DÖV 2005, 64 (65); *Gade*, VR 2002, 397 (398)).

391 BVerfGE 6, 55 (82); 9, 237 (242 f.); 15, 328 (332).

die Institutsgarantie gesicherten Bereichs – durch den Gesetzgeber ausgestaltet werden könne, also ein normgeprägtes Grundrecht sei.[392]

III. Abgrenzung der Ehe zu anderen Formen der Lebensgemeinschaft

Die genaue Begriffsbestimmung des Schutzobjekts Ehe dient dazu, den vollen Schutz des Art. 6 Abs. 1 GG auszuschöpfen.[393] Hierbei kommt es auch darauf an, die Ehe von anderen Formen der menschlichen Lebensgemeinschaft abzugrenzen. Durch diese Abgrenzung wird der Schutzbereich des Art. 6 Abs. 1 GG konkretisiert.[394] In Betracht kommen aufgrund einer gewissen Ähnlichkeit zur Ehe die eingetragene Lebenspartnerschaft, die nichteheliche Lebensgemeinschaft bzw. die lebenspartnerschaftsähnliche Gemeinschaft und die Familie.

1. Eingetragene Lebensgemeinschaft

Die eingetragene Lebenspartnerschaft definiert sich nach § 1 LPartG als wirksam begründete dauerhafte Beziehung zweier Personen gleichen Geschlechts. Aufgrund der Gleichgeschlechtlichkeit der Partner der eingetragenen Lebenspartnerschaft ist diese keine Ehe im Sinne des Art. 6 Abs. 1 GG.[395] Formal unterscheiden sich Ehe und eingetragene Lebenspartnerschaft also durch den Personenkreis, an den sie gerichtet sind. Darüber hinaus sind die beiden Rechtsinstitute weitgehend gleichartig geregelt. Sowohl die Ehe als auch die eingetragene Lebenspartnerschaft werden gem. §§ 1310 ff. BGB bzw. § 1 LPartG vor dem zuständigen Standesbeamten geschlossen.[396] Die Lebenspartner erklären hierbei gem. § 1 Abs. 1 S. 1 LPartG den Willen, miteinander eine Partnerschaft auf Lebenszeit führen zu wollen.

Auch in der rechtlichen Ausgestaltung sind Ehe und Lebenspartnerschaft weitgehend gleich.[397] Nach §§ 2, 5 LPartG haben die Lebenspartner wie dies auch in §§ 1353, 1360 ff. BGB für die Ehepartner geregelt ist, gegenseitige Fürsorge- und Unterstützungspflichten. Zudem existiert gem. §§ 6, 7 LPartG ein den §§ 1363 ff., 1408 ff. BGB entsprechendes Güterrecht und gem. § 10 LPartG ein lebenspartnerschaftliches Erbrecht. Der Trennungsunterhalt der Lebenspartner im Sinne des § 12 LPartG sowie der nachpartnerschaftliche Unterhalt im Sinne des § 16 LPartG

392 BVerfGE 31, 58 (69); 105, 313 (345); so auch *Jarass*, in: ders./Pieroth, GG, Art. 6 Rn. 1 a.

393 Vgl. BVerfGE 31, 58 (69).

394 *Brosius-Gersdorf*, in: Dreier, GG, 3. Aufl., Bd. I, Art. 6 Rn. 74.

395 BVerfGE 105, 313 (345 f.); 87, 234 (264); BVerfG (K), NJW 2005, 1709 (1709).

396 Vgl. aber § 23 LPartG, wonach die Länder auch von § 1 LPartG abweichende Zuständigkeitsbestimmungen erlassen können.

397 So auch *Brosius-Gersdorf*, in: Dreier, GG, 3. Aufl., Bd. I, Art. 6 Rn. 82; *Sickert*, Die lebenspartnerschaftliche Familie, S. 62 ff.; *Stern*, Staatsrecht, Bd. IV/1, S. 483 f.; *Steiner*, in: Merten/Papier, HGR IV, § 108 Rn. 34.

richten sich ebenfalls nach den auch für Ehepartner gültigen Vorschriften des BGB. Zudem wurde in verschiedenen Rechtsgebieten eine Gleichstellung von Lebenspartnerschaft und Ehe vorgenommen, wozu insgesamt mehr als sechzig Gesetze und Rechtsverordnungen geändert wurden.[398]

2. *Nichteheliche, eheähnliche und lebenspartnerschaftsähnliche Gemeinschaft*

Neben der Ehe und der eingetragenen Lebenspartnerschaft existiert im geltenden Recht eine dritte Form der Paarbeziehung, nämlich die auf Dauer angelegte Gemeinschaft („Lebensgefährten").[399] Diese umfasst ein dauerhaftes, aber formfreies Zusammenleben sowohl heterosexueller als auch homosexueller Paare.[400] Im Unterschied zur Ehe bzw. eingetragenen Lebenspartnerschaft wird auf die formalisierte Begründung einer solchen Partnerschaft bewusst verzichtet,[401] weil die Rechtsfolgen eines solchen Instituts vermieden werden sollen[402]. Die Begrifflichkeiten in der juristischen Diskussion sind diesbezüglich allerdings nicht einheitlich. Die auf Dauer angelegte Gemeinschaft eines verschiedengeschlechtlichen Paares wird in Abgrenzung zur Ehe hauptsächlich[403] als eheähnliche Gemeinschaft[404] oder als nichteheliche (Lebens)Gemeinschaft[405] bezeichnet. Die auf Dauer angelegte Gemeinschaft eines gleichgeschlechtlichen Paares wird teilweise ebenfalls als nichteheliche (Lebens)Gemeinschaft[406] bezeichnet. Vorgeschlagen wird zudem parallel zu den

---

398 Vgl. hierzu BVerfGE 104, 51 (61 [61 f.]).
399 *Muscheler,* Familienrecht, § 4 Rn. 48.
400 Bericht des Rechtsausschusses d. Bundestages v. 09.11.2000, BT-Drucks. 14/4550 v. 09.11.2000, S. 7.
401 *Coester-Waltjen,* in: v. Münch/Kunig, GG, Bd. 1, Art. 6 Rn. 7; *Kotzur,* in: Stern/Becker, Grundrechte, Art. 6 Rn. 29; *Stern,* Staatsrecht, Bd. IV/1, S. 472 f.; *Steiner,* in: Merten/Papier, HGR IV, § 108 Rn. 25; *Kingreen,* Die verfassungsrechtliche Stellung der nichtehelichen Lebensgemeinschaft, S. 302.
402 *Robbers,* in: v. Mangoldt/Klein/Starck, GG, Bd. 1, Art. 6 Rn. 43; *Steiner,* in: Merten/Papier, HGR IV, § 108 Rn. 24.
403 Vgl. zu anderen Bezeichnungen des ehelosen Zusammenlebens *Grziwotz,* Nichteheliche Lebensgemeinschaft, § 3 Rn. 30 ff.
404 So beispielsweise *Muscheler,* Familienrecht, § 28 Rn. 490, der den Begriff der „eheähnlichen Gemeinschaft" gleichbedeutend mit dem der „nichtehelichen Gemeinschaft" verwendet.
405 In der juristischen Diskussion wird wohl überwiegend der Begriff der „nichtehelichen Lebensgemeinschaft" verwendet, *Grziwotz,* Nichteheliche Lebensgemeinschaft, § 3 Rn. 31, 32.
406 So beispielsweise *Burhoff/Willemsen,* Nichteheliche Lebensgemeinschaft, S. 302 Rn. 865, die eine Unterscheidung zwischen nichtehelicher Gemeinschaft und lebenspartnerschaftsähnlicher Gemeinschaft für unnötig und unpraktisch halten, da es für die Entscheidung vieler Rechtsfragen nicht von Bedeutung sei, ob die Partner der Gemeinschaft verschiedenen oder gleichen Geschlechts seien.

Begrifflichkeiten der verschiedengeschlechtlichen Beziehung in Abgrenzung zur eingetragenen Lebenspartnerschaft die Bezeichnung als „lebenspartnerschaftsähnliche (Lebens)Gemeinschaft“[407] oder schlicht als „einfache gleichgeschlechtliche Lebensgemeinschaft“.[408]

Mangels einer Legaldefinition definiert das Bundesverfassungsgericht als „eheähnliche Gemeinschaft“ in Anknüpfung an die Ehe eine Lebensgemeinschaft zwischen einem Mann und einer Frau, die auf Dauer angelegt ist, die neben sich keine weitere Lebensgemeinschaft gleicher Art zulässt und sich durch innere Bindungen auszeichnet, welche ein gegenseitiges Einstehen der Partner füreinander begründen, also über die Beziehungen in einer reinen Haushalts- und Wirtschaftsgemeinschaft hinausgeht.[409] Indiz für das Vorliegen einer eheähnlichen Gemeinschaft ist beispielsweise die Dauer des Zusammenlebens, die Versorgung von Kindern und Angehörigen im gemeinsamen Haushalt und die Befugnis, über Einkommen und Vermögensgegenstände zu verfügen.[410]

Nicht unter die Definition des Bundesverfassungsgerichts der eheähnlichen Gemeinschaft fallen demnach die gleichgeschlechtlichen Partnerschaften, hier insbesondere die lebenspartnerschaftsähnliche Gemeinschaft. Für diese existiert aktuell ebenfalls keine gesetzliche Definition. Ein Teil der Literatur definiert, angelehnt an § 2 LPartG, die lebenspartnerschaftsähnliche Gemeinschaft als faktische Lebensgestaltungsgemeinschaft von zwei Personen gleichen Geschlechts, die auf Dauer angelegt ist, daneben meist keine andere Lebensgestaltungsgemeinschaft und keine eheähnliche Gemeinschaft zulässt, sich durch innere Bindungen auszeichnet und ein gegenseitiges Einstehen der Partner füreinander begründet, als solche eine Haushalts- und Wirtschaftsgemeinschaft weder voraussetzt noch, wenn eine solche besteht, sich in ihr erschöpft.[411] Indiz für das Vorliegen einer lebenspartnerschaftsähnlichen Gemeinschaft ist u.a. die Dauer der Beziehung, die Führung eines gemeinsamen Haushalts oder das Aufwachsen von Kindern in der Gemeinschaft.[412] Auch die sonstigen nichtehelichen Lebensgemeinschaften werden von der Definition des Bundesverfassungsgerichts nicht erfasst, denn sie betrifft nur einen Teilausschnitt möglicher nichtehelicher Gemeinschaften.[413] Eine einheitlich anerkannte Definition des im Gegensatz zur eheähnlichen Gemeinschaft wohl weiteren Begriffs der nichtehelichen Lebensgemeinschaft fehlt aber bis heute. Die Beurteilung, ob eine

---

407 So auch *Muscheler,* Familienrecht, § 4 Rn. 49.

408 *V. Coelln,* in: Sachs, GG, Art. 6 Rn. 47 Fn. 350.

409 BVerfGE 87, 234 (264). Dieser Definition haben sich sowohl das BVerwG (BVerwGE 98, 195 (195 f.) als auch der BGH (BGHZ 121 (124)) und das BSG (BSGE 72, 125 (127)) angeschlossen.

410 BVerfGE 87, 234 (265); BGHZ 121, 116 (124).

411 *Muscheler,* Familienrecht, § 4 Rn. 49.

412 *Muscheler,* Familienrecht, § 4 Rn. 49.

413 *Gernhuber/Coester-Waltjen,* Familienrecht, § 41 Rn. 1; *Grziwotz,* Nichteheliche Lebensgemeinschaft, § 3 Rn. 38; *Burhoff/Willemsen,* Nichteheliche Lebensgemeinschaft, S. 182 f. Rn. 488.

nichteheliche Lebensgemeinschaft vorliegt, erfolgt aufgrund dessen anhand bestimmter, von Rechtsprechung und Literatur entwickelter Kriterien. Danach sind für das Vorliegen einer nichtehelichen Lebensgemeinschaft, ähnlich wie bei der eheähnlichen Gemeinschaft, folgende Kriterien maßgeblich: Eine gewisse Dauer des Zusammenlebens,[414] eine umfassende Gemeinschaft, bestehend aus einer Wohn-, Wirtschafts- und Geschlechtsgemeinschaft sowie eine „unverbindliche gewisse Eheähnlichkeit".[415] Die Wohn-, Wirtschafts- und Geschlechtsgemeinschaft muss dabei nicht in allen Punkten vorliegen.[416] Sie dient der Abgrenzung zur bloßen Wohngemeinschaft und Freundschaft.[417] In den meisten Fällen handelt es sich bei der nichtehelichen Lebensgemeinschaft aber um eine Verantwortungs- und Einstehensgemeinschaft, welche durch die ökonomische Solidarität der Partner gekennzeichnet wird.[418]

3. Familie

Der Familienbegriff des Bundesverfassungsgerichts ist sehr weit. Als Familie bezeichnet das Gericht zwar primär die moderne Kleinfamilie, also die Gemeinschaft von Eltern und minderjährigen Kindern.[419] Der Schutzbereich des Art. 6 Abs. 1 GG erfasst aber auch die familienrechtliche Beziehung der Eltern zu ihren volljährigen Kindern.[420] Begründet wird dies mit der „lebenslangen Verpflichtung einander Beistand zu leisten".[421] In Abgrenzung zum verfassungsrechtlichen Ehebegriff kommt es im Rahmen des Familienbegriffs nicht darauf an, ob die Eltern miteinander verheiratet sind oder waren.[422] Auch eine Verwandtschaft zwischen Kindern und „Eltern" ist nicht Ausschlag gebend.[423] Geschützt wird sowohl die auf einer Ehe begründete Familie als auch die Gemeinschaft von nicht miteinander verheirateten Eltern mit

---

414 Im Unterschied zur Ehe ist die nichteheliche Lebensgemeinschaft, selbst wenn sie sich im konkreten Fall als dauerhafte Beziehung erweist, nicht grundsätzlich auf Unauflöslichkeit angelegt (vgl. BVerfGE 87, 234 (264 f.); 117, 316 (327); so auch *Uhle,* in: Epping/Hillgruber, OK-GG, Art. 6 (Stand: 01.09.2015) Rn. 9; *Burgi,* in: Friauf/Höfling, GG, Bd. 1, Art. 6 (Stand: 2002) Rn. 19; *Merten,* in: Isensee/Lecheler, FS für Leisner, S. 615 (622 f.).

415 Vgl. hierzu *Kingreen,* Die verfassungsrechtliche Stellung der nichtehelichen Lebensgemeinschaft, S. 59 ff.; *Grziwotz,* Nichteheliche Lebensgemeinschaft, § 3 Rn. 41 f.

416 *Grziwotz,* Nichteheliche Lebensgemeinschaft, § 3 Rn 43.

417 OLG Hamm, NJW-RR 1994, 773 (774); *Grziwotz,* Nichteheliche Lebensgemeinschaft, § 3 Rn 43.

418 *Grziwotz,* Nichteheliche Lebensgemeinschaft, § 3 Rn. 43.

419 BVerfGE 10, 59 (66); 80, 81 (90); zur Erweiterung des Familienbegriffs durch die jüngste Rechtsprechung des BVerfG vgl. *Uhle,* NVwZ 2015, 272 ff.

420 BVerfG 57, 170 (178).

421 BVerfGE 57, 170 (176); 80, 81 (90 f.).

422 *V. Coelln,* in: Sachs, GG, Art. 6 Rn. 15, 16; *Brosius-Gersdorf,* in: Dreier, GG, 3. Aufl., Bd. I, Art. 6 Rn. 44.

423 *V. Coelln,* in: Sachs, GG, Art. 6 Rn. 15, 16.

ihren Kindern[424] und Eltern mit ihren Stief-, Adoptiv- und Pflegekindern[425]. Auch eine gleichgeschlechtliche Partnerschaft kann unter der Familienbegriff fallen, sofern sie Kinder umfasst.[426] In den Schutzbereich des Art. 6 Abs. 1 GG fällt zudem die Beziehung des Kindes zu seinen nicht oder nicht mehr miteinander verheirateten Eltern.[427] Der Begriff der Elternschaft umfasst zum einen die biologisch-rechtlichen Eltern und die Adoptiv- und Pflegeeltern.[428] Zum anderen genießen auch die rein biologischen und rein genetischen Eltern einen abgestuften Schutz.[429] Selbst eine Verbindung zwischen Großeltern und Enkeln[430] oder zwischen Geschwistern[431] fällt noch unter den Familienbegriff. Solche Verbindungen fallen allerdings eher in den „Begriffshof", was bedeutet, dass der von Art. 6 Abs. 1 GG ausgehende Schutz umso schwächer wird, je weiter die tatsächliche Verbindung vom primär geschützten Familienbegriff entfernt ist.[432] Deshalb fallen Verwandtschaftsbeziehungen in der Seitenlinie bzw. in gerader Linie ab dem dritten Grad grundsätzlich nicht mehr unter den von Art. 6 Abs. 1 GG geschützten Familienbegriff.[433]

Insgesamt kann festgestellt werden, dass die Anerkennung einer Familie eher von faktischen Elementen abhängt, beispielsweise Geburt oder gelebte Gemeinschaft, während die Entstehung der Ehe stärker verrechtlicht ist.[434] Verfassungsrechtlichen Schutz gewährt Art. 6 Abs. 1 GG dem klaren Wortlaut der Vorschrift nach nur der Ehe und der Familie, während die eingetragene Lebenspartnerschaft und die nichteheliche Lebensgemeinschaft bzw. lebenspartnerschaftsähnliche Gemeinschaft im Rahmen des Allgemeinen Persönlichkeitsrechts gem. Art. 2 Abs. 1 i.V.m. Art. 1 Abs. 1 GG und der allgemeinen Handlungsfreiheit gem. Art. 2 Abs. 1 GG geschützt werden.

---

424 BVerfGE 112, 50 (65).

425 BVerfGE 18, 97 (105 f.); 68, 176 (187); 79, 51 (59); 80, 81 (90).

426 BVerfGE 133, 59 (82); OLG Hamm, NJW 2010, 2065 (2066 f.); *Stern,* Staatsrecht, Bd. IV/1, S. 402 f.; *v. Coelln,* in: Sachs, GG, Art. 6 Rn. 16; a.A. *Kanther,* NJW 2003, 797 (798).

427 BVerfGE 18, 97 (105 f.); 45, 104 (123); 79, 203 (211); 106, 166 (176).

428 BVerfGE 80, 81 (90); BVerfG (K), FamRZ 2003, 999 (1000).

429 BVerfGE 92, 158 (158 ff.); 108, 82 (82 ff); so auch *Coester-Waltjen,* in: v. Münch/Kunig, GG, Bd. 1, Art. 6 Rn. 11.

430 *Coester-Waltjen,* in: v. Münch/Kunig, GG, Bd. 1, Art. 6 Rn. 11; *Jarass,* in: ders./Pieroth, GG, Art. 6 Rn. 10; *Badura,* Staatsrecht, Rn. C54, S. 1[illegible]8; *Tettinger,* in: Marré/Schümmelfeder/Kämper, Essener Gespräche, Bd. 35 (2001), S. 117 (136); *Zuleeg,* NVwZ 1986, 800 (804).

431 *Coester-Waltjen,* in: v. Münch/Kunig, GG, Bd. 1, Art. 6 Rn. 11; *Robbers,* v. Mangoldt/Klein/Starck, GG, Bd. 1, Art. 6 Rn. 88; *Jarass,* in: ders./Pieroth, GG, Art. 6 Rn. 10; *Uhle,* in: Epping/Hillgruber, OK-GG, Art. 6 (Stand: 01.09.201[illegible]) Rn. 19; a.A. *v. Coelln,* in: Sachs, GG, Art. 6 Rn. 17 mit Verweis auf BVerwGE 94, [illegible]5 (48).

432 *Coester-Waltjen,* in: v. Münch/Kunig, GG, Bd. 1, Art. 6 Rn. 11.

433 *Coester-Waltjen,* in: v. Münch/Kunig, GG, Bd. 1, Art. 6 Rn. 11.

434 *V. Coelln,* in: Sachs, GG, Art. 6 Rn. 15; *Mager,* Einrichtungsgarantien, S. 210 f.; *Kingreen,* Jura 1997, 401 (402).

C. Die Bedeutung des „besonderen Schutzes" in der verfassungsgerichtlichen Rechtsprechung

Was genau unter dem „besonderen Schutz" der Ehe im Sinne des Art. 6 Abs. 1 GG zu verstehen ist, ist umstritten. Dies liegt zum einen am knappen Wortlaut der Vorschrift, welcher nur wenige Hinweise auf deren eigentliche Bedeutung preisgibt. Zum anderen aber auch daran, dass bereits bei Entstehung der Norm unklar war, was genau unter dem „besonderen Schutz" zu verstehen sei,[435] sodass die weitergehende Konkretisierung des Art. 6 Abs. 1 GG Rechtsprechung und Wissenschaft überlassen blieb.[436]

Die untypische Formulierung des Art. 6 Abs. 1 GG lässt außer der Hervorhebung von Ehe und Familie keine Rückschlüsse auf weitere Rechtsfolgen der Norm zu.[437] Das Bundesverfassungsgericht leitet in der von ihm entwickelten Dogmatik aus der Formulierung des „besonderen Schutzes" im engeren Sinne gesteigerte Schutz- und Förderpflichten des Staates zugunsten von Ehe und Familie ab, im weiteren Sinne entfaltet sich der „besondere Schutz" des Art. 6 Abs. 1 GG nach ständiger Rechtsprechung des Gerichts in der Gewährleistung verschiedener Grundrechtsdimensionen. Die Formulierung des „besonderen Schutzes" bildet insoweit den Oberbegriff für die unterschiedlichen Wirkungsdimensionen des Art. 6 Abs. 1 GG.[438] Der folgende Abschnitt beschäftigt sich mit der Bedeutung, welche das Bundesverfassungsgericht dem besonderen Eheschutz im Sinne des Art. 6 Abs. 1 GG beimisst.[439]

---

435 Vgl. hierzu bereits oben, 2. Teil, A.

436 *Stern,* Staatsrecht, Bd. IV/1, S. 404; zur verfassungsgeschichtlichen Entwicklung des Art. 6 Abs. 1 GG vgl. 1. Teil, A.

437 *Pirson,* in: Kahl/Waldhoff/Walter, BK-GG, Bd. 2, Art. 6 Abs. 1 (Stand: August 1976) Rn. 10.

438 So auch *Huster,* Neutralität des Staates, S. 492, der auf die Formulierung in BVerfGE 76, 1 (41) hinweist, welche diesen systematischen Zusammenhang bestätigt: „Art. 6 GG stellt Ehe und Familie unter den besonderen Schutz der staatlichen Ordnung; er enthält neben dem Grundrecht als Abwehrrecht im klassischen Sinne eine Institutsgarantie sowie eine wertentscheidende Grundsatznorm." Allerdings hält *Huster* diese Konstruktion für „mißlich", da die Formulierung des „besonderen Schutzes durch die staatliche Ordnung" die abwehrrechtlichen Gehalte der Norm nur sehr unvollkommen erfasse und sich der Charakter des Art. 6 Abs. 1 GG als wertentscheidende Grundsatznorm eher mit der staatlichen Schutzpflicht für Ehe und Familie in Verbindung bringen lasse.

439 Zum verfassungsrechtlichen Schutz der Ehe unter dem Blickwinkel der ethischen Neutralität des Staates vgl. umfassend *Huster,* Neutralität des Staates, S. 488 ff.

I. Der „besondere Schutz" im weiteren Sinne: drei Dimensionen des verfassungsrechtlichen Eheschutzes

In der durch das Bundesverfassungsgericht entwickelten Dogmatik weist das Gericht Art. 6 Abs. 1 GG in ständiger Rechtsprechung drei,[440] unter anderem an die Bedeutung des verfassungsrechtlichen Eheschutzes in der Weimarer Reichsverfassung angelehnte, Funktionen zu. Der durch Art. 6 Abs. 1 GG gewährleistete „besondere Schutz" der Ehe enthält hiernach ein Grundrecht sowie eine Institutsgarantie und eine verbindliche Wertentscheidung für den gesamten Bereich des Ehe und Familie betreffenden privaten und öffentlichen Rechts.[441] Diese verschiedenen Gewährleistungsdimensionen sind trotz ihrer unterschiedlichen Akzentuierungen untrennbar miteinander verbunden.[442]

Im folgenden Abschnitt sollen die unterschiedlichen Funktionen des Art. 6 Abs. 1 GG untersucht werden, um in einem nächsten Schritt festzustellen, auf welcher dieser drei Funktionen die Rechtsprechung des Bundesverfassungsgerichts zum „besonderen Schutz" der Ehe im engeren Sinne basiert.

1. *Grundrecht*

Art. 6 Abs. 1 GG enthält ein subjektiv-rechtliches Freiheitsrecht, welches aufgrund der in der NS-Zeit gemachten Erfahrungen in den Grundrechtskatalog eingefügt wurde.[443] Das in Art. 6 Abs. 1 GG enthaltene Grundrecht gewährleistet den Grundrechtsträgern zum einen ihre durch diese Norm geschützte Grundrechtsausübung frei zu gestalten.[444] Hierunter fällt das ungestörte, eigenverantwortliche Zusammenleben in Ehe und Familie.[445] Zum anderen beinhaltet Art. 6 Abs. 1 GG wie jedes

---

440 Anders *Merten,* in: Isensee/Lecheler, FS für Leisner, S. 615 (616), der von vier Dimensionen des Art. 6 Abs. 1 GG ausgeht.

441 BVerfGE 6, 55 (71 f.); 24, 119 (135); 76, 1 (41); 80, 81 (92 f.); 105, 313 (342); so auch *Kotzur,* in: Stern/Becker, Grundrechte, Art. 6 Rn. 11; *Hofmann,* in: Schmidt-Bleibtreu/Hofmann/Henneke, GG, Art. 6 Rn. 3; *v. Coelln,* in: Sachs, GG, Art. 6 Rn. 21; *Uhle,* in: Epping/Hillgruber, OK-GG, Art. 6 (Stand: 01.09.2015) Rn. 20; *Badura,* in: Maunz/Dürig, GG, Bd. II, Art. 6 (Stand: April 2012) Rn. 6 ff., 67 ff.; *Coester-Waltjen,* in: v. Münch/Kunig, GG, Bd. 1, Art. 6 Rn. 1; *Jarass,* in: ders./Pieroth, GG, Art. 6 Rn. 1; *Antoni,* in: Hömig, GG, Art. 6 Rn. 2; *Ipsen,* in: Isensee/P. Kirchhof, HStR VII, § 154 Rn. 6, 7; *Steiner,* in: Merten/Papier, HGR IV, § 108 Rn. 6; *Pieroth/Kingreen,* KritV 85 (2002), 219 (223 ff.); *Scholz/Uhle,* NJW 2001, 393, (396 ff.); *Burgi,* Der Staat 39 (2000), 487 (495 ff.).

442 BVerfGE 6, 55 (72); vgl. auch *Uhle,* in: Epping/Hillgruber, OK-GG, Art. 6 (Stand: 01.09.2015) Rn. 20.

443 BVerfGE 6, 55 (71); so auch *Seiler,* in: Kahl/Waldhoff/Walter, BK-GG, Bd. 2, Art. 6 Abs. 1 (2014) Rn. 101. Vgl. hierzu auch oben 2. Teil, A., I., 5.

444 BVerfGE 80, 81 (92 f.); 93, 165 (174 f.); so auch *Umbach,* in: ders./Clemens, GG, Bd. I, Art. 6 Rn. 16; *Gröschner,* in: Dreier, GG, 2. Aufl., Bd. I, Art. 6 Rn. 32.

445 BVerfGE 21, 329 (353); 48, 327 (338); 80, 81 (92); 105, 1 (10 f.).

Freiheitsrecht auch ein Abwehrrecht.[446] In dieser Funktion schützt es die Ehe vor schädigenden und störenden staatlichen Eingriffen in ihren immateriellen oder materiellen Schutzbereich.[447] Dabei wehrt es sowohl unmittelbare und mittelbar-faktische[448] Eingriffe des Staates als auch Eingriffe privater Dritter ab. Zusätzlich schützt das Abwehrrecht die Ehe aber auch vor Bedrohungen, die von einem der Ehegatten selbst ausgehen.[449] Geschützt wird die „spezifische Privatsphäre von Ehe und Familie" bzw. eine „Sphäre privater Lebensgestaltung", die staatlicher Einwirkung und staatlichem Zwang entzogen ist.[450] Das Bundesverfassungsgericht sieht hierin die Abkehr von der Allstaatlichkeit des nationalsozialistischen Regimes und ein Bekenntnis zur Eigenständigkeit und Selbstverantwortlichkeit des Einzelnen.[451] Das in Art. 6 Abs. 1 GG enthaltene Abwehrrecht verstärkt und konkretisiert dabei die allgemeine Handlungs- und Entfaltungsfreiheit des Art. 2 Abs. 1 GG im privaten Lebensbereich von Ehe und Familie[452] und wird seinerseits durch die Institutsgarantie und die Wertentscheidung verstärkt[453]. Art. 6 Abs. 1 GG ist insoweit ein „partiell verselbstständigter Ausschnitt" aus der Menschenwürdegarantie des Art. 1 Abs. 1 GG.[454]

a. Anwendungsbereich des Ehegrundrechts

Als Menschenrecht und Jedermann-Grundrecht steht Art. 6 Abs. 1 GG grundsätzlich allen natürlichen Personen ohne Rücksicht auf ihre Staatsangehörigkeit zu.[455]

---

446 *Krings,* in: Höfling, FS für Friauf, S. 269 (270).

447 BVerfGE 6, 55 (71); 6, 386 (388); 21, 329 (353); 30, 59 (67); 81, 1 (6); 107, 27 (53); so auch *Burgi,* in: Friauf/Höfling, GG, Bd. 1, Art. 6 (Stand: 2002) Rn. 24 ff.; *Leibholz/Rinck,* GG, Bd. I, Art. 6 (Stand: Mai 2015) Rn. 132.

448 Zum Schutz der Grundrechte vor mittelbar-faktischen Eingriffen vgl. BVerfGE 105, 252 (273); 105, 279 (300 f.); 110, 177 (191); 113, 63 (76 f.).

449 *Brosius-Gersdorf,* in: Dreier, GG, 3. Aufl., Bd. I, Art. 6 Rn. 48; vgl. hierzu auch unten 2. Teil, C., II., 2., aa., (2).

450 BVerfGE 6, 55 (71); 21, 329 (353); 61, 319 (346 f.); 107, 27 (53).

451 BVerfGE 6, 55 (71).

452 BVerfGE 42, 234 (236); 57, 170 (178); so auch *v. Coelln,* in: Sachs, GG, Art. 6 Rn. 22; *Burgi,* in: Friauf/Höfling, GG, Bd. 1, Art. 6 (Stand: 2002) Rn. 16; *Coester-Waltjen,* in: v. Münch/Kunig, GG, Bd. 1, Art. 6 Rn. 126; *Badura,* in: Maunz/Dürig, GG, Bd. II, Art. 6 (Stand: April 2012) Rn. 29; *Antoni,* in: Hömig, GG, Art. 6 Rn. 3; *Schmitt Glaeser,* in: Isensee/P. Kirchhof, HStR VI, § 129 Rn. 41; *Stern,* Staatsrecht, Bd. IV/1, S. 408; a.A. *Horn,* in: Isensee/P. Kirchhof, HStR VII, § 149 Rn. 22, der keine gegenseitige Verstärkung der beiden Gewährleistungen annimmt, sondern „anders gelagerte [...] eigengeartete Zielsetzungen".

453 BVerfGE 6, 55 (71 ff.); 62, 323 (330); so auch *Badura,* in: Maunz/Dürig, GG, Bd. II, Art. 6 (Stand: April 2012) Rn. 69.

454 *Stern,* Staatsrecht, Bd. IV/1, S. 408 mit Verweis auf *Duttge,* in: Siekmann/Duttge, Grundrechte, Rn. 369.

455 BVerfGE 13, 290 (297 f.); 31, 58 (67); 51, 386 (396); 62, 323 (329); 76, 1 (41 f.); 111, 176 (184); so auch *Coester-Waltjen,* in: v. Münch/Kunig, GG, Bd. 1, Art. 6 Rn. 19; *Badura,* in: Maunz/Dürig, GG, Bd. II, Art. 6 (Stand: April 2012) Rn. 13; *Hofmann,* in:

Ausländer können sich allerdings nur auf Art. 6 Abs. 1 GG berufen, wenn sie sich rechtmäßig in Deutschland aufhalten oder mit einem Deutschen oder Ausländer verheiratet sind, welcher ein Aufenthaltsrecht innehat.[456] Auf juristische Personen ist das Grundrecht seinem Wesen nach nicht anwendbar.[457] Art. 6 Abs. 1 GG schützt die Ehe nach dem Bundesverfassungsgericht „nicht nur im Interesse der individuellen Freiheit (...), sondern ebenso um der Freiheit des Einzelnen in der gelebten Gemeinschaft und um des Erhalts dieser Gemeinschaft willen".[458] Geschützt wird damit zum einen die Gemeinschaft der Ehe als Ganzes, also als Einheit.[459] Zum anderen gewährleistet Art. 6 Abs. 1 GG ebenso die Freiheitsausübung der Ehepartner in ihrer Eigenschaft als Mitglieder der Ehegemeinschaft.[460] Wird der Grundrechtsschutz des Art. 6 Abs. 1 GG beeinträchtigt, so kann sich also jeder Ehegatte einzeln darauf berufen, unabhängig davon, ob die Beeinträchtigung sich gegen die Ehegemeinschaft als solche oder gegen einen oder beide Ehegatten richtet.[461] Denn wird ein Mitglied der ehelichen Gemeinschaft beeinträchtigt, kann dies auch für das andere Mitglied einen Eingriff darstellen.[462] Es würde gegen die in Art. 3 Abs. 2 GG niedergelegte Gleichberechtigung der Ehegatten verstoßen, wenn der persönliche Schutzbereich des Art. 6 Abs. 1 GG bei einem Eingriff in den sachlichen Schutzbereich der Norm auf ein Ehemitglied beschränkt wäre.[463] Gegen ein anderes Familienmitglied bzw. den anderen Ehegatten kann das Abwehrrecht des Art. 6 Abs. 1 GG allerdings nicht genutzt werden, eine solche Drittwirkung wäre mit der Ratio dieser Norm unvereinbar.[464]

Schmidt-Bleibtreu/Hofmann/Henneke, GG, Art. 6 Rn. 6; *Robbers,* in: v. Mangoldt/Klein/Starck, GG, Bd. 1, Art. 6 Rn. 27.

456 BVerfGE 76, 1 (46); 80, 81 (91 f.).

457 BVerfGE 13, 290 (297 f.); vgl. Art. 19 Abs. 3 GG.

458 BVerfGE 76, 1 (45).

459 BVerfGE 76, 1 (44); 78, 38 (49).

460 BVerfGE 76, 1 (44 f.); so auch *Leibholz/Rinck,* GG, Bd. I, Art. 6 (Stand: Juli 2006) Rn. 32 f.; *Robbers,* in: v. Mangoldt/Klein/Starck, GG, Bd. 1, Art. 6 Rn. 14; *v. Coelln,* in: Sachs, GG, Art. 6 Rn. 19; *Badura,* in: Maunz/Dürig, GG, Bd. II, Art. 6 (Stand: April 2012) Rn. 64, 74; a.A. *Brosius-Gersdorf,* in: Dreier, GG, 3. Aufl., Bd. I, Art. 6 Rn. 48, nach welcher die individuelle Freiheitsausübung der Ehepartner nicht über Art. 6 Abs. 1 GG, sondern über Art. 2 Abs. 1 GG i. V. m. Art. 1 Abs. 1 GG geschützt sein soll. Geht es aber um die Persönlichkeitsausübung zum Wohl der Ehegemeinschaft, tritt nach dieser Ansicht wiederum Art. 6 Abs. 1 GG als lex specialis hervor; ähnlich *Coester-Waltjen,* in: v. Münch/Kunig, GG, Bd. 1, Art. 6 Rn. 41.

461 BVerfGE 13, 290 (299); 76, 1 (44 f.); so auch *Brosius-Gersdorf,* in: Dreier, GG, 3 Aufl., Bd. I, Art. 6 Rn. 48; *Badura,* in: Maunz/Dürig, GG, Bd. II, Art. 6 (Stand: April 2012) Rn. 64; *Leibholz/Rinck,* GG, Bd. 1, Art. 6 (Stand: Juli 2006) Rn. 32.

462 BVerfGE 76, 1 (45); 121, 175 (200); so auch *Burgi,* in: Friauf/Höfling, GG, Bd. 1, Art. 6 (Stand: 2002) Rn. 18.

463 BVerfGE 76, 1 (45); so auch *Leibholz/Rinck,* GG, Bd. I, Art. 6 (Stand: Juli 2006) Rn. 33.

464 Vgl. BVerfGE 11, 64 (69); so auch *Richter,* in: Denninger u.a., AK-GG, Art. 6 (Stand: 2001) Rn. 32; *Stern,* Staatsrecht, Bd. IV/1, S. 408.

b. Gewährleistungsumfang des Ehegrundrechts

Vom Gewährleistungsumfang des Ehegrundrechts umfasst sind sowohl die Eheschließungsfreiheit als auch die Ehegestaltungsfreiheit sowie die Eheauflösungs- und Wiederverheiratungsfreiheit. Als Abwehrrecht richtet sich Art. 6 Abs. 1 GG primär gegen Eingriffe des Staates in diese Freiheiten.[465]

aa) Eheschließungsfreiheit

Art. 6 Abs. 1 GG schützt die sog. (positive)[466] Eheschließungsfreiheit, also das Recht, mit einem selbst gewählten Partner[467] zu einem selbst gewählten Zeitpunkt[468] eine Ehe zu schließen.[469] Durch diese Freiheitsgarantie ist der Staat verpflichtet, Ehehindernisse bzw. -verbote[470] sowie Ehevoraussetzungen[471] nur in äußerst restriktiven Grenzen aufzustellen.[472] Allerdings setzt die Ausübung der Eheschließungsfreiheit einfachrechtliche Regelungen über die Form der Eheschließung und ihre sachlichen Voraussetzungen voraus.[473] Dies ergibt sich aus der untrennbaren Verbindung zwischen Grundrecht und Institutsgarantie, welche eine rechtliche Ordnung verlangt.[474] Der einfache Gesetzgeber darf deshalb zur Ausgestaltung der Eheschließungsfreiheit bestimmte Formvorschriften erlassen, bezüglich derer ihm auch ein gestalterischer Freiraum zusteht.[475] Diese werden aber wiederum ihrerseits an Art. 6 Abs. 1 GG

---

465 BVerfGE 6, 386 (388); 107, 27 (53).

466 Dagegen wird die negative Eheschließungsfreiheit, also die Entscheidung, gerade keine Ehe eingehen zu wollen nach Ansicht des BVerfG von Art. 2 Abs. 1 GG geschützt (BVerfGE 56, 363 (384); so auch *Umbach,* in: ders./Clemens, GG, Bd. I, Art. 6 Rn. 20; *Kloepfer,* VerfR II, § 67 Rn. 28. Für einen Schutz durch Art. 6 Abs. 1 GG: *Burgi,* in: Friauf/Höfling, GG, Bd. 1, Art. 6 (Stand: 2002) Rn. 24; *Robbers,* in: v. Mangoldt/Klein/Starck, GG, Bd. 1, Art. 6 Rn. 57; *Merten,* in: ders./Papier, HGR II, § 42 Rn. 154 mit Verweis auf BVerfGE 103, 89 (101 a.E.); *Kingreen,* Jura 1997, 401 (402)).

467 BVerfGE 31, 58 (67); 36, 146 (161 f.); 105, 313 (342).

468 Vgl. *Brosius-Gersdorf,* in: Dreier, GG, 3. Aufl., Bd. I, Art. 6 Rn. 61; *Burgi,* in: Friauf/Höfling, GG, Bd. 1, Art. 6 (Stand: 2002) Rn. 24; *Uhle,* in: Epping/Hillgruber, OK-GG, Art. 6 (Stand: 01.09.2015) Rn. 22; *Robbers,* in: v. Mangoldt/Klein/Starck, GG, Bd. 1, Art. 6 Rn. 51.

469 BVerfGE 28, 324 (347); 29, 166 (175); 76, 1 (42).

470 Zur Unzulässigkeit des Eheverbots der „Geschlechtsgemeinschaft" vgl. BVerfGE 36, 146 (163 f.).

471 Zur Unzulässigkeit der Zeugungsfähigkeit/Gebärfähigkeit als Ehevoraussetzung vgl. BVerfGE 49, 286 (300); *Ipsen,* in: Isensee/P. Kirchhof, HStR VI, § 154 Rn. 16 f.

472 *Antoni,* in: Hömig, GG, Art. 6 Rn. 8; *v. Coelln,* in: Sachs, GG, Art. 6 Rn. 26; *Robbers,* in: v. Mangoldt/Klein/Starck, GG, Bd. 1, Art. 6 Rn. 40, 51.

473 BVerfGE 31, 58 (69); 62, 323 (330); 103, 89 (101).

474 BVerfGE 31, 58 (69); 62, 323 (330); 103, 89 (101).

475 *Brosius-Gersdorf,* in: Dreier, GG, 3. Aufl., Bd. I, Art. 6 Rn. 63; *Coester-Waltjen,* in: v. Münch/Kunig, GG, Bd. 1, Art. 6 Rn. 21.

gemessen.[476] Auch ist der Gesetzgeber weder berechtigt noch verpflichtet, solche Ehen zu verhindern, deren Bestehensprognose unsicher oder ungünstig ist.[477] Ebenso ist eine staatliche Beeinflussung hin zur Beendigung einer rechtmäßig geschlossenen Ehe als verfassungswidrig einzustufen.[478] Einen Eingriff in die Eheschließungsfreiheit stellen zudem unnötig hohe Formvoraussetzungen dar, welche die Eheschließung erschweren oder vereiteln[479] sowie die Anknüpfung von nachteiligen Rechtsfolgen an die Eheschließung, welche sich nicht aus der Verantwortung, welche die Ehegatten füreinander tragen[480] oder der von den Ehegatten gebildeten Wirtschaftsgemeinschaft[481] ergeben.[482] Alle durch Gesetz aufgestellten Voraussetzungen der Eheschließung müssen deshalb durch besondere Gründe gerechtfertigt werden, die sich entweder aus dem Wesen der Ehe, dem Allgemeininteresse oder dem Schutzinteresse des anderen Ehegatten ergeben.[483] Begrenzt wird die Eheschließungsfreiheit durch die verfassungsrechtlich geschützten Strukturmerkmale der Ehe.[484] Ehehindernisse, die sich aufgrund dieser Merkmale ergeben, wie beispielsweise das Ehehindernis der Gleichgeschlechtlichkeit oder das der bestehenden Ehe, sind zulässig.[485]

bb) Ehegestaltungsfreiheit

Art. 6 Abs. 1 GG gewährleistet zudem die Freiheit der Gestaltung des Ehelebens.[486] Diese Ehegestaltungsfreiheit erstreckt sich sowohl auf den immateriell-persönlichen

---

476 BVerfGE 31, 58 (69 f.); 36, 146 (162); so auch *Coester-Waltjen,* in: v. Münch/Kunig, GG, Bd. 1, Art. 6 Rn. 21.

477 BVerfGE 31, 58 (84); 36, 146 (169); so auch *Robbers,* in: v. Mangoldt/Klein/Starck, GG, Bd. 1, Art. 6 Rn. 61; *Coester-Waltjen,* in: v. Münch/Kunig, GG, Bd. 1, Art. 6 Rn. 21.

478 BVerfGE 121, 175 (199 ff.); so auch *v. Coelln,* in: Sachs, GG, Art. 6 Rn. 26; *Coester-Waltjen,* in: v. Münch/Kunig, GG, Bd. 1, Art. 6 Rn. 27.

479 *Pirson,* in: Kahl/Waldhoff/Walter, BK-GG, Bd. 2, Art. 6 Abs. 1 (Stand: November 1988) Rn. 98.

480 Vgl. hierzu BVerfGE 53, 257 (296); 68, 256 (268).

481 Vgl. hierzu BVerfGE 28, 324 (347); 69, 188 (208); 75, 382 (394); 78, 128 (130); 81, 1 (7).

482 BVerfGE 87, 234 (262). So beispielsweise die Verweigerung steuerlicher Absetzungsmöglichkeiten (BVerfGE 29, 104 (118)) oder die generelle steuerliche oder sonstige Benachteiligung von Ehegatten (BVerfGE 6, 55 (70); 15, 328 (330)); vgl. hierzu auch *Coester-Waltjen,* in: v. Münch/Kunig, GG, Bd. 1, Art. 6 Rn. 24.

483 *Badura,* Staatsrecht, C54, S. 201; *Robbers,* in: v. Mangoldt/Klein/Starck, GG, Bd. 1, Art. 6 Rn. 53.

484 *Coester-Waltjen,* in: v. Münch/Kunig, GG, Bd. 1, Art. 6 Rn. 2[illegible].

485 *Robbers,* in: v. Mangoldt/Klein/Starck, GG, Bd. 1, Art. 6 Rn. 53.

486 BVerfGE 39, 169 (183); 48, 327 (338); 68, 256 (268); 80, 81 (92); 99, 216 (231); 105, 313 (345); 124, 199 (229); 123, 193 (207); 133, 377 (410); so auch *v. Coelln,* in: Sachs, GG, Art. 6 Rn. 30; *Gröschner,* in: Dreier, GG, 2. Aufl., Bd. I, Art. 6 Rn. 63; *Coester-Waltjen,* in: v. Münch/Kunig, GG, Bd. 1, Art. 6 Rn. 25; *Richter,* in: Denninger u.a., AK-GG, Art. 6 (Stand: 2001) Rn. 30.

als auch auf den materiell-wirtschaftlichen Bereich der Lebensführung.[487] In der Gestaltungsfreiheit der Eheleute liegt beispielsweise, ob sie einen gemeinsamen Ehenamen führen wollen und wie dieser lauten soll,[488] wo und wie sie zusammen leben wollen,[489] wie die güterrechtlichen[490] oder ehevertraglichen[491] Verhältnisse ausgestaltet sein sollen und wie die Ausgestaltung des finanziellen Verhältnisses der Eheleute untereinander aussehen soll[492]. Aus Art. 6 Abs. 1 GG folgt in diesem Zusammenhang auch das Verbot, die Vereinbarkeit von Ehe und Berufsausübung der Ehegatten zu erschweren.[493] Im Rahmen der durch die Ehegestaltungsfreiheit gewährleisteten selbstverantwortlichen Lebensgestaltung entscheiden die Ehegatten zudem über die Aufgaben- und Rollenverteilung innerhalb der Ehe,[494] beispielsweise wie das Familieneinkommen erwirtschaftet wird und wie darüber hinaus die Aufgabenverteilung in Ehe und Beruf ausgestaltet wird.[495] Auch die Entscheidung für oder gegen Kinder fällt unter die Ehegestaltungsfreiheit.[496] Bei der Erwirtschaftung des Familieneinkommens bleibt den Ehegatten selbst überlassen, ob sie sich für das Ehemodell der Alleinverdiener- oder der Doppelverdienerehe entscheiden.[497] Ein staatliches Ehemodell, welches eine bestimmte moderne oder traditionelle Ausgestaltung der Ehe voraussetzt, existiert nicht; eine solche staatlich vorgegebene Rollenverteilung in der Ehe bzw. ein dispositives Leitbild wäre auch nicht zulässig.[498]

---

487 BVerfGE 53, 257 (296); 57, 361 (387); 61, 319 (346 f.); 66, 84 (94); 99, 216 (231); 103, 89 (101); 105, 1 (10); 107, 27 (53); 128, 193 (207); so auch *Brosius-Gersdorf,* in: Dreier, GG, 3. Aufl., Bd. I, Art. 6 Rn. 66; *Badura,* in: Maunz/Dürig, GG, Bd. II, Art. 6 (Stand: April 2012) Rn. 27.

488 BVerfGE 78, 38 (49 ff.); 84, 9 (17 ff.); 104, 373 (387); 109, 256 (267); 123, 90 (109).

489 BVerfGE 51, 386 (397); 76, 1 (42 ff.); 114, 316 (335).

490 BVerfGE 67, 348 (365); 71, 364 (386); 80, 170 (180); 91, 346 (365).

491 BVerfGE 103, 89 (101); vgl. hierzu auch *Steiner,* in: Merten/Papier, HGR IV, § 108 Rn. 13 ff.

492 BVerfGE 53, 257 (296 f.).

493 BVerfGE 107, 27 (55).

494 BVerfGE 6, 55 (81 f.); 39, 169 (183); 53, 257 (296); 68, 256 (268); 87, 234 (258 f.).

495 BVerfGE 39, 169 (183); 48, 327 (338); 57, 361 (390); 61, 319 (347); 66, 84 (94); 68, 256 (268); 87, 234 (258 f.); 105, 1 (10 f.); 107, 27 (53); 133, 377 (410).

496 BVerfGE 66, 84 (94); so auch *Richter,* in: Denninger u.a., AK-GG, Art. 6 (2001) Rn. 31; *Burgi,* in: Friauf/Höfling, GG, Bd. 1, Art. 6 (Stand: 2002) Rn. 24; *v. Coelln,* in: Sachs, GG, Art. 6 Rn. 30; *Kotzur,* in: Stern/Becker, Grundrechte, Art. 6 Rn. 25; *Badura,* in: Maunz/Dürig, GG, Bd. II, Art. 6 (Stand: April 2012) Rn. 27a; *Ramm,* JZ 1989, 861 (874); für einen Schutz durch das Familiengrundrecht des Art. 6 Abs. 1 GG: *Brosius-Gersdorf,* in: Dreier, GG, 3. Aufl., Bd. I, Art. 6 Rn. 66; *Jarass,* in: ders./ Pieroth, GG, Art. 6 Rn. 11; *Robbers,* in: v. Mangoldt/Klein/Starck, GG, Bd. 1, Art. 6 Rn. 92; *Antoni,* in: Hömig, GG, Art. 6 Rn. 8.

497 BVerfGE 6, 55 (82); 39, 169 (183); 48, 327 (338); 57, 361 (390); 61, 319 (347); 105, 1 (11); 107, 27 (53).

498 BVerfGE 6, 55 (81 f.); 21, 329 (353); 66, 84 (94); 87, 234 (258 f.); 107, 27 (53); so auch *v. Coelln,* in Sachs, GG, Art. 6 Rn. 12, 30; *Uhle,* in: Epping/Hillgruber, OK-GG, Art. 6 (Stand: 01.09.2015) Rn. 7; *Ipsen,* in: Isensee/P. Kirchhof, HStR VII, § 154 Rn. 38.

Unzulässig wäre auch die finanzielle Privilegierung oder Benachteiligung eines Ehemodells[499] oder der Versuch der „Rückführung der Ehefrau ins Haus“[500] oder umgekehrt[501]. Haben die Ehegatten sich für Kinder entschieden, findet ihre freie Entscheidungsbefugnis – abgesehen von grobem Missbrauch – lediglich im Kindeswohl ihre Grenze.[502] Aus der Verbindung des Art. 6 Abs. 1 GG mit Art. 3 Abs. 2 GG ergibt sich zudem, dass die Entscheidungsbefugnis in gemeinsamer Verantwortung beider Ehegatten auszuüben ist, das Gleichberechtigungsgebot also auch in der Ehe gilt.[503]

cc) Eheauflösungs- und Wiederverheiratungsfreiheit

Neben der Eheschließungs- und Ehegestaltungsfreiheit beinhaltet Art. 6 Abs. 1 GG auch die sog. Eheauflösungs-[504] und Wiederverheiratungsfreiheit[505]. Geschützt ist das Recht auf Scheidung[506] sowie das Recht auf Wiederheirat nach Scheidung[507]. Ohne das Recht auf Scheidung wäre zum einen die Wiederverheiratungsfreiheit bzw. Eheschließungsfreiheit nicht mehr gewährleistet.[508] Zum anderen beruht die Ehe auf dem Konsens der Ehepartner, welcher auch die Freiheit zur Beendigung

499 *Brosius-Gersdorf,* in: Dreier, GG, 3. Aufl., Bd. I, Art. 6 Rn. 66; *Robbers,* in: v. Mangoldt/Klein/Starck, GG, Bd. 1, Art. 6 Rn. 75.

500 BVerfGE 21, 329 (353).

501 *Robbers,* in: v. Mangoldt/Klein/Starck, GG, Bd. 1, Art. 6 Rn. 75.

502 BVerfGE 39, 169 (183); 48, 327 (338); 68, 256 (268).

503 BVerfGE 47, 85 (100); 57, 361 (390); 61, 319 (346 f.); 63, 88 (109); 89, 48 (64); 103, 89 (101); 105, 1 (10 f.); so auch *Uhle,* in: Epping/Hillgruber, OK-GG, Art. 6 (Stand: 01.09.2015) Rn. 7; *Coester-Waltjen,* in: v. Münch/Kunig, GG, Bd. 1, Art. 6 Rn. 25; *Richter,* in: Denninger u.a., AK-GG, Art. 6 (Stand: 2001) Rn. 31; *Stern,* Staatsrecht, Bd. IV/1, S. 379, 381 f.; *Steiner,* in: Merten/Papier, HGR IV, § 108 Rn. 11.

504 BVerfGE 53, 224 (254); vgl. auch *Richter,* in: Denninger u.a., AK-GG, Art. 6 (Stand: 2001) Rn. 38.

505 BVerfGE 31, 58 (82 f.); 53, 224 (254); vgl. auch *Uhle,* in: Epping/Hillgruber, OK-GG, Art. 6 (Stand: 01.09.2015) Rn. 23.

506 *Brosius-Gersdorf,* in: Dreier, GG, 3. Aufl., Bd. I, Art. 6 Rn. 65; *Burgi,* in: Friauf/Höfling, GG, Bd. 1, Art. 6 (Stand: 2002) Rn. 24; *Antoni,* in: Hömig, GG, Art. 6 Rn. 8; *Hufen,* Grundrechte, § 16 Rn. 5; a.A. *Merten,* in: ders./Papier, HGR II, § 42 Rn. 153; *Stern,* Staatsrecht, Bd. IV/1, S. 416; *Uhle,* in: Epping/Hillgruber, OK-GG, Art. 6 (Stand: 01.09.2015) Rn. 23, mit dem Argument, Art. 6 Abs. 1 GG könne zwar das Scheitern einer Ehe in der Lebenswirklichkeit nicht verhindern und nehme deswegen eine Durchbrechung der grundsätzlich unauflöslichen Ehe hin, zum Schutzinhalt des Art. 6 Abs. 1 GG werde die Scheidung aber damit nicht; offen gelassen in BVerfG (K), NJW-RR 2007, 577 (577).

507 BVerfGE 31, 58 (82 f.); so auch *Badura,* in: Maunz/Dürig, GG, Bd. II, Art. 6 (Stand: April 2012) Rn. 45; *Steiner,* in: Merten/Papier, HGR IV, § 108 Rn. 10.

508 BVerfGE 31, 58 (82 f.); 53, 224 (245); so auch *Robbers,* in: v. Mangoldt/Klein/Starck, GG, Bd. 1, Art. 6 Rn. 62; *Burgi,* in: Friauf/Höfling, GG, Bd. 1, Art. 6 (Stand: 2002) Rn. 24.

der Ehe umfasst.[509] Bei der Ausgestaltung der Scheidung hat der einfache Gesetzgeber aber die durch die Institutsgarantie gewährleistete grundsätzliche Unauflösbarkeit der Ehe zu beachten, weswegen das Scheidungsrecht auch „eheerhaltende Elemente“ enthalten muss.[510] Eine grundrechtlich abgesicherte „Scheidungsfreiheit“ vermittelt Art. 6 Abs. 1 GG daher nicht.[511] Da die Ehe auf dem Konsens der Ehepartner beruht, kann sie grundsätzlich auch nur mit deren Einverständnis wieder aufgehoben werden.[512] Eine Scheidung gegen den Willen eines Partners kommt deshalb nur durch Verweis auf die Eheschließungsfreiheit des anderen Ehepartners grundsätzlich nicht in Betracht.[513] Etwas anderes gilt aber dann, wenn die Ehe zerrüttet ist oder der an der Ehe festhaltende Partner die ehelichen Grundsätze schuldhaft verletzt hat.[514] Zwar ist mit der Scheidung die Lebensgemeinschaft der Ehegatten beendet, eine Einschränkung der Wiederverheiratungsmöglichkeit kann sich aber aus der mit der grundsätzlich unauflöslichen Ehe eingegangenen Verpflichtung zur nachehelichen Solidarität ergeben.[515]

c. Schrankenloses Schutzgebot

Das in Art. 6 Abs. 1 GG enthaltene Grundrecht wird grundsätzlich schrankenlos gewährt, das heißt es ist weder durch einen Gesetzesvorbehalt, noch auf andere Weise beschränkt.[516] Eingriffe in Art. 6 Abs. 1 GG können nur durch Grundrechte Dritter bzw. kollidierendes Verfassungsrecht gerechtfertigt sein.[517] Allerdings bedarf das Institut der Ehe der rechtlichen Ausgestaltung. Hierbei kann es aufgrund der auf der Ausgestaltungsbefugnis beruhenden Tätigkeit des Gesetzgebers zu subjektivrechtlichen Auswirkungen kommen.[518] Bewegt sich die Tätigkeit des Gesetzgebers aber über den zulässigen Rahmen der Ausgestaltung hinaus, liegen nicht mehr

---

509 *Brosius-Gersdorf,* in: Dreier, GG, 3. Aufl., Bd. I, Art. 6 Rn. 65.

510 BVerfGE 53, 224 (245 f.); 55, 134 (142); a.A. *Brosius-Gersdorf,* in: Dreier, GG, 3. Aufl., Bd. I, Art. 6 Rn. 65, nach der durch die Institutsgarantie lediglich die Ehe als Beistands- und Verantwortungsgemeinschaft geschützt wird, nicht jedoch die Ehedauer oder bestimmte Auflösungsbedingungen.

511 *V. Coelln,* in: Sachs, GG, Art. 6 Rn. 26 m.w.N.

512 *Richter,* in: Denninger u.a., AK-GG, Art. 6 (Stand: 2001) Rn. 38.

513 *Richter,* in: Denninger u.a., AK-GG, Art. 6 (Stand: 2001) Rn. 38.

514 *Richter,* in: Denninger u.a., AK-GG, Art. 6 (Stand: 2001) Rn. 38.

515 BVerfGE 53, 257 (297); 66, 84 (98). Zu den Grenzen der nachehelichen Solidarität vgl. BVerfGE 80, 286, (294 f.); vgl. auch insgesamt hierzu *Diederichsen,* FPR 2007, 221 (223 ff.).

516 BVerfGE 24, 119 (135).

517 *Burgi,* in: Friauf/Höfling, GG, Bd. 1, Art. 6 (Stand: 2002) Rn. 28; *Brosius-Gersdorf,* in: Dreier, GG, 3. Aufl., Bd. I, Art. 6 Rn. 97; *Jarass,* in: ders./Pieroth, GG, Art. 6 Rn. 23; *Robbers,* in: v. Mangoldt/Klein/Starck, GG, Bd. 1, Art. 6 Rn. 29; *Kingreen,* Jura 1997, 401 (404).

518 BVerfGE 15, 328 (332); 53, 224 (245 ff.); vgl. hierzu auch *v. Coelln,* in: Sachs, GG, Art. 6 Rn. 23.

ausgestaltende, sondern eingreifende Regelungen vor, deren Zulässigkeit einer verfassungsrechtlichen Rechtfertigung bedürfen.[519] Bei der Überprüfung gerichtlicher Entscheidungen ist das Bundesverfassungsgericht allerdings darauf beschränkt, zu kontrollieren, ob die ergangene Entscheidung auf einer grundsätzlich unrichtigen Anschauung von der Bedeutung des Grundrechts aus Art. 6 Abs. 1 GG beruht.[520]

d. Zeitliche Komponente des Eheschutzes

Der verfassungsrechtliche Eheschutz beginnt bereits vor der eigentlichen Eheschließung mit der Freiheit, die Ehe mit einem selbst gewählten Partner zu schließen, unmittelbar vor einer geplanten Eheschließung greift der verfassungsrechtliche Schutz der Ehe allerdings noch nicht.[521] Er reicht über das eheliche Zusammenleben bis hin zur Ehescheidung.[522] Auch diese fällt in den Schutzbereich der Ehe, da sie zur Wiedererlangung der Eheschließungsfreiheit führt.[523] Auch die zwar wirksam geschlossene, aber nicht intakte bzw. zerrüttete Ehe fällt unter den Eheschutz.[524] Nach Scheidung der Ehe geht das Bundesverfassungsgericht davon aus, dass die Folgewirkungen der geschiedenen Ehe weiterhin von Art. 6 Abs. 1 GG umfasst werden.[525] Das Gericht spricht in diesem Kontext von einer „fortwirkenden personalen Verantwortung“ der Ehegatten füreinander[526] und kategorisiert das durch verschiedene nacheheliche unterhalts- und sorgerechtliche Regelungen geprägte

---

519 *Stern,* Staatsrecht, Bd. IV/1, S. 583. Zur Abgrenzung von Ausgestaltung und Eingriff vgl. BVerfGE 42, 95 (100); 49, 24 (57); *Stern,* Staatsrecht, Bd. IV/1, S. 583 f.; *Cornils,* Ausgestaltung der Grundrechte, S. 358 ff.; *Kingreen,* Die verfassungsrechtliche Stellung der nichtehelichen Lebensgemeinschaft, S. 81 ff., 239 ff.; *ders.,* in: Jura, 1997, 401 (403).

520 BVerfGE 22, 93 (98); 49, 304 (314); 60, 79 (90); 61, 18 (25).

521 BVerfGE 31, 58 (67); 105, 313 (342); 112, 50 (65); *Brosius-Gersdorf,* in: Dreier, GG, 3. Aufl., Bd. I, Art. 6 Rn. 71; *Leibholz/Rinck,* GG, Bd. I, Art. 6 (Stand: Mai 1989) Rn. 117; *Steiner,* in: Merten/Papier, HGR IV, § 108, Rn. 9.

522 *Pieroth/Schlink,* Grundrechte, § 15 Rn. 694.

523 BVerfGE 53, 224 (245).

524 BVerfGE 55, 134 (142). Teilweise wird auch eine nach der Dauer der Ehe zu bestimmende Schutzabstufung (vgl. *Brosius-Gersdorf,* in: Dreier, GG, 3. Aufl., Bd. I, Art. 6 Rn. 71) bzw. eine Differenzierung zwischen wirksam geschlossenen Ehen sowie aufhebbaren und hinkenden Ehen erwogen (vgl. *Coester-Waltjen,* in: v. Münch/Kunig, GG, Bd. 1, Art. 6 Rn. 36, nach der die durch die Institutsgarantie geschützte Ehe am stärksten zu schützen ist, während die anerkannte ausländische Ehe und die Scheinehe sowie die als Ehe gelebten Gemeinschaften und deren Vorstufen nachfolgen sollen).

525 BVerfGE 66, 84 (93). Vgl. auch BVerfGE 53, 224 (252 f.); 53, 257 (296 f.); so auch *Jarass,* in: ders./Pieroth, GG, Art. 6 Rn. 6; *Leibholz/Rinck,* GG, Bd. I, Art. 6 (Stand: Juli 2006) Rn. 45; *Uhle,* in: Epping/Hillgruber, OK-GG, Art. 6 (Stand: 01.09.15) Rn. 31; *Badura,* in: Maunz/Dürig, GG, Bd. II, Art. 6 (Stand: April 2012) Rn. 45.

526 BVerfGE 53, 224 (250); 71, 364 (385); vgl. hierzu auch BVerfGE 53, 257 (297); 55, 134 (141 f.); 80, 170 (180).

Pflichtenverhältnis zwischen den Ehegatten als verändert, aber nicht als beendet.[527] Die in Art. 6 Abs. 1 GG niedergelegte Gewährleistung der Ehe überdauert also insoweit ihr Scheitern, als der Schutz der Ehe sich im Scheidungsfolgenrecht fortsetzt.[528] Auch bei einer Auflösung der Ehe durch Tod eines Ehegatten wirkt der Schutz des Ehegrundrechts fort.[529] Neben der Erstehe werden auch die im Falle von Scheidung oder Tod eines der Ehegatten geschlossenen weiteren Ehen geschützt. Hierbei soll diesen Ehen auch grundsätzlich derselbe Rang zukommen wie der Erstehe.[530]

2. *Institutsgarantie*

Darüber hinaus sieht das Bundesverfassungsgericht Art. 6 Abs. 1 GG in ständiger Rechtsprechung[531] als „sogenannte Instituts- oder Einrichtungsgarantie“, welche die „Gewährleistung beider Lebensordnungen“ umfasst.[532] In dieser Funktion garantiert die Norm den Bestand und die wesentlichen Strukturen des Instituts Ehe.[533] Sie verstärkt die Abwehrkraft des Grundrechts gegenüber dem Gesetzgeber, indem sie eine rechtliche Ordnung der Ehe fordert.[534] Die Institutionalisierung von Ehe und Familie gibt denjenigen, die diese Einrichtung nutzen, Sicherheit und dient ihrer freien Entfaltung.[535]

Die Auslegung als Institutsgarantie basiert auf der Weimarer Reichsverfassung.[536] Direkt nach Inkrafttreten des Grundgesetzes beschäftigen die Weimarer Erkenntnisse bereits die ersten Abhandlungen zu Art. 6 Abs. 1 GG,[537] obwohl sich – wie

---

527 BVerfGE 53, 257 (297); 66, 84 (93); 71, 364 (385); 108, 351 (363 f.).

528 BVerfGE 53, 224 (252 f.); 55, 134 (141 f.); 57, 361 (380); 66, 84 (93); 108, 351 (364).

529 BVerfGE 53, 257 (296 f.); 62, 323 (329 ff.); 71, 364 (385); 80, 170 (180).

530 BVerfGE 55, 114 (128 f.); 66, 84 (93 ff.); 68, 256 (267 f.); 128, 193 (207).

531 Vgl. etwa BVerfGE 9, 237 (242 f.); 10, 59 (66 f.); 15, 328 (332); 24, 119 (135); 29, 166 (176); 31, 58 (67, 82); 36, 146 (163); 51, 386 (396, 398); 53, 224 (245, 249 f.); 62, 323 (329).

532 BVerfGE 6, 55 (72).

533 BVerfGE 6, 55 (72); 24, 119 (135); 31, 58 (69 f.); 53, 224; (245); 62, 323 (329); 105, 313 (344 f.); so auch *Gröschner,* in: Dreier, GG, 2. Aufl., Bd. I, Art. 6 Rn. 31; *v. Campenhausen,* VVDStRL 45 (1987), S. 8 (25 f.). Krit. zur Figur der Institutsgarantie *Pieroth/Kingreen,* KritV 85 (2002), 219 (227); *Obermeyer,* KritV 86 (2003), 142 (155 ff.) sowie *Steiger,* in: VVDStRL 45 (1987), S. 56 (58), der durch die Annahme einer Institutsgarantie die soziale Wandlungsfähigkeit von Ehe und Familie gefährdet sieht.

534 BVerfGE 62, 323 (329 f.); so auch *Badura,* in: Maunz/Dürig, GG, Bd. II, Art. 6 (Stand: April 2012) Rn. 4, 69.

535 *Robbers,* in: v. Mangoldt/Klein/Starck, GG, Bd. 1, Art. 6 Rn. 11.

536 Vgl. hierzu 1. Teil, A.

537 So etwa *Ule,* DV 1949, 333 (334) der in Art. 6 Abs. 1 GG kein Grundrecht im Sinne eines subjektiven öffentlichen Rechts, sondern eine Garantie der „rechtlichen Institution der Ehe“ erblickt, welche diese in ihrem „Wesensgehalt“ gegen Eingriffe der Gesetzgebung schützt. Vgl. hierzu auch *Stern,* Staatsrecht, Bd. III/1, S. 764 m.w.N.

in der Weimarer Reichsverfassung auch – die Einrichtungsgarantien nicht explizit aus dem Grundgesetz entnehmen lassen, sondern weiterhin eine dogmatische Figur darstellen[538]. Endgültig etabliert wurde die „Lehre von den Einrichtungsgarantien" für das Grundgesetz und damit auch die Einordnung des Art. 6 Abs. 1 GG als Institutsgarantie schließlich durch eine Abhandlung von U. *Scheuner*.[539] Von den institutionellen Garantien unterschied *Scheuner* die privatrechtlichen Institute der Ehe (Art. 6 GG), und des Eigentums und Erbrechts (Art. 14 Abs. 1 GG), welche er als „Gewährleistungen grundlegender Ordnungen des Gemeinschaftslebens" bezeichnete.[540] *Scheuner* sah die Funktion der Garantie im erhöhten Schutz der garantierten Einrichtung[541], nicht aber in der Gewährung subjektiver Rechte[542] und folgte hiermit dem zur Weimarer Reichsverfassung entwickelten Verständnis der Einrichtungsgarantien.[543] Im Laufe der Zeit festigte sich die „Lehre von den Einrichtungsgarantien" im staatsrechtlichen Schrifttum.[544] Auch die Rechtsprechung des Bundesverfassungsgerichts knüpft an die Weimarer „Lehre von den Einrichtungsgarantien" an, wobei hierbei die Bezeichnung derselben variiert.[545] Das Bundesverfassungsgericht spricht teilweise ganz grundsätzlich von einer Einrichtungsgarantie,[546] unterscheidet dann aber auch zwischen Institutsgarantien[547] und institutionellen Garantien[548] bzw. spricht lediglich von Garantien[549].

a. *Inhalt der Institutsgarantie*

Die Institutsgarantie gewährleistet nach Ansicht des Bundesverfassungsgerichts zum einen das Institut der Ehe an sich, zum anderen werden bestimmte Strukturelemente der Ehe, welche das Institut als solches prägen, gegen Aufhebung und Änderung gesichert.[550] Zweck der Institutsgarantie ist es, einen umfassenden Wandel des Instituts Ehe zu verhindern.[551] Dabei ist es allerdings erforderlich, das Institut der Ehe rechtlich auszugestalten, denn Art. 6 Abs. 1 GG will gerade ein Rechtsinstitut zur Verfügung stellen.[552]

---

538 *Kloepfer,* in: Merten/Papier, HGR II, § 43 Rn. 1.
539 *Stern,* Staatsrecht, Bd. III/1, S. 765.
540 *Scheuner,* in: Wandersleb, Recht, Staat, Wirtschaft, Bd. 4, S. 88 (93).
541 *Scheuner,* in: Wandersleb, Recht, Staat, Wirtschaft, Bd. 4, S. 88 (88).
542 *Scheuner,* in: Wandersleb, Recht, Staat, Wirtschaft, Bd. 4, S. 88 (93).
543 *Stern,* Staatsrecht, Bd. III/1, S. 766.
544 *Stern,* Staatsrecht, Bd. III/1, S. 768.
545 *Kloepfer,* in: Merten/Papier, HGR II, § 43 Rn. 1.
546 BVerfGE 6, 55 (72); 6, 309 (355).
547 Siehe z.B. BVerfGE 6, 55 (72); 10, 59 (66); 51, 386 (396).
548 Siehe z.B. BVerfGE 27, 159 (200); 75, 40 (61 f.).
549 Siehe BVerfGE 73, 118 (152).
550 BVerfGE 6, 55 (72); 10, 59 (66 f.); 31, 58 (69 f.); 105, 313 (344 f.).
551 *Richter,* in: Denninger u.a., AK-GG, Art. 6 (Stand: 2001) Rn. 11.
552 BVerfGE 31, 58 (69); 81, 1 (6 f.); so auch *Gröschner,* in: Dreier, GG, 2. Aufl., Bd. I, Art. 6 Rn. 55; *Robbers,* in: v. Mangoldt/Klein/Starck, GG, Bd. I, Art. 6 Rn. 30; *Uhle,*

aa) Gewährleistung des Instituts „Ehe“

Von Art. 6 Abs. 1 GG gewährleistet wird das Institut der Ehe an sich. Sie ist als Lebensform anzubieten und zu schützen.[553] Die Ehe wird aber nicht abstrakt gewährleistet, sondern in der Ausgestaltung, wie sie den in den herrschenden gesetzlichen Regelungen maßgebend zum Ausdruck gelangten Anschauungen entspricht.[554] Jegliche Bestrebungen des Gesetzgebers in Bezug auf eine Abschaffung der Ehe verstoßen gegen das Grundgesetz.[555]

(1) Gewährleistung wesentlicher Strukturprinzipien der Ehe

Die Institutsgarantie des Art. 6 Abs. 1 GG gewährleistet nicht eine bestimmte Form der Ehe, sondern schützt einzelne Strukturelemente, welche das verfassungsrechtliche Bild der Ehe prägen.[556] Diese wesentlichen Strukturprinzipien der Ehe sind der Verfügungsgewalt des Gesetzgebers entzogen.[557] Die wesentlichen Strukturprinzipien leitet das Bundesverfassungsgericht zum einen aus der außerrechtlichen Lebensordnung, zum anderen aus den besonderen Wertentscheidungen des Grundgesetzes ab.[558] Sie ergeben sich aus der Anknüpfung des Art. 6 Abs. 1 GG an bereits existierende Lebensformen in Verbindung mit dem Freiheitscharakter des verbürgten Grundrechts und anderen Verfassungsnormen.[559] Zwar ist das einfache bürgerliche Recht weitgehend mit diesen Strukturprinzipien identisch, der Inhalt der Institutsgarantie darf sich aber nicht aus dem einfachen Recht ergeben, denn sonst könnte dieses niemals der Verfassung widersprechen.[560] Es sind vielmehr die einfachrechtlichen Vorschriften des bürgerlichen Rechts, welche an Art. 6 Abs. 1 GG als vorrangiger, selbst die Grundprinzipien enthaltender Leitnorm gemessen werden müssen.[561] Die durch die Institutsgarantie gesicherten wesentlichen Strukturmerkmale markieren den „Kernbereich“ der Ehe.[562] Sie schützen das Bild der Ehe, so wie es der Verfassung zugrunde liegt.[563] Diesen „Ordnungskern“[564] muss der Gesetzgeber zwingend beachten, wenn er das Institut der Ehe ausgestaltet.[565]

---

in: Epping/Hillgruber, OK-GG, Art. 6 (Stand: 01.09.2015) Rn. 30; *Coester-Waltjen,* in: v. Münch/Kunig, GG, Bd. 1, Art. 6 Rn. 12.

553 BVerfGE 105, 313 (344).

554 BVerfGE 15, 328 (332); 53, 224 (245).

555 *Coester-Waltjen,* in: v. Münch/Kunig, GG, Bd. 1, Art. 6 Rn. 12.

556 BVerfGE 10, 59 (66); so auch *Umbach,* in: ders./Clemens, GG, Bd. I, Art. 6 Rn. 15.

557 BVerfGE 6, 55 (72); 31, 58 (69 f.); so auch *Sodan,* in: ders., GG, Art. 6 Rn. 12.

558 BVerfGE 10, 59 (66 f.); 31, 58 (69); 105, 313 (345).

559 BVerfGE 36, 146 (162).

560 BVerfGE 36, 146 (162).

561 BVerfGE 10, 59 (66); 31, 58 (69 f.).

562 *Brosius-Gersdorf,* in: Dreier, GG, 3. Aufl., Bd. I, Art. 6 Rn. 49 f.

563 BVerfGE 81, 1 (6 f.).

564 Vgl. zu diesem Begriff BVerfGE 10, 59 (66).

565 BVerfGE 31, 58, (69 f.); 105, 313 (345); so auch *Uhle,* in: Epping/Hillgruber, OK-GG, Art. 6 (Stand: 01.09. 2015) Rn. 30; *v. Coelln,* in: Sachs, GG, Art. 6 Rn. 31; *Coester-*

Innerhalb dieses geschützten Bereichs ist der Gestaltungsspielraum des Gesetzgebers deshalb sehr begrenzt, zulässig ist lediglich eine Konkretisierung der abgesicherten Merkmale.[566] Im „Randbereich" der Ehe ist der einfache Gesetzgeber bei gestalterischen Maßnahmen hingegen frei.[567] Dies liegt daran, dass das Ehegrundrecht – außerhalb des durch die Institutsgarantie gesicherten Bereichs – durch den einfachen Gesetzgeber ausgestaltet werden kann und auch soll, es sich also um ein normgeprägtes Grundrecht handelt.[568] Kommt es zur Ausgestaltung des Ehebegriffs, fallen auch die durch den einfachen Gesetzgeber gestalteten Merkmale unter den verfassungsrechtlichen Schutz.[569] Begründet wird dies damit, dass das Institut der Ehe nicht abstrakt, sondern in der Ausgestaltung gewährleistet werde, wie sie den jeweils herrschenden, in der gesetzlichen Regelung zum Ausdruck kommenden Anschauungen entspreche.[570] Im Unterschied zu den wesentlichen, durch die Institutsgarantie geschützten Begriffsmerkmalen, können die durch den einfachen Gesetzgeber vorgegebenen Merkmale aber jederzeit geändert werden.[571]

Welche Strukturprinzipien der Ehe durch die Institutsgarantie verbürgt werden, ist umstritten.[572] Das Bundesverfassungsgericht und mit ihm die überwiegende Meinung in der Literatur zählen zum durch die Institutsgarantie gewährleisteten, wesentlichen verfassungsrechtlichen Kern des Instituts Ehe, dass es sich bei dieser um eine Lebensgemeinschaft zwischen Mann und Frau handelt, welche auf Dauer angelegt bzw. grundsätzlich unauflöslich oder unauflösbar ist, die zudem unter Mitwirkung des Staates geschlossen wird und auf dem freien Entschluss von gleichberechtigten Partnern beruht, die über die Ausgestaltung ihres Ehelebens autonom entscheiden können.[573]

Waltjen, in: v. Münch/Kunig, GG, Bd. 1, Art. 6 Rn. 13; *Stern,* Staatsrecht, Bd. IV/1, S. 420 ff.

566 *Brosius-Gersdorf,* in: Dreier, GG, 3. Aufl., Bd. I, Art. 6 Rn. 76.

567 BVerfGE 53, 224 (245); 62, 323 (333); 81, 1 (7); 105, 313 (345); so auch *Brosius-Gersdorf,* in: Dreier, GG, 3. Aufl., Bd. I, Art. 6 Rn. 49; *Uhle,* in: Epping/Hillgruber, OK-GG, Art. 6 (Stand: 01.09.2015) Rn. 30.

568 BVerfGE 31, 58 (69); 105, 313 (345).

569 *Brosius-Gersdorf,* in: Dreier, GG, 3. Aufl., Bd. I, Art. 6 Rn. 49.

570 BVerfGE 31, 58 (82 f.); 105, 313 (345).

571 *Brosius-Gersdorf,* in: Dreier, GG, 3. Aufl., Bd. I, Art. 6 Rn. 49.

572 Vgl. etwa *Brosius-Gersdorf,* in: Dreier, GG, 3. Aufl., Bd. I, Art. 6 Rn. 78, nach der neben der Existenz der Ehe an sich nur diejenigen Strukturelemente am Schutz der Institutsgarantie teilnehmen, die zur Gewährleistung der Funktion der Ehe als wechselseitiger Beistands- und Verantwortungsgemeinschaft notwendig sind oder sich aus anderen Verfassungsbestimmungen ergeben; vgl. auch *dies.,* FamFR 2013, 169 (171 f.); ähnlich *Robbers,* in: v. Mangoldt/Klein/Starck, GG, Bd. 1, Art. 6 Rn. 32, der die durch die Institutsgarantie geschützten Merkmale, „aus den für die Verfassung wesentlichen Funktionen der Ehe" ableitet.

573 Vgl. hierzu bereits oben 2. Teil, C., I., 1., b., bb).

(2) Gewährleistung des Kerns der das Eherecht bildenden Vorschriften

Die Rechte und Pflichten der Ehegatten bilden den einfachrechtlichen Rahmen des Rechtsinstituts Ehe und charakterisieren dieses.[574] Aufgrund dessen gewährleistet die Institutsgarantie den Kernbestand der das Ehe- und Familienrecht bildenden Vorschriften, so dass der Ordnungskern der Institutionen von Ehe und Familie verfassungsrechtlich gesichert ist.[575] Diesen „Normenkern“[576] des Rechtsinstituts Ehe schirmt die Institutsgarantie durch einen beispielsweise aufgrund politischer Beweggründe motivierten Zugriff des Gesetzgebers ab.[577] Die den Kern des Ehe- und Familienrechts bildenden Vorschriften namentlich des bürgerlichen Rechts sind hierbei vor wesentlicher Umgestaltung oder Aufhebung geschützt.[578] Zwar verlangt die Institutsgarantie nach einer rechtlichen Ordnung,[579] sie begrenzt und lenkt aber gleichzeitig die Gestaltungsfreiheit des Gesetzgebers.[580] Eine Änderung des geltenden Eherechts bleibt aber weiterhin möglich, solange die gesetzliche Ausgestaltung durch den einfachen Gesetzgeber nicht zur Aushöhlung der Ehe führt.[581]. Art. 6 Abs. 1 GG schützt insofern nur gegen staatliche Maßnahmen, durch welche bestimmende Merkmale des der Verfassung zugrunde liegenden Bildes der Ehe beeinträchtigt werden.[582] Dieses Bild ist „von Alters her überkommen“ und in seinem „Kern unverändert geblieben“, so dass „der materielle Gehalt der Institutsgarantie aus Art. 6 Abs. 1 GG mit dem hergebrachten Recht überein(stimmt)“.[583]

b. Verletzung der Institutsgarantie

Wird eine Ehe unter Verletzung der durch die Institutsgarantie bestimmten Merkmale geschlossen, so liegt keine Ehe im Sinne des Art. 6 Abs. 1 GG vor.[584] Liegt dagegen lediglich ein Verstoß gegen die einfachen Gesetze und nicht gegen die Institutsgarantie vor, so kann auch eine rechtswidrige Ehe am Schutz des Art. 6 Abs. 1 GG teilhaben, wenn der Gesetzgeber sich dazu entschließt, dass die vorliegende Rechtsverletzung nicht zur Unwirksamkeit der Ehe führen soll.[585] Art. 6 Abs. 1 GG gewährleistet nur die Freiheit zu und in der durch die Institutsgarantie geschützten

574 *Benedict,* JZ 2013, 477 (480).

575 BVerfGE 10, 59 (66); 31, 58 (69 f.); so auch *Uhle,* in: Epping/Hillgruber, OK-GG, Art. 6 (Stand: 01.09.2015) Rn 29; *Henrich,* in: Badura/Scholz, FS für Lerche, S. 239 (249); *Mager,* Einrichtungsgarantien, S. 206.

576 BVerfGE 6, 55 (72).

577 *Badura,* in: Maunz/Dürig, GG, Bd. II, Art. 6 (Stand: April 2012) Rn. 69.

578 BVerfGE 6, 55 (72); 31, 58 (69 f.); 76, 1 (49).

579 BVerfGE 62, 323 (330).

580 *Badura,* in: Maunz/Dürig, GG, Bd. II, Art. 6 (Stand: April 2012) Rn. 70.

581 *Coester-Waltjen,* in: v. Münch/Kunig, GG, Bd. 1, Art. 6 Rn. 13.

582 BVerfGE 76, 1 (49).

583 BVerfGE 10, 59 (66); vgl. hierzu auch *Uhle,* in: Epping/Hillgruber, OK-GG, Art. 6 (Stand: 01.09.2015) Rn. 29.

584 *Brosius-Gersdorf,* in: Dreier, GG, 3. Aufl., Bd. I, Art. 6 Rn. 51.

585 *Brosius-Gersdorf,* in: Dreier, GG, 3. Aufl., Bd. I, Art. 6 Rn. 53.

Ehe.[586] Die Autonomie der Ehepartner ist insoweit durch die Institutsgarantie begrenzt, so dass die Ehe lediglich in der durch die Institutsgarantie vorgegebenen Form eingegangen werden kann; für privatautonome Gestaltung bleibt in diesem vorgegebenen Rahmen kein Raum.[587]

3. *Wertentscheidende Grundsatznorm*

Neben der Funktion als Institutsgarantie und Grundrecht bezeichnet das Bundesverfassungsgericht Art. 6 Abs. 1 GG auch als „wertentscheidende Grundsatznorm",[588] also als „verbindliche Wertentscheidung für den gesamten Bereich des Ehe und Familie betreffenden privaten und öffentlichen Rechts"[589].

a. Anerkennung des besonderen Wertes des Instituts Ehe

Mit der Deutung als wertentscheidende Grundsatznorm, welche auf den Lehren von *R. Smend* und *G. Holstein* beruht, entwickelte das Bundesverfassungsgericht eine im Vergleich zu Art. 119 Abs. 1 S. 1 WRV neue Dimension der Grundrechtsinterpretation, welche sich heute in der Formel von den objektiv-rechtlichen Gehalten der Grundrechte widerspiegelt.[590] Hiernach stellt die Verfassung eine an den Gemeinschaftswerten und Gerechtigkeitsmaßstäben orientierte Grundordnung des Staates dar, an der sich sämtliche einfachen Gesetze orientieren müssen.[591] Dabei will das Grundgesetz gerade keine wertneutrale Ordnung sein, sondern eine objektive Wertordnung aufstellen, welche als verfassungsrechtliche Grundentscheidung für sämtliche Bereiche des Rechts gilt.[592] Die Grundrechte, deren Geltungskraft durch diese objektivrechtliche Dimension verstärkt wird, sind in diesem Zusammenhang Ausdruck dieser objektiven Wertentscheidung, welche von allen drei Staatsgewalten zu beachten ist.[593] Im Gegensatz zu der subjektiv-rechtlichen Komponente

---

586 *Hillgruber,* in: Isensee/P. Kirchhof, HStR IX, § 200 Rn. 8.

587 *Hillgruber,* in: Isensee/P. Kirchhof, HStR IX, § 200 Rn. 8.

588 Diesbezüglich ist die Terminologie des Bundesverfassungsgerichts nicht immer einheitlich, das Gericht wechselt u.a. zwischen „Wertentscheidung", „Wertsystem", „objektiver Norm", „objektivrechtlichem Gehalt", „Grundentscheidung" und „Grundsatznorm", vgl. *Jarass,* AöR 110 (1985), 363 (367) m.w.N.

589 BVerfGE 6, 55 (72); 55, 114 (126); 105, 313 (346); 131, 239 (259); 133, 377 (409).

590 *Stern,* Staatsrecht, Bd. IV/1, S. 427 f.; *Seiler,* in: Kahl/Waldhoff/Walter, BK-GG, Bd. 2, Art. 6 Abs. 1 (Stand: Juli 2014) Rn. 109 Fn. 208 u. Rn. 39; *Ossenbühl,* NJW 1976, 2100 (2101 ff.); vgl. zum objektivrechtlichen Gehalt der Grundrechte auch weiterführend *Jarass,* AöR 110 (1985), 363 (363 ff. und zu Art. 6 Abs. 1 GG insbesondere 374 f.); *Böckenförde,* Der Staat 29 (1990), 1 (1 ff. und zu Art. 6 Abs. 1 GG insbesondere 6 f.).

591 *Badura,* in: Maunz/Dürig, GG, Bd. II, Art. 6 (Stand: April 2012) Rn. 6.

592 BVerfGE 7, 198 (204 f.). Vgl. bereits die Bezugnahme des BVerfG auf die grundgesetzliche Wertordnung in BVerfGE 6, 32 (40 f.).

593 BVerfGE 7, 198 (204 f.); so auch *Böckenförde,* Der Staat 29 (1990), 1 (6 f.).

der Grundrechte als Abwehrrechte, welche der Einzelne als individuellen Anspruch durchsetzen kann, ist die objektiv-rechtliche Komponente der Grundrechte unabhängig von der Individualposition.[594]

In Bezug auf Art. 6 Abs. 1 GG wird – in Anerkennung des besonderen Wertes des Instituts Ehe – die Wertqualität dieses Grundrechtsartikels hervorgehoben, welche über den institutionellen und grundrechtlichen Bereich hinaus das gesamte Ehe- und Familienrecht durchdringt.[595] Diese Wertqualität ist allgemein auch dort anerkannt, wo man einer Wertorientierung der Grundrechte kritisch gegenübersteht und, in Übereinstimmung mit dem Bundesverfassungsgericht[596], der Eigenschaft des Art. 6 Abs. 1 GG als wertentscheidende Grundsatznorm keine zu große Bedeutung beimisst.[597] Die besondere Wertqualität des Art. 6 Abs. 1 GG führt zu einer Durchbrechung des vertikalen Systems von Grundrechtsberechtigung und Grundrechtsverpflichtung und bewirkt, dass die durch Art. 6 Abs. 1 GG zugesicherten Schutzpflichten für die gesamte Rechtsordnung verbindlich werden.[598]

b. Ableitung der Funktion als wertentscheidende Grundsatznorm aus der Formulierung des „besonderen Schutzes"

Die Funktion des Art. 6 Abs. 1 GG als Grundsatznorm leitet das Bundesverfassungsgericht aus dem Wortlaut[599] der Norm – „besonderer Schutz der staatlichen Ordnung" – ab.[600] Diese weite Formulierung kennzeichne die Norm „eindeutig – auch

594 *Ossenbühl,* NJW 1976, 2100 (2101).

595 *Kotzur,* in: Stern/Becker, Grundrechte, Art. 6 Rn. 14, 62; *Gröschner,* in: Dreier, GG, 2. Aufl., Bd. I, Art. 6 Rn. 3; *Badura,* in: Maunz/Dürig, GG, Bd. II, Art. 6 (Stand: April 2012) Rn. 6; *Stern,* Staatsrecht, Bd. IV/1, S. 428 f.; *Henrich,* in: Badura/Scholz, FS für Lerche, S. 239 (239); *Risse,* Der verfassungsrechtliche Schutz der Homosexualität, S. 219 f.; *Di Fabio,* NJW 2003, 993 (994); *Papier,* NJW 2002, 2129 (2130); *Beck,* NJW 2001, 1894 (1899); *Lecheler,* DVBl. 1986, 905 (906); *Gusy,* DÖV 1986, 321 (328 f.).

596 Vgl. BVerfGE 80, 81 (92 f.), wonach die wertentscheidende Grundsatznorm „nicht das Maß an Verbindlichkeit, das der Institutsgarantie oder dem Freiheitsrecht eigen ist (erreicht)".

597 *Stern,* Staatsrecht, Bd. IV/1, S. 428 f. mit Verweis auf *Gröschner,* in: Dreier, GG, 2. Aufl., Bd. I, Art. 6 Rn. 35; *Burgi,* in: Friauf/Höfling, GG, Bd. 1, Art. 6 (Stand: 2002) Rn. 37; *Jarass,* in: ders./Pieroth, GG, Art. 6 Rn. 1; *Wolff,* in: Umbach/Clemens, GG, Bd. I, Anhang zu Art. 6 Rn. 12; *Kingreen,* Die verfassungsrechtliche Stellung der nichtehelichen Lebensgemeinschaft, S. 111 ff., 160 ff.; *Burgi,* Der Staat 39 (2000), 487 (497); *Beck,* NJW 2001, 1894 (1899); *Gade,* VR 2002, 397 (399); *Papier,* NJW 2002, 2129 (2130).

598 BVerfGE 6, 55 (72); 24, 119 (135); 31, 58 (67); so auch *Gröschner,* in: Dreier, GG, 2. Aufl., Bd. I, Art. 6 Rn. 35; *Kotzur,* in: Stern/Becker, Grundrechte, Art. 6 Rn. 14, 62; *Kingreen,* Jura 1997, 401 (401 ff.).

599 Hingegen wurde der von *R. Smend* herausgestellte Charakter der Grundrechte als „Wert- und Kultursystem" nicht herangezogen, *Stern,* Staatsrecht, Bd. IV/1, S. 428.

600 BVerfGE 6, 55 (72); 76, 1 (49); so auch *Burgi,* in: Friauf/Höfling, GG, Bd. 1, Art. 6 (Stand: 2002) Rn. 35; *Gröschner,* in: Dreier, GG, 2. Aufl., Bd. I, Art. 6 Rn. 33. Krit.

– als Grundsatznorm für das gesamte Ehe und Familie betreffende Recht".[601] Bestätigung für diese Auslegung findet das Gericht im Rahmen einer entstehungsgeschichtlichen Auslegung des Art. 6 Abs. 1 GG, welcher im Wesentlichen den Inhalt des Art. 119 Abs. 1 und 2 WRV übernehme.[602] Der Wirkungsbereich der Schutznorm erfasse genau wie Art. 119 Abs. 1 und 2 WRV sämtliche Normen des die Ehe und Familie betreffenden privaten und öffentlichen Rechts.[603] Als wertentscheidende Grundsatznorm stellt Art. 6 Abs. 1 GG „Ehe und Familie als die Keimzelle jeder menschlichen Gemeinschaft, deren Bedeutung mit keiner anderen Bindung verglichen werden kann," unter den besonderen Schutz der staatlichen Ordnung.[604]

c. *Die aus der wertentscheidenden Grundsatznorm erwachsenden Schutz- und Förderpflichten*

Aus dieser Einordnung des Art. 6 Abs. 1 GG als wertentscheidende Grundsatznorm ergeben sich für den Staat, so das Bundesverfassungsgericht, verschiedene Verpflichtungen. Neben dem bereits durch die Institutsgarantie und dem Grundrecht abgesicherten Verbot, die Ehe durch eigene störende Eingriffe zu beeinträchtigen oder zu benachteiligen,[605] erwächst eine Pflicht bzw. ein Gebot, die Ehe durch geeignete Maßnahmen vor Beeinträchtigungen durch Dritte zu schützen sowie zur Förderung der Ehe durch staatliches Leistungshandeln[606].[607] Die in Art. 6 Abs. 1 GG enthaltene wertentscheidende Grundsatznorm hat also eine negative und eine positive Schutzdimension.[608] Sie enthält einen Gesetzgebungsauftrag, welcher dem

---

bezüglich einer Ableitung der Eigenschaft des Art. 6 Abs. 1 GG als wertentscheidender Grundsatznorm allein aus dem Wortlaut *Stern*, Staatsrecht, Bd. IV/1, S. 428, der hierfür vielmehr die Entstehungsgeschichte und das Telos der Vorschrift heranziehen will.

601 BVerfGE 6, 55 (72).

602 BVerfGE 6, 55 (72 f.).

603 BVerfGE 6, 55 (72 f.).

604 BVerfGE 6, 55 (71); 24, 119 (149); 108, 351 (363).

605 Vgl. hierzu BVerfGE 6, 55 (76); 28, 324 (347); 105, 313 (346); BVerfG (K), FamRZ 2004, 1949 (1949).

606 BVerfGE 6, 55 (76); 105, 313 (346); *Hofmann*, in: Schmidt-Bleibtreu/Hofmann/Henneke, GG, Art. 6 Rn. 10.

607 Seit BVerfGE 6, 55 (76) st. Rspr.; so auch *v. Coelln*, in: Sachs, GG, Art. 6 Rn. 34; *Coester-Waltjen*, in: v. Münch/Kunig, GG, Bd. 1, Art. 6 Rn. 25; *Badura*, in: Maunz/Dürig, GG, Bd. II, Art. 6 (Stand: April 2012) Rn. 7; *Uhle*, in: Epping/Hillgruber, OK-GG, Art. 6 (Stand: 01.09.2015) Rn. 33. Siehe hierzu auch *Huster*, Neutralität des Staates, S. 493 der die Funktionen, welche das BVerfG der wertentscheidenden Grundsatznorm zuordnet, teilweise bereits in der Funktion des Art. 6 Abs. 1 GG als Abwehrrecht verwirklicht sieht und aufgrund dessen das Fehlen einer überschneidungsfreien Zuordnung kritisiert.

608 Bereits angedacht in BVerfGE 6, 55 (76); 9, 237 (242); 12, 151 (163); 14, 34 (38 f.); so auch *Stern*, Staatsrecht, Bd. IV/1, S. 430; *Uhle*, in: Epping/Hillgruber, OK-GG, Art. 6 (Stand: 01.09.2015) Rn. 20, 33.

Gesetzgeber eine dem „besonderen Schutz" des Art. 6 Abs. 1 GG entsprechende Regelung auferlegt.[609] Durch die Zusicherung des besonderen verfassungsrechtlichen Schutzes trifft die Verfassung eine objektive Wertentscheidung zugunsten der Ehe, welche entsprechend der umfassenden Grundrechtsbindung gem. Art. 1 Abs. 3 GG von allen Staatsgewalten zu beachten ist.[610] Die Ehe wird auf diese Weise als „Element der staatlichen Ordnung und Rechtsgemeinschaft" anerkannt und geschützt.[611] Durch die Anerkennung der Funktion als Grundsatznorm wird der Norm ein objektiver und direktiver Schutz- und Ordnungsgehalt zugewiesen, der über die abwehrrechtliche Komponente des Grundrechts, welche durch die Institutsgarantie verstärkt wird, hinaus geht.[612] Aus dieser objektiven Gewährleistung kann jeder Grundrechtsberechtigte subjektive Schutzrechte ableiten.[613] Bei der Wahrnehmung dieser Schutz- und Förderaufgabe hat der die Ehe und Familie hauptsächlich gestaltende Gesetzgeber als Hauptadressat dieser Verpflichtung einen großen Gestaltungsspielraum.[614] Allerdings haben sich alle einfachgesetzlichen Bestimmungen, welche im Zusammenhang mit der Ehe stehen, nach der durch Art. 6 Abs. 1 GG bestimmten Schutz- und Förderpflicht zu richten.[615] Als Grundsatznorm und verbindliche Wertentscheidung begrenzt Art. 6 Abs. 1 GG das gesetzgeberische Ermessen[616] und verpflichtet sämtliche Staatsgewalt zu einer ehefreundlichen Auslegung und Anwendung des gesamten öffentlichen und privaten Rechts, insbesondere der Generalklauseln.[617] Dem Staat kommt bezüglich der Wertentscheidung also eine

---

609 *Badura,* in: Maunz/Dürig, GG, Bd. II, Art. 6 (Stand: April 2012) Rn. 7; *Stern,* Staatsrecht, Bd. IV/1, S. 452.

610 BVerfGE 12, 151 (175) für die Exekutive; BVerfGE 22, 93 (98) bei Auslegung und Anwendung des einfachen Rechts, insbesondere bei Anwendung von Generalklauseln; BVerfGE 61, 18 (25) für die Judikative; so auch *Badura,* in: Maunz/Dürig, GG, Bd. II, Art. 6 (Stand: April 2012) Rn. 1, 67, 76; *Burgi,* in: Friauf/Höfling, GG, Bd. 1, Art. 6 (Stand: 2002) Rn. 34; *Pirson,* in: Kahl/Waldhoff/Walter, BK-GG, Bd. 2, Art. 6 Abs. 1 (Stand: April 1978) Rn. 58; *Stern,* Staatsrecht, Bd. IV/1, S. 430; *G. Kirchhof,* AöR 129 (2004), 542 (556); *Scholz/Uhle,* NJW 2001, 393 (397).

611 *Badura,* in: Maunz/Dürig, GG, Bd. II, Art. 6 (Stand: April 2012) Rn. 2.

612 *Badura,* in: Isensee/P. Kirchhof, HStR VII, § 159 Rn. 29 ff.; *ders.,* in: Maunz/Dürig, GG, Bd. II, Art. 6 (Stand: April 2012) Rn. 67; *Jarass,* AöR 110 (1985), 363 (364 ff.).

613 *Badura,* in: Maunz/Dürig, GG, Bd. II, Art. 6 (Stand: April 2012) Rn. 73.

614 BVerfGE 21, 1 (6); 48, 346 (366); 55, 114 (127); 62, 323 (333); 76, 1 (51 f.); 82, 60 (81); 108, 351 (364); so auch *Uhle,* in: Epping/Hillgruber, OK-GG, Art. 6 (Stand: 01.09.2015) Rn. 35; *Coester-Waltjen,* in: v. Münch/Kunig, GG, Bd. 1, Art. 6 Rn. 35; *Hofmann,* in: Schmidt-Bleibtreu/Hofmann/Henneke, GG, Art. 6 Rn. 10; *Leibholz/Rinck,* GG, Bd. I, Art. 6 (Stand: Mai 2014) Rn. 71, 74; *Stern,* Staatsrecht, Bd. IV/1, S. 430; *G. Kirchhof,* AöR 129 (2004), 524 (561); *Scholz/Uhle,* NJW 2001, 393 (397); *Kingreen,* Jura 1997, 401 (405 f.).

615 *Badura,* in: Maunz/Dürig, GG, Bd. II, Art. 6 (Stand: April 2012) Rn. 67.

616 BVerfGE 6, 55 (76).

617 BVerfGE 22, 93 (98); so auch *Richter,* in: Denninger u.a., AK-GG, Art. 6 (Stand: 2001) Rn. 11; *Leibholz/Rinck,* GG, Bd. I, Art. 6 (Stand: Mai 2013) Rn. 11; *Hofmann,* in: Schmidt-Bleibtreu/Hofmann/Henneke, GG, Art. 6 Rn. 4.

andere Rolle zu als im Rahmen des Grundrechts und der Institutsgarantie.[618] Konkrete Leistungsansprüche werden durch Art. 6 Abs. 1 GG allerdings grundsätzlich nicht gewährt.[619] Zumindest entsteht aber aus dem sich aus der Grundsatznorm ergebenden Schutzauftrag des Staates eine Pflicht zur Berücksichtigung ehelicher Bindungen.[620] Diese ist vor allem im Zusammenhang mit aufenthaltsbeendenden Maßnahmen gegenüber einem ausländischen Ehegatten oder der Verweigerung des Ehegattennachzugs von Bedeutung.[621]

II. Die verfassungsdogmatische Einordnung des „besonderen Schutzes" im engeren Sinne

Die Anordnung eines „besonderen" verfassungsrechtlichen Schutzes stellt im Grundgesetz eine Ausnahme dar.[622] Kein anderes Grundrecht hat eine solch spezielle Formulierung erfahren.[623] Verglichen mit dem „besonderen Schutz" der Ehe ist gem. Art. 1 Abs. 1 GG die Menschenwürde lediglich „zu achten und zu schützen". Aufgrund dessen ist es umstritten, was genau unter dem durch Art. 6 Abs. 1 GG garantierten „besonderen Schutze" zu verstehen ist.

Aus der Entstehungsgeschichte der Norm lassen sich im Rahmen einer historischen Auslegung des Art. 6 Abs. 1 GG nur wenige Rückschlüsse auf die Bedeutung

---

618 *Burgi,* in: Friauf/Höfling, GG, Bd. 1, Art. 6 (Stand: 2002) Rn. 34.

619 BVerfGE 82, 60 (81); so auch *Stern,* Staatsrecht, Bd. IV/1, S. 453.

620 *Badura,* in: Maunz/Dürig, GG, Bd. II, Art. 6 (Stand: April 2012) Rn. 73.

621 Es ergibt sich hierbei aus der Eigenschaft des Art. 6 Abs. 1 GG als wertentscheidende Grundsatznorm ein Anspruch des Grundrechtsberechtigten auf Berücksichtigung der bestehenden ehelichen Bindungen an im Bundesgebiet lebende Personen in einer Weise, die der großen Bedeutung entspricht, welche das Grundgesetz dem Schutz der Ehe zuspricht (BVerfGE 76, 1 (49 f.)). Hierbei liegt es bei den zuständigen Organen, die widerstreitenden öffentlichen Interessen und die Interessen privater Dritter in Einklang zu bringen (BVerfGE 76, 1 (50)). Im Rahmen dessen sind die Grundsätze der Verhältnismäßigkeit und des Übermaßverbotes zu berücksichtigen (BVerfGE 76, 1 (50)).

622 Im internationalen Vergleich sind Ehe und Familie in den meisten Staaten verfassungsrechtlich abgesichert, wobei sowohl in europäischen als auch außereuropäischen Verfassungen gewisse Parallelen zu Art. 6 Abs. 1 GG bestehen. Einen „besonderen Schutz" der Ehe gewährleistet auf europäischer Ebene allerdings lediglich die albanische Verfassung, während in der irischen Verfassung von „besonderer Sorgfalt" des Staates gesprochen wird, vgl. hierzu und zur verfassungsrechtlichen Absicherung von Ehe und Familie in anderen Verfassungen *Stern,* Staatsrecht Bd. IV/1, S. 630 ff. m.w.N. sowie *Seiler,* in: Kahl/Waldhoff/Walter, BK-GG, Bd. 2, Art. 6 Abs. 1 (Stand: Juli 2014) Rn. 27 ff. m.w.N.

623 Vgl. etwa *Pirson,* in: Kahl/Waldhoff/Walter, BK-GG, Bd. 2, Art. 6 (Stand: August 1976) Rn. 2, nach dem die Formulierung des „besonderen Schutzes" als Institution des Staatsrechts unbekannt und „ohne besondere Aussagekraft" ist.

des „besonderen Schutzes“ ziehen.[624] Eine genaue Vorstellung der Reichweite eines „besonderen“ Schutzgebotes hatten die Abgeordneten des Parlamentarischen Rates wohl nicht. Orientiert man sich hingegen bei einer rein grammatikalischen Auslegung des Art. 6 Abs. 1 GG am Wortlaut dieser Norm bzw. genauer am objektiven Sprachsinn des Wortes „besonders“, so deutet diese Formulierung zumindest auf eine – nicht zwingend exklusive – aber doch herausgehobene Stellung von Ehe und Familie im Grundgesetz hin.[625] Die Anordnung eines „besonderen Schutzes“ spricht für eine Verstärkung des bereits „allgemein“ durch das Grundgesetz gewährleisteten Schutzes.[626] Ist von „besonderem Schutz“ die Rede, so weist diese Formulierung auf einen gesteigerten und qualifizierten Schutz hin.[627] Diese Annahme entspricht auch dem bei einer teleologischen Auslegung zu ermittelnden Sinn und Zweck

---

624 Vgl. hierzu oben 2. Teil, A.

625 So etwa *Seiler,* in: Kahl/Waldhoff/Walter, BK-GG, Bd. 2, Art. 6 Abs. 1 (Stand: Juli 2014) Rn. 97; *Brosius-Gersdorf,* in: Dreier, GG, 3. Aufl., Bd. I, Art. 6 Rn. 59; *Pirson,* in: Kahl/Waldhoff/Walter, BK-GG, Bd. 2, Art. 6 (Stand: August 1976) Rn. 17, der aus Art. 6 Abs. 1 GG ableitet, die Ehe müsse als einzig rechtlich anerkannte Form der Geschlechtsgemeinschaft gelten; *Tettinger,* in: Marré/Schümmelfeder/Kämper, Essener Gespräche, Bd. 35 (2001), S. 117 (143 ff.) („extraordinäres Verfassungsgebot“); *Stern,* Staatsrechts, Bd. IV/1, S. 443 ff.; *Huster,* Neutralität des Staates, S. 489; *Krings,* ZRP 2000, 409 (411); siehe auch *Robbers,* in: v. Mangoldt/Klein/Starck, GG, Bd. 1, Art. 6 Rn. 20, der in der Garantie des „besonderen Schutzes“ sogar eine Abstufung gegenüber anderen Verfassungsgütern erblickt (die herrschende Ansicht lehnt eine solche Schutzabstufung innerhalb der Verfassung aber wohl ab, vgl. nur *Pirson,* in: Kahl/Waldhoff/Walter, BK-GG, Bd. 2, Art. 6 (Stand: August 1976) Rn. 2; *Krings,* ZRP 2000, 409 (411)). Vgl. auch *Zimmermann,* in: Cremer u.a., FS für Steinberger, S. 645 (656), der aber darauf hinweist, dass sich die Formulierung des „besonderen Schutzes“ auch als Auftrag verstehen lässt, gerade den „*spezifischen* Schutz der Ehe zu gewährleisten, der sich aus den Sachbesonderheiten einer Ehe ergibt“; *G. Kirchhof,* AöR 129 (2004), 542 (554 ff.); ähnlich *Herzmann,* JA 2015, 248 (256 f.), der mit Verweis auf *Kingreen,* Die verfassungsrechtliche Stellung der nichtehelichen Lebensgemeinschaft, S. 75 im Schutz der Ehe ein „spezifisches Angebot, das freiheitsermöglichende Förderungen und Sicherungen der Partner umfasst“, erblickt.

626 *Seiler,* in: Kahl/Waldhoff/Walter, BK-GG, Bd. 2, Art. 6 Abs. 1 (Stand: Juli 2014) Rn. 97; *Robbers,* in: v. Mangoldt/Klein/Starck, GG, Bd. I, Art. 6 Rn. 20; *Burgi,* in: Friauf/Höfling, GG, Bd. 1, Art. 6 (Stand: 2002) Rn. 51; *Gröschner,* in: Dreier, GG, 2. Aufl., Bd. I, Art. 6 Rn. 35; *Stern,* Staatsrecht, Bd. IV/1, S. 422 f., 429, 446; *Huster,* Neutralität des Staates, S. 597; *Scholz/Uhle,* NJW 2001, 393 (394); *Krings,* FPR 2001, 7 (9); *Jestaedt,* ZfJ 2000, 281 (285 ff.); *Kingreen,* Jura, 1997, 401, (405).

627 *Stern,* Staatsrecht, Bd. IV/1, S. 446; *Krings,* FPR 2001, 7 (10); *Jestaedt,* ZfJ 2000, 281 (285), der aber davon ausgeht, dass unter der Zuweisung des besonderen Schutzes „lediglich“ „besserer Schutz“ zu verstehen ist, als er anderen sozialen Gemeinschaften gewährt wird, nicht hingegen „bestmöglicher Schutz“; a.A. *Gröschner,* in: Dreier, GG, 2. Aufl., Bd. I, Art. 6 Rn. 2, der den besonderen Schutz als „bloßes politisches Programm“ einordnet.

eines eigens in das Grundgesetz aufgenommenen Ehe- und Familienschutzartikels, welcher überflüssig wäre, wenn der durch diesen Artikel gewährleistete Schutz bereits durch ein anderes Grundrecht abgedeckt wäre.[628] Insoweit ist zu bedenken, dass durch den Schutz des allgemeinen Persönlichkeitsrechts in Art. 2 Abs. 1 GG bereits sämtliche ungerechtfertigten Eingriffe in die Privatsphäre der Ehegatten und Familienmitglieder unterbunden werden, sodass Art. 6 Abs. 1 GG nur dann eine Daseinsberechtigung hat, wenn er über den durch Art. 2 Abs. 1 GG vermittelten Schutz hinausgeht.[629] Ebenso gewinnt der durch Art. 6 Abs. 1 GG vermittelte Schutz nur dann an Bedeutung, wenn er nicht nur ungerechtfertigte gleichheitswidrige Benachteiligungen abwendet, welche bereits dem Art. 3 Abs. 1 GG unterfallen.[630] Diese Vorüberlegungen sind bei einer Auslegung des Art. 6 Abs. 1 GG zu berücksichtigen. Darüber hinaus ist es die Aufgabe des Bundesverfassungsgerichts, das besondere Schutzgebot des Art. 6 Abs. 1 GG zu konkretisieren. Der folgende Abschnitt beschäftigt sich mit dem Verständnis des Bundesverfassungsgerichts vom „besonderen Schutz" der Ehe.

1. Die Bedeutung des „besonderen Schutzes" für die Einordnung des Art. 6 Abs. 1 GG als wertentscheidende Grundsatznorm

Nach Inkrafttreten des Grundgesetzes wurde der verfassungsrechtliche Eheschutz lange Zeit in Literatur und Rechtsprechung kaum gewürdigt.[631] Einig war man sich lediglich, dass Art. 6 Abs. 1 GG, wie auch bereits Art. 119 Abs. 1 WRV eine Institutsgarantie enthält.[632] Eine weitergehende juristische Untersuchung der Rechtsfolgen der Norm bzw. der Bedeutung des besonderen Eheschutzes erfolgte zunächst nur sehr zurückhaltend.[633] Erst durch einen Beschluss des Ersten Senats des Bundesverfassungsgerichts vom 17. Januar 1957[634] gewann der „besondere Schutz" der Ehe im Zusammenhang mit der Einordnung des Art. 6 Abs. 1 GG als „wertentscheidende Grundsatznorm" an Kontur.[635]

---

628 *Seiler,* in: Kahl/Waldhoff/Walter, BK-GG, Bd. 2, Art. 6 Abs. 1 (Stand: Juli 2014) Rn. 97; *Stern,* Staatsrecht, Bd. IV/1, S. 429.

629 *Seiler,* in: Kahl/Waldhoff/Walter, BK-GG, Bd. 2, Art. 6 Abs. 1 (Stand: 2014) Rn. 97.

630 *Seiler,* in: Kahl/Waldhoff/Walter, BK-GG, Bd. 2, Art. 6 Abs. 1 (Stand: 2014) Rn. 97.

631 *Stern,* Staatsrecht, Bd. IV/1, S. 444.

632 *Stern,* Staatsrecht, Bd. IV/1, S. 444.

633 *Stern,* Staatsrecht, Bd. IV/1, S. 444 f. mit Verweis auf *Hamann,* Das Grundgesetz. Ein Kommentar für Wissenschaft und Praxis, Art. 6 Anm. C2, der unter Berufung auf steuer- und zivilrechtliche Rechtsprechung darauf verweist, dass der „besondere Schutz", welcher durch Art. 6 Abs. 1 GG gewährt werde, sowohl positiver (gewährender) als auch negativer (abwehrender) Art sei.

634 BVerfGE 6, 55 (55 ff.).

635 Zum systematischen Verhältnis der Formulierung des „besonderen Schutzes" und der wertentscheidenden Grundsatznorm vgl. auch *Huster,* Neutralität des Staates, S. 492 f. sowie *Pechstein,* Familiengerechtigkeit als Gestaltungsgebot, S. 126 ff.

Im Rahmen der Eigenschaft des Art. 6 Abs. 1 GG als wertentscheidende Grundsatznorm kommt dem „besonderen Schutz“ nach Ansicht des Bundesverfassungsgerichts die maßgebende Bedeutung zu: Die in Art. 6 Abs. 1 GG enthaltene wertentscheidende Grundsatznorm beschränkt die gesetzgeberische Ermessensausübungsfreiheit.[636] Allerdings kann Art. 6 Abs. 1 GG das Ermessen des Gesetzgebers als bindendes Recht nur insoweit begrenzen, als die Norm bestimmt genug ist, um einfaches Recht an ihr zu messen.[637] In diesem Zusammenhang beschäftigte sich das Bundesverfassungsgericht ganz grundlegend mit dem Begriff des „Schützens“ in Art. 6 Abs. 1 GG, aus welchem sich nach dem Gericht das „Maß der Bestimmtheit“ ergibt, das über die Bindungswirkung der Norm im Verhältnis zu den Vorschriften des einfachen Rechts entscheidet.[638] Aus dem Wortsinn des Begriffes „Schützen“ leitet das Bundesverfassungsgericht mehrere Verpflichtungen ab: Eine Verpflichtung zur „Förderung des Schutzgutes“, zur „Abwehr von Störungen oder Schädigungen“ und eine Verpflichtung zum „Verzicht des Staates auf eigene störende Eingriffe“.[639] Auf Grundlage dieser Begriffsbedeutung definierte das Bundesverfassungsgericht sodann den in Art. 6 Abs. 1 GG statuierten „besonderen Schutz der staatlichen Ordnung“ für Ehe und Familie. Dieser ziele in zwei verschiedene Richtungen: „*positiv* die Aufgabe für den Staat, Ehe und Familie nicht nur vor Beeinträchtigungen durch andere Kräfte zu bewahren, sondern auch durch geeignete Maßnahmen zu fördern, *negativ* das Verbot für den Staat selbst, die Ehe zu schädigen oder sonst zu beeinträchtigen“.[640]

In den darauffolgenden Urteilen wird der Schutzbegriff des Art. 6 Abs. 1 GG durch das Bundesverfassungsgericht bestätigt und weiter ausgebaut.[641] Beachtlich ist hierbei, dass die ausdrückliche Verweisung auf den Wortlaut des Art. 6 Abs. 1 GG – „besonderer Schutz der staatlichen Ordnung“ – innerhalb der Rechtsprechung

---

636 BVerfGE 6, 55 (76).

637 BVerfGE 6, 55 (76).

638 Vgl. BVerfGE 6, 55 (76).

639 BVerfGE 6, 55 (76).

640 BVerfGE 6, 55 (76) (Herv. d. Verf.); vgl. hierzu auch ausführlich *Stern,* Staatsrecht, Bd. IV/1, S. 445 mit Hinweis auf *Mager,* Einrichtungsgarantien, S. 200, welche die Herleitung dieses Befundes nicht aus der Funktion des Art. 6 Abs. 1 GG als wertentscheidende Grundsatznorm vornehmen möchte, sondern vielmehr auf Art. 1 Abs. 3 GG i.V.m. einer Auslegung des Begriffs „Schutz“ in Art. 6 Abs. 1 GG abstellen will und *Cremer,* Freiheitsgrundrechte, S. 211 ff., der auf eine „Verknüpfung von wertbegrifflichen Topoi mit einer grundrechtlich fundierten Leistungsfunktion“ hinweist. Krit. hierzu auch *Huster,* Neutralität des Staates, S. 493, dem nicht ersichtlich ist, warum sich bestimmte Funktionen, welche das BVerfG der Dimension des Art. 6 Abs. 1 GG als wertentscheidender Grundsatznorm zuordnet, nicht bereits aus der abwehrrechtlichen Funktion dieser Norm bzw. aus der allgemeinen grundrechtlichen Schutzpflicht ergeben sowie *Pechstein,* Familiengerechtigkeit als Gestaltungsgebot, S. 124 ff.

641 Vgl. BVerfGE 17, 210 (219 f.); 24, 104 (109); 28, 104 (113); 28, 324 (347); 32, 260 (267); 38, 154 (170); 53, 224 (248); 55, 114 (126); 76, 1 (41); 80, 81 (92 f.); 82, 6 (15); 99, 216 (231 f.); 105, 313 (346).

des Bundesverfassungsgerichts stets in demselben dogmatischen Kontext, nämlich im Zusammenhang mit der Eigenschaft des Art. 6 Abs. 1 GG als wertentscheidender Grundsatznorm erfolgt. Es ist aufgrund dessen davon auszugehen, dass sich der „besondere Schutz“ lediglich auf den objektiv-rechtlichen Gehalt des Art. 6 Abs. 1 GG als wertentscheidende Grundsatznorm bezieht und nicht auch auf eine Steigerung oder Intensivierung der Grundrechts- und Institutsqualität der Norm.[642] Die Bedeutung des „besonderen Schutzes“ ist daher stets vor dem Hintergrund der Eigenschaft des Art. 6 Abs. 1 GG als wertentscheidende Grundsatznorm zu untersuchen.

Dass diese in Art. 6 Abs. 1 GG enthaltenen Verpflichtungen auch tatsächlich mit Bindungskraft ausgestattete Rechtspflichten darstellen und nicht lediglich Programmatik bzw. Deklaration, ergibt sich bereits aus der Entstehungsgeschichte der Vorschrift und ist unumstritten.[643] Allerdings ist bislang noch nicht genau geklärt, wie weit die sich aus dem „besonderen Schutz“ ergebenden Verpflichtungen reichen.[644] Auch die konkrete praktische Umsetzung der Schutz- und Förderpflicht ist bisher nicht abschließend geklärt.[645] Der folgende Abschnitt beschäftigt sich deshalb mit einer Systematisierung der sich aus Art. 6 Abs. 1 GG ergebenden Verpflichtung. Hierbei wird – dem Bundesverfassungsgericht folgend – zwischen einer negativen und einer positiven Schutzfunktion des Art. 6 Abs. 1 GG unterschieden.[646] Die Schutzpflicht umfasst dabei nach hier vorgenommener Aufteilung in negativer Hinsicht ein Schädigungs- und Beeinträchtigungsverbot sowie ein Benachteiligungsverbot und in positiver Hinsicht ein Gebot, die Ehe vor Beeinträchtigungen durch „andere Kräfte“[647] zu schützen und sie durch geeignete Maßnahmen zu fördern.

2. *Die Systematisierung der sich aus dem „besonderen Schutz“ ergebenden Schutzverpflichtung*

Aus der Eigenschaft des Art. 6 Abs. 1 GG als wertentscheidender Grundsatznorm ergibt sich eine Schutzpflicht des Staates zugunsten der Ehe.[648] Diese aus der Formulierung des „besonderen Schutzes“ abgeleitete Schutzfunktion, beinhaltet nach Ansicht des Bundesverfassungsgerichts und der herrschenden Literatur die

---

642 *Gröschner,* in: Dreier, GG, 2. Aufl., Bd. I, Art. 6 Rn. 33.

643 Vgl. hierzu Teil 1; so auch *Stern,* Staatsrecht, Bd. IV/1, S. 447; *G. Kirchhof,* AöR 129 (2004), 542 (555 f.).

644 *Stern,* Staatsrecht, Bd. IV/1, S. 429.

645 *Lecheler,* in: Isensee/P. Kirchhof, HStR VI, § 133 Rn. 50; *Stern,* Staatsrecht, Bd. IV/1, S. 431 f.

646 Vgl. zu weiteren Arten der Systematisierung *Gusy,* JA 1986, 183 (186 ff.); *ders.,* DÖV 1986, 321 (326) und *Burgi,* in: Friauf/Höfling, GG, Bd. 1, Art. 6 (Stand: 2002) Rn. 36, der zudem auf *Jestaedt,* ZfJ 2000, 281 (283) u. *Pirson,* in Kahl/Waldhoff/Walter, BK-GG, Bd. 2, Art. 6 Abs. 1 (Stand: April 1978/November 1988) Rn. 34 ff., 58 ff., 70 ff., 80 ff., 89 ff., 97 ff. verweist.

647 So auch BVerfGE 6, 55 (76).

648 BVerfGE 6, 55 (76); 87, 1 (35).

Verpflichtung, Ehe und Familie zu schützen und zu fördern, sowie Störungen und Benachteiligungen von ihr abzuhalten.[649] Art. 6 Abs. 1 GG enthält damit einen Verfassungsauftrag.[650]

Die Schutzpflicht ergibt sich direkt aus Art. 6 Abs. 1 GG und reicht über die Wirkung einer „allgemeinen", dem Staat bei allen grundrechtlichen Gewährleistungen obliegenden Schutzpflicht hinaus und grenzt sich von dieser ab.[651] Dies zeigt sich daran, dass nicht – wie bei einer grundrechtlichen Schutzpflicht – ein individuelles Rechtsgut geschützt wird, sondern sich der besondere Schutz des Art. 6 Abs. 1 GG allgemein auf Ehe und Familie bezieht.[652] Der Schutz, den Art. 6 Abs. 1 GG als wertentscheidende Grundsatznorm gebietet, bewahrt das Rechtsinstitut der Ehe gegen Beeinträchtigungen durch den Staat, während hingegen die allgemeine, im Rahmen der objektiven Dimension der Freiheitsgrundrechte bestehende Schutzpflicht die subjektiven Rechte des Einzelnen schützt.[653] Zudem hat die Schutzverpflichtung einen objektiv-rechtlichen Gehalt, denn sie besteht ständig und nicht erst dann, wenn sie auch individuell beansprucht wird.[654]

Gerichtet ist das Schutzgebot wie – auch die grundrechtlichen Schutzpflichten allgemein[655] – hauptsächlich an den Gesetzgeber; individuelle Bedeutung erlangt es

---

649 BVerfGE 6, 55 (76); 24, 104 (109); 28, 324 (347); 32, 260 (267); 38, 154 (170); 55, 114 (126 f.); 81, 1 (6); 105, 313 (346); 108, 351 (363 f.); so auch *Leibholz/Rinck*, GG, Bd. I, Art. 6 (Stand: Mai 2014) Rn. 73; *Badura,* in: Maunz/Dürig, GG, Bd. II, Art. 6 (Stand: April 2012) Rn. 1; *v. Coelln,* in: Sachs, GG, Art. 6 Rn. 19; *Coester-Waltjen,* in: v. Münch/Kunig, GG, Bd. 1, Art. 6 Rn. 35; *Stern,* Staatsrecht, Bd. IV/1, S. 429 f. Vgl. aber *Huster,* Neutralität des Staates, S. 494, nach dem sich aus der Einordnung als wertentscheidende Grundsatznorm nur diejenigen Normwirkungen ergeben sollen, die sich nicht bereits aus der abwehr- und institutsrechtlichen Dimension ergeben. Nach *Huster* enthält die wertentscheidende Grundsatznorm deshalb eine Benachteiligungspflicht und ein Fördergebot zugunsten der Ehe.

650 *Badura,* in: Maunz/Dürig, GG, Bd. II, Art. 6 (Stand: April 2012) Rn. 67; vgl. auch *Lecheler,* in: Isensee/P. Kirchhof, HStR VI, § 133 Rn. 52 und *Stern,* Staatsrecht, Bd. IV/1, S. 452, welche von einer „Staatsaufgabennorm" sprechen.

651 *V. Coelln,* in: Sachs, GG, Art. 6 Rn. 19; *Gröschner,* in: Dreier, GG, 2. Aufl., Bd. I, Art. 6 Rn. 35; *Robbers,* in: v. Mangoldt/Klein/Starck, GG, Bd. 1, Art. 6 Rn. 20; *Burgi,* in: Friauf/Höfling, GG, Bd. 1, Art. 6 (Stand: 2002) Rn. 51; *Stern,* Staatsrecht, Bd. IV/1, S. 446; *Ipsen,* in: Isensee/P. Kirchhof, HStR VII, § 154 Rn. 53; *Huster,* Neutralität des Staates, S. 597; *Burgi,* Der Staat 39 (2000), 487 (496); *Jestaedt,* ZfJ 2000, 281 (285 f.); *Krings,* FPR 2001, 7 (9); *Scholz/Uhle,* NJW 2001, 393 (397 f.); gegen eine gesteigerte Schutzintensität mit dem Argument, der „besondere Schutz" sei als Institution des Staatsrechts unbekannt hingegen *Pirson,* in: Kahl/Waldhoff/Walter, BK-GG, Bd. 2, Art. 6 Abs. 1 (Stand: August 1976) Rn. 2; *Berghahn,* KJ 26 (1993), 397 (403).

652 *Stern,* Staatsrecht, Bd. IV/1, S. 447.

653 *Gröschner,* in: Dreier, GG, 2.Aufl., Bd. I, Art. 6 Rn. 35 mit Verweis auf *Isensee,* in: ders./P. Kirchhof, HStR V, § 111 Rn. 40 m.w.N.

654 *Ipsen,* in: Isensee/P. Kirchhof, HStR VII, § 154 Rn. 6.

655 *Badura,* Staatsrecht, Rn. C 22, S. 120 f.

bei der Auslegung und Anwendung des Gesetzes.[656] Grundsätzlich ist die objektivrechtliche Schutzpflicht – im Gegensatz zu der sich aus dem Abwehrrecht ergebenden Unterlassungspflicht – unbestimmt.[657] Tatsächliche Regelungspflichten bzw. Regelungsansprüche gegen den Gesetzgeber ergeben sich aus dem Schutzgebot des Art. 6 Abs. 1 GG wohl nur in zwei Fällen. Wenn die Missachtung des Schutzauftrags so evident ist, dass sich durch die eingetretene Grundrechtsgefährdung der objektive Schutzauftrag zu einem grundrechtlichen Individualanspruch auf Schutz durch staatliches Handeln, vor allem durch Gesetz, wandelt.[658] Oder wenn der Gesetzgeber dem besonderen Eheschutz lediglich auf eine Weise gerecht werden kann.[659] Darüber hinaus hat der Betroffene lediglich ein Recht darauf, dass der besondere Schutz angemessen und unter Beachtung der wertsetzenden Bedeutung von Ehe und Familie ausgeübt wird.[660] Die Schutzverpflichtung muss nicht optimal erfüllt werden.[661] Vielmehr kommt dem Untermaßverbot eine entscheidende Bedeutung zu.[662] Äußerste Grenze des Schutzgebotes bleibt der freie Entschluss der Ehegatten über die Ausgestaltung ihrer Lebens- und Wirtschaftsgemeinschaft, welchen der Staat trotz der ihm auferlegten Schutzverpflichtung, zu respektieren hat.[663] Nach der durch das Bundesverfassungsgericht entwickelten Terminologie unterteilt sich diese Schutzpflicht in eine negative und eine positive Schutzkomponente.[664]

a. Negative Schutzfunktion

Im Rahmen der negativen Schutzkomponente stellt Art. 6 Abs. 1 GG bestimmte, an den Staat gerichtete Verbote auf. Dem Staat ist es zum einen untersagt, Ehe und Familie durch eigene störende Eingriffe zu schädigen oder zu beeinträchtigen. Zum anderen darf er die Ehe nicht gegenüber anderen Lebensgemeinschaften oder gegenüber Ledigen benachteiligen.

aa) Schädigungs- und Beeinträchtigungsverbot

Das sich aus dem besonderen Schutz des Art. 6 Abs. 1 GG ergebende Schutzgebot enthält nach der Rechtsprechung des Bundesverfassungsgerichts ein sog. Schädigungs- und Beeinträchtigungsverbot.[665] Dieses schützt, so wie auch das Abwehrrecht, die Ehe primär vor Beeinträchtigungen durch den Staat selbst.[666] Es

---

656 *Badura,* in: Maunz/Dürig, GG, Bd. II, Art. 6 (Stand: April 2012) Rn. 11.
657 *Badura,* in: Maunz/Dürig, GG, Bd. II, Art. 6 (Stand: April 2012) Rn. 11.
658 Vgl. hierzu *Badura,* in: Maunz/Dürig, GG, Bd. II, Art. 6 (Stand: April 2012) Rn. 11, 73.
659 *Stern,* Staatsrecht, Bd. IV/1, S. 454.
660 *Stern,* Staatsrecht, Bd. IV/1, S. 454.
661 *Jestaedt,* ZfJ 2000, 281 (285); ebenso *Franz/Günther,* JuS 2007, 716 (717); a.A. *Robbers,* in: v. Mangoldt/Klein/Starck, GG, Bd. I, Art. 6 Rn. 20.
662 *G. Kirchhof,* AöR 129 (2004), 542 (562).
663 *Badura,* in: Maunz/Dürig, GG, Bd. II, Art. 6 (Stand: April 2012) Rn. 2.
664 BVerfGE 6, 55 (76).
665 BVerfGE 6, 55 (76); 28, 324 (347); 55, 114 (126 f.); 105, 313 (346).
666 BVerfGE 6, 55 (76); 6, 386 (388); 28, 324 (347); 55, 114 (126 f.); 105, 313 (346).

verpflichtet den Staat, auf störende und schädigende Eingriffe in die Ehe zu verzichten und zwar im Gegensatz zu dem in Art. 6 Abs. 1 GG enthaltenen Abwehrrecht auch dann, wenn keine konkrete Betroffenheit vorliegt und somit der abwehrrechtliche Charakter der Norm nicht eingreift.[667]

Unter Beeinträchtigungen versteht das Bundesverfassungsgericht in Anknüpfung an die grundrechtliche Gewährleistungsdimension sämtliche staatlichen Maßnahmen, welche die Ehe entweder im immateriell-persönlichen oder materiell-wirtschaftlichen Bereich schädigen, stören oder sonst beeinträchtigen.[668] Geschützt wird die spezifische Privatsphäre der Ehe.[669] Verfassungswidrig ist dabei jegliche Belastung, die an die Existenz einer Ehe anknüpft,[670] auch wenn es sich nur um eine geringe Zahl von Betroffenen handelt[671] bzw. sogar, wenn eine „Tendenz gegen die Ehe" fehlt[672].

bb) Benachteiligungsverbot

Art. 6 Abs. 1 GG[673] enthält zudem ein sog. Benachteiligungs- bzw. Diskriminierungsverbot.[674] Dieses Verbot wird vom Bundesverfassungsgericht als „besonderer Gleichheitssatz" verstanden, der jegliche Diskriminierung oder benachteiligende Differenzierung von Ehe und Familie gegenüber anderen Lebens- und Erziehungsgemeinschaften verbietet.[675] Damit wirkt Art. 6 Abs. 1 GG über seinen freiheitsrechtlichen Inhalt hinaus als Gleichheitsrecht.[676]

---

667 *Burgi,* in: Friauf/Höfling, GG, Bd. 1, Art. 6 (Stand: 2002) Rn. 36.
668 BVerfGE 55, 114 (126 f.); 66, 84 (94); 81, 1 (6 f.).
669 BVerfGE 6, 55 (71); 30, 59 (67); 107, 27 (53).
670 BVerfGE 15, 328 (330); 99, 216 (232).
671 BVerfGE 23, 74 (83).
672 BVerfGE 14, 34 (39).
673 Für eine Ableitung des Diskriminierungsverbotes direkt aus Art. 6 Abs. 1 GG: BVerfGE 105, 313 (346); 114, 316 (333 ff.); hingegen für die Ableitung aus Art. 6 Abs. 1 GG und Art. 3 Abs. 1 GG: BVerfGE 75, 382 (393); 107, 205 (215).
674 BVerfGE 9, 237 (242, 247); 14, 34 (38 f.); 28, 324 (347); 47, 1 (19); 69, 188 (205 f.); 75, 361 (366 f.); 82, 60 (80); 107, 205 (215); 114, 316 (333).
675 BVerfGE 99, 216 (232); bereits angedacht in BVerfGE 17, 210 (217); 18, 257 (269 f.); 22, 100 (104 f.); 28, 324 (347); 32, 260 (267 f.); 47, 1 (19); 67, 186 (195 f.); 69, 188 (205 f.); 76, 1 (72 f.); 76, 126 (128); 78, 128 (130); 82, 60 (80); 87, 234 (256); so auch *Huster,* in: Friauf/Höfling, GG, Bd. 1, Art. 3 (Stand: 2002) Rn. 94; *Leibholz/Rinck*, GG, Bd. I, Art. 6 (Stand: August 2008) Rn. 18; *Richter,* in: Denninger u.a., AK-GG, Art. 6 (Stand: 2001) Rn. 36a; *Badura,* in: Maunz/Dürig, GG, Bd. II, Art. 6 (Stand: Mai 2013) Rn. 31; *Sodan,* in: ders., GG, Art. 6 Rn. 11; *Antoni,* in: Hömig, GG, Art. 6 Rn. 11; *Umbach,* in: ders./Clemens, GG, Bd. I, Art. 6 Rn. 19; *Pieroth/Schlink,* Grundrechte, § 11, Rn. 494; *Stern,* Staatsrecht, Bd. IV/1, S. 437; *Merten,* in: Isensee/Lecheler, FS für Leisner, S. 615 (620, 629); *Gusy,* DÖV 1986, 321 (326); *Herzmann,* JA 2015, 248 (256); krit. *Kingreen,* Jura 1997, 401 (406), der bezweifelt, dass Art. 6 Abs. 1 GG ein besonderes Diskriminierungsverbot enthält.
676 *Kingreen,* Jura 1997, 401 (405).

Unzulässig ist jede (auch indirekte oder unbeabsichtigte)[677] ungerechtfertigte Schlechterstellung bzw. belastende Ungleichbehandlung von Ehegatten gegenüber Ledigen bzw. der Ehe gegenüber eheähnlichen Lebensgemeinschaften oder anderen Lebensformen.[678] Dies bedeutet hingegen nicht, dass Ehegatten jeweils besser zu stellen sind als Ledige.[679] Untersagt ist aber eine Benachteiligung gerade wegen der Ehe.[680] Deshalb sind alle gesetzlichen Regelungen, welche die Eheschließung bzw. das Bestehen einer Ehe mit einem rechtlichen Nachteil verbinden, an Art. 6 Abs. 1 GG zu messen.[681] Unter „Nachteil" in diesem Sinne versteht das Bundesverfassungsgericht auch die Versagung eines Vorteils.[682] Art. 6 Abs. 1 GG stellt in diesem Zusammenhang eine Verschärfung des in Art. 3 Abs. 1 GG enthaltenen Diskriminierungsverbotes dar[683] und konkretisiert damit die Norm in personeller Hinsicht[684].[685] Geht es um eine Benachteiligung der Ehe, wird Art. 3 Abs. 1 GG als allgemeiner Gleichheitssatz somit grundsätzlich durch den in Art. 6 Abs. 1 GG enthaltenen besonderen Gleichheitssatz verdrängt.[686] Über dieses „grundsätzliche Anknüpfungsverbot" des besonderen Gleichheitssatzes hinaus verlangt das Benachteiligungsverbot zudem, dass bei der Verteilung von Lasten und Vorteilen die

677 Vgl. *Coester-Waltjen*, in: v. Münch/Kunig, GG, Bd. 1, Art. 6 Rn. 37.

678 BVerfGE 6, 55 (76); 13, 290 (298 f.); 15, 328 (330 f.); 28, 324 (347, 356); 67, 186 (195 f.); 69, 188 (205 f.); 75, 382 (393); 87, 234 (256 ff.); 99, 216 (232 f.); 105, 313 (346); 107, 205 (215); 114, 316 (333); so auch *Umbach*, in: ders./Clemens, GG, Bd. I, Art. 6 Rn. 19; *Leibholz/Rinck*, GG, Bd. I, Art. 6 (Stand: August 2008) Rn. 18; *Uhle*, in: Epping/Hillgruber, OK-GG, Art. 6 (Stand: 01.09.2015) Rn. 34; *Jarass*, AöR 110 (1985), 363 (374).

679 *Gusy*, JA 1986, 183 (188).

680 BVerfGE 22, 100 (105); 99, 216 (232); so auch *v. Coelln*, in: Sachs, GG, Art. 6 Rn. 36 f.; *Steiner*, in: Merten/Papier, HGR IV, § 108 Rn. 17 f.; *Gusy*, JA 1986, 183 (188).

681 *Steiner*, in: Merten/Papier, HGR IV, § 108 Rn. 17.

682 BVerfGE 82, 60 (80); 99, 216 (232).

683 BVerfGE 12, 180 (194); 18, 257 (269).

684 BVerfGE 12, 180 (194).

685 In dieser Konstellation geht Art. 6 Abs. 1 GG als spezieller Prüfungsmaßstab grundsätzlich Art. 3 Abs. 1 GG vor. Das BVerfG hält sich allerdings nicht konsequent an diese Vorgabe, vgl. beispielsweise zum einen BVerfGE 28, 324 (346 f.) und zum anderen BVerfGE 67, 186 (195), so *Steiner*, in: Merten/Papier, HGR IV, § 108 Rn. 17. Weist allerdings der Schutzgedanke des Art. 3 Abs. 1 GG gegenüber der in Frage stehenden Norm die „stärkere Affinität" auf, ist Prüfungsmaßstab Art. 3 Abs. 1 GG, vgl. BVerfGE 13, 290 (295 ff.); 75, 348 (357)). Auch in dieser Konstellation muss der besondere Schutz des Art. 6 Abs. 1 GG aber teilweise berücksichtigt werden, vgl. BVerfGE 13, 290 (298); 75, 382 (393); krit. hierzu *Uhle*, in: Epping/Hillgruber, OK-GG, Art. 6 (Stand: 01.09.2015) Rn. 34 mit Verweis auf *Pechstein*, Familiengerechtigkeit als Gestaltungsgebot, S. 210 ff., 227 ff.; *Kingreen*, Jura 1997, 401 (406 f.); *Jestaedt*, ZfJ 2000, 281 (282) sowie *Rüfner*, in: Kahl/Waldhoff/Walter, BK-GG, Bd. 1, Art. 3 Abs. 1 (Stand: 1992) Rn. 67.

686 BVerfGE 29, 71 (79); 75, 348 (375); 103, 242 (258); so auch *Brosius-Gersdorf*, in: Dreier, GG, 3. Aufl., Bd. I, Art. 6 Rn. 91.

ehelichen Besonderheiten Berücksichtigung finden.[687] Bei der Prüfung einer Verletzung des in Art. 6 Abs. 1 GG enthaltenen besonderen Gleichheitssatzes kommt es im Gegensatz zur abwehrrechtlichen Funktion nicht darauf an, ob ein rechtfertigungsbedürftiger Eingriff vorliegt, sondern ob die Belastung oder vorenthaltene Begünstigung Ehepaare stärker benachteiligt als nicht durch Art. 6 Abs. 1 GG geschützte Nichtverheiratete.[688] Nicht einschlägig ist das Benachteiligungsverbot hingegen, wenn es um den Vergleich zwischen verschiedenen Ehepaaren geht, da diese gleichberechtigt von Art. 6 Abs. 1 GG geschützt werden.[689] Dasselbe gilt für Ehegatten untereinander[690], zwischen Erst- und Zweitehen[691] und zwischen Ehe einerseits und Familie andererseits[692]. Hier kommt wiederum Art. 3 Abs. 1 GG zur Anwendung.

Gerichtet ist das Benachteiligungsverbot zwar an alle drei Staatsgewalten zugleich.[693] Primär zu seiner Durchführung berufen ist aber denknotwendig der Gesetzgeber, der bei der Gesetzgebung innerhalb aller Rechtsgebiete darauf achten muss, die Ehegatten nicht zu benachteiligen.[694] Einen Verstoß gegen das Benachteiligungsverbot stellt beispielsweise die grundsätzliche steuerrechtliche Benachteiligung von Ehegatten[695] bzw. eine steuerliche Nichtanerkennung von Arbeitsverträgen zwischen Ehegatten[696] dar. Auch die Erhebung einer Steuer auf eine aus beruflichen

---

687 Vgl. hierzu ausführlich *Huster,* Neutralität des Staates, S. 494 f. m.w.N.

688 *Kingreen,* Jura 1997, 401 (405); *Rohloff,* Zusammenwirken von allg. Gleichheitssatz und Freiheitsgewährleistungen, S. 35 f.; *Jarass,* AöR 110 (1985), 363 (374 f.).

689 BVerfGE 9, 237 (242 f.); 11, 64 (69); 43, 108 (118 f.); 45, 104 (126); 47, 1 (19); so auch *v. Coelln,* in: Sachs, GG, Art. 6 Rn. 36; *Umbach,* in: ders./Clemens, GG, Bd. I, Art. 6 Rn. 20; a.A. *Brosius-Gersdorf,* in: Dreier, GG, 3. Aufl., Bd. I, Art. 6 Rn. 93, die Art. 6 Abs. 1 GG als speziellen Gleichheitssatz auch im Verhältnis verschiedener Ehen untereinander als Maßstab heranzieht.

690 BVerfGE 12, 151 (165); anders aber BVerfGE 67, 348 (368 f.); 80, 170 (180 f.).

691 BVerfGE 66, 84 (94 f.).

692 BVerfGE 11, 64 (69).

693 *Burgi,* in: Friauf/Höfling, GG, Bd. 1, Art. 6 (Stand: 2002) Rn. 34; *Stern,* Staatsrecht, Bd. IV/1, S. 430; *G. Kirchhof,* AöR 129 (2004), 542 (556); *Scholz/Uhle,* NJW 2001, 393 (397); *Gusy,* DÖV 1986, 321 (326).

694 *Stern,* Staatsrecht, Bd. IV/1, S. 430, 452.

695 BVerfGE 6, 55 (70 ff.); 99, 216 (232).

696 BVerfGE 13, 290 (304 ff.); 13, 318 (329 ff.). Schließen Ehegatten miteinander Arbeitsverträge, ist aufgrund der persönlichen Nähe der Beteiligten zueinander die Gefahr von Steuerumgehungen höher als im Rahmen von sonstigen Arbeitsverhältnissen, *Robbers,* in: v. Mangoldt/Klein/Starck, GG, Bd. 1, Art. 6 Rn. 108. Trotzdem verstößt es gegen Art. 6 Abs. 1 GG, wenn Arbeitsverhältnisse und Lohnzahlungen zwischen Ehegatten schlechter behandelt werden, als gleichartige Verhältnisse zwischen nicht verheirateten Personen, BVerfGE 13, 290 (295 ff.); 26, 321 (326); 29, 104 (116). Zur Verhinderung von Steuerhinterziehungen ist es lediglich erforderlich, Scheinverträge und überhöhte Vergütungen zu unterbinden, BVerfGE 13, 290 (295 ff.); 26, 321 (326); 29, 104 (116 ff.); so auch *Stern,* Staatsrecht, Bd. IV/1, S. 437.

Gründen erforderliche Zweitwohnung von Verheirateten ist unzulässig[697], genauso wie der Ausschluss eines bei dem Ehepartner beschäftigten Ehegatten aus der gesetzlichen Rentenversicherung[698] oder die Versagung von Arbeitslosenhilfe für den Ehegatten, dessen Partner bereits Anspruch auf Arbeitslosenhilfe hatte[699]. Aus dem Benachteiligungsverbot erwachsen aber in der Regel keine konkreten Ansprüche auf staatliche Leistungen.[700]

cc) Rechtfertigung einer Belastung der Ehe

Nicht jede Belastung der Ehe führt zu einem Verstoß gegen Art. 6 Abs. 1 GG. Möglich ist eine Rechtfertigung durch „besondere Rechtfertigungsgründe"[701] oder „einleuchtende Sachgründe", welche sich aus der „Natur des geregelten Lebensverhältnisses" ergeben müssen[702].

Legitimer Sachgrund für eine Schlechterstellung ist etwa die zwischen den Ehegatten bestehende Lebens- und Wirtschaftsgemeinschaft.[703] Der Staat darf sich beispielsweise zu seiner Entlastung auf die sich aus der Eheschließung ergebenden Solidaritätspflichten als Sachgrund berufen.[704] In diesem Zusammenhang darf es ihm grundsätzlich nicht verwehrt werden, bei der Gewährung staatlicher Unterstützung an einen Ehegatten das Einkommen oder Vermögen des anderen Ehegatten zu berücksichtigen.[705] Hierbei ist allerdings der angemessene Selbstbehalt und das Existenzminimum des in die Pflicht genommenen Ehepartners zu beachten.[706] Unterhaltsverpflichtungen und Pflichtteilsrechte sind aufgrund dessen innerhalb bestimmter Grenzen grundsätzlich verfassungsgemäß.[707] Auch eine geringere Gewährung staatlicher Fördermittel rechtfertigt sich aufgrund der ehelichen

---

697 Vgl. BVerfGE 114, 316 (332 ff.).

698 Vgl. BVerfGE 18, 257 (268 ff.).

699 Vgl. BVerfGE 67, 186 (195 ff.).

700 Vgl. BVerfGE 82, 60 (81).

701 BVerfGE 13, 290 (299).

702 BVerfGE 17, 210 (217); 23, 324 (347); 29, 104 (112); 32, 260 (267 f.); 78, 128 (130); 81, 1 (8); 87, 234 (255 ff.); 114, 316 (333); vgl. hierzu auch *Coester-Waltjen,* in: v. Münch/Kunig, GG, Bd. 1, Art. 6 Rn. 37 f.; *Uhle,* in: Epping/Hillgruber, OK-GG, Art. 6 (Stand: 01.09.2015) Rn. 34; *Burgi,* in: Friauf/Höfling, GG, Bd. 1, Art. 6 (Stand: 2002) Rn. 40; *Leibholz/Rinck,* GG, Bd. I, Art. 6 (Stand: Mai 2015) Rn. 75; *Stern,* Staatsrecht, Bd. IV/1, S. 622; *Huster,* Neutralität des Staates, S. 582.

703 BVerfGE 24, 104 (109); 32, 260 (267 f.); so auch *Leibholz/Rinck,* GG, Bd. I, Art. 6 (Stand: Mai 2015) Rn. 75; *Coester-Waltjen,* in: v. Münch/Kunig, GG, Bd. 1, Art. 6 Rn. 38.

704 *Coester-Waltjen,* in: v. Münch/Kunig, GG, Bd. 1, Art. 6 Rn. 37.

705 BVerfGE 75, 382 (393 f.); 91, 389 (402).

706 BVerfGE 87, 234 (257, 259 f.); so auch *Coester-Waltjen,* in: von Münch/Kunig, GG, Bd. 1, Art. 6 Rn. 38.

707 *Coester-Waltjen,* in: von Münch/Kunig, GG, Bd. 1, Art. 6 Rn. 37.

Wirtschaftsgemeinschaft.[708] Allerdings dürfen die Belastungen grundsätzlich die sich aus der Wirtschaftsgemeinschaft ergebenden Vorteile nicht übersteigen[709], und die Berücksichtigung der Wirtschaftsgemeinschaft darf im konkreten Fall nicht gegen die „Gerechtigkeitsvorstellungen der Allgemeinheit" verstoßen[710]. Erfolgt die Belastung also aus nicht-diskriminierenden Gründen, wie beispielsweise mit Blick auf die größere Bedürftigkeit Alleinstehender[711], oder stellt sich die belastende Regelung durch „kompensierende" Vergünstigungen als insgesamt „eheneutral" dar,[712] liegt eine Rechtfertigung vor.[713] Ebenso ist es bei solchen Beeinträchtigungen, welche die Ehepartner nur so treffen wie auch die Allgemeinheit.[714] Die Ehe darf also grundsätzlich Anknüpfungspunkt für wirtschaftliche Rechtsfolgen sein, diese müssen aber der Natur des geregelten Lebensverhältnisses angemessen sein.[715] Liegt eine Benachteiligung in Form einer unbeabsichtigten Nebenfolge vor, wird diese durch das Bundesverfassungsgericht nur innerhalb klar definierter Grenzen toleriert.[716] Zu fordern ist zudem, dass aufgrund der grundsätzlich schrankenlosen Gewährleistung des Art. 6 Abs. 1 GG – ebenso wie bei Grundrechtseingriffen – ein Grund von Verfassungsrang vorliegt und das Verhältnismäßigkeitsprinzip gewahrt wird.[717]

b. Positive Schutzfunktion

Die positive Schutzkomponente des in Art. 6 Abs. 1 GG statuierten Schutzgebotes umschließt die Aufgabe des Staates, die Ehe vor Beeinträchtigungen durch andere Kräfte zu bewahren und auch durch geeignete Maßnahmen zu fördern.[718] Konkrete Leistungsansprüche ergeben sich aber weder aus dem Schutz- noch aus dem Fördergebot.[719] Vielmehr genießt der die positive Schutzfunktion hauptsächlich

---

708 BVerfGE 12, 180 (190); 17, 210 (217, 219 f.).

709 BVerfGE 87, 234 (257, 259 f.); so auch *Coester-Waltjen,* in: von Münch/Kunig, GG, Bd. 1, Art. 6 Rn. 38.

710 BVerfGE 17, 210 (217); 24, 104 (109); 28, 324 (347); 32, 260 (268); 75, 361 (366); krit. bezüglich der „Gerechtigkeitsvorstellung der Allgemeinheit" als Sachlegitimation *Coester-Waltjen,* in: v. Münch/Kunig, GG, Bd. 1, Art. 6 Rn. 38.

711 BVerfGE 17, 210 (217 u. 219 f.); 87, 234 (256).

712 BVerfGE 15, 328 (333); 107, 205 (215 f.).

713 Vgl. *v Coelln,* in: Sachs, GG, Art. 6 Rn. 37; *Leibholz/Rinck*, GG, Bd. I, Art. 6 (Stand: August 2008) Rn. 18.

714 BVerfG 15, 521 (527 f.); vgl. auch *v. Coelln,* in: Sachs, GG, Art. 6 Rn. 37.

715 BVerfGE 9, 237 (247) unter Hinweis auf BVerfGE 6, 55 (77); so auch *Leibholz/Rinck*, GG, Bd. I, Art. 6 (Stand: November 2005) Rn. 102.

716 BVerfGE 6, 55 (77); 11, 50 (60); 12, 151 (169, 176); 15, 328 (335).

717 *Brosius-Gersdorf,* in: Dreier, GG, 3. Aufl., Bd. I, Art. 6 Rn. 97.

718 BVerfGE 6, 55 (76); 105, 313 (346).

719 BVerfGE 82, 60 (81); 107, 205 (213); so auch *Badura,* in: Maunz/Dürig, GG, Bd. II, Art. 6 (Stand: April 2012) Rn. 73; *Burgi,* in: Friauf/Höfling, GG, Bd. 1, Art. 6 (Stand: 2002) Rn. 51.

ausfüllende Gesetzgeber einen weiten Gestaltungsspielraum.[720] Eine Verdichtung der Schutz- und Förderpflicht, welche zu einem subjektiven Recht auf eine tatsächliche und konkrete Maßnahme führt, kommt nur sehr selten in Betracht und erfordert eine qualifizierte und offensichtliche Pflichtmissachtung.[721]

Im Gegensatz zum Benachteiligungsverbot geht es bei der Schutz- und Förderpflicht nicht um einen Vergleich zwischen verschiedenen Lebensgemeinschaften, sondern Gegenstand ist unmittelbar das Verhältnis zwischen Staat und Ehe.[722]

aa) Schutzgebot

Das in Art. 6 Abs. 1 GG enthaltene Schutzgebot verpflichtet den Staat, die Ehe vor Beeinträchtigungen durch „andere Kräfte“ zu bewahren.[723] Hierunter fällt zum einen der Schutz der Ehegatten vor Eingriffen privater Dritter in die Ehe,[724] zum anderen aber auch der Schutz der Ehegatten voreinander[725].

(1) Schutz vor Eingriffen Dritter in die Ehe

Das in Art. 6 Abs. 1 GG enthaltene Schutzgebot gebietet es dem Staat, die Ehe vor Drittbeeinträchtigungen zu bewahren.[726] Dabei sind sämtliche Maßnahmen Gegenstand des Schutzgebotes, welche zur Abwehr der von Dritten ausgehenden Beeinträchtigungen geeignet sind.[727] Da sich Art. 6 Abs. 1 GG aber nicht direkt

---

720 BVerfGE 21, 1 (6); 43, 108 (123 f.); 48, 346 (366); 55, 114 (127); 62, 323 (333); 76, 1 (51 f.); 81, 1 (7); 82, 60 (81); 108, 351 (364); so auch *Uhle,* in: Epping/Hillgruber, OK-GG, Art. 6 (Stand: 01.09.2015) Rn. 35; *Coester-Waltjen,* in: v. Münch/Kunig, GG, Bd. 1, Art. 6 Rn. 35; *Hofmann,* in: Schmidt-Bleibtreu/Hofmann/Henneke, GG, Art. 6 Rn. 10; *Burgi,* in: Friauf/Höfling, GG, Bd. 1, Art. 6 (Stand: 2002) Rn. 51; *Leibholz/Rinck,* GG, Bd. I, Art. 6 (Stand: Mai 2014) Rn. 71, 74; *Stern,* Staatsrecht, Bd. IV/1, S. 430; *Merten,* in: Isensee/Lecheler, FS für Leisner, S. 615 (620); *G. Kirchhof,* AöR 129 (2004), 524 (561); *Scholz/Uhle,* NJW 2001, 393 (397); *Kingreen,* Jura 1997, 401 (405 f.).

721 *Burgi,* in: Friauf/Höfling, GG, Bd. 1, Art. 6 (Stand: 2002) Rn. 51.

722 *Burgi,* in: Friauf/Höfling, GG, Bd. 1, Art. 6 (Stand: 2002) Rn. 50.

723 BVerfGE 6, 55 (76); 105, 313 (346); so auch *Uhle,* in: Epping/Hillgruber, OK-GG, Art. 6 (Stand: 01.09.2015) Rn. 33; *Hofmann,* in: Schmidt-Bleibtreu/Hofmann/Henneke, GG, Art. 6 Rn. 10.

724 BVerfGE 6, 55 (76); *Brosius-Gersdorf,* in: Dreier, GG, 3. Aufl., Bd. I, Art. 6 Rn. 89; *Kotzur,* in: Stern/Becker, Grundrechte, Art. 6 Rn. 66.

725 So auch *Burgi,* in: Friauf/Höfling, GG, Bd. 1, Art. 6 (Stand: 2002) Rn. 50; *Brosius-Gersdorf,* in: Dreier, GG, 3. Aufl., Bd. I, Art. 6 Rn. 89.

726 BVerfGE 6, 55 (76); so auch *Umbach,* in: ders./Clemens, GG, Bd. I, Art. 6 Rn. 31; *Seiler,* in: Kahl/Waldhoff/Walter, BK-GG, Bd. 2, Art. 6 Abs. 1 (Stand: Juli 2014) Rn. 111; *Coester-Waltjen,* in: von Münch/Kunig, GG, Bd. 1, Art. 6 Rn. 41; *Brosius-Gersdorf,* in: Dreier, GG, 3. Aufl., Bd. I, Art. 6 Rn. 89; *Stern,* Staatsrecht, Bd. IV/1, S. 462; *Merten,* in: Isensee/Lecheler, FS für Leisner, S. 615 (620), *Burgi,* Der Staat 39 (2000), 487 (496); *Herzmann,* JA 2015, 248 (255).

727 *Burgi,* in: Friauf/Höfling, GG, Bd. 1, Art. 6 (Stand: 2002) Rn. 50.

gegen Privatpersonen richtet, legt die Norm dem Staat lediglich die Pflicht auf, die Ehe auch im Privatbereich durch geeignete Gesetze zu schützen.[728] Im Rahmen der sog. Drittwirkung wirkt Art. 6 Abs. 1 GG über die allgemeinen Generalklauseln des Zivilrechts dann auch im Privatbereich.[729] Die Zivilgerichte sind aufgrund dessen verpflichtet, bei der Auslegung und Anwendung des Privatrechts den Art. 6 Abs. 1 GG zu berücksichtigen.[730] Im Rahmen des Schutzes der Ehe vor Eingriffen privater Dritter sind allerdings auch immer die Grundrechte des Schädigers zu beachten.[731]

(2) Schutz der Ehegatten voreinander

Art. 6 Abs. 1 GG schützt auch vor Eingriffen eines Ehegatten in die Ehe. In diesem Sinne bedeutet Eheschutz also nicht nur Schutz der Ehe vor staatlichen Eingriffen und Eingriffen Dritter, sondern auch Schutz des einzelnen Ehegatten bzw. Schutz der Ehegatten voreinander. Das Schutzgebot richtet sich hier namentlich gegen „andere Kräfte" innerhalb der Ehe.[732] Zwar bestimmen die Ehegatten grundsätzlich selbstverantwortlich über ihre gemeinsame Lebensgestaltung, allerdings muss dies im Rahmen der von Art. 6 Abs. 1 GG in Verbindung mit Art. 3 Abs. 2 GG vorgegebenen Grenzen geschehen. Denn die eheliche Freiheitssphäre wird auch durch Art. 3 Abs. 2 GG geprägt, der die Ehe als eine gleichberechtigte Verbindung zwischen Mann und Frau schützt.[733] Der Einzelne wird durch die in der Ehe vorgeprägten Rechte und Pflichten geschützt; dies betrifft vor allem den schwächeren Teil der Parteien, für den die Gefahr aufgrund der intensiven persönlichen und leicht zu missbrauchenden Lebenszusammenhänge in der Ehe am größten ist.[734]

---

728 *Coester-Waltjen*, in: von Münch/Kunig, GG, Bd. 1, Art. 6 Rn. 41; *Brosius-Gersdorf*, in: Dreier, GG, 3. Aufl., Bd. I, Art. 6 Rn. 89; *Kingreen*, Jura 1997, 401 (406).

729 *Coester-Waltjen*, in: von Münch/Kunig, GG, Bd. 1, Art. 6 Rn. 41; vgl. hierzu auch *Ossenbühl*, NJW 1976, 2100 (2102).

730 *Brosius-Gersdorf*, in: Dreier, GG, 3. Aufl., Bd. I, Art. 6 Rn. 89.

731 *Coester-Waltjen*, in: von Münch/Kunig, GG, Bd. 1, Art. 6 Rn. 41.

732 So *Burgi*, in: Friauf/Höfling, GG, Bd. 1, Art. 6 (Stand: 2002) Rn. 50, 53; ebenso *Brosius-Gersdorf*, in: Dreier, GG, 3. Aufl., Bd. I, Art. 6 Rn. 89.

733 BVerfGE 103, 89 (101); vgl. aber *Seiler*, in: Kahl/Waldhoff/Walter, BK-GG, Bd. 2, Art. 6 Abs. 1 (2014) Rn. 165 f., der sich gegen einen Rückgriff auf Art. 3 Abs. 2 GG ausspricht, sondern davon ausgeht, dass der verfassungsrechtliche Eheschutz „wesensmäßig auf der Gleichberechtigung der Geschlechter" beruhe.

734 *Robbers*, in: v. Mangoldt/Klein/Starck, GG, Bd. 1, Art. 6 Rn. 11. Vgl. etwa die Rechtsprechung des BVerfG zu den Eheverträgen (BVerfGE 103, 89 (100 ff.)), sowie zur Berücksichtigung der Leistung des die Familienarbeit verrichtenden Ehegatten (BVerfGE 37, 217 (251); 47, 1 (24); 53, 257 (296); 66, 84 (94); 79, 106 (126); 105, 1 (11); 128, 193 (207)) und des daraus resultierenden Anspruchs der Ehegatten auf gleiche Teilhabe am gemeinsam Erwirtschafteten (BVerfGE 128, 193 (207)). Auch das Scheidungs- und Scheidungsfolgenrecht ist auf den Schutz der Ehegatten bei Trennung und Scheidung ausgelegt. Die in Art. 6 Abs. 1 GG niedergelegte Gewährleistung der Ehe überdauert insoweit ihr Scheitern, als der Schutz der Ehe sich im

bb) Fördergebot

Spiegelbildlich zur Schutzpflicht gebietet Art. 6 Abs. 1 GG nach der Rechtsprechung des Bundesverfassungsgerichts aber auch, die Ehe im Verhältnis zu Nicht-Verheirateten durch geeignete Maßnahmen zu fördern.[735] Das in Art. 6 Abs. 1 GG enthaltene Fördergebot dient damit als gleichheitsrechtlicher Rechtfertigungsgrund für eine Besserstellung von Ehepaaren gegenüber Nicht-Verheirateten, die, solange sie sich im Rahmen der Angemessenheit bewegt, auch nicht gegen Art. 3 Abs. 1 GG verstößt.[736]

Die Förderung von Ehe und Familie erfolgt auf vielfältige Art und Weise. In Betracht kommen sowohl eine materielle Förderung dieser Institute durch finanzielle Mittel, als auch eine immaterielle Förderung, namentlich durch Rat, Aufklärung, Bewusstseinsbildung etc.[737] Dabei ist es die Pflicht des Gesetzgebers, die Förderung von Ehe und Familie als ständiges Ziel voranzutreiben und je nach Bedarf und staatlicher Leistungsfähigkeit neu zu konkretisieren.[738] Unter Förderung ist eine tatsächliche Leistung zu verstehen, nicht lediglich Teilhabe oder reiner Nachteilsausgleich, da dies bereits durch das Benachteiligungsverbot vermittelt wird.[739] Allerdings besteht das Recht auf Förderung – wie alle aus Freiheitsrechten abgeleiteten Leistungsansprüche – nur im Rahmen dessen, was vernünftigerweise von der Gemeinschaft verlangt werden darf.[740] Hierin liegt eine enorme Einschränkung des Art. 6 Abs. 1 GG,[741] welche aber aus Praktikabilitätserwägungen unumgänglich ist.

Die Förderung der Ehe soll durch geeignete Maßnahmen erfolgen. Daraus ergibt sich aber nach allgemeiner Ansicht kein subjektives Recht auf die Gewährung einer *bestimmten* staatlichen Maßnahme.[742] Ein solches kann grundsätzlich auch nicht

---

Scheidungsfolgenrecht fortsetzt, vgl. BVerfGE 53, 224 (252); 53, 257 (296); 55, 134 (141 f.); 57, 361 (380); 66, 84 (93); 108, 351 (364).

735 BVerfGE 6, 55 (76); 82, 60 (81); 87, 1 (35); 105, 313 (346); so auch *Badura,* in: Maunz/Dürig, GG, Bd. II, Art. 6 (Stand: April 2012) Rn. 1, 67; *Robbers,* in: v. Mangoldt/Klein/Starck, GG, Bd. 1, Art. 6 Rn. 8; *Kingreen,* Jura 1997, 401 (405).

736 *Seiler,* in: Kahl/Waldhoff/Walter, BK-GG, Bd. 2, Art. 6 Abs. 1 (Stand: Juli 2014) Rn. 117. Zum Verhältnis zwischen Art. 6 Abs. 1 und Art. 3 Abs. 1 GG in Bezug auf das Verhältnis von Ehe und eingetragener Lebenspartnerschaft, vgl. unten unter 3. Teil, B., III.

737 *Burgi,* in: Friauf/Höfling, GG, Bd. 1, Art. 6 (Stand: 2002) Rn 52; *Brosius-Gersdorf,* in: Dreier, GG, 3. Aufl., Bd. I, Art. 6 Rn. 86; *Merten,* in: Isensee/Lecheler, FS für Leisner, S. 615 (620).

738 *Stern,* Staatsrecht, Bd. IV/1, S. 432 mit Verweis auf Gerlach, Familienpolitik, S. 259 sowie *Münch,* Familienpolitik in der Bundesrepublik Deutschland, S. 20.

739 *Kingreen,* Jura 1997, 401 (405 f.); *Huster,* Neutralität des Staates, S. 495; so auch *Burgi,* in: Friauf/Höfling, GG, Bd. 1, Art. 6 (Stand: 2002) Rn. 50 Fn. 223.

740 BVerfGE 33, 303 (333); 90, 107 (116).

741 *Stern,* Staatsrecht, Bd. IV/1, S. 431.

742 Vgl. BVerfGE 48, 346 (366); 82, 60 (81); 107, 205 (213); so auch *Umbach,* in: ders./Clemens, GG, Bd. I, Art. 6 Rn. 31; *Uhle,* in: Epping/Hillgruber, OK-GG, Art. 6 (Stand: 01.09.2015) Rn. 35; *Pirson,* in: Kahl/Waldhoff/Walter, BK-GG, Bd. 2, Art. 6 Abs. 1

aus einer wertentscheidenden Grundsatznorm abgeleitet werden.[743] Vielmehr vermittelt Art. 6 Abs. 1 GG nur ein Recht darauf, dass Ehe und Familie angemessen und unter Beachtung ihrer grundsätzlichen Bedeutung berücksichtigt werden.[744] Hierbei kommt vor allem das Untermaßverbot zum Tragen.[745] Der besondere Schutz des Art. 6 Abs. 1 GG führt in diesem Zusammenhang zu einer Erhöhung des Untermaßverbotes.[746] Aus dem systematischen Zusammenhang des Art. 6 Abs. 1 GG mit dem Sozialstaatsprinzip des Art. 20 Abs. 1 GG und mit Art. 1 Abs. 1 GG ergibt sich zudem, dass der Staat dazu verpflichtet ist, die Ehe oberhalb des Existenzminimums zu fördern.[747] Darüber hinaus steht dem Staat zur Erfüllung seiner Förderpflicht ein erheblicher Gestaltungsspielraum zu, der unter dem Vorbehalt des Möglichen steht.[748] Nicht jede, aus der Eingehung einer Ehe resultierende Belastung ist auszugleichen.[749] Nur in Einzelfällen kann es tatsächlich dazu kommen, dass eine bestimmte Maßnahme vorgenommen werden muss, das Fördergebot sich also zu bestimmten, subjektiven, tatsächlich einklagbaren Ansprüchen verdichtet.[750] Dies ist aber nur der Fall, wenn der besondere Schutz von Ehe und Familie nur auf diese eine Weise verwirklicht werden kann.[751] Grundsätzlich gilt, dass sich die

---

(1978/1988) Rn. 74, 96; *Epping*, Grundrechte, Rn. 508; *Sachs*, Grundrechte, B 6 Rn. 22; *Gade*, VR 2002, 397 (399); *Di Fabio*, NJW 2003, 993 (997); *Birk/Wernsmann*, JZ 2001, 218 (220); *Gusy*, JA 1986, 183 (188).

743 *Stern*, Staatsrecht, Bd. IV/1, S. 453 f. Bezüglich der Ableitung eines subjektiven Rechtes aus der Institutsgarantie und dessen Voraussetzungen vgl. *Stern*, Staatsrecht, Bd. III/1, S. 873 ff.

744 BVerfGE 81, 1 (6 f.); 112, 50 (65 f.); so auch *Coester-Waltjen*, in: v. Münch/Kunig, GG, Bd. 1, Art. 6 Rn. 39; *Uhle*, in: Epping/Hillgruber, OK-GG, Art. 6 (Stand: 01.09.2015) Rn. 35; *Stern*, Staatsrecht, Bd. IV/1, S. 454.

745 *G. Kirchhof*, AöR 129 (2004), 542 (562); so auch *Stern*, Staatsrecht, Bd. IV/1, S. 454.

746 *G. Kirchhof*, AöR 129 (2004), 542 (562); so auch *Uhle*, in: Epping/Hillgruber, OK-GG, Art. 6 (Stand: 01.09.2015) Rn. 35; *Stern*, Staatsrecht, Bd. IV/1, S. 452 f.

747 *Brosius-Gersdorf*, in: Dreier, GG, 3. Aufl., Bd. I, Art. 6 Rn. 86; *Seiler*, in: Kahl/Waldhoff/Walter, BK-GG, Bd. 2, Art. 6 Abs. 1 (Stand: Juli 2014) Rn. 156.

748 BVerfGE 21, 1 (6); 107, 205 (213); 108, 351 (364); so auch *Uhle*, in: Epping/Hillgruber, OK-GG, Art. 6 (Stand: 01.09.2015) Rn. 35; *Seiler*, in: Kahl/Waldhoff/Walter, BK-GG, Bd. 2, Art. 6 Abs. 1 (Stand: Juli 2014) Rn. 112. Krit. bezüglich des von BVerfGE 21, 1 (6) gewährten „weitgehenden Ermessens des Gesetzgebers, ob und gegebenenfalls in welchem Umfang" das Fördergebot verwirklicht wird *Stern*, Staatsrecht, Bd. IV/1, S. 451 f., der hierdurch eine Verkennung der Qualität des „besonderen" Schutzes sieht. Begrenzen lässt sich der weite Spielraum des Gesetzgebers aber richtigerweise durch das von *G. Kirchhof* vorgeschlagene Untermaßverbot (vgl. *G. Kirchhof*, AöR 129 (2004), 542 (562); so auch *Stern*, Staatsrecht, Bd. IV/1, S. 452 f.).

749 Vgl. BVerfGE 23, 258 (264); 28, 104 (113); 40, 121 (132); 55, 114 (127); 60, 68 (74).

750 *Burgi*, in: Friauf/Höfling, GG, Bd. 1, Art. 6 (Stand: 2002) Rn. 51; *Pirson*, in: Kahl/Waldhoff/Walter, BK-GG, Bd. 2, Art. 6 Abs. 1 (Stand: November 1988) Rn. 96; *Brosius-Gersdorf*, in: Dreier, GG, 3. Aufl., Bd. I, Art. 6 Rn. 87; *Herzmann*, JA 2015, 248 (255).

751 *Stern*, Staatsrecht, Bd. IV/1, S. 454.

Förderpflicht des Staates am Schutzzweck des Art. 6 Abs. 1 GG ausrichten muss.[752] Aufgrund dessen darf die Normsetzung des Gesetzgebers nicht dazu führen, dass die Ehe ihre Funktion einbüßt.[753] Diese Gefahr bestünde etwa dann, wenn der Gesetzgeber in Konkurrenz zur Ehe ein funktionsgleiches Institut mit gleichen Rechten aber weniger Pflichten bereitstellen würde, sodass eine Austauschbarkeit zwischen beiden Instituten bestünde.[754]

3. Verpflichteter: die staatliche Gemeinschaft

Dem Wortlaut nach steht die Ehe unter dem „besonderen Schutz der staatlichen Ordnung". Das bedeutet, dass zum Schutz der Ehe die staatliche Gemeinschaft verpflichtet ist.[755] Dieser Begriff umfasst die gesamte Staatsgewalt.[756] Vertikal also Bund, Länder und Kommunen, horizontal Legislative, Exekutive[757] und Judikative[758].[759] Dabei richtet sich sowohl die positive als auch die negative Schutzfunktion im Rahmen der umfassenden Grundrechtsbindung gem. Art. 1 Abs. 3 GG an alle drei Staatsgewalten.[760] Hauptadressat der Schutzpflicht ist dabei der die Ehe einfachrechtlich gestaltende Gesetzgeber.[761]

---

752 BVerfGE 105, 313 (350).

753 BVerfGE 105, 313 (350).

754 BVerfGE 105, 313 (350 f.).

755 *Umbach,* in: ders./Clemens, GG, Bd. I, Art. 6 Rn. 31; *Uhle,* in: Epping/Hillgruber, OK-GG, Art. 6 (Stand: 01.09.2015) Rn. 33.

756 *Robbers,* in: v. Mangoldt/Klein/Starck, GG, Bd. 1, Art. 6 Rn. 25; *Uhle,* in: Epping/Hillgruber, OK-GG, Art. 6 (Stand: 01.09.2015) Rn. 33.

757 BVerfGE 12, 151 (175).

758 Vgl. BVerfGE 22, 93 (98).

759 *Brosius-Gersdorf,* in: Dreier, GG, 3. Aufl., Bd. I, Art. 6 Rn. 58; *Badura,* in: Bitburger Gespräche (2001), S. 87 (88).

760 *Burgi,* in: Friauf/Höfling, GG, Bd. 1, Art. 6 (Stand: 2002) Rn. 34; *Stern,* Staatsrecht, Bd. IV/1, S. 430; *G. Kirchhof,* AöR 129 (2004), 542 (556); *Scholz/Uhle,* NJW 2001, 393 (397); *Gusy,* DÖV 1986, 321 (326).

761 *Stern,* Staatsrecht, Bd. IV/1, S. 430, 452.

3. Teil: Die Urteile des Bundesverfassungsgerichts zur Gleichstellung von eingetragener Lebenspartnerschaft und Ehe

Der 3. Teil dieser Untersuchung beschäftigt sich mit einer Darstellung und kritischen Würdigung der Entwicklung des in Art. 6 Abs. 1 GG verbürgten „besonderen Schutzes" der Ehe, welche in der jüngsten Judikatur des Bundesverfassungsgerichts zur Gleichstellung der eingetragenen Lebenspartnerschaft mit der Ehe zu erkennen ist. Diese Entwicklung hat sich bis zum jetzigen Zeitpunkt in zwei wesentlichen Schritten vollzogen: Zum einen durch das Lebenspartnerschaftsurteil des Bundesverfassungsgerichts aus dem Jahr 2002 (A.) und zum anderen durch die darauffolgenden Urteile des Gerichts ab dem Jahr 2009 (B.). Für den jeweiligen Zeitraum werden die betreffenden Entscheidungen untersucht und kritisch analysiert. Im Anschluss daran werden Schlussfolgerungen bezüglich der zu diesem Zeitpunkt geltenden Auslegung des Art. 6 Abs. 1 GG durch das Bundesverfassungsgericht gezogen. Schließlich wird die Entwicklung des „besonderen Schutzes" in einer Gesamtbetrachtung der ergangenen Rechtsprechung gewürdigt (C.).

A. Das Lebenspartnerschaftsurteil vom 17. Juli 2002

Die Einführung des Instituts der eingetragenen Lebenspartnerschaft durch das „Gesetz zur Beendigung der Diskriminierung gleichgeschlechtlicher Gemeinschaften: Lebenspartnerschaften (LPartDisBG)" vom 16. Februar 2001 stellt die Rechtsprechung des Bundesverfassungsgerichts zu Art. 6 Abs. 1 GG, aber auch den „besonderen Schutz" der Ehe an sich, auf die wohl bisher größte Bewährungsprobe. Das LPartDisBG erlaubt gleichgeschlechtlichen Paaren eine der Ehe im einfachrechtlichen Bereich weitgehend gleichgestellte[762] sog. eingetragene Lebenspartnerschaft einzugehen und so ihrer Beziehung einen rechtlichen Rahmen zu geben. Kritiker sehen durch die Einführung dieses familienrechtlichen Instituts den in Art. 6 Abs. 1 GG statuierten besonderen verfassungsrechtlichen Schutz der Ehe als verletzt an.[763] Das Bundesverfassungsgericht hat hingegen in seiner ersten Entscheidung zu diesem Themenkomplex die verfassungsrechtliche Vereinbarkeit der eingetragenen Lebenspartnerschaft mit Art. 6 Abs. 1 GG bejaht.[764] In derselben Entscheidung stellt das Gericht aber auch fest, dass eingetragene Lebenspartnerschaften gerade keine Ehen im Sinne des Art. 6 Abs. 1 GG sind und deshalb auch nicht unter dem Schutz dieses Artikels stehen.[765] Das Lebenspartnerschaftsurteil markiert den Beginn einer

762 Vgl. hierzu oben 2. Teil, B., III., 1.
763 Vgl. hierzu ausführlich unten unter 3. Teil, B., III., 2., b.
764 BVerfGE 105, 313 (342 ff.).
765 BVerfGE 105, 313 (345).

neuen Linie in der Rechtsprechung des Bundesverfassungsgerichts zum besonderen Schutz der Ehe, welche das Gericht in seinen darauffolgenden Entscheidungen zu diesem Themenkomplex weiter ausbaut.

I. Inhalt des Urteils und Kritik

Bereits Anfang der 90er-Jahre gab es im Deutschen Bundestag Bestrebungen, rechtliche Regelungen für homosexuelle Partnerschaften zu schaffen.[766] Dieses Vorhaben konnte allerdings zum damaligen Zeitpunkt nicht verwirklicht werden. Im Jahr 1994 forderte das Europäische Parlament die Mitgliedstaaten der Europäischen Union in einer Entschließung auf, Personen mit gleichgeschlechtlicher Orientierung in ihren jeweiligen Rechts- und Verwaltungsvorschriften nicht ungleich zu behandeln, und appellierte zudem an die Europäische Kommission, Homosexuellen entweder den Zugang zur Ehe oder einem der Ehe entsprechenden Institut zu eröffnen.[767] Im Jahr 2000 legten daraufhin sowohl die SPD-Fraktion zusammen mit der Fraktion Bündnis 90/Die Grünen[768] als auch die FDP-Fraktion[769] einen Gesetzesentwurf zur einfachgesetzlichen Regelung gleichgeschlechtlicher Beziehungen vor. Beide Gesetzesentwürfe wurden nach der ersten Lesung an den Rechtsausschuss des Bundestages überwiesen. Dieser sprach sich für die Annahme des Entwurfs der Fraktionen von SPD und Bündnis 90/Die Grünen aus, allerdings in abgeänderter Fassung. Vorgeschlagen wurde die Aufgliederung des Entwurfs in zwei verschiedene Gesetze: Einerseits in ein „Gesetz zur Beendigung der Diskriminierung gleichgeschlechtlicher Gemeinschaften: Lebenspartnerschaften (LPartDisBG)“[770], welches hauptsächlich die Normen des materiellen Rechts regelt, sowie andererseits in ein „Gesetz zur Ergänzung des Lebenspartnerschaftsgesetzes und anderer Gesetze (Lebenspartnerschaftsergänzungsgesetz – LPartErgG)“, welches hauptsächlich Verfahrensvorschriften enthält, und zwar vor allem solche, die der Zustimmung des Bundesrates

766 Vgl. den Entschließungsantrag der Bundestagsfraktion DIE GRÜNEN zur „Abschaffung der rechtlichen Diskriminierung von homosexuellen Männern“ vom 9. Juli 1990, BT-Drucks. 11/7197 v. 09.07.1990, S. 2.

767 Vgl. die „Entschließung des Europäischen Parlaments zur Gleichberechtigung von Schwulen und Lesben in der EG vom 08.02.1994“, in: Amtsblatt der Europäischen Gemeinschaften, Nr. C 61 vom 28. Februar 1994, S. 40 f.; BT-Drucks. 12/7069 v. 10.03.1994, S. 4.

768 „Entwurf eines Gesetzes zur Beendigung der Diskriminierung gleichgeschlechtlicher Gemeinschaften: Lebenspartnerschaften (Lebenspartnerschaftsgesetz-LPartG)“, BT-Drucks. 14/3751 v. 04.07.2000.

769 „Entwurf eines Gesetzes zur Regelung der Rechtsverhältnisse eingetragener Lebenspartnerschaften (Eingetragene-Lebenspartnerschaften-Gesetz-ELPSchG)“, BT-Drucks. 14/1259 v. 23.06.1999.

770 Krit. bereits zum Titel dieses Gesetzes *Uhle,* Die neue Ordnung 2001, 84 (84); *Tettinger,* JZ 2002, 1146 (1148); zustimmend hingegen *Robbers,* JZ 2001, 779 (779).

bedürfen.[771] Zweck dieser Vorgehensweise war die Aufspaltung des Entwurfs in einen durch den Bundesrat zustimmungsfreien und einen zustimmungspflichtigen Gesetzesteil.[772] Das LPartDisBG passierte sodann den Bundesrat und wurde am 16. Februar 2001 ausgefertigt und verkündet.[773]

Das LPartDisBG bietet gleichgeschlechtlichen Partnerschaften die Möglichkeit, ihre Beziehung rechtlich verbindlich zu regeln.[774] Zu diesem Zweck wurde das familienrechtliche Institut der eingetragenen Lebenspartnerschaft geschaffen, welches gleichgeschlechtlichen Paaren eine auf Dauer angelegte Lebensgemeinschaft mit diversen Rechtsfolgen bietet.[775] Das Gesetz regelt unter anderem die Begründung und Beendigung einer eingetragenen Lebenspartnerschaft sowie die gegenseitigen Verpflichtungen der Lebenspartner. Durch Einführung des Instituts der eingetragenen Lebenspartnerschaft soll die Diskriminierung gleichgeschlechtlicher Partner abgebaut werden.[776]

Gegen das LPartDisBG erhoben die Sächsische Staatsregierung, die Landesregierung von Thüringen und die Bayerische Staatsregierung Anträge auf abstrakte Normenkontrolle vor dem Bundesverfassungsgericht.[777] Sie rügten sowohl die formelle als auch die materielle Unvereinbarkeit des Gesetzes mit dem Grundgesetz.[778] Der Erste Senat des Bundesverfassungsgerichts entschied am 17. Juli 2002 über die Normenkontrollanträge der drei Länder. Dabei kam das Gericht zu der Entscheidung, dass das LPartDisBG mit dem Grundgesetz vereinbar sei.[779] Im ersten Teil seiner Entscheidung beschäftigt sich der Erste Senat zunächst ausführlich mit Entstehung, Ziel und Inhalt des Gesetzes,[780] um dann im darauffolgenden Abschnitt[781] den Inhalt der Normenkontrollanträge der Antragsteller wiederzugeben. Der dritte Abschnitt des

771 Vgl. die Beschlussempfehlung des Rechtsausschusses vom 8. November 2000, BT-Drucks. 14/4545 v. 08.11.2000, S. 2.

772 BVerfGE 105, 313 (316). Dieses Vorgehen wurde vom BVerfG als verfassungsgemäß bewertet, BVerfGE 105, 313 (338 ff.); ebenso *Wasmuth*, Der Staat 41 (2002), 47 (50 ff.). Krit. hingegen *Scholz/Uhle*, NJW 2001, 393 (394 f.).

773 BGBl. 2001 I, S. 266 ff. Hingegen wurde das LPartErgG zwar vom Bundestag angenommen, die Zustimmung des Bundesrates fehlte zu diesem Zeitpunkt allerdings noch (BT-Drucks. 14/4875 v. 05.12.2000). Der Bundestag hatte den Vermittlungsausschuss angerufen, welcher zu diesem Zeitpunkt noch keinen Beschluss gefasst hatte (BT-Drucks. 14/4878 v. 05.12.2000).

774 BVerfGE 105, 313 (314).

775 BVerfGE 105, 313 (314).

776 Vgl. BT-Drucks. 14/3751 v. 04.07.2000, S. 1.

777 Die Staatsregierungen von Bayern und Sachsen hatten bereits gegen das In-Kraft-Treten des LPartDisBG Anträge vor dem BVerfG auf Erlass einer einstweiligen Anordnung gestellt, welche aber erfolglos blieben (vgl. BVerfGE 104, 51 (51 ff.)).

778 Vgl. BVerfGE 105, 313 (318 ff.).

779 BVerfGE 105, 313 (314).

780 BVerfGE 105, 313 (314 ff.).

781 BVerfGE 105, 313 (318 ff.).

Urteils[782] enthält Stellungnahmen des Deutschen Bundestages, der Bundesregierung des Senats der Freien und Hansestadt Hamburg, der Landesregierung Schleswig-Holstein, des Lesben- und Schwulenverbands Deutschland sowie der Ökumenischen Arbeitsgruppe Homosexuelle und Kirche e.V. zu den Verfahren. Im zweiten Teil der Entscheidung[783] geht es schließlich um die Vereinbarkeit des LPartDisBG mit dem Grundgesetz. Das Bundesverfassungsgericht stellt in diesem Zusammenhang zunächst fest, dass das besagte Gesetz verfassungsgemäß zustande gekommen ist und nicht der Zustimmung des Bundesrates bedurfte.[784] Dies wurde von den Antragstellern unter anderem deswegen angezweifelt,[785] weil das ursprünglich von den Fraktionen der SPD und Bündnis 90/Die Grünen eingereichte Gesetz vom Rechtsausschuss in zwei Gesetze, nämlich in ein zustimmungspflichtiges Gesetz (Lebenspartnerschaftsgesetzergänzungsgesetz, LPartGErgG) und in ein zustimmungsfreies Gesetz (Gesetz zur Beendigung der Diskriminierung gleichgeschlechtlicher Gemeinschaften: Lebenspartnerschaften, LPartDisBG) aufgeteilt wurde, um die hauptsächlich bei den verfahrensrechtlichen Vorschriften bestehende Zustimmungspflicht des Bundesrates nicht auf das gesamte Gesetz auszuweiten. Im zweiten Teil dieses Abschnitts[786] untersucht das Bundesverfassungsgericht dann die Vereinbarkeit des LPartDisBG mit dem Grundgesetz und kommt zu dem Ergebnis, dass das Gesetz auch materiell verfassungsgemäß ist. Unterteilt ist die Untersuchung dabei in die Vereinbarkeit des Gesetzes mit Art. 6 Abs. 1 GG,[787] die Vereinbarkeit mit Art. 3 Abs. 1 und Abs. 3 GG[788] sowie die Vereinbarkeit der Bestimmungen des Sorge-, Erb- und Unterhaltsrechts der Lebenspartner mit dem Grundgesetz[789]. Hierbei sind insbesondere die Aussagen des Gerichts in Bezug auf die Vereinbarkeit des LPartDisBG mit Art. 6 Abs. 1 GG und Art. 3 GG von Relevanz für die vorliegende Untersuchung.

1. *Vereinbarkeit des LPartDisBG mit Art. 6 Abs. 1 GG*

Das Bundesverfassungsgericht überprüft in seiner Entscheidung zunächst die Vereinbarkeit des LPartDisBG mit Art. 6 Abs. 1 GG. Hierbei kommt das Gericht mit 5:3 Stimmen[790] zu dem Ergebnis, dass das Gesetz nicht gegen den verfassungsrechtlichen Schutz der Ehe gem. Art. 6 Abs. 1 GG verstößt. Nach Ansicht des Gerichts hindert der in Art. 6 Abs. 1 GG statuierte besondere Schutz der Ehe den Gesetzgeber nicht daran, für gleichgeschlechtliche Lebenspartnerschaften ehegleiche bzw. eheähnliche Rechte und Pflichten vorzusehen, denn das Institut Ehe erleide

782 BVerfGE 105, 313 (323 ff.).
783 BVerfGE 105, 313 (331 ff.).
784 BVerfGE 105, 313 (331).
785 BVerfGE 105, 313 (318 ff.).
786 BVerfGE 105, 313 (342 ff.).
787 BVerfGE 105, 313 (342 ff.).
788 BVerfGE 105, 313 (351 ff.).
789 BVerfGE 105, 313 (353 ff.).
790 BVerfGE 105, 313 (357).

„keine Einbußen", da sich die eingetragene Lebenspartnerschaft nur an Personen richte, die miteinander keine Ehe eingehen könnten.[791] Das Bundesverfassungsgericht überprüft in seiner Lebenspartnerschaftsentscheidung einen Verstoß des LPartDisBG gegen die in Art. 6 Abs. 1 GG enthaltene Eheschließungsfreiheit, die Institutsgarantie und die wertentscheidende Grundsatznorm

a. Vereinbarkeit mit der Eheschließungsfreiheit

Zunächst überprüft das Bundesverfassungsgericht die Vereinbarkeit des LPartDisBG mit der durch Art. 6 Abs. 1 GG gewährleisteten Eheschließungsfreiheit.

aa) Die Ansicht des Bundesverfassungsgerichts

Das in Art. 6 Abs. 1 GG enthaltene Grundrecht gewährleistet die Freiheit, eine Ehe mit einem selbst gewählten Partner zu schließen.[792] Dieses Recht wird nach Ansicht des Bundesverfassungsgerichts durch das LPartDisBG nicht verletzt. Zum einen könne jede ehefähige Person auch nach Einführung der eingetragenen Lebenspartnerschaft eine Ehe eingehen.[793] Zum anderen berühre das Gesetz auch nicht die nur verschiedengeschlechtlichen Paaren zustehende Eheschließungsfreiheit, da diese durch die eingetragene Lebenspartnerschaft, welche sich ausschließlich an gleichgeschlechtliche Paare richte, nicht von der Eheschließung abgehalten würden.[794] Darüber hinaus werde auch der Zugang zur Ehe durch das LPartDisBG nicht beschränkt.[795] Denn dadurch, dass das LPartDisBG kein ausdrückliches Ehehindernis vorsehe, stehe eine bereits eingegangene eingetragene Lebenspartnerschaft einer Eheschließung nicht entgegen.[796] Da der Gesetzgeber offen gelassen habe, welche rechtlichen Folgen ein Eheschluss bei bestehender eingetragener Lebenspartnerschaft habe, bleibe diese Frage der Rechtsprechung überlassen, müsse aber unter Beachtung des der Ehe zukommenden besonderen Schutzes beantwortet werden.[797] In diesem Zusammenhang gibt das Gericht zu bedenken, dass die durch Art. 6 Abs. 1 GG als Wesensmerkmal geschützte personelle Exklusivität der Ehe als Zweiergemeinschaft von Mann und Frau verloren ginge, wenn neben der Ehe auch die Eingehung oder Beibehaltung einer eingetragenen Lebenspartnerschaft zugelassen werde.[798] Zum Schutz der personellen Exklusivität der Ehe bieten sich, so das Bundesverfassungsgericht, daher zwei Möglichkeiten an. Einerseits könne man die vorhandene gesetzliche Lücke, wie von einem Teil der rechtswissenschaftlichen Literatur vorgeschlagen, in der

---

791 BVerfGE 105, 313 (313, LS 3).
792 BVerfGE 105, 313 (342) mit Verweis auf BVerfGE 31, 58 (67); 76, 1 (42). Vgl. hierzu auch bereits oben 2. Teil, C., I., 1., b., aa).
793 BVerfGE 105, 313 (342).
794 BVerfGE 105, 313 (342).
795 BVerfGE 105, 313 (343).
796 BVerfGE 105, 313 (343)
797 BVerfGE 105, 313 (343).
798 BVerfGE 105, 313 (343).

Weise schließen, dass der Eheschluss ipso iure zur Auflösung der eingetragenen Lebenspartnerschaft führt.[799] Diese Lösung sei für den anderen Lebenspartner zwar sehr einschneidend, aber aufgrund der Gewährleistung des Art. 6 Abs. 1 GG noch hinnehmbar.[800] Allerdings wäre es nach Ansicht des Gerichts andererseits auch ausreichend, die Eheschließung davon abhängig zu machen, dass eine eingetragene Lebenspartnerschaft nicht oder nicht mehr besteht.[801] Diese Begrenzung der Eheschließungsfreiheit rechtfertige sich durch „Wesen und (…) Gestalt der Ehe", da es gerade dem Eheschutz entspreche, die Ehe nur denjenigen zu öffnen, welche nicht bereits anderweitig rechtsverbindlich gebunden seien.[802] Diese Ausgestaltung berücksichtige auch das Vertrauen des anderen Lebenspartners in den Bestand der Lebenspartnerschaft.[803] Aufgrund der weitreichenden Konsequenzen dieser beiden Ausgestaltungsmöglichkeiten hielt es das Bundesverfassungsgericht aber für angebracht, dass der Gesetzgeber selbst festlegt, ob eine bestehende Ehe oder Lebenspartnerschaft die weitere Eingehung des jeweils anderen Instituts verhindert.[804]

bb) Verletzung der Eheschließungsfreiheit

Während die Mehrheit der in der Literatur vertretenen Ansichten dem Bundesverfassungsgericht in seiner Argumentation folgt[805], geht ein anderer Teil der Literatur davon aus, dass ein Eheverbot der bestehenden eingetragenen Lebenspartnerschaft die in Art. 6 Abs. 1 GG enthaltene Eheschließungsfreiheit verletzt.[806]

cc) Eigene Ansicht

Der Ansicht des Bundesverfassungsgerichts kann uneingeschränkt gefolgt werden, denn die Eheschließungsfreiheit wird, wie es das Gericht korrekt herausarbeitet, durch die Einführung der eingetragenen Lebenspartnerschaft nicht tangiert. Vielmehr wird ein durch die Institutsgarantie des Art. 6 Abs. 1 GG geschütztes Wesensmerkmal der Ehe, nämlich deren personelle Exklusivität als Verbindung

---

799 BVerfGE 105, 313 (343) mit Verweis auf *Schwab,* FamRZ 2001, 385 (389).

800 BVerfGE 105, 313 (343).

801 BVerfGE 105, 313 (344).

802 BVerfGE 105, 313 (344).

803 BVerfGE 105, 313 (344).

804 Der Gesetzgeber hat mittlerweile diese Lücke geschlossen, indem er im Rahmen des „Gesetzes zur Überarbeitung der eingetragenen Lebenspartnerschaft" vom 15.12.2004 (BGBl. 2004 I, S. 3396) den § 1306 BGB insoweit erweitert hat, als dass eine Ehe auch dann nicht geschlossen werden darf, wenn zwischen einer der Personen, die die Ehe miteinander eingehen wollen, und einer dritten Person eine Lebenspartnerschaft besteht. Vgl. hierzu ausführlich *B. Klein,* Das neue Eheverbot der Eingetragenen Lebenspartnerschaft, S. 151 ff.

805 Vgl. statt vieler *Wellenhofer,* in: MüKo-BGB, Bd. 7, § 1306 Rn. 9.

806 Vgl. vor allem *Sachs,* JR 2001, 45 (48) sowie *Braun,* Ehe und Familie am Scheideweg, S. 92; *B. Klein,* Das neue Eheverbot der Eingetragenen Lebenspartnerschaft, S. 253 ff.

zwischen Mann und Frau gerade deshalb geschützt, weil bei einer bestehenden Ehe keine Lebenspartnerschaft und andersherum keine Ehe eingegangen werden kann. Darüber hinaus wird, wie das Bundesverfassungsgericht richtig feststellt, niemand von der Eingehung einer Ehe abgehalten, denn auch nach Einführung der eingetragenen Lebenspartnerschaft kann jede ehefähige Person eine Ehe eingehen. Das durch den Gesetzgeber mittlerweile in § 1306 BGB eingeführte Eheverbot der bestehenden eingetragenen Lebenspartnerschaft gewährleistet ebenso wie das in § 1306 BGB geregelte Eheverbot der bereits bestehenden Ehe lediglich den Schutz des Wesensmerkmals der personellen Exklusivität.

b. Vereinbarkeit mit der Institutsgarantie

Im Anschluss überprüft das Bundesverfassungsgericht die Vereinbarkeit des LPartDisBG mit der in Art. 6 Abs. 1 GG enthaltenen Institutsgarantie.

aa) Die Ansicht des Bundesverfassungsgerichts

Nach Ansicht des Bundesverfassungsgerichts stellt die Einführung der eingetragenen Lebenspartnerschaft durch das LPartDisBG keine Verletzung der Institutsgarantie dar.[807] Aus dieser ergebe sich das Gebot, die Ehe als Lebensform anzubieten und zu schützen.[808] Gegenstand der Institutsgarantie sei also das auf verschiedengeschlechtliche Paare beschränkte Institut der Ehe, welches in seinen wesentlichen Strukturprinzipien unangetastet bleiben müsse.[809] Demgegenüber regele das LPartDisBG die eingetragene Lebenspartnerschaft, welche sich an gleichgeschlechtliche Paare richte, also keine Ehe im Sinne des Art. 6 Abs. 1 GG sei und deshalb nicht vom Schutz der Institutsgarantie erfasst werde.[810] Das Institut der Ehe wird deshalb nach Ansicht des Bundesverfassungsgerichts durch das LPartDisBG nicht berührt.[811]

Darüber hinaus lasse sich aus der lediglich auf die Ehe bezogenen Institutsgarantie kein Verbot ableiten, gleichgeschlechtlichen Paaren die rechtliche Anerkennung ihrer Partnerschaft zu ermöglichen.[812] Vielmehr diene die Einführung der eingetragenen Lebenspartnerschaft der Verwirklichung der Rechte gleichgeschlechtlicher Paare aus Art. 2 Abs. 1 GG und Art. 3 Abs. 1 und 3 GG.[813] Die verfassungsrechtliche Sonderstellung der Ehe sieht das Gericht als nicht gefährdet an, da zwischen den beiden Institutionen der entscheidende Unterschied bestehe, dass sich die eingetragene Lebenspartnerschaft nur an gleichgeschlechtliche Partner richte.[814]

807 BVerfGE 105, 313 (344 f.).
808 BVerfGE 10, 59 (66 f.); 31, 58 (69 f.); 80, 81 (92); 105, 313 (344 f.); siehe hierzu auch bereits oben 1. Teil, B., II., 2., b.
809 BVerfGE 105, 313 (345).
810 BVerfGE 105, 313 (345 f.).
811 BVerfGE 105, 313 (346).
812 BVerfGE 105, 313 (346).
813 BVerfGE 105, 313 (346).
814 BVerfGE 105, 313 (345).

bb) Die in der Literatur vertretenen Ansichten

Ein Teil der Literatur (2) folgt der Ansicht des Bundesverfassungsgerichts und sieht aufgrund eines durch diese Ansicht angenommenen begrenzten Wirkungsbereichs der Institutsgarantie diese als nicht verletzt an. Ein anderer Teil der Literatur (1) geht demgegenüber von einem Unterlaufen der Institutsgarantie durch die Einführung der eingetragenen Lebenspartnerschaft aus.

(1) Unterlaufen der Institutsgarantie

In Teilen der Literatur und in zwei Sondervoten der damaligen Bundesverfassungsrichter *Papier* und *Haas* wird die Ansicht vertreten, der durch die Institutsgarantie gewährte Schutz des Art. 6 Abs. 1 GG werde durch die Einführung eines ehegleichen bzw. zumindest eheähnlichen Instituts nivelliert.[815] Dadurch, dass sich nach Ansicht des Bundesverfassungsgerichts aus der Institutsgarantie kein Verbot ableiten lasse, gleichgeschlechtlichen Paaren die Anerkennung ihrer Partnerschaft zu ermöglichen, gestatte das Gericht eine unbegrenzte rechtliche Annäherung der eingetragenen Lebenspartnerschaft an die Ehe.[816] Dem widerspreche aber, dass nur der Ehe der besondere institutionelle Schutz des Art. 6 Abs. 1 GG zuteil werde, während andere Partnerschaften lediglich unter dem allgemeinen Schutz des Grundgesetzes stünden.[817]

Begründet wird diese Ansicht mit der Funktion und dem Wesen der Institutsgarantie. Diese schütze das Institut der Ehe vor beliebigen Dispositionen des Gesetzgebers, indem die wesentlichen, die Ehe prägenden Strukturprinzipien der Ausgestaltungsbefugnis des Gesetzgebers entzogen seien.[818] Nach dieser Ansicht kommt der Institutsgarantie eine „Reservierungs- und Privilegierungsfunktion" zu.[819] Durch Schaffung eines ehegleichen Instituts für gleichgeschlechtliche Personen missachte der Gesetzgeber aber eines der durch Art. 6 Abs. 1 GG gesicherten Strukturprinzipien, nämlich die Verschiedengeschlechtlichkeit der Partner.[820] Konsequenz des Lebenspartnerschaftsurteils sei letztendlich, dass das Bundesverfassungsgericht

---

815 *Hofmann,* in: Schmidt-Bleibtreu/Hofmann/Henneke, GG, Art. 6 Rn. 20; *Uhle,* in: Epping/Hillgruber, OK-GG, Art. 6 (Stand: 01.09.2015) Rn. 36.1; *Sodan,* in: ders., GG, Art. 6 Rn. 12; *Umbach,* in: ders./Clemens, GG, Bd. I, Art. 6 Rn. 62; *Krings,* in: Höfling, FS für Friauf, S. 269 (271); *Pauly,* NJW 1997, 1955 (1956); *Scholz/Uhle,* NJW 2001, 393 (397); *Gade,* VR 2002, 397 (402 f.); *Geis,* DRiZ 2012, 303 (303); *Gade/Thiele,* DÖV 2013, 142 (150); so auch die Sondervoten der Bundesverfassungsrichter *Papier* (BVerfGE 105, 313 (357 [358]) und *Haas* (BVerfGE 105, 313 (359 [360 f.]).

816 *Papier,* BVerfGE 105, 313 (357 [359]); *Hofmann,* in: Schmidt-Bleibtreu/Hofmann/Henneke, GG, Art. 6 Rn. 20; *Stern,* Staatsrecht IV/1, S. 485.

817 So die Antragsteller der gegen das LPartDisBG erhobenen Normenkontrollanträge, vgl. BVerfGE 105, 313 (322).

818 *Papier,* BVerfGE 105, 313 (357 [358]).

819 Vgl. *Obermeyer,* KritV 86 (2003), 142 (150).

820 *Papier,* BVerfGE 105, 313 (357 [358]); *Haas,* BVerfGE 105, 313 (359 [361 f.].

zwei Arten der Ehe unter verschiedenem Namen billige, nämlich eine als „Ehe" bezeichnete Institution für Heterosexuelle sowie das als „eingetragene Lebenspartnerschaft" bezeichnete Institut für Homosexuelle und damit den durch die Institutsgarantie gewährleisteten Wesensgehalt des Instituts Ehe aushöhle.[821] Dies sei mit dem sich aus Art. 6 Abs. 1 GG ergebenden Wesensmerkmal der Verschiedengeschlechtlichkeit der Eheleute aber nicht vereinbar.[822] Allein eine andere Bezeichnung für ein ansonsten ehegleiches Institut dürfe nicht dazu führen, eine Verletzung der Institutsgarantie abzulehnen.[823] Der von der Verfassung vorgegebene besondere Schutz der Ehe verlange eine exklusive Rechtsform.[824] Die Zuweisung wesentlicher Rechtswirkungen der Ehe an gleichgeschlechtliche Paare, welche dazu führe, dass die eingetragene Lebenspartnerschaft mit der Ehe gleichgestellt sei, verstoße gegen die in Art. 6 Abs. 1 GG enthaltene Garantie des Rechtsinstituts.[825] Durch die Annahme des Bundesverfassungsgerichts, dass die Institutsgarantie des Art. 6 Abs. 1 GG nicht berührt sei, weil sich die eingetragene Lebenspartnerschaft nur an gleichgeschlechtliche Personen richtet, schneide sich das Bundesverfassungsgericht von vornherein eine Prüfung der Ausgestaltung der eingetragenen Lebenspartnerschaft ab.[826] Dadurch öffne sich ein Raum für die Gleichstellung der beiden Rechtsinstitute.[827] Ein weitgehend ehegleiches Institut für gleichgeschlechtliche Paare, die miteinander gerade keine Ehe eingehen können, widerspreche aber dem Leitbild des Art. 6 Abs. 1 GG.[828]

---

821 *Hofmann,* in: Schmidt-Bleibtreu/Hofmann/Henneke, GG, Art. 6 Rn. 20; *Uhle,* in: Epping/Hillgruber, OK-GG, Art. 6 (Stand: 01.09.2015) Rn. 36.1; *Papier,* BVerfGE 105, 313 (357 [358]); *Haas,* BVerfGE 105, 313 (359 [361 f.]); wohl auch *Stern,* Staatsrecht, Bd. IV/1, S. 486; *Krings,* in: Höfling, FS für Friauf, S. 269 (271); *Scholz/Uhle,* NJW 2001, 393 (397).

822 *Braun,* JuS 2003, 21 (22); so auch *Hofmann,* in: Schmidt-Bleibtreu/Hofmann/Henneke, GG, Art. 6 Rn. 20.

823 *Papier,* BVerfGE 105, 313 (357 [358]); *Haas,* BVerfGE 105, 313 (359 [361 f.]); so auch *Hofmann,* in: Schmidt-Bleibtreu/Hofmann/Henneke, GG, Art. 6 Rn. 20; *Umbach,* in: ders./Clemens, GG, Bd. I, Art. 6 Rn. 62; *Sodan,* in: ders., GG, Art. 6 Rn. 12; *Gade,* VR 2002, 397 (402 f.).

824 *Umbach,* in: ders./Clemens, GG, Bd. I, Art. 6 Rn. 62, 66; *Pauly,* NJW 1997, 1955 (156).

825 *Pauly,* NJW 1997, 1955 (1956); *Krings,* ZRP 2000, 409 (413); *Scholz/Uhle,* NJW 2001, 393 (397); so auch *Badura,* in: Maunz/Dürig, GG, Bd. II, Art. 6 (Stand April 2012) Rn. 56, 58.

826 Badura, in: Maunz/Dürig, GG, Bd. II, Art. 6 (Stand: April 2012/Mai 2013) Rn. 58 f.

827 Badura, in: Maunz/Dürig, GG, Bd. II, Art. 6 (Stand: April 2012/Mai 2013) Rn. 58 f.

828 *Hofmann,* in: Schmidt-Bleibtreu/Hofmann/Henneke, GG, Art. 6 Rn. 19; *Braun,* JuS 2003, 21 (23); *Scholz/Uhle,* NJW 2001, 393 (397); *Kaiser,* JZ 2001, 617 (625); *Braun,* Ehe und Familie am Scheideweg, S. 59 ff.

(2) Begrenzter Wirkungsbereich der Institutsgarantie

Demgegenüber geht ein anderer Teil der in der Literatur vertretenen Ansichten, ebenso wie das Bundesverfassungsgericht, davon aus, dass die Einführung der eingetragenen Lebenspartnerschaft nicht gegen die in Art. 6 Abs. 1 GG enthaltene Institutsgarantie verstößt.[829] Begründet wird diese Ansicht, neben den bereits durch das Bundesverfassungsgericht genannten Argumenten, ebenfalls mit der Funktion und dem Wirkungsbereich der Institutsgarantie. Diese weise eine „bipolare Struktur“ auf und wirke aufgrund dessen nur zwischen den Ehepartnern und dem Staat.[830] Die Verpflichtung, welche die in Art. 6 Abs. 1 GG enthaltene Institutsgarantie dem Gesetzgeber in Bezug auf die Ehe auferlege, erzeuge keinerlei institutionelle Bindungswirkung gegenüber der gleichgeschlechtlichen Lebensgemeinschaft.[831] Aufgabe der Institutsgarantie sei es, die Ehe zu schützen, nicht deren Exklusivität.[832] Die Schutzwirkung der Institutsgarantie ist nach dieser Ansicht auf die Bereitstellung rechtlicher Regelungen für die Ehe gerichtet, hingegen nicht auf die Abgrenzung derselben gegenüber anderen Lebensgemeinschaften.[833] Insofern gehe das Bundesverfassungsgericht richtigerweise von einer „Schutz- und Freiheitsfunktion“ des Eheinstituts aus und werte dieses nicht als „Monopol rechtlich geordneter Geschlechtsgemeinschaft“, welches sich gegen andere Formen lebensgemeinschaftlicher Freiheitsgestaltung richte.[834] In diesem Sinne sei das in Art. 6 Abs. 1 GG enthaltene „Leitbild“ nicht als „Gegenbild“ zu verstehen,[835] sondern als „positiv geprägter Lebensentwurf in frei wählbarer Alternativität zu anderen Lebensentwürfen“[836].

---

829 *Gröschner,* in: Dreier, GG, 2. Aufl., Bd. I, Art. 6 Rn. 48; *Jarass,* in: ders./Pieroth, GG, Art. 6 Rn. 2; *Brosius-Gersdorf,* in: Dreier, GG, 3. Aufl., Bd. I, Art. 6 Rn. 82; *Antoni,* in: Hömig, GG, Art. 6 Rn. 10; *Kloepfer,* in: Merten/Papier, HGR II, § 43 Rn. 70; *Zimmermann,* in: Cremer u.a., FS für Steinberger, S. 645 (654); *Huster,* in: ARSP-B, Bd. 92, S. 47 (63 f.); *Burgi,* Der Staat 39 (2000), 487 (495 f.); *Sachs,* JR 2001, 45 (48); *Beck,* NJW 2001, 1894 (1899); *Pieroth/Kingreen,* KritV 85 (2002), 219 (230 f.); *Wasmuth,* Der Staat 41 (2002), 47 (54); *Freytag,* DÖV 2002, 445 (448); *Lindenberg/Micker,* DÖV 2003, 707 (710); *Franz/Günther,* JuS 2007, 716 (717).

830 *Gröschner,* in: Dreier, GG, 2. Aufl., Bd. I, Art. 6 Rn. 48; *Pieroth/Kingreen,* KritV 85 (2002), 219 (231) sprechen in diesem Zusammenhang von „Zweipoligkeit“ (Schutzwirkung der Institutsgarantie nur zwischen Grundrechtsträger und Staat) und „Dreipoligkeit“ (Bezug nehmend auf die Wertentscheidungsfunktion, welche ein umfassendes Diskriminierungsverbot der Ehe statuiert).

831 *Pieroth/Kingreen,* KritV 85 (2002), 219 (231); so auch *Gröschner,* in: Dreier, GG, 2. Aufl., Bd. I, Art. 6 Rn. 48; *Antoni,* in: Hömig, GG, Art. 6 Rn. 10.

832 *Pieroth/Kingreen,* KritV 85 (2002), 219 (240).

833 *Obermeyer,* KritV 86 (2003), 142 (150).

834 *Kotzur,* in: Stern/Becker, Grundrechte, Art. 6 Rn. 31; so auch *Michael/Morlok,* Grundrechte, § 9 Rn. 253.

835 *Kotzur,* in: Stern/Becker, Grundrechte, Art. 6 Rn. 31.

836 *Cornils,* Ausgestaltung der Grundrechte, S. 370.

cc) Eigene Ansicht

Die Einführung der eingetragenen Lebenspartnerschaft durch das LPartDisBG stellt keine Verletzung der Institutsgarantie dar. Dies lässt sich mit der Funktion der Institutsgarantie begründen, welche von den oben dargestellten Ansichten unterschiedlich beurteilt wird.[837] Während das Bundesverfassungsgericht sowie ein Teil der Literatur den Schutzzweck der Institutsgarantie auf die Bereitstellung rechtlicher Regelungen für die Ehe beschränkt, weist die gegenteilige Ansicht der Institutsgarantie eine „Reservierungs- und Privilegierungsfunktion" zu.[838]

Die Einordnung des Art. 6 Abs. 1 GG und auch der Vorgängervorschrift des Art. 119 Abs. 1 S. 1 WRV als Institutsgarantie basiert auf der verfassungsdogmatischen „Lehre von den Einrichtungsgarantien", welche sich bereits zur Zeit der Weimarer Reichsverfassung entwickelte.[839] Nach dieser Lehre hat die Einrichtungsgarantie die Funktion, die Einrichtung gegen Abschaffung oder grundlegende Umgestaltung im Wege der einfachen Gesetzgebung zu schützen.[840] Der legislative Gestaltungsspielraum des einfachen Gesetzgebers soll begrenzt werden.[841] Es steht dem Gesetzgeber deshalb zwar frei, eine unter Einrichtungsgarantie stehende Einrichtung seinem Belieben nach einfachrechtlich auszugestalten, die Einrichtung an sich, also ihr Kern bzw. ihr Wesen bleibt aber verfassungsrechtlich garantiert.[842] Diese Bedeutung setzt sich auch im Rahmen der im Grundgesetz enthaltenen Einrichtungsgarantien fort. Funktion der Institutsgarantie ist es auch hier, den Bestand der jeweiligen Einrichtung, das heißt ihren „Wesensgehalt" bzw. ihren „Kernbereich" zu bewahren.[843]

Dieses Funktionsverständnis der Institutsgarantie liegt auch der Entscheidung des Bundesverfassungsgerichts zugrunde. Zutreffend prüft das Gericht im Rahmen einer Verletzung der Institutsgarantie des Art. 6 Abs. 1 GG deshalb lediglich, ob durch die Einführung der eingetragenen Lebenspartnerschaft das Institut Ehe, dessen verfassungsrechtliche Strukturprinzipien oder die einfachrechtliche Ausgestaltung dieses Instituts tangiert werden.[844] Diese Vorgehensweise entspricht der Funktion der Institutsgarantie, welche sich als bewahrend und schützend beschreiben lässt, nicht hingegen als abwehrend und eingreifend. Eine solche Bedeutung

837 Vgl. oben, 2. Teil, A., I., 1., b., bb), (1) und (2). Vgl. ausführlich zu Funktion und verfassungsgeschichtlichem Hintergrund der Institutsgarantie *Pieroth/Kingreen*, KritV 85 (2002), 219 (224 ff.).

838 Vgl. *Obermeyer*, KritV 86 (2003), 142 (150 ff.).

839 Vgl. hierzu oben 2. Teil, A., I., 4., a. sowie II., 2., a.

840 *Schmitt*, Verfassungslehre, S. 170.

841 *Kloepfer*, in: Merten/Papier, HGR II, § 43 Rn. 9.

842 *Anschütz*, Reichsverfassung, Grundrechte und Grundpflichten der Deutschen, Anm. 7, S. 520; *Thoma*, in: Nipperdey, Reichsverfassung, Bd. 1, S. 33; *Apelt*, Geschichte d. WRV, S. 337; *Stern*, Staatsrecht, Bd. III/1, S. 761; *Kloepfer*, in: Merten/Papier, HGR II, § 43 Rn. 9.

843 *Stern*, Staatsrecht, Bd. III/1, S. 768.

844 BVerfGE 105, 313 (345).

wird der Institutsgarantie allerdings durch die Vertreter der Ansicht beigemessen, welche eine Verletzung derselben durch die Einführung der eingetragenen Lebenspartnerschaft annimmt. Die Institutsgarantie garantiert, dass die Ehe und ihre wesentlichen Merkmale vor der Ausgestaltungsbefugnis des einfachen Gesetzgebers geschützt werden. Dieser Schutz umfasst hingegen nach hier vertretener Ansicht nicht die Abwehr anderer Formen von Lebensgemeinschaften, auch wenn diese ähnlich ausgestaltet sind.[845]

c. Vereinbarkeit mit der wertentscheidenden Grundsatznorm

Das Bundesverfassungsgericht setzt sich zudem mit der Vereinbarkeit des LPartDisBG mit der in Art. 6 Abs. 1 GG enthaltenen wertentscheidenden Grundsatznorm auseinander.

aa) Die Ansicht des Bundesverfassungsgerichts

Dabei kommt das Gericht zu dem Ergebnis, dass der Gesetzgeber durch Einführung des LPartDisBG auch nicht gegen die in Art. 6 Abs. 1 GG enthaltene wertentscheidende Grundsatznorm verstoßen hat.[846] Nach der Rechtsprechung des Bundesverfassungsgerichts stellt Art. 6 Abs. 1 GG als verbindliche Wertentscheidung den gesamten Bereich des Ehe und Familie betreffenden privaten und öffentlichen Rechts unter den besonderen Schutz der staatlichen Ordnung.[847] In Umsetzung dieses Schutzauftrags ist der Staat verpflichtet, die Ehe zum einen weder zu schädigen, noch sonst zu beeinträchtigen und sie zum anderen durch geeignete Maßnahmen zu fördern.[848] Durch Einführung des LPartDisBG hat der Gesetzgeber nach Ansicht des Bundesverfassungsgerichts weder gegen das in Art. 6 Abs. 1 GG enthaltene Schädigungs- und Beeinträchtigungsverbot noch gegen das Fördergebot verstoßen.[849]

(1) Kein Verstoß gegen das Schädigungs-, Beeinträchtigungs- und Benachteiligungsverbot

Art. 6 Abs. 1 GG enthält im Rahmen seiner negativen Schutzfunktion sowohl ein an den Staat gerichtetes Schädigungs- und Beeinträchtigungsverbot, als auch ein Benachteiligungsverbot.[850] Dadurch, dass das LPartDisBG gleichgeschlechtlichen Paaren die Möglichkeit einer eingetragenen Lebenspartnerschaft mit eheähnlichen Rechten und Pflichten eröffnet, werden nach Ansicht des Bundesverfassungsgerichts

---

845 So auch die Stellungnahmen der Bundesregierung, in: BVerfGE 105, 313 (325 ff.).

846 BVerfGE 105, 313 (346).

847 BVerfGE 6, 55 (72); 55, 114 (126); 105, 313 (346); siehe hierzu auch oben 2. Teil, C., I., 3.

848 BVerfGE 6, 55 (76); 28, 104 (113); 53, 224 (248); 76, 1 (41); 80, 81 (92 f.); 99, 216 (231 f.); 105, 313 (346); vgl. hierzu auch oben 2. Teil, C., II., 2.

849 BVerfGE 105, 313 (346).

850 Vgl. hierzu bereits oben 2. Teil, C., II., 2., a.

weder die Ehe noch die Ehegatten gegenüber der Lebenspartnerschaft bzw. den Lebenspartnern schlechter gestellt oder benachteiligt.[851] Nach Ansicht des Gerichts drohen dem Institut der Ehe „keine Einbußen“ durch die eingetragene Lebenspartnerschaft, da sich diese an gleichgeschlechtliche Personen richte, die „miteinander keine Ehe eingehen können“.[852]

(2) Kein Verstoß gegen das Fördergebot

Auch einen Verstoß des LPartDisBG gegen das in Art. 6 Abs. 1 GG enthaltene Fördergebot lehnt das Bundesverfassungsgericht mit dem Argument ab, der Ehe werde durch Einführung der eingetragenen Lebenspartnerschaft keine Förderung entzogen.[853] Das LPartDisBG gewähre lediglich einer anderen Lebensgemeinschaft einen gewissen rechtlichen Schutz.[854] Die in Art. 6 Abs. 1 GG enthaltene Förderpflicht lege dem Staat auf, die Ehe so zu fördern, dass der dem Art. 6 Abs. 1 GG zugewiesene Schutzzweck erfüllt werden könne.[855] Wenn die Ehe aufgrund der Gesetzgebung ihre Funktion nicht erfüllen könne, sei das Fördergebot verletzt.[856] Eine solche Verletzung des Fördergebotes durch einen Funktionsverlust der Ehe läge beispielsweise dann vor, wenn der Gesetzgeber ein Institut schaffen würde, welches ehegleiche Rechte aber geringere Pflichten vorsähe. Ein solches Institut wäre mit der Ehe austauschbar und stünde aus diesem Grund in Konkurrenz zu ihr.[857] Im Verhältnis zwischen Ehe und eingetragener Lebenspartnerschaft besteht allerdings eine derartige Austauschbarkeit nach Ansicht des Bundesverfassungsgerichts nicht, denn der Adressatenkreis, an den sich das jeweilige Institut richtet,

---

851 BVerfGE 105, 313 (346 f.).

852 BVerfGE 105, 313 (347); krit. hierzu *Stern,* Staatsrecht, Bd. IV/1, S. 489 Fn. 675, der zu Recht einwendet, dass zwar gleichgeschlechtliche Partner miteinander keine Ehe eingehen können, aber jeder von beiden könne eine Ehe mit einem verschiedengeschlechtlichen Partner eingehen. Kern des Arguments des BVerfG ist aber, dass gleichgeschlechtliche Partner gerade in der der eingetragenen Lebenspartnerschaft zugrunde liegenden gleichgeschlechtlichen Kombination keine Ehe eingehen können, da sich das Institut Ehe nur an verschiedengeschlechtliche Partner richtet.

853 BVerfGE 105, 313 (347); so auch *Pieroth/Kingreen,* KritV 85 (2002), 219 (233); a.A. *Kemper,* FPR 2002, 585 (586), mit dem Argument, dass durch die Ausdehnung von Vorteilen auf andere Personengruppen diesen Vorteilen ihre Bedeutung genommen wird. „Etwas, das allen zusteht, ist keine Förderung mehr.“ Hierbei ist aber zu bedenken, dass die Förderung eben nicht „allen“ zukommt, sondern „nur“ Ehe und eingetragener Lebenspartnerschaft.

854 BVerfGE 105, 313 (347).

855 BVerfGE 105, 313 (350).

856 BVerfGE 105, 313 (350).

857 BVerfGE 105, 313 (350 f.).

sei verschieden.[858] Während die Ehe nur zwischen Mann und Frau geschlossen werden könne, richte sich die eingetragene Lebenspartnerschaft ausschließlich an gleichgeschlechtliche Paare. Deshalb sieht das Bundesverfassungsgericht die eingetragene Lebenspartnerschaft auch nicht als „Ehe mit falschem Etikett", sondern als „aliud" zur Ehe.[859] Darüber hinaus führt das Gericht aus, dass der Ehebegriff des Art. 6 Abs. 1 GG durch die wesentlichen, das verfassungsrechtliche Institut Ehe prägenden Strukturelemente charakterisiert werde. Diese Strukturprinzipien seien es, die in ihrer Gesamtheit diejenige menschliche Gemeinschaft kennzeichnen, welche als Ehe den exklusiven verfassungsrechtlichen Schutz des Art. 6 Abs. 1 GG erfahre.[860] Dies bedeutet aber nach Ansicht des Gerichts nicht, dass die jeweiligen Strukturelemente allein für die Ehe reserviert seien. Vielmehr dürfe der Gesetzgeber neben der Verbindung von Mann und Frau auch anderen auf Dauer angelegten Personenkonstellationen eine Rechtsform anbieten, ohne dass diese Verbindungen durch das mit der Ehe gemeinsame Element der Dauerhaftigkeit zur Ehe würden.[861]

(3) Begünstigungserlaubnis zugunsten der Ehe

Darüber hinaus stellt das Bundesverfassungsgericht fest, dass der Gesetzgeber aufgrund des nur der Ehe zuteil werdenden verfassungsrechtlichen Schutzes des Art. 6 Abs. 1 GG dazu berechtigt sei, die Ehe gegenüber anderen Lebensformen zu begünstigen.[862] Aus Art. 6 Abs. 1 GG lasse sich ableiten, dass der Gesetzgeber die Ehe in einer Weise schützen und fördern müsse, dass sie die ihr verfassungsrechtlich zugewiesene Funktion erfüllen könne.[863] Der besondere Schutz wirke sich also insoweit aus, als nur für Ehe und Familie ein verfassungsrechtlicher Förderauftrag bestehe, nicht hingegen für andere Formen des Zusammenlebens.[864]

---

858 BVerfGE 105, 313 (351); so auch *Gröschner,* in: Dreier, GG, 2. Aufl., Bd. I, Art. 6 Rn. 47, der in diesem Zusammenhang auf die Reproduktionsfunktion der Ehe und den dafür denknotwendig verschiedengeschlechtlichen Adressatenkreis hinweist.

859 BVerfGE 105, 313 (351); zustimmend *Gröschner,* in: Dreier, GG, 2. Aufl., Bd. I, Art. 6 Rn. 47. Krit. *Zuck,* NJW 2009, 1449 (1452), der zu bedenken gibt, dass auch einem aliud „durch seine rechtliche Aufwertung ein solcher Rang verliehen werden (kann), dass damit der Vergleichspartner an Bedeutung verliert". Diese Gefahr sieht er allerdings im Rahmen der eingetragenen Lebenspartnerschaft nicht, da diese gegenüber der Ehe eine Randgruppe bilde.

860 BVerfGE 105, 313 (351).

861 BVerfGE 105, 313 (351).

862 BVerfGE 105, 313 (348) mit Verweis auf BVerfGE 6, 55 (76).

863 BVerfGE 105, 313 (348).

864 BVerfGE 105, 313 (348).

(4) Kein Benachteiligungs- oder Abstandsgebot in Bezug auf gleichgeschlechtliche Lebensgemeinschaften

Aus der in Art. 6 Abs. 1 GG enthaltenen Privilegierungserlaubnis zugunsten der Ehe ergebe sich allerdings im Umkehrschluss zum einen kein Gebot, andere Lebensformen gegenüber der Ehe zu benachteiligen. Zum anderen verpflichte Art. 6 Abs. 1 GG den Gesetzgeber nicht, gleichgeschlechtliche Lebensgemeinschaften in einem Abstand zur Ehe auszugestalten.[865] Das Ausmaß des verfassungsrechtlich gebotenen Schutzes und der Förderung der Ehe werde durch eine rechtliche Anerkennung anderer Lebensformen, die mit der Ehe nicht konkurrieren, nicht verringert.[866] Aufgrund dessen gäbe es auch keinen sich aus der Verfassung ergebenden Grund, solchen Lebensgemeinschaften, die mit der Ehe nicht in Konkurrenz stehen, weniger Rechte zuzuerkennen, um diese in einem Abstand zur Ehe zu halten.[867]

(5) Keine über den Schutz- und Förderauftrag hinausgehende Bedeutung des „besonderen Schutzes"

Eine über den verfassungsrechtlichen Schutz- und Förderauftrag hinausgehende Bedeutung des besonderen Schutzes in dem Sinne, dass die Ehe im Vergleich zu anderen Lebensgemeinschaften stets mehr geschützt werden muss, ergibt sich für das Bundesverfassungsgericht weder aus dem Wortlaut des Art. 6 Abs. 1 GG noch aus der Entstehungsgeschichte der Norm.[868] In diesem Zusammenhang verweist das Gericht auf die Beratungen des Parlamentarischen Rates zu Art. 6 Abs. 1 GG und die mehrfach erfolgten Änderungen des Normtextes, vor allem den Wechsel zwischen der Formulierung „Schutz" und „besonderer Schutz" der Ehe.[869] Aus den Debatten ergebe sich nicht, dass durch die Textänderung zwischen einem starken und einem weniger starken Schutz unterschieden worden sei, vielmehr, dass die Umänderung der Formulierung auf das jeweilige Sprachempfinden zurückzuführen sei.[870] Insgesamt lässt sich nach Ansicht des Bundesverfassungsgerichts aus der Entstehungsgeschichte des Art. 6 Abs. 1 GG lediglich ableiten, dass Ehe und Familie verfassungsrechtlich geschützt werden sollten. Hieraus ließen sich aber keine Schlussfolgerungen für das Verhältnis der Ehe zu anderen Lebensgemeinschaften

---

865 BVerfGE 105, 313 (348 ff.); bestätigt in BVerfGE 124, 199 (226); 133, 59 (96).

866 BVerfGE 105, 313 (348).

867 BVerfGE 105, 313 (348).

868 BVerfGE 105, 313 (348 f.) mit Verweis auf die gegenteiligen Ansichten von *Badura,* in: Maunz/Dürig, GG, Bd. II, Art. 6 (Stand: August 2000) Rn. 56; *Burgi,* Der Staat 39 (2000), 487 (487 ff.); *Krings,* ZRP 2000, 409 (409 ff.); *Pauly,* NJW 1997, 1955 (1955 f.); *Scholz/Uhle,* NJW 2001, 393 (393 f.); *Tettinger,* in: Marré/Schümmelfeder/Kämper, Essener Gespräche, Bd. 35 (2001), S. 117 (140).

869 BVerfGE 105, 313 (349); vgl. hierzu auch oben 2. Teil, A., II., 2., b. Krit. in Bezug auf diesen verfassungsgeschichtlich begründeten Wegfall des Wortes „besonders", *Steiner,* in: Merten/Papier, HGR IV, § 108 Rn. 38.

870 BVerfGE 105, 313 (349).

ziehen.[871] Zudem führe die Ausgestaltungsbefugnis des Gesetzgebers dazu, dass das Verhältnis der Ehe zu anderen menschlichen Lebensgemeinschaften durch die jeweils aktuelle gesetzliche Ausgestaltung der Ehe bzw. der jeweiligen Lebensform verändert werde, sodass verschiedene Lebensformen zueinander „nicht in einem festen Abstand, sondern in relativer Beziehung" stünden.[872]

bb) Die in der Literatur vertretenen Ansichten

Ein Teil der in der Literatur vertretenen Ansichten folgt dem Bundesverfassungsgericht in seiner Einschätzung, dass die in Art. 6 Abs. 1 GG enthaltene wertentscheidende Grundsatznorm durch Einführung der eingetragenen Lebenspartnerschaft nicht verletzt werde. Demgegenüber kritisiert ein beachtlicher anderer Teil der Literatur, dass durch die Einführung der eingetragenen Lebenspartnerschaft ein in Art. 6 Abs. 1 GG enthaltenes „Abstandsgebot" verletzt werde.

(1) Verletzung eines sich aus Art. 6 Abs. 1 GG ergebenden „Abstandsgebotes"

Nach einem großen Teil der in der Literatur vertretenen Ansichten und auch nach dem Sondervotum der Bundesverfassungsrichterin *Haas*[873] ergibt sich aus der in Art. 6 Abs. 1 GG getroffenen Anordnung des „besonderen Schutzes" eine Verpflichtung des Gesetzgebers zur Einhaltung eines sog. „Abstandsgebotes". Dieses wird von den Vertretern dieser Ansicht aus der Eigenschaft des Art. 6 Abs. 1 GG als wertentscheidende Grundsatznorm hergeleitet.[874] Es wurde ursprünglich im Zusammenhang mit der einfachrechtlichen Ausgestaltung verschiedengeschlechtlicher, nichtehelicher Lebensgemeinschaften entwickelt.[875] Mittlerweile wird es von

871 BVerfGE 105, 313 (350).
872 BVerfGE 105, 313 (350).
873 BVerfGE 105, 313 (359 [360 f.]), wonach das Fördergebot die „Zuwendung über das normale Maß hinaus, damit also Privilegierung der Ehe" voraussetzt.
874 So etwa *Burgi*, in: Friauf/Höfling, GG, Bd. 1, Art. 6 (Stand: 2002) Rn. 46 ff.
875 *Braun*, JZ 2002, 23 (26) mit Verweis auf BVerfGE 67, 186 (195 f.); 99, 216 (232). Vgl. in Bezug auf nichteheliche Lebensgemeinschaften *Robbers*, in: v. Mangoldt/Klein, Starck, GG, Bd. 1, Art. 6 Rn. 50 („vollständige Gleichbehandlung (...) als Verstoß gegen den besonderen Schutzanspruch der Ehe"); *Burgi*, in: Friauf/Höfling, GG, Bd. 1, Art. 6 (Stand: 2002) Rn. 47 („Abbildungsgebot", „in der Verfassung verkörperte(r) Vorrang der Ehe"); *Richter*, in: Denninger u.a., AK-GG, Art. 6 (Stand: 2001) Rn. 36a („Benachteiligungs- und Gleichstellungsverbot"); *Lecheler*, in: Isensee/P. Kirchhof, HStR VI, § 133, Rn. 91 ff. (Gleichstellung der nichtehelichen Lebensgemeinschaft mit der Ehe nur in Einzelfällen); *Merten*, in: Isensee/Lecheler, FS für Leisner, S. 615 (619) („Privilegierungsgebot"); *Tettinger*, in: Marré/Schümmelfeder/Kämper, Essener Gespräche, Bd. 35 (2001), S. 117 (134) (jede „Einzelthemen übersteigende tendenzielle Gleichsetzung von Ehe und nichtehelicher Lebensgemeinschaft von Verfassungs wegen unzulässig"); *Burgi*, Der Staat 39 (2000), 487 (501 ff.) („Abbildungsgebot", Schutz der Ehe als verfassungsrechtliche Wertentscheidung gegenüber anderen Lebensgemeinschaften); *Campenhausen*, VVDStRL 45 (1987),

einem Teil der Literatur aber auch auf gleichgeschlechtliche Lebensgemeinschaften angewandt. Seine Bezeichnung sowie die genaue Ausdifferenzierung variieren allerdings beträchtlich. Gemein ist allen Ansichten aber wohl immer eine von ihren Vertretern mehr oder weniger ausdifferenziert angenommene Verpflichtung des Gesetzgebers, die eingetragene Lebenspartnerschaft einfachrechtlich im Abstand zur Ehe auszugestalten und ihr weniger Rechte zuzuerkennen.[876] Der Ehe müsse eine

---

S. 8 (17 f.) (Gleichbehandlung von Ehe und nichtehelicher Lebensgemeinschaft widerläuft dem Schutzzweck des Art. 6 Abs. 1 GG); *Steiger,* VVDStRL 45 (1987), S. 56 (78) (Gleichstellung der nichtehelichen Lebensgemeinschaft mit der Ehe „nicht geboten und abzulehnen"); *Zippelius,* DÖV 1986, 805 (808) (Differenzierung des Verfassungsgebers zwischen Ehe und nichtehelicher Lebensgemeinschaft).

876 Vgl. etwa *Seiler,* in: Kahl/Waldhoff/Walter, BK-GG, Bd. 2, Art. 6 Abs. 1 (Stand: Juli 2014) Rn. 99 („Differenzierungs- und damit Abstandsgebot", welches „von der Gesamtheit der Ehe und Familie ausgestaltenden Vorschriften eingelöst werden muss"); *Uhle,* in: Epping/Hillgruber, OK-GG, Art. 6 (Stand: 01.09.2015) Rn. 36 („Privilegierungsgebot", „Abstandsgebot", „zwischen Ehe und Familie einerseits und allen übrigen Formen menschlicher Lebensgemeinschaft andererseits einen rechtlichen Abstand einzuhalten"); *v. Coelln,* in: Sachs, GG, Art. 6 Rn. 48, 50 („Besserstellungsgebot" der Ehe gegenüber der eingetragenen Lebenspartnerschaft); *Hofmann,* in: Schmidt-Bleibtreu/Hofmann/Henneke, GG, Art. 6 Rn. 19 („Abstandsgebot", „deutlicher Abstand gegenüber allen anderen Lebensgemeinschaften"); *Badura,* in: Maunz/Dürig, GG, Bd. II, Art. 6 (Stand: April 2012/Mai 2013) Rn. 56, 58c („Differenzierungsgebot"; Beeinträchtigung des besonderen Eheschutzes durch Erstreckung wesentlicher Rechtswirkungen der Ehe auf nichteheliche Lebensgemeinschaften oder homosexuelle Partnerschaften); *Umbach,* in: ders./Clemens, GG, Bd. I, Art. 6 Rn. 66 ff. („vollständige Gleichbehandlung anderer Formen partnerschaftlicher Existenz mit der Ehe als Verstoß gegen den besonderen Schutzanspruch der Ehe"); *Ipsen,* in: Isensee/P. Kirchhof, HStR VII, § 154 Rn. 54 f. („Abstandsgebot", Begünstigung der Ehe gegenüber anderen Lebensgemeinschaften); *Stern,* Staatsrecht, Bd. IV/1, S. 480, 488 („Abstands-, Distanzierungs- und Differenzierungsgebot", Distanz zwischen Ehe, eheähnlicher Gemeinschaft und gleichgeschlechtlichen Lebenspartnerschaften); *P. Kirchhof,* in: Bosinski, Eingetragene Lebenspartnerschaft, S. 57 (66) (durch Einräumung eines ehegleichen oder eheähnlichen Schutzes für gleichgeschlechtliche Partnerschaften geht die „Besonderheit des Schutzes für Ehe und Familie verloren"); *Braun,* Ehe und Familie am Scheideweg, S. 61 („Abstands- oder Differenzierungsgebot, das es dem Gesetzgeber verwehrt, Gemeinschaften, die keine Ehe darstellen, dennoch einen ehegleichen Rechtsrahmen zur Verfügung zu stellen); *Schüffner,* Eheschutz und Lebenspartnerschaft, S. 353; *Pauly,* NJW 1997, 1955 (1955 f.) („Öffnungs-, Abbildungs- und Bezeichnungsverbot, „Ehe als verfassungsrechtliches Modell einer umfassenden Lebensgemeinschaft [ist] zu exponieren und zu favorisieren"); *Krings,* ZRP 2000, 409 (411 ff.) („Schutzabstandsgebot", Vorrang der Ehe vor „anderen, nicht mit spezifischem konstitutionellen Schutz ausgestatteten Lebensformen"); *Scholz/Uhle,* NJW 2001, 393 (397 f.) („Abstandsgebot" bzw. „Nivellierungsverbot", Verpflichtung der Legislative „zwischen Ehe und Familie einerseits und allen übrigen Formen menschlicher „Lebensgemeinschaften" andererseits einen deutlichen rechtlichen Abstand einzuhalten"); *Braun,*

„herausgehobene rechtliche Stellung" gegenüber anderen Lebensgemeinschaften zugebilligt werden.[877] Das heißt, dass der Gesetzgeber nach dieser Ansicht bei der einfachrechtlichen Ausgestaltung anderer familienrechtlicher Institute zwingend einen rechtlichen Abstand zur Ehe einhalten muss.[878] Der Legislative soll es dabei verwehrt sein, anderen Partnerschaften ehegleiche oder eheähnliche Rechte zuzubilligen, d.h. Regelungen zu verwenden, welche den Kern des Eherechts prägen, bzw. andere Partnerschaften nach dem Vorbild der Ehe auszugestalten oder ein „getreues Abbild der Ehe" herzustellen.[879] Darüber hinaus sollen sämtliche andere Lebensgemeinschaften nur mit geringeren Rechten als die Ehe ausgestattet werden dürfen.[880] Die Anwendung einzelner eherechtlicher Vorschriften wird aber teilweise innerhalb bestimmter Grenzen als zulässig angesehen.[881]

JZ 2002, 23 (25) („Abstands- bzw. Differenzierungsgebot"); *Gade/Thiele*, DÖV 2013, 142 (150) (Abstand zur Ehe bei der Gestaltung der eingetragenen Lebenspartnerschaft). Vgl. zudem die differenzierenden Ansichten von *Robbers*, JZ 2001, 779 (783) („Differenzierungsgebot", „danach sind Regelungen für gleichgeschlechtliche Partnerschaften dann zulässig, wenn für sie die gleichen Gründe sprechen, die für die eherechtlichen Regelungen gelten"); *Kaiser*, JZ 2001, 617 (624 f.), die sich nur für die Erstreckung solcher Vorschriften auf die eingetragene Lebenspartnerschaft ausspricht, „deren Grund die persönliche Verbundenheit und das Zusammenleben der Partner ist"; *Tillmanns*, JA 2003, 934 (935) („Privilegierungs- oder Schutzabstandsgebot" in Bezug auf „die mit der Ehe konkurrierenden oder ihr ähnlichen Institute" sowie „funktional gebotene Differenzierung" bezüglich der Fortpflanzungsfunktion der Ehe); *Lindenberg/Micker*, DÖV 2003, 707 (713) (Differenzierung in Bezug auf den Unterschied der Ehe als Solidar- und Fortpflanzungsgemeinschaft und der eingetragenen Lebenspartnerschaft als reiner Solidargemeinschaft), die eherechtliche Regelungen nur insoweit auf die eingetragene Lebenspartnerschaft anwenden wollen, wie eine Vergleichbarkeit zwischen eingetragener Lebenspartnerschaft und Ehe besteht. Ähnlich auch die von *Pieroth/Kingreen*, KritV 85 (2002), 219 (235 f.) vertretene Ansicht, die ebenfalls ein umfassendes „Differenzierungsgebot" ablehnen und die Unterscheidung von Ehe und Nicht-Ehe nur insoweit für zulässig halten, als „sich beide auch tatsächlich voneinander unterscheiden".

877 *Uhle*, in: Epping/Hillgruber, OK-GG, Art. 6 (Stand: 01.09.2015) Rn. 36.1; *v. Coelln*, in: Sachs, GG, Art. 6 Rn. 50; *Gade/Thiele*, DÖV 2013, 142 (150).

878 *Zippelius*, DÖV 1986, 805 (808 f.); *v. Campenhausen*, VVDStRL 45 (1987), S. 8 (19 ff.); *Steiger*, VVDStRL 45 (1987), S. 56 (78 f.); *Pauly*, NJW 1997, 1955 (1956); *Scholz/Uhle*, NJW 2001, 393 (398), *P. Kirchhof*, FPR 2001, 436 (438).

879 *Burgi*, in: Friauf/Höfling, GG, Bd. 1, Art. 6 (Stand: 2002) Rn. 47; *Braun*, Ehe und Familie am Scheideweg, S. 61; *Pauly*, NJW 1997, 1955 (1956); *Krings*, ZRP 2000, 409 (411 ff.); so auch die Antragsteller der gegen das LPartDisBG erhobenen Normenkontrollanträge, vgl. BVerfGE 105, 313 (322).

880 *Hofmann*, in: Schmidt-Bleibtreu/Hofmann/Henneke, GG, Art. 6 Rn. 19.

881 *Richter*, in: Denninger u.a., AK-GG, Art. 6 (Stand: 2001) Rn. 36a; *Pauly*, NJW 1997, 1955 (1956 f.); *Krings*, ZRP 2000, 409 (413).

Begründet wird dieser „Exklusivschutz“ der Ehe zunächst mit dem im Grundgesetz einzigartigen Wortlaut des Art. 6 Abs. 1 GG, der allein die Ehe und die Familie als durch das Grundgesetz privilegierte Lebensformen unter den „besonderen“ Schutz der staatlichen Ordnung stellt. Aus dieser Formulierung leitet ein Teil der Literatur ab, dass „besonderer“ Schutz im Sinne des Art. 6 Abs. 1 GG zwingend gegenüber anderen Lebensgemeinschaften „bevorzugter“, also exklusiver Schutz bedeutet.[882] Darüber hinaus argumentieren die Anhänger dieser Ansicht mit dem entstehungsgeschichtlichen Hintergrund des Art. 6 Abs. 1 GG. In Kenntnis verschiedener Möglichkeiten menschlichen Zusammenlebens habe sich der Verfassungsgeber nur zum verfassungsrechtlichen Schutz von Ehe und Familie entschlossen, sodass hierin die Entscheidung für den Vorrang dieser Lebensgemeinschaften vor sämtlichen anderen Lebensgemeinschaften liege.[883] Andere Formen des Zusammenlebens seien nur allgemein durch das Grundgesetz geschützt, erhielten jedoch keinen besonderen institutionellen Schutz.[884] Die Gewährung dieses „besonderen Schutzes“ für die Ehe rechtfertige ein Abstandsgebot in Bezug auf die rechtliche Ausgestaltung anderer Verbindungen.[885] Würden für andere Lebensgemeinschaften „Parallelinstitute“ bereitgestellt, welche der Ehe gleich oder nahe kämen, würde die Ehe nivelliert und dadurch ihres besonderen Schutzes beraubt.[886]

Argumentiert wird zudem mit der potentiell in der Ehe wurzelnden Reproduktionsfunktion, welche nur von verschiedengeschlechtlichen Paaren erfüllt werden könne.[887] Die Ehe werde als Element der staatlichen Ordnung zur Gewährleistung

882 Für eine solche Auslegung des Wortlautes etwa *Seiler*, in: Kahl/Waldhoff/Walter, BK-GG, Bd. 2, Art. 6 Abs. 1 (Stand: Juli 2014) Rn. 97; *Robbers*, in: v. Mangoldt/Klein/Starck, GG, Bd. I, Art. 6 Rn. 20; *Tettinger*, in: Marré/Schümmelfeder/Kämper, Essener Gespräche, Bd. 35 (2001), S. 117 (143 ff.) („extraordinäres Verfassungsgebot“); *Stern*, Staatsrechts, Bd. IV/1, S. 446; *Huster*, Neutralität des Staates, S. 489; *Pauly*, NJW 1997, 1955 (1956); *Krings*, ZRP 2000, 409 (411); *Pawlowski*, JZ 2000, 765 (765); *Tillmanns*, JA 2003, 934 (935); *Gade/Thiele*, DÖV 2013, 142 (150).

883 *Robbers*, in: v. Mangoldt/Klein/Starck, GG, Bd. I, Art. 6 Rn. 21; *Krings*, ZRP 2000, 409 (411); *Burgi*, Der Staat 39 (2000), 487 (501 ff.); *Scholz/Uhle*, NJW 2001, 393 (397).

884 *Krings*, ZRP 2000, 409 (412); *Gade*, VR 2002, 397 (403); so auch die abweichende Stellungnahme der Bundesverfassungsrichterin *Haas*, BVerfGE 105, 313 (359 [361]) sowie die Antragsteller der gegen das LPartDisBG erhobenen Normenkontrollanträge, vgl. BVerfGE 105, 313 (322).

885 So die Antragsteller der gegen das LPartDisBG erhobenen Normenkontrollanträge, vgl. BVerfGE 105, 313 (321).

886 *Uhle*, in: Epping/Hillgruber, OK-GG, Art. 6 (Stand: 01.09.2015) Rn. 36.1; *ders*, Neue Ordnung 2001, 84 (85); *Stern*, Staatsrecht, Bd. IV/1, S. 490, der durch die Einführung der eingetragenen Lebenspartnerschaft den der Ehe zukommenden „besonderen“ Schutz als nicht mehr gewährleistet ansieht; so auch die Antragsteller der gegen das LPartDisBG erhobenen Normenkontrollanträge, vgl. BVerfGE 105, 313 (321).

887 So bereits BVerfGE 36, 146 (167); BVerfG (K), NJW 1993, 3058 (3058); BVerwGE 100, 287 (294); BAGE 85, 375 (379); *Hofmann*, in: Schmidt-Bleibtreu/Hofmann/Henneke, GG, Art. 6 Rn. 22; *Robbers*, in: v. Mangoldt/Klein/Starck, GG, Bd. 1, Art. 6 Rn. 17;

der Pflege und Erziehung von Kindern im Interesse von sowohl Eltern und Kindern als auch der staatlichen Gemeinschaft geschützt.[888]

Schließlich wird in diesem Zusammenhang – wie auch im Rahmen der Institutsgarantie[889] – auf die verfassungsrechtliche „Leitbildfunktion" des Art. 6 Abs. 1 GG verwiesen, nach welcher sich das Familienrecht zwingend an dem verfassungsrechtlichen Modell der Ehe als umfassender Lebensgemeinschaft von Mann und Frau und an der aus der Ehe hervorgehenden Familie ausrichte.[890] Die Ehe bilde den zentralen Bestandteil der vom Grundgesetz vertretenen christlich-abendländischen Werteordnung und sei daher auch um ihrer selbst willen zu schützen.[891]

Durch die Bereitstellung eines nahezu ehegleichen[892] Instituts für Gleichgeschlechtliche werde das in Art. 6 Abs. 1 GG enthaltene Abstandsgebot verletzt.[893] Letztendlich sei die eingetragene Lebenspartnerschaft eine Ehe zwischen Gleichgeschlechtlichen unter einem anderen Namen.[894] Durch die Einführung der eingetragenen Lebenspartnerschaft werde nicht die Diskriminierung gleichgeschlechtlicher Lebenspartner beendet, sondern es erfolge eine Diskriminierung der Ehe und der Familie durch die ungerechtfertigte Erstreckung von nur diesen Gemeinschaften

---

Merten, in: Isensee/Lecheler, FS für Leisner, S. 615 (619); *Gade,* VR 2002, 397 (401); *P. Kirchhof,* FPR 2001, 436 (437); *Pauly,* NJW 1997, 1955 (1955).

888 So die Antragsteller der gegen das LPartDisBG erhobenen Normenkontrollanträge, vgl. BVerfGE 105, 313 (321 f.).

889 Vgl. oben 3. Teil, A., I., 1., b., bb), (1).

890 *Badura,* in: Maunz/Dürig, GG, Bd. II, Art. 6 (Stand: Mai 2013) Rn. 58 d; *Hofmann,* in: Schmidt-Bleibtreu/Hofmann/Henneke, GG, Art. 6 Rn. 16; *Steiner,* in: Merten/Papier, HGR IV, § 108 Rn. 38; *Braun,* Ehe und Familie am Scheideweg, S. 59 ff.; *Pauly,* NJW 1997, 1955 (1956); *Krings,* ZRP 2000, 409 (412); *Scholz/Uhle,* NJW 2001, 393 (397); *Gade,* VR 2002, 397 (403); *Geis,* DRiZ 2012, 303 (303); *Gade/Thiele,* DÖV 2013, 142 (150).

891 *Krings,* ZRP 2000, 409 (412) mit Verweis auf die Stellungnahmen des Kirchenamtes der Evangelischen Kirche in Deutschland („Verlässlichkeit und Verantwortung stärken") und der deutschen Bischofskonferenz v. 16.3.2000); *Gade,* VR 2002, 397 (403).

892 Dass die eingetragene Lebenspartnerschaft die Ehe fast vollständig abbildet, ist weitgehend anerkannt (vgl. etwa *Kemper,* FPR 2001, 449 (449 ff.) sowie *Lindenberg/Micker,* DÖV 2003, 707 (710 f.). Siehe hierzu auch bereits oben 2. Teil, B., III., 1.

893 *Hofmann,* in: Schmidt-Bleibtreu/Hofmann/Henneke, GG, Art. 6 Rn. 19; *Braun,* Ehe und Familie am Scheideweg, S. 59 ff.; *Krings,* ZRP 2000, 409 (413); *Scholz/Uhle,* NJW 2001, 393 (399); *Kaiser,* JZ 2001, 617 (624); *Braun,* JuS 2003, 21 (23); a.A. *Beck,* NJW 2001, 1894 (1899).

894 *Hofmann,* in: Schmidt-Bleibtreu/Hofmann/Henneke, GG, Art. 6 Rn. 19; *Stern,* Staatsrecht, Bd. IV/1, S. 489 f., der die Argumentation des BVerfG, die eingetragene Lebenspartnerschaft sei aufgrund der Verschiedengeschlechtlichkeit der Lebenspartner keine Ehe, als „stark formalistisch, wenn nicht sophistisch" und deswegen als „schwer angreifbar" kritisiert.

vorbehaltenen Privilegien.[895] Durch die in der Lebenspartnerschaftsentscheidung vorgenommene Auslegung des Art. 6 Abs. 1 GG werde „schlicht das Wort „besonders“ und damit ein Textbaustein der Verfassung gestrichen“.[896] Wolle der Gesetzgeber die eingetragene Lebenspartnerschaft auf einfachrechtlicher Ebene mit der Ehe gleichstellen, sei eine Verfassungsänderung notwendig.[897]

(2) Keine Verletzung der in Art. 6 Abs. 1 GG enthaltenen Wertentscheidung

Ein anderer Teil der Literatur folgt dem Bundesverfassungsgericht hingegen in seiner Auffassung, dass das in Art. 6 Abs. 1 GG enthaltene Fördergebot zugunsten der Ehe nicht mit einem Benachteiligungs- oder Abstandsgebot zulasten anderer Lebensgemeinschaften gleichzusetzen sei.[898] Begründet wird dies – wie auch das Bundesverfassungsgericht in der Lebenspartnerschaftsentscheidung ausführlich darlegt – zunächst damit, dass sich bereits aus der Entstehungsgeschichte des Art. 6 Abs. 1 GG kein Abstandsgebot ergebe.[899] Art. 6 Abs. 1 GG gebiete vielmehr die Förderung der Ehe, nicht die Schlechterstellung anderer Lebensgemeinschaften, welche mit der Ehe nicht in Konkurrenz träten.[900] Zudem entspreche die Annahme des Bundesverfassungsgerichts, dass Art. 6 Abs. 1 GG den Gesetzgeber im Rahmen seines Schutz- und Förderauftrags lediglich verpflichte, dafür Sorge zu tragen, dass die Ehe die ihr von der Verfassung zugewiesene Funktion erfüllen könne,[901] einer „funktionalen Interpretation“ des Art. 6 Abs. 1 GG.[902] Während die Norm in ihrer Eigenschaft

895 *Scholz/Uhle*, NJW 2001, 393 (400).

896 *Tettinger*, JZ 2002, 1146 (1150 f.) mit Verweis auf *P. Graf v. Kielmansegg*, in: FAZ, Nr. 178 vom 03.08.2002, S. 6 mit dem Fazit seines Leserbriefs: „Die stillschweigende Streichung des Wortes „besonderen“ im Wege der Auslegung ist kein legitimes Verfahren der Verfassungsänderung.“

897 Vgl. *Pauly*, NJW 1997, 1955 (1957); *Krings*, ZRP 2000, 409 (415); *Gade*, VR 2002, 397 (403).

898 So etwa *Jarass*, in: ders./Pieroth, GG, Art. 6 Rn. 21; *Coester-Waltjen*, in: v. Münch/Kunig, GG, Bd. 1, Art. 6 Rn. 16, 50; *Antoni*, in: Hömig, GG, Art. 6 Rn. 12; *Brosius-Gersdorf*, in: Dreier, GG, 3. Aufl., Bd. I, Art. 6 Rn. 57; *Leibholz/Rinck*, GG, Bd. I, Art. 6 (Stand: Mai 2014) Rn. 46; *Gröschner*, in: Dreier, GG, 2. Aufl., Bd. I, Art. 6 Rn. 49; *Windthorst*, in: Gröpl/Windthorst/v. Coelln, GG, Art. 6 Rn. 21; *Kotzur*, in: Stern/Becker, Grundrechte, Art. 6 Rn. 31, der aber davon ausgeht, dass das Bundesverfassungsgericht „entgegen seiner eigenen Argumentationslogik in: BVerfGE 105, 313 (350) ein Abstandsgebot bejaht; *Herzmann*, JA 2015, 248 (256); *Pieroth/Kingreen*, KritV 85 (2002), 219 (236); *Wasmuth*, Der Staat 41 (2002), 47 (55 ff.); *Beck*, NJW 2001, 1894 (1899); *A. Klein*, FPR 2001, 434 (435 f.); *Freytag*, DÖV 2002, 445 (451).

899 Zustimmend *Gröschner*, in: Dreier, GG, 2. Aufl., Bd. I, Art. 6 Rn. 49; *Freytag*, DÖV 2002, 445 (449 f.).

900 *Kotzur*, in: Stern/Becker, Grundrechte, Art. 6 Rn. 31.

901 So BVerfGE 105, 313 (348).

902 So *Gröschner*, in: Dreier, GG, 2. Aufl., Bd. I, Art. 6 Rn. 49.

als Freiheitsgrundrecht vom Selbstverständnis ihres Trägers her auszulegen sei,[903] erforderten die in Art. 6 Abs. 1 GG enthaltene Institutsgarantie sowie die wertentscheidende Grundsatznorm nach dieser Ansicht eine „funktionale Interpretation"[904]. Hiernach sei es Ziel des verfassungsrechtlichen Eheschutzes, die Funktionen der Ehe zu schützen und zu fördern.[905] Hingegen sei es nicht Aufgabe des Verfassungsrechts, ein vorgegebenes Wesen der Ehe zu bewahren, sondern der Verfassung liege das Bild der „verweltlichten", „bürgerlich-rechtlichen" Ehe zugrunde.[906] Geschützt durch das Verfassungsrecht werde lediglich der Kernbereich des verfassungsrechtlichen Eheverständnisses, welcher sich aus den Funktionen der Ehe ergebe.[907] Aufgrund dessen verbiete Art. 6 Abs. 1 GG dem Gesetzgeber nicht die Bereitstellung anderer Institute, die andere Funktionen erfüllen.[908] Ob eine Lebensgemeinschaft sich als schutzwürdig erweise, sei nicht „ex negativo" vom Institut der Ehe her zu bestimmen, sondern „ex positivo" aufgrund der Funktion, welche die betreffende Lebensgemeinschaft erfüllt.[909]

cc) Eigene Ansicht

Nach hier vertretener Ansicht enthält Art. 6 Abs. 1 GG kein umfassendes Abstandsgebot in Bezug auf die eingetragene Lebenspartnerschaft.[910] Ein solches ergibt sich weder aus der Entstehungsgeschichte des Art. 6 Abs. 1 GG, noch stünde es mit den durch das Grundgesetz etablierten und vertretenen Werten in Einklang.

(1) Keine verfassungsgeschichtliche Herleitung eines Abstandsgebotes gegenüber der eingetragenen Lebenspartnerschaft

Gegen ein in Art. 6 Abs. 1 GG enthaltenes Abstandsgebot gegenüber der eingetragenen Lebenspartnerschaft spricht zunächst, dass sich aus der Entstehungsgeschichte des Artikels keine Anhaltspunkte für ein in Art. 6 Abs. 1 GG enthaltenes Abstandsgebot ergeben, welches einer eheähnlichen oder ehegleichen Ausgestaltung der

903 *Gröschner*, in: Dreier, GG, 2. Aufl., Bd. I, Art. 6 Rn. 37 mit Verweis auf *Morlok*, Selbstverständnis als Rechtskriterium, S. 99 ff.
904 Vgl. hierzu auch unten unter 3. Teil, B., III., 2., b., bb).
905 *Gröschner*, in: Dreier, GG, 2. Aufl., Bd. I, Art. 6 Rn. 50; *Robbers*, in: v. Mangoldt/Klein/Starck, GG, Bd. 1, Art. 6 Rn. 31.
906 *Robbers*, in: v. Mangoldt/Klein/Starck, GG, Bd. 1, Art. 6 Rn. 31 mit Verweis auf BVerfGE 31, 58 (82 f.); 53, 224 (245).
907 *Robbers*, in: v. Mangoldt/Klein/Starck, GG, Bd. 1, Art. 6 Rn. 32.
908 Welche Funktionen die in Art. 6 Abs. 1 GG geschützte Ehe erfüllt ist äußerst umstritten, vgl. hierzu unten unter 3. Teil, B., III., 2., b., cc), (3).
909 *Kotzur*, in: Stern/Becker, Grundrechte, Art. 6 Rn. 31.
910 So auch die Stellungnahme der Bundesregierung, des Deutschen Bundestages, der Landesregierung der Freien und Hansestadt Hamburg und der Landesregierung von Schleswig-Holstein, in: BVerfGE 105, 313 (325 ff.).

eingetragenen Lebenspartnerschaft entgegensteht.[911] Vielmehr hat die Untersuchung der verfassungsgeschichtlichen Wurzeln des Art. 6 Abs. 1 GG ergeben, dass der Wille der Verfassungsgeber primär darauf gerichtet war, die Ehe durch eine verfassungsrechtliche Verankerung vor wesentlicher Umgestaltung und Aushöhlung zu schützen.[912] Über eine mögliche Sperrwirkung des Art. 6 Abs. 1 GG in Bezug auf die einfachrechtliche Regelung anderer Lebensgemeinschaften wurde hingegen nur insoweit debattiert, als sich die Abgeordneten einig waren, dass Art. 6 Abs. 1 GG nur die Ehe als staatlich anerkannte und privilegierte Form des Zusammenlebens verschiedengeschlechtlicher Partner schützen sollte, nicht hingegen das nichteheliche Zusammenleben von Mann und Frau. Deshalb lässt sich allenfalls bezüglich der nichtehelichen Lebensgemeinschaft zwischen Mann und Frau aus Art. 6 Abs. 1 GG ein Abstandsgebot herleiten, da diese nach dem Willen des Verfassungsgebers explizit nicht unter dem Schutz der Verfassung stehen sollte.[913] Über gleichgeschlechtliche Partnerschaften wurde hingegen nicht debattiert. Darüber hinaus hat die verfassungsgeschichtliche Untersuchung des Art. 6 Abs. 1 GG auch ergeben, dass sich aus der Formulierung des „besonderen Schutzes" kein qualifizierter bzw. herausgehobener Schutz in dem Sinne ableiten lässt, dass die Ehe im Vergleich zu anderen Lebensgemeinschaften stets intensiver geschützt werden muss.[914]

(2) Keine Herleitung eines Abstandsgebotes aus der früheren Rechtsprechung des Bundesverfassungsgerichts

Auch in der früheren Rechtsprechung des Bundesverfassungsgerichts lässt sich bis zur eindeutigen Ablehnung eines solchen Abstandsgebotes im Rahmen der Lebenspartnerschaftsentscheidung kein Anhaltspunkt finden, dass das Gericht ein solches Gebot überhaupt jemals angenommen hat.[915] In Bezug auf die Stellung der der Ehe wesentlich ähnlicheren nichtehelichen, verschiedengeschlechtlichen Lebensgemeinschaft hat das Bundesverfassungsgericht vielmehr entschieden, dass sich aus Art. 6 Abs. 1 GG keine Pflicht ergibt, nichtehelichen Lebenspartnerschaften jegliche rechtliche Anerkennung zu versagen, ihnen die zu ihrer Führung erforderlichen finanziellen und sonstigen Mittel zu entziehen oder sie in sonstiger Weise zu benachteiligen.[916] In diesem Sinne genießt die Ehe also auch gegenüber anderen Formen der verschiedengeschlechtlichen Lebensgemeinschaft keinen „absoluten Konkurrenzschutz".[917] Nach Ansicht des Bundesverfassungsgerichts ist aber eine

---

911 Vgl. hierzu 2. Teil, A.

912 Vgl. hierzu oben 2. Teil, A., II., 2.

913 Vgl. hierzu auch *Steiner*, in: Merten/Papier, HGR IV, § 108 Rn. 28; *Merten*, in: Isensee/Lecheler, FS für Leisner, S. 615 (631).

914 Vgl. hierzu oben 2. Teil, A., II., 2. So auch BVerfGE 105, 313 (348 f.); *Krings*, ZRP 2000, 409 (411).

915 So auch die Stellungnahme des Deutschen Bundestages, in: BVerfGE 105, 313 (327).

916 BVerfGE 9, 20 (34 f.); 82, 6 (15); 15, 306 (316); 84, 168 (184).

917 *I. v. Münch*, in: Landwehr, Nichteheliche Lebensgemeinschaft, S. 137 (148); vgl. auch *Schlüter*, Nichteheliche Lebensgemeinschaft, S. 15; *Stern*, Staatsrecht, Bd. IV/1,

Gleichstellung der nichtehelichen Lebensgemeinschaft mit der Ehe aufgrund der zwischen diesen Gemeinschaften bestehenden Unterschiede nicht geboten.[918] Ein Abstandsgebot in Bezug auf gleichgeschlechtliche Lebensgemeinschaften ergibt sich somit auch nicht aus der früheren Rechtsprechung des Bundesverfassungsgerichts.

(3) Verwirklichung der Grundrechte gleichgeschlechtlicher Partner durch Einführung der eingetragenen Lebenspartnerschaft

Gegen die Annahme eines in Art. 6 Abs. 1 GG enthaltenen Abstandsgebotes, das dem Gesetzgeber verbietet, eine zumindest eheähnliche, rechtlich verbindliche Lebensgemeinschaft für gleichgeschlechtliche Paare zu schaffen, spricht zudem, dass hierdurch die vollständige Verwirklichung der ebenfalls verfassungsrechtlich abgesicherten Rechte gleichgeschlechtlicher Paare gehindert wird.[919] Art. 6 Abs. 1 GG würde hierdurch über seinen eigentlichen Schutzbereich hinaus in ein Abwehrrecht gegen abweichende Lebensentwürfe verkehrt.[920]

Die eingetragene Lebenspartnerschaft dient der Anerkennung und Verwirklichung der grundgesetzlich abgesicherten Rechte gleichgeschlechtlicher Paare. Indem der Gesetzgeber diesen Paaren eine rechtlich verbindliche Form der Lebensgemeinschaft zur Verfügung stellt, ermöglicht er ihnen eine umfassende Betätigung ihres Rechts auf freie Entfaltung der Persönlichkeit aus Art. 2 Abs. 1 GG i.V.m. Art. 1 GG.[921] Hierbei geht es insbesondere um das Ausleben der eigenen Sexualität.[922] Aus diesem Grund ging das Bundesverfassungsgericht bereits vor seiner Lebenspartnerschaftsentscheidung davon aus, dass zwar eine Öffnung der Ehe aufgrund der Eigenschaft des Art. 6 Abs. 1 GG als lex specialis gegenüber Art. 2 Abs. 1 in Verbindung

S. 475; *Krings*, ZRP 2000, 409 (411); *Röthel,* ZRP 1999, 511 (517); *Zippelius,* DÖV 1986, 805 (808); *Scholz,* ZRP 1981, 225 (228).

918 Vgl. BVerfGE 87, 234 (264).

919 So auch *Zimmermann,* in: Cremer u.a., FS für Steinberger, S. 645 (657 ff.). Zu der möglichen, aber weniger praktikablen Lösung, der Verwirklichung der Rechte der gleichgeschlechtlichen Paare durch spezielles Recht und nicht durch Anwendung der allgemeinen, auch für Ehegatten geltenden Vorschriften nachzukommen, vgl. *Steiner,* in: Merten/Papier, HGR IV, § 108 Rn. 35 mit Verweis auf das Sondervotum der Bundesverfassungsrichter *Haas, Papier* und *Steiner*, vgl. BVerfGE 104, 51 (61 [62 f.])]; *Diederichsen,* NJW 2000, 1841 (1843). Zudem ging es dem Gesetzgeber, wie *Steiner* anmerkt, nicht „nur" darum, gleichgeschlechtlichen Paaren Rechte zuzuerkennen, sondern um die „bewusste" Gleichstellung der eingetragenen Lebenspartnerschaft mit der Ehe, *Steiner,* in: Merten/Papier, HGR IV, § 108 Rn. 35.

920 So auch die Stellungnahme der Freien und Hansestadt Hamburg, vgl. BVerfGE 105, 313 (328).

921 So auch BVerfGE 105, 313 (346); *Zimmermann,* in: Cremer u.a., FS für Steinberger, S. 645 (657 f.).

922 *Zimmermann,* in: Cremer u.a., FS für Steinberger, S. 645 (657 f.); *Risse,* Der verfassungsrechtliche Schutz der Homosexualität, S. 60 f.; vgl. auch AG Frankfurt a.M., NJW 1993, 940 (941).

mit Art. 1 Abs. 1 GG nicht in Betracht komme, der Gesetzgeber das Persönlichkeitsrecht gleichgeschlechtlicher Paare aber „auf andere Weise" verwirklichen könne.[923] Zudem werden durch die Bereitstellung des Instituts der eingetragenen Lebenspartnerschaft für gleichgeschlechtliche Paare bestehende Diskriminierungen im Vergleich zu verschiedengeschlechtlichen Paaren abgebaut und so dem Recht der gleichgeschlechtlichen Partner aus Art. 3 Abs. 1 GG Rechnung getragen.[924]

(4) Keine Gefährdung des „besonderen Schutzes" der Ehe

Die Vertreter eines Abstandsgebotes der Ehe gegenüber anderen Lebensgemeinschaften begründen dieses mit der verfassungsrechtlich einzigartigen, exklusiven Stellung der Ehe, die den Gesetzgeber verpflichte, allein dieser grundgesetzlich geschützten Lebensform eine herausgehobene Rechtsstellung zukommen zu lassen.[925] Hiergegen lässt sich allerdings zunächst einwenden, dass Art. 6 Abs. 1 GG von „besonderem", nicht von „alleinigem" oder „bevorzugtem" Schutz der Ehe spricht.[926] Aufgrund dessen wird der Gesetzgeber dieser verfassungsrechtlich durch den „besonderen Schutz" vorgegebenen, herausgehobenen Stellung der Ehe nach hier vertretener Ansicht auch dann gerecht, wenn er neben der Ehe auch der eingetragenen Lebenspartnerschaft Rechte zuerkennt. Dies begründet sich zunächst damit, dass auch nach der in der Lebenspartnerschaftsentscheidung vertretenen Ansicht des Bundesverfassungsgerichts die Ehe immer noch stärker geschützt wird als die eingetragene Lebenspartnerschaft; das Gericht erteilt eine ausdrückliche Privilegierungserlaubnis zugunsten der Ehe. Zudem leitet das Bundesverfassungsgericht nach ständiger Rechtsprechung aus dem der Ehe unstreitig zukommenden verfassungsrechtlichen Exklusivschutz des Art. 6 Abs. 1 GG eine Reihe von durch das Grundgesetz verbürgten Rechten ab, welche außer der Ehe keiner anderen Form der menschlichen Paarbeziehung zuerkannt werden.[927] So ist das Institut Ehe im Rahmen der in Art. 6 Abs. 1 GG enthaltenen Institutsgarantie nicht nur vor Abschaffung und wesentlicher Änderung geschützt, sondern die Norm gewährleistet auch ein Abwehrrecht, welches die Ehe vor schädigenden und störenden staatlichen

---

923 BVerfG (K), NJW 1993, 3058 (3058).

924 So auch BVerfGE 105, 313 (346); vgl. hierzu ausführlich unten unter 3. Teil, B., III.

925 Vgl. hierzu oben 3. Teil, A., I., 1., c., bb), (1).

926 So auch *Kingreen*, Jura 1997, 401 (407); *Burgi*, Der Staat 39 (2000), 487 (502); *Freytag*, DÖV 2002, 445 (449); *Lindenberg/Micker*, DÖV 2003, 707 (711); vgl. auch *Herzmann*, JA 2015, 248 (256), der aus dem Wortlaut des Art. 6 Abs. 1 GG ableitet, dass es gerade nicht um „Privilegien gegenüber anderen Lebensformen" geht.

927 Krit. hierzu *Tettinger*, JZ 2002, 1146 (1148), der eine „Minimalisierung des im Verfassungstext angelegten Schutzes" kritisiert. Hierbei übersieht er allerdings, dass das BVerfG die Bedeutung des „besonderen Schutzes" nicht negiert, sondern aus dieser Formulierung u.a. eine Institutsgarantie und ein Schutz- und Fördergebot zugunsten der Ehe ableitet und lediglich eine darüber hinausgehende Privilegierungsverpflichtung in dem Sinne ablehnt, dass die Ehe *stets* mehr zu schützen ist als andere Lebensgemeinschaften (vgl. BVerfGE 105, 313 (348 f.).

Eingriffen schützt[928] und den Grundrechtsträgern im Sinne einer positiven Kompetenz gewährleistet, ihre durch Art. 6 Abs. 1 GG geschützte Grundrechtsausübung frei zu gestalten[929]. Darüber hinaus stellt Art. 6 Abs. 1 GG auch eine wertentscheidende Grundsatznorm dar, aus der das Bundesverfassungsgericht wiederum eine Vielzahl von der Ehe zukommenden Rechten ableitet, so etwa ein an den Staat gerichtetes Schädigungs- und Beeinträchtigungs- sowie ein Benachteiligungs- und Schutzgebot.[930] Hinzu kommt ein Fördergebot, welches den Staat dazu verpflichtet, die Ehe durch geeignete Maßnahmen zu fördern.[931] All diese Rechte stehen nur der Ehe als einziger verfassungsrechtlich geschützter Form der Paarbeziehung zu, während sich die Angehörigen anderer Lebensgemeinschaften weder auf über den allgemeinen Schutzinhalt der Grundrechte hinausgehende Schutzverpflichtungen des Staates noch auf ein spezielles Fördergebot zugunsten ihrer Lebensgemeinschaft berufen können.[932] Diese Form der Bevorzugung macht den exklusiven Rechtsschutz aus, welcher Art. 6 Abs. 1 GG der Ehe zuerkennt. Dieser Verfassungsschutz besteht unabhängig von der einfachrechtlichen Ausgestaltung der eingetragenen Lebenspartnerschaft und steht der Ehe aufgrund des ihr vom Verfassungsgeber zugewiesenen „besonderen Schutzes" zu.

Zum anderen wird der Ehe durch den einfachgesetzlichen Schutz einer gleichgeschlechtlichen Lebensgemeinschaft nicht die ihr durch den „besonderen Schutz" zugewiesene Exklusivstellung als verfassungsrechtlich anerkannte und privilegierte Lebensgemeinschaft zwischen Mann und Frau aberkannt oder streitig gemacht, denn die eingetragene Lebenspartnerschaft betrifft gerade nicht verschiedengeschlechtliche Verbindungen, sondern füllt auf einfachgesetzlichem Wege eine bisher bestehende Lücke für gleichgeschlechtliche Paare. Der „besondere Schutz" hingegen bezieht sich – das bestätigt auch die in Teil 1 durchgeführte verfassungsgeschichtliche Untersuchung – eindeutig auf eine Verbindung zwischen Mann und Frau. Art. 6 Abs. 1 GG gewährt der Ehe immer noch den „besonderen Schutz", der ihr als durch die Verfassung geschützte und geförderte Lebensform zwischen Mann und Frau zukommen soll. Es bleibt deshalb festzuhalten, dass neben der Ehe und der Familie keine andere Lebensform den exklusiven „besonderen" Schutz des Art. 6 Abs. 1 GG für sich beanspruchen kann. Soweit es um den Schutz der eingetragenen Lebenspartnerschaft geht, ist dieser zum einen nicht so weitreichend wie der

928 BVerfGE 6, 55 (71); 6, 386 (388); 21, 329 (353); 30, 59 (67); 81, 1 (6); 107, 27 (53); so auch *Burgi*, in: Friauf/Höfling, GG, Bd. 1, Art. 6 (Stand: 2002) Rn. 24 ff.; *Leibholz/Rinck*, GG, Bd. I, Art. 6 (Stand: Mai 2015) Rn. 132.

929 BVerfGE 80, 81 (92 f.); 93, 165 (174 f.); so auch *Umbach*, in: ders./Clemens, GG, Bd. I, Art. 6 Rn. 16; *Gröschner*, in: Dreier, GG, 2. Aufl., Bd. I, Art. 6 Rn. 32.

930 Vgl. hierzu oben Teil 2, C., II., 2.

931 Vgl. hierzu ebenfalls oben Teil 2, C., II., 2., b., bb).

932 Relativiert wird diese Aussage allerdings durch die jüngste Rechtsprechung des BVerfG, welche der eingetragenen Lebenspartnerschaft über den „Hebel" des Art. 3 Abs. 1 GG sämtliche der Ehe zustehende Privilegien ebenfalls zukommen lässt. Vgl. hierzu ausführlich unten unter 3. Teil, B.

„besondere Schutz" der Ehe, zum anderen wird der Ehe ihre exklusive Stellung aufgrund der Gleichgeschlechtlichkeit der Lebenspartner auch nicht streitig gemacht.

(5) Pflicht zur Verhinderung eines Funktionsverlustes der Ehe durch Schutz vor Konkurrenzinstituten

In Übereinstimmung mit dem Bundesverfassungsgericht und Teilen der Literatur und in Anerkennung einer der Institution Ehe durch das Grundgesetz zugewiesenen besonderen Stellung wird hier die Ansicht vertreten, dass der in Art. 6 Abs. 1 GG enthaltene Schutz- und Förderauftrag aber zumindest erfordert, dass der Gesetzgeber dafür Sorge zu tragen hat, dass die Ehe die ihr verfassungsrechtlich zugedachte Funktion erfüllen kann.[933] Ein Funktionsverlust der Ehe würde dann vorliegen, wenn ein anderes, funktionsgleiches Rechtsinstitut in Konkurrenz zur Ehe treten würde.[934] So zum Beispiel durch die einfachgesetzliche Bereitstellung eines Instituts, welches sämtliche der Ehe innewohnenden Vorteile gewährt, aber nur einen Teil der ebenfalls die Ehe prägenden Verpflichtungen statuiert. Eine Konkurrenz liegt im Vergleich zwischen Ehe und eingetragener Lebenspartnerschaft aber gerade nicht vor, denn das Institut der eingetragenen Lebenspartnerschaft richtet sich an gleichgeschlechtliche Paare, die aufgrund ihrer Homosexualität weder eine Ehe mit einem Partner des anderen Geschlechts eingehen wollen noch dies aufgrund der Eigenschaft der Ehe als verschiedengeschlechtliche Partnerschaft können.[935] Durch die einfachgesetzliche Regelung der gleichgeschlechtlichen Lebensgemeinschaft, welche mit der Ehe grundsätzlich nichts zu tun hat, wird die Ehe weder beschädigt, noch wird ihr die ihr gebührende Förderung entzogen, sodass die einfachgesetzliche

---

933 So auch das BVerfG, in: BVerfGE 105, 313 (348). Entgegen der von *Gröschner,* in: Dreier, GG, 2. Aufl., Bd. I, Art. 6 Rn. 50 vertretenen Auffassung hat die Ehe aber nicht lediglich Reproduktionsfunktion. Zu den verschiedenen Funktionen der Ehe vgl. unten unter 3. Teil, B., III., 2., b., cc), (3). Krit. bezüglich eines reinen Funktionsschutzes *Tillmanns,* JA 2003, 934 (935), der davon ausgeht, dass die Pflicht zur Sicherung der Funktionsvoraussetzungen den Staat bei allen grundgesetzlichen Institutsgarantien trifft und das BVerfG aufgrund dessen den Schutzinhalt des „besonderen Schutzes" fälschlicherweise in der Institutsgarantie aufgehen lasse und ihm aufgrund dessen „jede eigenständige Bedeutung" nehme. Hiergegen ist allerdings einzuwenden, dass sich der „besondere Schutz" in der Auslegung des BVerfG nicht im reinen Funktionsschutz erschöpft, sondern noch weitere Schutz- und Förderfunktionen hinzutreten, vgl. hierzu 2. Teil, C., II., 2.

934 So auch BVerfGE 105, 313 (350 f.).

935 Krit. in Bezug auf eine solche „Reduktion" des Abstandsgebotes *Krings,* ZRP 2000, 409 (412), der die „Zuweisung von Wettbewerbsvorteilen gegenüber anderen Lebensformen [nicht] als zentrale(n) Zweck des „besonderen" Eheschutzes" ansieht. Hierin liege eine „funktionale Verkürzung" des dem Art. 6 Abs. 1 GG innewohnenden Zwecks. Dieser Funktionsbestimmung ist grundsätzlich zuzustimmen, allerdings zielt die hier und auch durch das BVerfG vertretene Ansicht gerade darauf, dass die Ehe die ihr zugedachte Funktion erfüllen kann.

Regelung einer gleichgeschlechtlichen Partnerschaft auch nicht zu einem Funktionsverlust der Ehe führt. Dies ist auch der in der Lebenspartnerschaftsentscheidung dargestellten Stellungnahme der Bundesregierung zu entnehmen, die darauf hinweist, dass von der eingetragene Lebenspartnerschaft gerade kein „Verführungsdruck" ausgeht, sondern vielmehr nach derzeitigem Stand der Sexualmedizin davon auszugehen ist, dass sich die sexuelle Prägung eines Menschen bereits aus einer „starken biologischen Prädisposition" ergibt, d.h. ein Mensch zur Homosexualität daher weder verführt, noch erzogen werden kann.[936] Aus diesem Grund ist auch nicht von einer Verletzung der dem Art. 6 Abs. 1 GG innewohnenden Leitbildfunktion auszugehen, denn die Bereitschaft zur Eheschließung und zur Gründung einer Familie wird durch die eingetragene Lebenspartnerschaft nicht berührt.[937] Anders wäre dies allerdings bei einer mehr als punktuellen einfachgesetzlichen Förderung der nichtehelichen Lebensgemeinschaft, die, vom Adressatenkreis gesehen, dem der Ehe entspricht. Dieser Befund wird auch durch die Entstehungsgeschichte des Art. 6 Abs. 1 GG bestätigt. Verfassungsrechtlichen Schutz soll nach Ansicht der Abgeordneten des Parlamentarischen Rates lediglich die Ehe erhalten, keine andere Form der Zweierbeziehung zwischen Mann und Frau.[938]

2. Vereinbarkeit des LPartDisBG mit Art. 3 GG

Das Bundesverfassungsgericht überprüft in der Lebenspartnerschaftsentscheidung auch die Vereinbarkeit des LPartDisBG mit Art. 3 GG.

a. Vereinbarkeit des LPartDisBG mit Art. 3 Abs. 3 S. 1 GG

In diesem Zusammenhang setzt sich das Gericht zunächst damit auseinander, ob verschiedengeschlechtliche Paare durch die Beschränkung der eingetragenen Lebenspartnerschaft auf gleichgeschlechtliche Paare einer Diskriminierung gem. Art. 3 Abs. 3 S. 1 GG ausgesetzt sind.

---

936 So die Stellungnahme der Bundesregierung, in: BVerfGE 105, 313 (323 f.); so auch *A. Klein*, FPR 2001, 434 (434) mit Hinweis auf Beier/Bosinski/Loewit, Sexualmedizin, S. 77.

937 So auch *Stüber*, KJ 2000, 595 (598); *A. Klein*, FPR 2001, 434 (434); *Robbers*, JZ 2001, 779 (782); *Wasmuth*, Der Staat 41 (2002), 47 (58); *Lindenberg/Micker*, DÖV 2003, 707 (712); vgl. auch *Sachs*, JR 2001, 45 (49), der richtigerweise in der Ehe kein „universelles Leitbild für alle geschlechtsbezogenen partnerschaftlichen Beziehungen" erblickt, sondern eine „Option, [...] deren Attraktivität die staatliche Ordnung, zuerst der Gesetzgeber, im Interesse von Eltern, Kindern und der Allgemeinheit zu garantieren hat."; ebenso *Lindenberg/Micker*, DÖV 2003, 707 (712).

938 Vgl. hierzu bereits oben unter 2. Teil, A., II., 1., b.

aa) Die Ansicht des Bundesverfassungsgerichts

Das Bundesverfassungsgericht kommt bei seiner Untersuchung zu dem Ergebnis, dass das LPartDisBG mit Art. 3 Abs. 3 S. 1 GG vereinbar ist.[939] Zur Prüfung stand die Frage, ob verschiedengeschlechtliche Paare durch Öffnung der eingetragenen Lebenspartnerschaft gem. Art. 1 § 1 Abs. 1 LPartDisBG ausschließlich für gleichgeschlechtliche Paare wegen ihres Geschlechts im Sinne des Art. 3 Abs. 3 S. 1 GG diskriminiert werden. Das Gericht verneint eine solche Diskriminierung mit der Begründung, das LPartDisBG knüpfe nicht an das Geschlecht einer Person an, sondern es gehe um die „Geschlechtskombination einer Personenverbindung“, mit welcher das Gesetz bestimmte Rechte und Pflichten verbinde.[940] So wie die Ehe durch ihre Beschränkung auf verschiedengeschlechtliche Paare keine Diskriminierung gleichgeschlechtlicher Paare darstelle, würden heterosexuelle Paare durch die eingetragene Lebenspartnerschaft nicht wegen ihres Geschlechts im Sinne des Art. 3 Abs. 3 S. 1 GG benachteiligt.[941] Insofern, so das Bundesverfassungsgericht, würden Männer und Frauen stets gleich behandelt, sie könnten jeweils eine Ehe mit einer Person des anderen Geschlechts oder eine Lebenspartnerschaft mit einer Person des eigenen Geschlechts eingehen.[942]

bb) Gegenansicht: Ungleichbehandlung aufgrund des Geschlechts

Das Argument des Bundesverfassungsgerichts, dass Art. 3 Abs. 3 S. 1 GG nicht verletzt sei, weil nicht an das Geschlecht der Beteiligten, sondern an eine bestimmte „Geschlechtskombination einer Personenverbindung“ angeknüpft werde[943] wird von Teilen der Literatur als wenig überzeugend kritisiert. Voraussetzung für das Eingehen einer eingetragenen Lebenspartnerschaft mit einer bestimmten Person sei deren Geschlecht.[944] An dieses werde auch bei der Registrierung der eingetragenen Lebenspartnerschaft angeknüpft.

---

939 BVerfGE 105, 313 (351).

940 BVerfGE 105, 313 (351). So auch die Stellungnahme der Bundesregierung, in: BVerfGE 105, 313 (326), die darauf abstellt, dass die eingetragene Lebenspartnerschaft an die „Partnerwahl“ und nicht an das Geschlecht anknüpfe. Ähnlich *Robbers*, JZ 2001, 779 (785), der als Anknüpfungspunkt ebenfalls die Partnerwahl nennt.

941 BVerfGE 105, 313 (351 f.).

942 BVerfGE 105, 313 (352).

943 BVerfGE 105, 313 (351).

944 *Haas*, BVerfGE 105, 313 (359 [362]); *Sachs*, JR 2001, 45 (49); *Tillmanns*, JA 2003, 934 (936); *Pauly*, NJW 1997, 1955 (1955), der im Zusammenhang mit dem Ausschluss gleichgeschlechtlicher Paare von der Eheschließung auf das „biologische Geschlecht“ als Anknüpfungspunkt abstellt. Wiederum anders *Bruns*, ZRP 1996, 6 (9), der in diesem Zusammenhang auf die „sexuelle Orientierung“ der Betroffenen abstellt; ebenso *Zimmermann*, in: Cremer u.a., FS für Steinberger, S. 645 (661); *Wasmuth*, Der Staat 41 (2002), 47 (68); *P. Kirchhof*, FPR 2001, 436 (439); *Krings*,

Darüber hinaus wird dem Lebenspartnerschaftsgesetz eine ungerechtfertigte „geschlechtsspezifische Diskriminierung" vorgeworfen.[945] Das Gesetz erlaube zwar einem Mann eine eingetragene Lebenspartnerschaft mit einem Mann und einer Frau eine eingetragene Lebenspartnerschaft mit einer Frau einzugehen, verbiete allerdings eine verschiedengeschlechtliche eingetragene Lebenspartnerschaft. Zwar liege eine solche Diskriminierung auch im Rahmen der Ehe vor, indem nur verschiedengeschlechtliche Partner heiraten dürften, das Eheverbot der Geschlechtsverschiedenheit werde allerdings durch Art. 6 Abs. 1 GG gerechtfertigt, welcher die verschiedengeschlechtliche Ehe unter den besonderen Schutz der Verfassung stelle und als spezieller Rechtfertigungsgrund dem Gleichheitssatz des Art. 3 Abs. 3 S. 1 GG vorgehe.[946] Für die Diskriminierung verschiedengeschlechtlicher Lebensgemeinschaften im Rahmen ihrer Nichtzulassung zur eingetragenen Lebenspartnerschaft existiere allerdings keine mit Art. 6 Abs. 1 GG vergleichbare rechtfertigende Norm.[947]

cc) Eigene Ansicht

Der Ansicht des Bundesverfassungsgerichts kann nur teilweise gefolgt werden. Zustimmung ist insoweit zu äußern, als dass die ausschließliche Öffnung der eingetragenen Lebenspartnerschaft nur für gleichgeschlechtliche Paare keine Diskriminierung verschiedengeschlechtlicher Paare wegen ihres Geschlechts gem. Art. 3 Abs. 3 S. 1 GG darstellt. Im Gegensatz zur Rechtsprechung des Bundesverfassungsgerichts wird vorliegend allerdings die Ansicht vertreten, dass im Rahmen des LPartDisBG nicht vorwiegend an die „Geschlechtskombination einer Personenverbindung", sondern – so wie die Gegenansicht kritisiert – an das Geschlecht angeknüpft wird. Dieses spielt sowohl bei Eingehung der eingetragenen Lebenspartnerschaft als auch bei deren Registrierung die entscheidende Rolle. Trotzdem stellt die Einführung der eingetragenen Lebenspartnerschaft keine Diskriminierung verschiedengeschlechtlicher Partner dar. Aufgrund der Anknüpfung des LPartDisBG an das Geschlecht kommt es nicht darauf an, ob verschiedengeschlechtliche Beziehungen gegenüber gleichgeschlechtlichen Beziehungen diskriminiert werden, sondern ob die verschiedenen Geschlechter untereinander diskriminiert werden. Dies ist vorliegend aber nicht der Fall. Wie das Bundesverfassungsgericht in seinen Ausführungen zu Art. 3 Abs. 3 S. 1 GG korrekt feststellt, erfahren Männer und Frauen stets dieselbe Behandlung.[948] Beide können sowohl die Ehe mit einer

---

ZRP 2000, 409 (410). Zum Umgang des BVerfG mit dem Merkmal der „sexuellen Orientierung" siehe unten unter 2. Teil, B., III., 1., b., bb).

945 *Hofmann,* in: Schmidt-Bleibtreu/Hofmann/Henneke, GG, Art. 6 Rn. 21; *Sachs,* JR 2001, 45 (49).

946 BVerfG (K), NJW 1993, 3058 (3058); *Hofmann,* in: Schmidt-Bleibtreu/Hofmann/Henneke, GG, Art. 6 Rn. 21; *Braun,* JuS 2003, 21 (24); *Sachs,* JR 2001, 45 (46, 49); *Krings,* ZRP 2000, 409 (411); *Pauly,* NJW 1997, 1955 (1955).

947 *Hofmann,* in: Schmidt-Bleibtreu/Hofmann/Henneke, GG, Art. 6 Rn. 21.

948 Vgl. BVerfGE 105, 313 (352).

Person verschiedenen Geschlechts als auch eine eingetragene Lebenspartnerschaft mit einer Person des gleichen Geschlechts eingehen. Insofern werden im Vergleich der beiden Geschlechter untereinander weder Frauen noch Männer benachteiligt.

b. Vereinbarkeit des LPartDisBG mit Art. 3 Abs. 1 GG

Auch die Nichtzulassung verschiedengeschlechtlicher nichtehelicher Lebensgemeinschaften sowie verwandtschaftlicher Einstandsgemeinschaften zur Rechtsform der eingetragenen Lebenspartnerschaft verstößt nach Ansicht des Bundesverfassungsgerichts (7:1 Stimmen)[949] nicht gegen den allgemeinen Gleichheitssatz des Art. 3 Abs. 1 GG.[950]

aa) Die Ansicht des Bundesverfassungsgerichts

Der allgemeine Gleichheitssatz des Art. 3 Abs. 1 GG verbietet nach der Rechtsprechung des Bundesverfassungsgerichts dann die Ungleichbehandlung verschiedener Gruppen von Normadressaten, wenn zwischen diesen Gruppen nicht Unterschiede von solcher Art und solchem Gewicht bestehen, dass sie die Ungleichbehandlung rechtfertigen.[951] Nach Ansicht des Bundesverfassungsgerichts bestehen allerdings solche Unterschiede zwischen gleichgeschlechtlichen Paaren und anderen sozialen Personengemeinschaften.[952]

(1) Keine Ungleichbehandlung verschiedengeschlechtlicher, nichtehelicher Lebensgemeinschaften

Im Vergleich von eingetragener Lebenspartnerschaft und Ehe stellt das Bundesverfassungsgericht zunächst fest, dass die hinter der Verbindung stehende Intention der Ehegatten bzw. Lebenspartner im Wesentlichen gleich ist, denn beide Partnerschaften wollen sich rechtsverbindlich und auf Dauer binden.[953] Verschiedengeschlechtlichen Paaren stehe allerdings hierfür die Ehe offen, während gleichgeschlechtlichen Partnerschaften bislang kein solches Institut zur Verfügung gestanden habe.[954] Zudem rechtfertige es der Unterschied, dass aus einer Partnerschaft zwischen Mann und Frau Kinder hervorgehen können, aus einer gleichgeschlechtlichen Verbindung hingegen nicht, verschiedengeschlechtliche Paare auf die Ehe zu verweisen, ohne sie hierdurch zu benachteiligen.[955]

---

949 BVerfGE 105, 313 (357).
950 BVerfGE 105, 313 (352).
951 BVerfGE 55, 72 (88); 84, 348 (359); 101, 239 (269); 105, 313 (352).
952 BVerfGE 105, 313 (352).
953 BVerfGE 105, 313 (352) mit Verweis auf *Buba/Vaskovics*, Benachteiligung gleichgeschlechtlich orientierter Personen und Paare, S. 16, 245 ff.
954 So auch die Stellungnahme der Bundesregierung, vgl. BVerfGE 105, 313 (326); *Zimmermann*, in: Cremer u.a., FS für Steinberger, S. 645 (661).
955 BVerfGE 105, 313 (352).

(2) Keine Ungleichbehandlung verwandtschaftlicher Einstandsgemeinschaften

Auch die ungleiche Behandlung von gleichgeschlechtlichen Lebenspartnerschaften und geschwisterlichen oder anderen verwandtschaftlichen Einstandsgemeinschaften ist nach Ansicht des Bundesverfassungsgerichts aufgrund der zwischen beiden Gemeinschaften bestehenden Unterschiede gerechtfertigt.[956] In diesem Zusammenhang führt das Gericht zum einen die Exklusivität der eingetragenen Lebenspartnerschaft an, welche keine andere Beziehung gleicher Art neben sich dulde, während verwandtschaftliche Einstandsgemeinschaften oftmals in ähnliche oder andere Beziehungen, wie beispielsweise Ehe oder andere Partnerschaften, eingebunden seien.[957] Zudem seien verwandtschaftliche Einstandsgemeinschaften ohnehin bereits nach geltendem Recht in einer Weise abgesichert, welche gleichgeschlechtlichen Paaren erst mit Einführung der eingetragenen Lebenspartnerschaft ermöglicht worden sei.[958] Das Gericht kommt schließlich zu dem Ergebnis, dass der Gesetzgeber zwar berechtigt sei, für verschiedengeschlechtliche Paare oder andere Einstandsgemeinschaften neue Rechtsformen zu schaffen, dabei müsse aber eine Austauschbarkeit der rechtlichen Ausgestaltung mit der Ehe vermieden werden.[959] Ein verfassungsrechtliches Gebot zur Bereitstellung neuer Rechtsformen bestehe aber nicht.[960]

bb) Gegenansicht: Diskriminierung verwandtschaftlicher Einstandsgemeinschaften

Demgegenüber vertritt ein Teil der Literatur die Auffassung, dass die Einführung der eingetragenen Lebenspartnerschaft eine gem. Art. 3 Abs. 1 GG relevante Diskriminierung geschwisterlicher und anderer verwandtschaftlicher Einstandsgemeinschaften darstelle.[961] Bereits im Sondervotum zur Lebenspartnerschaftsentscheidung der Verfassungsrichterin *Haas* wird bemängelt, dass sich das Bundesverfassungsgericht nicht in ausreichendem Umfang mit der Frage beschäftigt habe, weshalb die eingetragene Lebenspartnerschaft nicht mit einer zwischen Geschwistern oder

---

956 BVerfGE 105, 313 (353).

957 BVerfGE 105, 313 (353); ähnlich *Robbers*, JZ 2001, 779 (785); *Beck*, NJW 2001, 1894 (1901); *Freytag*, DÖV 2002, 445 (454); a.A. *Kemper*, FPR 2002, 585 (586), der die Exklusivität der Ehe und der eingetragenen Lebenspartnerschaft im Gegensatz zu verwandtschaftlichen Einstandsgemeinschaften dahingehend begründet, dass die beiden ersteren durch die Übereinkunft der Beteiligten zustande kommen.

958 BVerfGE 105, 313 (353).

959 BVerfGE 105, 313 (353).

960 BVerfGE 105, 313 (353).

961 *Hofmann*, in: Schmidt-Bleibtreu/Hofmann/Henneke, GG, Art. 6 Rn. 21; *Braun*, Jus 2003, 21 (26); *Tillmanns*, JA 2002, 934 (936); *Sachs*, JR 2001, 45 (50); *Scholz/Uhle*, NJW 2001, 393 (399 f.); *Uhle*, Die neue Ordnung 2001, 84 (90 f.); *P. Kirchhof*, FPR 2001, 436 (438 f.).

Verwandten bestehenden Lebensgemeinschaft vergleichbar sei.[962] Denn bei der Prüfung der Rechtfertigung der Ungleichbehandlung durch das Bundesverfassungsgericht im Rahmen des Art. 3 Abs. 1 GG mangele es zum einen an einer vollständigen Darstellung des Maßstabes, anhand dessen die Prüfung erfolge und zum anderen an einer exakten Bestimmung der Vergleichsgruppen. Prüfungsmaßstab für die Rechtfertigung einer Ungleichbehandlung von eingetragenen Lebenspartnerschaften und verwandtschaftlichen Einstandsgemeinschaften sei Art. 3 Abs. 1 GG. Dieser verbietet eine Ungleichbehandlung verschiedener Gruppen von Normadressaten dann, wenn zwischen diesen Gruppen „keine Unterschiede von solcher Art und solchem Gewicht bestehen, dass sie die ungleiche Behandlung rechtfertigen könnten".[963] Diesen Maßstab kritisiert *Haas* als zu ungenau.[964] Vielmehr unterliege der Gesetzgeber nach ständiger Rechtsprechung des Bundesverfassungsgerichts bei der ungleichen Behandlung von Personengruppen einer strengen Bindung, welche umso enger sei, „je mehr sich die personenbezogenen Merkmale den in Art. 3 Abs. 3 GG genannten annähern und je stärker sich die Ungleichbehandlung der Personen auf die Ausübung grundrechtlich geschützter Freiheiten nachteilig auswirken kann".[965] Zudem fehle es auch an einer Darstellung der im Rahmen des Art. 3 Abs. 1 GG relevanten Vergleichsgruppen.[966] Aufgrund der im LPartDisBG statuierten Partnerschaftsbegründungshindernisse nach Art. 1 § 1 Abs. 2 Nr. 1 oder Nr. 4 LPartDisBG beschränke sich die wesentliche Vergleichsgruppe auf „ledige und anderweitig nicht durch eine Partnerschaft gebundene Verwandte gerader Linie und Geschwister".[967] Diese Gruppe sei gerade nicht in anderweitige, vergleichbare Beziehungen eingebunden und gewährleiste damit entgegen der Ansicht des Bundesverfassungsgerichts die durch dieses geforderte Exklusivität.[968] Auch das Argument des Bundesverfassungsgerichts, verwandtschaftliche Einstandsgemeinschaften seien bereits nach geltendem Recht in einer Weise abgesichert, die gleichgeschlechtlichen Lebenspartnern erst durch Eingehung der eingetragenen Lebenspartnerschaft zuteil werde,[969] wird aufgrund des fehlenden Prüfungsmaßstabs für die Gleichheitsprüfung als zu allgemein und deshalb nicht aussagekräftig kritisiert.[970] Unklar bleibe, welche Umstände für den Vergleich relevant seien und in welchem Maße sich die eingetragene Lebenspartnerschaft von den verwandtschaftlichen Einstandsgemeinschaften unterscheiden müsse, damit die Ungleichbehandlung gerechtfertigt sei.[971]

962 BVerfGE 105, 359 (363).
963 BVerfGE 55, 72 (88); 84, 348 (359); 101, 239 (269); 105, 313 (352).
964 BVerfGE 105, 313 (359 [363]).
965 BVerfGE 105, 313 (359 [363]).
966 Sondervotum der Bundesverfassungsrichterin *Haas,* in: BVerfGE 105, 313 (359 [363]).
967 Sondervotum *Haas,* in: BVerfGE 105, 313 (359 [364]).
968 Sondervotum *Haas,* in: BVerfGE 105, 313 (359 [364]).
969 BVerfGE 105, 313 (353).
970 Sondervotum *Haas,* in: BVerfGE 105, 313 (359 [364 f.]); *Kemper,* FPR 2002, 585 (586).
971 Sondervotum *Haas,* in: BVerfGE 105, 313, (359 [364]).

Aufgrund der nur eingeschränkten Prüfung des Art. 3 Abs. 1 GG durch das Bundesverfassungsgericht ließen sich deshalb zwischen den relevanten Vergleichsgruppen keine Unterschiede von solchem Gewicht erkennen, dass sie eine Ungleichbehandlung rechtfertigen könnten, denn auch verwandtschaftliche Gemeinschaften lebten in einer Weise zusammen, die ein rechtliches Regelungsbedürfnis hervorrufe und seien, wie auch andere auf Dauer angelegte Gemeinschaften, hauptsächlich aufeinander bezogen.[972] Auch in geschwisterlichen oder verwandtschaftlichen Einstandsgemeinschaften bestehe eine intensive gegenseitige Verantwortungsübernahme und Fürsorgeverpflichtung, sodass die ausschließliche Privilegierung der eingetragenen Lebenspartnerschaft ungerechtfertigt sei.[973]

cc) Eigene Ansicht

(1) Keine Diskriminierung verschiedengeschlechtlicher, nichtehelicher Lebensgemeinschaften

Die Einführung der eingetragenen Lebenspartnerschaft nur für gleichgeschlechtliche Paare und nicht auch für verschiedengeschlechtliche nichteheliche Lebensgemeinschaften stellt nach hier vertretener Ansicht keinen Verstoß gegen Art. 3 Abs. 1 GG dar. Der allgemeine Gleichheitssatz verbietet nach der Rechtsprechung des Bundesverfassungsgerichts eine Ungleichbehandlung verschiedener Normadressaten, wenn zwischen ihnen nicht Unterschiede von „solcher Art und solchem Gewicht" bestehen, dass eine Ungleichbehandlung gerechtfertigt ist.[974] Solche Unterschiede bestehen nach hier vertretener Ansicht zwischen der eingetragenen Lebenspartnerschaft und den verschiedengeschlechtlichen nichtehelichen Lebensgemeinschaften.[975]

Ein wesentlicher, die Ungleichbehandlung beider Partnerschaften rechtfertigender Unterschied besteht darin, dass verschiedengeschlechtlichen Paaren im Gegensatz zu gleichgeschlechtlichen Paaren die Möglichkeit der Eingehung einer rechtsverbindlichen Partnerschaft in Form der Ehe eröffnet ist, während gleichgeschlechtlichen Paaren diese Möglichkeit nicht offen steht.[976] Ohne die eingetragene Lebenspartnerschaft gäbe es also für gleichgeschlechtliche Paare keine Möglichkeit, ihrer Beziehung einen rechtsverbindlichen Rahmen zu geben. Dies unterscheidet sie von verschiedengeschlechtlichen nichtehelichen Lebensgemeinschaften, die bewusst auf die Möglichkeit der Eheschließung verzichten.[977] Aufgrund dessen besteht für verschiedengeschlechtliche nichteheliche Lebensgemeinschaften kein Grund zur Eingehung einer eingetragenen Lebenspartnerschaft.

972 Sondervotum *Haas,* in: BVerfGE 105, (359 [363 f.]).
973 *Hofmann,* in: Schmidt-Bleibtreu/Hofmann/Henneke, GG, Art. 6 Rn. 21.
974 BVerfGE 55, 72 (88); 84, 348 (359); 101, 239 (269); 105, 313 (352).
975 So auch das BVerfG, vgl. BVerfGE 105, 313 (352).
976 So auch *Zimmermann,* in: Cremer u.a., FS für Steinberger, S. 645 (661).
977 Vgl. hierzu bereits oben unter 2. Teil, B., III., 1.

Zutreffend stellt das Bundesverfassungsgericht darüber hinaus fest, dass sich verschieden- und gleichgeschlechtliche Partnerschaften dadurch unterscheiden, dass aus der verschiedengeschlechtlichen Verbindung Kinder „erwachsen“ können.[978] Dieser Unterschied rechtfertige es, verschiedengeschlechtliche Paare auf die Ehe zu verweisen, um sich dauerhaft und rechtsverbindlich zu binden.[979] Aus dieser Aussage lässt sich ein Rückschluss auf das – zu diesem Zeitpunkt[980] – geltende Funktionsverständnis des Bundesverfassungsgerichts der Ehe ziehen. In der Tat besteht der wesentliche Unterschied zwischen verschieden- und gleichgeschlechtlichen Beziehungen darin, dass Kinder nur aus der Verbindung von Mann und Frau entstehen können. Dies ist unter anderem auch einer der Gründe, weswegen die Ehe verfassungsrechtlichen Schutz erfährt.[981] Indem das Bundesverfassungsgericht nun die verschiedengeschlechtliche Lebensgemeinschaft mit dem Argument auf die Ehe verweist, dass aus der verschiedengeschlechtlichen Gemeinschaft Kinder entstehen können, offenbart es so sein Funktionsverständnis der Ehe, nämlich als Basis für Kinder. Teilt man dieses Funktionsverständnis, so ergibt sich hieraus ein weiterer Grund, der eine Ungleichbehandlung verschieden- und gleichgeschlechtlicher Paare rechtfertigt.

(2) Diskriminierung verwandtschaftlicher Einstandsgemeinschaften

Entgegen der Rechtsprechung des Bundesverfassungsgerichts liegt nach hier vertretener Ansicht eine Diskriminierung geschwisterlicher und anderer verwandtschaftlicher Einstandsgemeinschaften gem. Art. 3 Abs. 1 GG im Vergleich zu der eingetragenen Lebenspartnerschaft vor. Das Bundesverfassungsgericht rechtfertigt die bestehende Ungleichbehandlung zwischen eingetragener Lebenspartnerschaft auf der einen Seite und geschwisterlichen oder anderen verwandtschaftlichen Einstandsgemeinschaften auf der anderen Seite mit der zwischen den eingetragenen Lebenspartnern bestehenden Exklusivität der Verbindung.[982] Im Gegensatz hierzu seien geschwisterliche oder andere verwandtschaftliche Einstandsgemeinschaften oftmals noch zusätzlich in anderen, ähnlichen Beziehungen gebunden.[983] Diesem Argument des Bundesverfassungsgerichts kann vorliegend allerdings nicht gefolgt werden. Dagegen ist anzuführen, dass geschwisterliche und andere verwandtschaftliche

978 BVerfGE 105, 313 (352).
979 BVerfGE 105, 313 (352).
980 Zum geänderten Funktionsverständnis der Ehe in der jüngsten Rechtsprechung des Bundesverfassungsgerichts, vgl. unten unter 3. Teil, B., III., 3., b.
981 Vgl. zur Begründung des verfassungsrechtlichen Schutzes der Ehe unten unter 3. Teil, B., III., 2., b., cc), (3).
982 BVerfGE 105, 313 (353). Im Ergebnis ebenso *Zimmermann*, in: Cremer u.a., FS für Steinberger, S. 645 (662), der aufgrund des Fehlens einer „sexuell geprägten Lebenspartnerschaft“ verwandtschaftliche Einstandsgemeinschaften nicht unter die „relevante Vergleichsgruppe“ fallen lässt.
983 BVerfGE 105, 313 (353).

Einstandsgemeinschaften sich gerade dann rechtlich binden wollen, wenn sie nicht in andere Lebensgemeinschaften eingebunden sind. Besonders zu diesem Zeitpunkt besteht ein erhöhtes Bedürfnis nach einer anderweitigen rechtlichen Absicherung, nicht hingegen, wenn bereits vergleichbare Beziehungen, vor allem Ehe oder Partnerschaft, bestehen. Zudem verhindern, wie die Richterin *Haas* in ihrem Sondervotum zu Recht anführt, bereits die im LPartDisBG bestehenden Partnerschaftsbegründungshindernisse (Art. 1 § 1 Abs. 2 Nr. 1 oder Nr. 4 LPartDisBG), dass eine Einbindung in vergleichbare Beziehungen besteht, sodass nicht einsichtig ist, warum ledige Geschwister und Verwandte gerader Linie nicht die durch das Bundesverfassungsgericht geforderte Exklusivität der Verbindung gewährleisten können.[984] Weiterhin führt das Bundesverfassungsgericht zur Begründung der vorliegenden Ungleichbehandlung aus, dass verwandtschaftliche Einstandsgemeinschaften bereits nach geltendem Recht eine rechtliche Absicherung erführen, welche für gleichgeschlechtliche Paare erst durch Einführung der eingetragenen Lebenspartnerschaft möglich geworden sei. Diesem Argument des Bundesverfassungsgerichts kann nur teilweise gefolgt werden. Richtig ist zwar, dass verwandtschaftliche Beziehungen eine gewisse rechtliche Absicherung erfahren. Verwandten Personen stehen Zeugnisverweigerungsrechte, Erbrechte und teilweise auch Pflichtteilsrechte zu, die steuerlich begünstigt werden.[985] Diese rechtliche Absicherung ist aber nicht so weitgehend, wie diejenige, welche die eingetragenen Lebenspartner erfahren.[986] Vor allem in der aktuellen Gesetzgebung sowie der jüngsten Rechtsprechung des Bundesverfassungsgerichts erfährt die eingetragene Lebenspartnerschaft eine rechtliche Absicherung, die fast vollständig derjenigen der Ehe entspricht. Von einer so weitgehenden rechtlichen Regelung kann hingegen bei verwandtschaftlichen Einstandsgemeinschaften nicht gesprochen werden, sodass die bereits bestehende rechtliche Absicherung dieser Gemeinschaften kein Argument gegen eine weitergehende Absicherung darstellt. So ist unter Bezugnahme auf das Sondervotum der Verfassungsrichterin *Haas* unter anderem darauf hinzuweisen, dass Geschwister im Gegensatz zu eingetragenen Lebenspartnern nur ein eingeschränktes gesetzliches Erbrecht[987] und gar kein Pflichtteilsrecht besitzen[988].[989] Zudem besteht zwischen Geschwistern auch keine Unterhaltsverpflichtung im Sinne des § 1601 BGB. Hinzu kommt schließlich, dass der oben angesprochene „Konkurrenzschutz" der Ehe vor ähnlichen Instituten auch durch geschwisterliche und andere verwandtschaftliche Einstandsgemeinschaften nicht „ausgelöst" wird, denn diese Gemeinschaften fallen aufgrund des für sie bestehenden Eheverbots,[990] ebenso wie

984 BVerfGE 105, 313 (359 [363 f.]).
985 BVerfGE 105, 313 (353).
986 So auch *Hofmann,* in: Schmidt-Bleibtreu/Hofmann/Henneke, GG, Art. 6 Rn. 21.
987 Kinder und Eltern des Erblassers gehen vor, vgl. §§ 1924 Abs. 1, 1930 Abs. 1, 1925 Abs. 1 und 2 BGB.
988 Vgl. § 2303 Abs. 1 und 2 BGB.
989 Sondervotum der Bundesverfassungsrichterin *Haas,* in: BVerfGE 105, 313 (359 [365]).
990 Vgl. § 1307 BGB.

die Partner der eingetragenen Lebenspartnerschaft, nicht unter den Adressatenkreis der Ehe. Aus dem folgenden Teil dieser Untersuchung wird sich zudem ergeben, dass die jüngste Rechtsprechung des Bundesverfassungsgerichts die Vergleichbarkeit von Ehe und eingetragener Lebenspartnerschaft hauptsächlich darauf stützt, dass beide Gemeinschaften durch die gegenseitige Verantwortungsübernahme der jeweiligen Partner füreinander geprägt werden.[991] So ist es aber auch im Zusammenhang mit geschwisterlichen und anderen verwandtschaftlichen Einstandsgemeinschaften, die sich, wie Ehe und eingetragene Lebenspartnerschaft auch, durch eine intensive Verantwortungsübernahme auszeichnen. Auf eine etwaige Geschlechtsgemeinschaft der Partner kommt es hingegen bei der eingetragenen Lebenspartnerschaft gem. § 2 LPartG gerade nicht an, sodass insoweit auch von einer Vergleichbarkeit ausgegangen werden kann.

II. Schlussfolgerungen in Bezug auf die geltende Auslegung des Art. 6 Abs. 1 GG

Aus der Untersuchung des Lebenspartnerschaftsurteils lassen sich bestimmte Rückschlüsse auf die geltende Auslegung des Art. 6 Abs. 1 GG durch das Bundesverfassungsgericht ab dem Jahr 2002 ziehen. Diese dienen als Ausgangspunkt für die Untersuchung der darauf folgenden Rechtsprechungsentwicklung.

1. Keine Verletzung des „besonderen Schutzes“ durch Einführung der eingetragenen Lebenspartnerschaft

Das Bundesverfassungsgericht hat nach Untersuchung des LPartDisBG eine der wesentlichen offenen Fragen – zumindest im Rahmen der verfassungsgerichtlichen Rechtsprechung – abschließend geklärt: Die Einführung der eingetragenen Lebenspartnerschaft und deren rechtliche Ausgestaltung durch das LPartDisBG stellt keine Verletzung des besonderen verfassungsrechtlichen Eheschutzes im Sinne von Art. 6 Abs. 1 GG dar.[992] Entgegen der vielen kritischen, in der Literatur und auch in den eigenen Reihen vertretenen Ansichten hat der Erste Senat des Bundesverfassungsgerichts entschieden, dass die eingetragene Lebenspartnerschaft aufgrund der Gleichgeschlechtlichkeit der Partner nicht in Konkurrenz zur Ehe steht, sondern als „aliud“ zu ihr zu sehen ist.[993] Durch die Regelung der eingetragenen Lebenspartnerschaft durch das LPartDisBG wird nach Ansicht des Bundesverfassungsgerichts die Ehe und der in Art. 6 Abs. 1 GG enthaltene besondere Eheschutz nicht tangiert. In diesem Zusammenhang lehnt das Gericht folgerichtig sowohl eine Verletzung der Institutsgarantie, als auch der wertentscheidenden Grundsatznorm

991 Vgl. hierzu unten unter 3. Teil, B., III., 1., c., bb).
992 BVerfGE 105, 313 (314).
993 BVerfGE 105, 313 (351).

ab.[994] Im Umkehrschluss wird das Institut der eingetragenen Lebenspartnerschaft aber auch nicht von dem durch Art. 6 Abs. 1 GG gewährten Schutz umfasst, denn es ist keine Ehe im Sinne dieser Norm.[995] Gleichgeschlechtlichen Paaren bleibt die bürgerliche Ehe weiterhin verschlossen. Wollen sie sich rechtsgültig binden, müssen sie eine eingetragene Lebenspartnerschaft eingehen.[996] Grundsätzlich sind aber, wie das Bundesverfassungsgericht unter Hinweis auf eine Studie über gleichgeschlechtliche Lebensgemeinschaften[997] feststellt, gleichgeschlechtliche Paare in ihren Erwartungen an eine Beziehung und ihre Bereitschaft, sich gegenseitig zu unterstützen und füreinander einzustehen, mit verschiedengeschlechtlichen Partnern zu vergleichen.[998] Aufgrund dessen bezeichnet das Bundesverfassungsgericht die eingetragene Lebenspartnerschaft – ebenso wie die Ehe – an mehreren Stellen innerhalb des Lebenspartnerschaftsurteils als „rechtsverbindliche, auf Dauer angelegte Verantwortungsgemeinschaft".[999] Durch diese Einordnung bereitet das Gericht bereits den Boden für die auf die Lebenspartnerschaftsentscheidung folgende Rechtsprechung, in der es die vollständige rechtliche Gleichstellung von Ehe und eingetragener Lebenspartnerschaft in bestimmten Rechtsgebieten mit der zwischen diesen Instituten bestehenden Vergleichbarkeit rechtfertigt.[1000]

Allerdings ergibt sich aus dem Lebenspartnerschaftsurteil auch, dass sich das Funktionsverständnis des Bundesverfassungsgerichts von Ehe und eingetragener Lebenspartnerschaft nicht vollständig deckt. So argumentiert das Gericht im Zusammenhang mit der Vereinbarkeit der Nichtzulassung verschiedengeschlechtlicher nichtehelicher Lebensgemeinschaften zum Institut der eingetragenen Lebenspartnerschaft unter anderem damit, dass der Unterschied, dass aus einer Verbindung zwischen Mann und Frau Kinder hervorgehen könnten, es rechtfertige, verschiedengeschlechtliche Paare auf die Ehe als rechtsverbindliche Lebensform zu verweisen.[1001] Das bedeutet, das Bundesverfassungsgericht sieht zumindest eine Funktion der Ehe darin, dass aus ihr grundsätzlich Kinder hervorgehen können. Welche Funktionen das Bundesverfassungsgericht der Ehe zudem zuordnet und inwieweit es auch die eingetragene Lebenspartnerschaft für einen geeigneten Ort für das Aufwachsen von Kindern erachtet, wird sich aus der noch folgenden Untersuchung der jüngsten Rechtsprechung des Bundesverfassungsgerichts ergeben.[1002]

---

994 BVerfGE 105, 313 (344 ff.; 346 ff.).

995 BVerfGE 105, 313 (345 f.). Zum Schutz der eingetragenen Lebenspartnerschaft durch Art. 3 Abs. 1 GG in der jüngsten Rechtsprechung des BVerfG, vgl. unten unter Teil 3, B.

996 BVerfGE 105, 313 (342).

997 *Buba/Vaskovics*, Benachteiligung gleichgeschlechtlich orientierter Personen und Paare, Studie im Auftrag des Bundesministeriums der Justiz, 2000.

998 BVerfGE 105, 313 (314).

999 BVerfGE 105, 313 (344, 352, 354).

1000 Vgl. hierzu unten unter 3. Teil, B., III., 1., c., bb).

1001 BVerfGE 105, 313 (352).

1002 Vgl. hierzu unten unter Teil 3, B., III., 2., b., cc), (3).

2. *Unterschiedliche Wirkung des Art. 6 Abs. 1 GG*

Im Kernteil des Lebenspartnerschaftsurteils befasst sich der Erste Senat des Bundesverfassungsgerichts mit einer der wesentlichen Fragen, welche sich im Zusammenhang mit Art. 6 Abs. 1 GG stellt: Wie verhält sich der besondere verfassungsrechtliche Schutz der Ehe gegenüber anderen Lebensformen? Die Antwort des Bundesverfassungsgerichts diesbezüglich ist zweigeteilt: Zum einen spricht das Bundesverfassungsgericht allgemein von dem Verhältnis der Ehe zu „anderen Lebensformen".[1003] Zum anderen konkretisiert das Gericht einen Teil seiner Aussagen explizit nur auf „solche anderen Lebensgemeinschaften (...), die mit der Ehe als Gemeinschaft verschiedengeschlechtlicher Partner nicht in Konkurrenz treten können."[1004] Die Aussagen des Bundesverfassungsgerichts im Lebenspartnerschaftsurteil müssen also differenziert betrachtet werden, je nachdem, ob das Gericht sich allgemein auf andere Lebensformen bezieht oder ob sich die Aussagen des Gerichts explizit auf solche Gemeinschaften beziehen, die mit dem Institut Ehe nicht in Konkurrenz treten können. Angelehnt an die vorangegangenen Aussagen des Gerichts handelt es sich hierbei um gleichgeschlechtliche Partnerschaften, die gerade aufgrund der sie konstituierenden Gleichgeschlechtlichkeit der Partner keine Ehe miteinander eingehen können,[1005] also auch nicht in den möglichen „Adressatenkreis" der Ehe fallen und damit nicht in Konkurrenz zu diesem Institut stehen.

a. *Privilegierungsermächtigung des Gesetzgebers zugunsten der Ehe*

Das Bundesverfassungsgericht beschäftigt sich zunächst allgemein mit dem Verhältnis der Ehe gegenüber „anderen Lebensformen".[1006] Hierbei stellt das Gericht fest, dass es dem Gesetzgeber aufgrund des der Ehe zukommenden verfassungsrechtlichen Schutzes gem. Art. 6 Abs. 1 GG grundsätzlich „nicht verwehrt" sei, die Ehe gegenüber anderen Lebensformen zu begünstigen.[1007] Diese Privilegierungsermächtigung zugunsten der Ehe ergebe sich aus der Umsetzung des in Art. 6 Abs. 1 GG enthaltenen Förderauftrags.[1008] Hieraus resultiere im Umkehrschluss allerdings kein in Art. 6 Abs. 1 GG enthaltenes Benachteiligungsgebot, welches den Gesetzgeber verpflichte, andere Lebensformen gegenüber der Ehe schlechter zu stellen.[1009] Art. 6 Abs. 1 GG fungiere insoweit lediglich als Privilegierungsermächtigung, welche aufgrund des der Ehe zukommenden verfassungsrechtlichen Schutzes den Gesetzgeber dazu verpflichte, die Ehe in angemessenem Maße zu fördern.[1010] Dem Gesetzgeber ist es, so die explizite Aussage des Ersten Senats, sogar ausdrücklich erlaubt, in

1003 BVerfGE 105, 313 (348).
1004 BVerfGE 105, 313 (348).
1005 BVerfGE 105, 313 (347).
1006 BVerfGE 105, 313 (348).
1007 BVerfGE 105, 313 (348) mit Verweis auf BVerfGE 6, 55 (76).
1008 BVerfGE 105, 313 (348).
1009 BVerfGE 105, 313 (348).
1010 BVerfGE 105, 313 (348).

Umsetzung und Ausgestaltung des in Art. 6 Abs. 1 GG enthaltenen Förderauftrags die Ehe gegenüber sämtlichen anderen Lebensformen zu privilegieren.[1011] Diese Formulierung kann und muss als Differenzierungsermächtigung angesehen werden, durch welche dem Gesetzgeber im Rahmen der Lebenspartnerschaftsentscheidung durch den Ersten Senat gestattet wurde, die Ehe gegenüber allen anderen Lebensgemeinschaften zu privilegieren.[1012] Hieraus ergibt sich im Umkehrschluss aber auch, dass der Gesetzgeber im Rahmen des verfassungsrechtlichen Schutzes der Ehe gem. Art. 6 Abs. 1 GG nicht verpflichtet ist, die Ehe gegenüber anderen Lebensgemeinschaften zu privilegieren, er ist hierzu vielmehr mit den Worten des Bundesverfassungsgerichts lediglich „ermächtigt" bzw. es ist ihm „nicht verwehrt". Ein „Privilegierungs- bzw. Differenzierungsgebot", also eine Verpflichtung des Gesetzgebers, die Ehe stets mehr als alle anderen Lebensgemeinschaften zu schützen, lässt sich hingegen nach Ansicht des Bundesverfassungsgerichts aus dem besonderen Schutz, welcher der Ehe im Rahmen des Art. 6 Abs. 1 GG zuteil wird, gerade nicht ableiten.[1013] Dies bestätigt auch die Aussage des Gerichts, dass sich aus der Formulierung des „besonderen Schutzes" in Art. 6 Abs. 1 GG nicht ergebe, dass „die Ehe auch im Umfang stets mehr zu schützen sei als andere Lebensgemeinschaften".[1014] Die Ehe jeweils mehr zu fördern und zu begünstigen liegt im Ermessen des Gesetzgebers.[1015] Dieses Ergebnis bestätigt auch die im 1. Teil dieser Arbeit vorgenommene entstehungsgeschichtliche Untersuchung. Aus der Entstehungsgeschichte der Norm lässt sich keine verfassungsrechtlich begründete Verpflichtung ableiten, die Ehe stets umfangreicher zu schützen als andere Lebensgemeinschaften.[1016] Vielmehr hat

---

1011 BVerfGE 105, 313 (348); so auch *Jarass,* in: ders./Pieroth, GG, Art. 6 Rn. 21; *Leibholz/Rinck,* GG, Bd. I, Art. 6 (Stand: Mai 2014) Rn. 46.

1012 Ebenso für eine Auslegung als Differenzierungsermächtigung *Krings,* in: Höfling, FS für Friauf, S. 269 (271); *Pieroth/Kingreen,* KritV 85 (2002), 219 (236, 241).

1013 So auch *Pieroth/Kingreen,* KritV 85 (2002), 219 (241); für ein „Privilegierungsgebot" hingegen *Uhle,* in: Epping/Hillgruber, OK-GG, Art. 6 (Stand: 01.09.2015) Rn. 36, der aus dem Privilegierungsgebot auch auf ein Abstandsgebot schließt; *v. Coelln,* in: Sachs, GG, Art. 6 Rn. 50; *Badura,* in: Maunz/Dürig, GG, Bd. II, Art. 6 Abs. 1 (Stand: April 2012) Rn. 56; *Scholz/Uhle,* NJW 2001, 393 (399); *Burgi,* Der Staat 39 (2000), 487 (492); *Pauly,* NJW 1997, 1955 (1956); *Gärditz,* in: Uhle, Zur Disposition gestellt?, S. 85 (103 f.); *Tettinger,* in: Marré/Schümmelfeder/Kämper, Essener Gespräche, Bd. 35 (2001), S. 117 (140); vgl. auch die Ansicht der Bundesverfassungsrichterin *Haas* in ihrem abweichenden Sondervotum, BVerfGE 105, 313 (359 [361]), die ebenfalls aus dem Fördergebot ableitet, dass der Ehe „Zuwendung über das normale Maß hinaus" zusteht, die Ehe also privilegiert werden müsse, was zum einen mehr als nur die „Verhinderung der Benachteiligung der Ehe" bedeute und zum anderen auch nicht durch „die bloße Benachteiligung anderer Lebensgemeinschaften" geschehen könne.

1014 BVerfGE 105, 313 (348 f.).

1015 Ähnlich *Jestaedt,* ZfJ 2000, 281 (285 f.), der davon ausgeht, dass „besonderer Schutz" nicht zwingend bestmöglicher Schutz ist.

1016 So auch das Bundesverfassungsgericht in: BVerfGE 105, 313 (348 f.); a.A. *Uhle,* in: Epping/Hillgruber, OK-GG, Art. 6 (Stand: 01.09.2015) Rn. 36.1, der eine

die entstehungsgeschichtliche Untersuchung gezeigt, dass die Formulierung des „besonderen Schutzes“ relativ zufällig, basierend auf dem Sprachempfinden der Abgeordneten, zustande kam. Ziel der Verfassungsgeber war es, die Ehe verfassungsrechtlich zu verankern und so vor Veränderung und Abschaffung zu schützen.[1017]

Die dem Gesetzgeber durch das Bundesverfassungsgericht in der Lebenspartnerschaftsentscheidung erteilte Privilegierungserlaubnis fungiert als verfassungsrechtliche Legitimation zur Begünstigung der Ehe.[1018] Das bedeutet, die Ehe darf ohne eine besondere Begründung allein aufgrund ihrer Eigenschaft als verfassungsrechtlich in Art. 6 Abs. 1 GG verankertes Institut gegenüber allen anderen Lebensgemeinschaften privilegiert werden. Dies gilt auch gegenüber der eingetragenen Lebenspartnerschaft.[1019]

b. Kein Abstandsgebot gegenüber der eingetragenen Lebenspartnerschaft

Im Verhältnis der Ehe zur eingetragenen Lebenspartnerschaft lehnt das Bundesverfassungsgericht ein sich aus Art. 6 Abs. 1 GG ergebendes Abstandsgebot mit der Begründung ab, dass der Schutz der Ehe durch die rechtliche Anerkennung gleichgeschlechtlicher Lebensformen, die mit der Ehe nicht in Konkurrenz stehen, nicht geschmälert werde.[1020] Aus der reinen Ablehnung eines Abstandsgebotes ergibt sich zunächst aber lediglich, dass sich aus Art. 6 Abs. 1 GG keine Verpflichtung des Gesetzgebers ergibt, einen Abstand zwischen Ehe und eingetragener Lebenspartnerschaft einzuhalten. Hingegen lässt sich hieraus nicht ableiten, dass der Gesetzgeber nicht dazu berechtigt wäre, einen solchen Abstand zu wahren.[1021] Andersherum gesehen ist der Gesetzgeber nach der im Lebenspartnerschaftsurteil vertretenen Ansicht des Bundesverfassungsgerichts zwar dazu berechtigt, die eingetragene Lebenspartnerschaft in gleicher Weise wie die Ehe zu begünstigen, verpflichtet ist er dazu allerdings nicht.[1022]

„herausgehobene rechtliche Stellung“ der Ehe fordert; *Badura,* in: Maunz/Dürig, GG, Bd. II, Art. 6 (Stand: April 2012) Rn. 56; *Scholz/Uhle,* NJW 2001, 393 (397 f.); *Burgi,* Der Staat 39 (2000), 487 (487 ff.); *Pauly,* NJW 1997, 1955 (1956 f.); *Krings,* in: Höfling, FS für Friauf, S. 269 (271); *Tettinger,* in: Marré/Schümmelfeder/Kämper, Essener Gespräche, Bd. 35 (2001), S. 117 (140).

1017 Vgl. hierzu oben Teil 2, A., II., 2.

1018 So auch *Jarass,* in: ders./Pieroth, GG, Art. 6 Rn. 21.

1019 Zur Einschränkung dieser Privilegierungsermächtigung in der jüngsten Rechtsprechung des BVerfG, vgl. unten unter 3. Teil, B., III., 3., a.

1020 BVerfGE 105, 313 (348). Etwas anderes gilt aber im Verhältnis der Ehe zur nichtehelichen Lebensgemeinschaft, vgl. unten unter Teil 3, A., II., 2., d.

1021 *Krings,* in: Höfling, FS für Friauf, S. 269 (271 f.) mit Verweis auf die damalige Bundesverfassungsrichterin *Hohmann-Dennhardt,* in: Kritische Justiz, Verfassungsrecht und gesellschaftliche Realität, S. 125 (128).

1022 So auch BVerwGE 129, 129 (129 ff.); BGH, NJW-RR 2007, 1441 (1442); *v. Coelln,* in: Sachs, GG, Art. 6 Rn. 50; *Hillgruber,* JZ 2013, 843 (843).

c. *Benachteiligungsverbot der Ehe*

Nach Ansicht des Bundesverfassungsgerichts besteht kein Privilegierungsgebot des Gesetzgebers zugunsten der Ehe, sondern lediglich eine Privilegierungsermächtigung. Es existiert also insofern keine Verpflichtung des einfachen Gesetzgebers, die Ehe stets mehr als andere Lebensgemeinschaften zu schützen. Ergibt sich also aus anderen verfassungsrechtlichen oder einfachgesetzlichen Normen, dass auch andere Lebensgemeinschaften begünstigt bzw. gefördert werden müssen oder dürfen, so steht die in Art. 6 Abs. 1 GG enthaltene Privilegierungsermächtigung dem nach Auslegung des Bundesverfassungsgerichts nicht entgegen. Zu beachten ist in diesem Zusammenhang aber, dass die Ehe aufgrund des in der Rechtsprechung des Bundesverfassungsgerichts vertretenen „Benachteiligungsverbots"[1023] nicht schlechter gestellt werden darf als die jeweilige andere Lebensgemeinschaft.[1024]

d. *Funktionsschutz und Konkurrenzschutz der Ehe gegenüber verschiedengeschlechtlichen Lebensformen*

Die Einführung der eingetragenen Lebenspartnerschaft verstößt nach Ansicht des Bundesverfassungsgerichts deshalb nicht gegen das in Art. 6 Abs. 1 GG enthaltene Schutz- und Fördergebot, weil die gleichgeschlechtliche Lebenspartnerschaft mit der verschiedengeschlechtlichen Ehe nicht in Konkurrenz tritt.[1025] Nach richtiger Ansicht des Bundesverfassungsgerichts muss der Gesetzgeber aber im Rahmen des in Art. 6 Abs. 1 GG enthaltenen Schutz- und Fördergebotes dafür Sorge tragen, dass die Ehe die Funktion erfüllen kann, welche ihr von der Verfassung zugewiesen ist.[1026] Das bedeutet, das Fördergebot wäre verletzt, wenn die Ehe ihre Funktion einbüßen würde.[1027] Dies wäre etwa dann der Fall, wenn der Gesetzgeber in Konkurrenz zur Ehe ein dieser funktional ähnliches Institut mit gleichen Rechten aber weniger Pflichten schaffen würde, sodass die beiden Institute austauschbar wären.[1028] Der durch Art. 6 Abs. 1 GG geforderte Funktionsschutz beinhaltet also den Schutz der Ehe vor Konkurrenzinstituten. Hieraus ergibt sich, dass der verschiedengeschlechtlichen nichtehelichen Lebensgemeinschaft als direktes Konkurrenzinstitut der Ehe

---

1023 Vgl. hierzu oben Teil 2, C., II., 2., a., bb).

1024 BVerfGE 6, 55 (76); 13, 290 (298 f.); 28, 324 (356); 67, 186 (195 f.); 87, 234 (256 ff.); 99, 216 (232 f.); 105, 313 (346).

1025 BVerfGE 105, 313 (348); so auch *Pieroth/Kingreen,* KritV 85 (2002), 219 (239); *Wasmuth,* Der Staat 41 (2002), 47 (65); *Stüber,* KJ 2000, 595 (598); a.A. *Pauly,* NJW 1997, 1955 (1956), der davon ausgeht, dass der besondere Schutz die Ehe vor sämtlichen, nicht nur vor konkurrierenden Lebensgemeinschaften schützt und zum anderen auch die gleichgeschlechtliche Lebensgemeinschaft als „Konkurrenz" zur Ehe einordnet; ebenso *Braun,* JZ 2002, 21 (22 ff.); *Scholz/Uhle,* NJW 2001, 393 (396 ff.); *Pawlowski,* JZ 2000, 765(765 f.).

1026 BVerfGE 105, 313 (350).

1027 BVerfGE 105, 313 (350).

1028 BVerfGE 105, 313 (350 f.)

nicht alle Privilegien eingeräumt werden dürfen, welche für die Ehe gelten.[1029] Im Verhältnis der Ehe zur nichtehelichen Lebensgemeinschaft gilt also das im Verhältnis der Ehe zur eingetragenen Lebenspartnerschaft abgelehnte Abstandsgebot weiterhin. Dies ist folgerichtig, denn im Unterschied zur eingetragenen Lebenspartnerschaft steht nichtehelichen verschiedengeschlechtlichen Lebenspartnern die Eingehung einer Ehe offen, sie entscheiden sich aber bewusst dagegen.[1030] Zudem fehlt es nichtehelichen Lebensgemeinschaften an der die Ehe kennzeichnenden Verbindlichkeit der Verpflichtung, sodass eine Privilegierung der Ehe gegenüber der nichtehelichen Lebensgemeinschaft auch angemessen und gerechtfertigt ist. Allerdings lässt sich nach Ansicht des Bundesverfassungsgerichts aus dem Fördergebot des Art. 6 Abs. 1 GG keine Verpflichtung ableiten, die nichteheliche Lebensgemeinschaft (oder überhaupt andere Lebensformen) gegenüber der Ehe zu benachteiligen.[1031] Vielmehr soll es dem Gesetzgeber generell nicht verwehrt sein, verschiedengeschlechtlichen Paaren und anderen Einstandsgemeinschaften neue Möglichkeiten zu eröffnen, ihre Beziehung in eine rechtliche Form zu bringen. Vermieden werden muss dabei aber eine Austauschbarkeit mit der Ehe.[1032] Eine verfassungsrechtliche Pflicht, solche Möglichkeiten zu schaffen, besteht nach Ansicht des Gerichts aber nicht.[1033] Diese Auslegung des Art. 6 Abs. 1 GG deckt sich auch mit dem verfassungsgeschichtlichen Befund. Bezweckt wurde der verfassungsrechtliche Schutz der Ehe. Zwar war man sich der Existenz nichtehelicher Lebensgemeinschaften bewusst, man wollte diese aber weder schützen noch benachteiligen.[1034] Darüber hinaus stehen die im Lebenspartnerschaftsurteil getätigten Aussagen in Übereinstimmung mit der bereits ergangenen Rechtsprechung des Bundesverfassungsgerichts zum Verhältnis der verschiedengeschlechtlichen nichtehelichen Lebensgemeinschaft zur Ehe. Die nichteheliche Lebensgemeinschaft zwischen verschiedengeschlechtlichen Personen ist verfassungsrechtlich nicht geregelt und fällt nach der Rechtsprechung des Bundesverfassungsgerichts – zumindest unter dem Aspekt des Eheschutzes[1035] – auch nicht

1029 So auch die überwiegende Ansicht in der Literatur, vgl. etwa *I. v. Münch*, in: Landwehr, Nichteheliche Lebensgemeinschaft, S. 137 (149 f.), der bei im übrigen gleichen Verhältnissen von einer vorrangigen – aber nicht ausschließlichen – Berücksichtigung der Ehe ausgeht und zudem eine völlige Gleichbehandlung der nichtehelichen Lebensgemeinschaft mit der Ehe als Verstoß gegen Art. 6 Abs. 1 GG einordnet; *v. Campenhausen*, in: VVDStRL 45 (1987), S. 8 (16 f.); *Scheffler*, in: Bettermann/Nipperdey/Scheuner, Die Grundrechte IV/1, S. 245 (247); *Zeidler*, in: Benda/Maihofer/Vogel, HVerfR, S. 555 (581); *Krings*, FPR 2001, 7 (10); *Robbers*, JZ 2001, 779 (783); *Wasmuth*, Der Staat 41 (2002), 47 (64).

1030 So auch *I. v. Münch*, in: Landwehr, Nichteheliche Lebensgemeinschaft, S. 137 (150).

1031 BVerfGE 105, 313 (348).

1032 BVerfGE 105, 313 (353).

1033 BVerfGE 105, 313 (353).

1034 Vgl. hierzu oben Teil 2, A., II., 1.

1035 Einschlägig ist aber ggf. der Familienschutz des Art. 6 Abs. 1 GG, vgl. BVerfGE 112, 50 (65); *v. Coelln*, in: Sachs, GG, Art. 6 Rn. 47 Fn. 351 und Rn. 16.

unter den Art. 6 Abs. 1 GG.[1036] Verfassungsrechtlichen Schutz erfahren nichteheliche Lebensgemeinschaften im Rahmen des allgemeinen Persönlichkeitsrechts gem. Art. 2 Abs. 1 GG in Verbindung mit Art. 1 Abs. 1 GG und der allgemeinen Handlungsfreiheit gem. Art. 2 Abs. 1 GG.[1037] Nichteheliche Lebensgemeinschaften stellen sich objektiv und auch nach dem Verständnis der Betroffenen nicht als Ehe dar. Die Beteiligten haben keinen rechtlich relevanten Bindungswillen,[1038] weswegen der Schutz des Art. 6 Abs. 1 GG auch nicht geboten ist.[1039] Vielmehr begrenzt Art. 6 Abs. 1 GG den einfachen Gesetzgeber, wenn es um eine Gleichstellung der nichtehelichen Lebensgemeinschaft mit der Ehe geht, denn beide Lebensformen stehen in Konkurrenz zueinander.[1040] Insofern muss der Gesetzgeber bei der Ausgestaltung der nichtehelichen Lebensgemeinschaft eine rechtliche Distanz halten.[1041] Im Umkehrschluss ergibt sich aus Art. 6 Abs. 1 GG nach Auslegung des Bundesverfassungsgerichts aber keine Pflicht, nichtehelichen Lebenspartnerschaften jegliche rechtliche Anerkennung zu versagen bzw. ihnen die zu ihrer Führung erforderlichen finanziellen und sonstigen Mittel zu entziehen respektive sie in sonstiger Weise zu benachteiligen.[1042] Allerdings entspricht es der Tendenz des Art. 6 Abs. 1 GG, eheähnliche Gemeinschaften in Bezug auf die materielle Grundlage gegenüber Ehen nicht zu begünstigen.[1043]

3. *Keine Verpflichtung des Gesetzgebers zur Bereitstellung der eingetragenen Lebenspartnerschaft*

Der Gesetzgeber war damit nach der im Lebenspartnerschaftsurteil vertretenen Ansicht des Bundesverfassungsgerichts berechtigt, gleichgeschlechtlichen Paaren eine der Ehe ähnliche bzw. nahezu gleiche verbindliche Rechtsform zur Regelung ihrer Beziehung zur Verfügung zu stellen. Eine verfassungsrechtliche Verpflichtung des Gesetzgebers zur Bereitstellung des Instituts der eingetragenen Lebenspartnerschaft stellt das Bundesverfassungsgericht in der Lebenspartnerschaftsentscheidung

---

1036 BVerfGE 36, 146 (165); 87, 234 (264); 105, 313 (345); 112, 50 (65); so auch *Coester-Waltjen,* in: v. Münch/Kunig, GG, Bd. 1, Art. 6 Rn. 7, 16; *v. Coelln,* in: Sachs, GG, Art. 6 Rn. 47.

1037 BVerfGE 87, 234 (267); 105, 313 (346); so auch *Brosius-Gersdorf,* in: Dreier, GG, 3. Aufl., Bd. I, Art. 6 Rn. 57; *Kotzur,* in: Stern/Becker, Grundrechte, Art. 6 Rn. 29; *Robbers,* in: v. Mangoldt/Klein/Starck, GG, Bd. 1, Art. 6 Rn. 43, 47; *Badura,* in: Maunz/Dürig, GG, Bd. II, Art. 6 (Stand: April 2012) Rn. 55; *Steiner,* in: Merten/Papier, HGR IV, § 108 Rn. 27.

1038 *Brosius-Gersdorf,* in: Dreier, GG, 3. Aufl., Bd. I, Art. 6 Rn. 57; *v. Coelln,* in: Sachs, GG, Art. 6 Rn. 47; *Muscheler,* Familienrecht, § 28 Rn. 490.

1039 *Coester-Waltjen,* in: v. Münch/Kunig, GG, Bd. 1, Art. 6 Rn. 7.

1040 So auch *Steiner,* in: Merten/Papier, HGR IV, § 108 Rn. 28.

1041 *Steiner,* in: Merten/Papier, HGR IV, § 108 Rn. 28; *Merten,* in: Isensee/Lecheler, FS für Leisner, S. 615 (631).

1042 BVerfGE 9, 20 (34 f.); 82, 6 (15); 15, 306 (316); 84, 168 (184).

1043 BVerfGE 9, 20 (34 f.).

jedoch nicht explizit fest.[1044] Das Gericht kommt in diesem Zusammenhang lediglich zu dem Schluss, dass durch Schaffung der eingetragenen Lebenspartnerschaft gleichgeschlechtlichen Paaren Rechte zuerkannt werden und damit den Art. 2 Abs. 1 GG und Art 3 Abs. 1 und Abs. 3 GG Rechnung getragen wird.[1045] Zum anderen ergibt sich nach dem Bundesverfassungsgericht, dass es dem Gesetzgeber ebenfalls nicht verwehrt ist, auch die Rechtsbeziehungen verschiedengeschlechtlicher nichtehelicher Lebensgemeinschaften und anderer Einstandsgemeinschaften gesetzlich zu regeln. Konsequent wäre es in diesem Zusammenhang, ein der eingetragenen Lebenspartnerschaft vergleichbares Institut für Geschwister und nahe Verwandte bereitzustellen, die ebenfalls in umfassender Weise rechtlich verbindliche Verantwortung füreinander übernehmen wollen, aber aufgrund ihres Verwandtschaftsverhältnisses keine Ehe bzw. eingetragene Lebenspartnerschaft eingehen können. Dazu verpflichtet ist der Gesetzgeber wiederum nicht.[1046]

Zwar musste das Bundesverfassungsgericht durch die einfachrechtliche Einführung der eingetragenen Lebenspartnerschaft nicht entscheiden, inwieweit der Gesetzgeber aufgrund der Art. 2 Abs. 1 und Art. 3 GG verpflichtet war, gleichgeschlechtlichen Partnern eine Absicherung ihrer Partnerschaft zu ermöglichen.[1047] Durch die nahezu ehegleiche Ausgestaltung der eingetragenen Lebenspartnerschaft stellt sich allerdings die Anschlussfrage, inwieweit das Institut der eingetragenen Lebenspartnerschaft mit der Ehe vergleichbar ist und eingetragenen Lebenspartnern aufgrund dessen ein Anspruch auf Gleichbehandlung mit Ehegatten aus Art. 3 Abs. 1 GG zusteht. Der Beantwortung dieser Frage geht das Bundesverfassungsgericht in der auf das Lebenspartnerschaftsurteil folgenden Judikatur nach.[1048]

B. Die jüngste Rechtsprechung des Bundesverfassungsgerichts zur Gleichstellung der eingetragenen Lebenspartnerschaft mit der Ehe

Seit der Lebenspartnerschaftsentscheidung vom 17. Juli 2002 hat sich die Rechtsprechung des Bundesverfassungsgerichts zur Gleichstellung der eingetragenen

---

1044 So auch *Gröschner,* in: Dreier, GG, 2. Aufl., Bd. I, Art. 6 Rn. 50; *Ipsen,* in: Isensee/Kirchhof, HStR VII, § 154 Rn. 22; *Hohmann-Dennhardt,* in: Kritische Justiz, Verfassungsrecht und gesellschaftliche Realität, S. 125 (127 f.); *Sachs,* JR 2001, 45 (47).

1045 BVerfGE 105, 313 (346). Später entschied das Gericht zudem, dass sich aus dem allgemeinen Persönlichkeitsrecht gem. Art. 2 Abs. 1 GG i.V.m. Art. 1 Abs. 1 GG das Recht eines jeden Menschen ergibt, mit einem von ihm gewählten Partner eine Partnerschaft einzugehen und diese auch innerhalb der vom Gesetzgeber zur Verfügung gestellten Institute rechtlich abzusichern, vgl. BVerfGE 115, 1 (24 f.); BVerfGE 128, 109 (109 ff.).

1046 BVerfGE 105, 313 (353).

1047 *Hohmann-Dennhardt,* in: Kritische Justiz, Verfassungsrecht und gesellschaftliche Realität, S. 125 (127 f.).

1048 Vgl. hierzu unten unter Teil 3, B.

Lebenspartnerschaft mit der Ehe erheblich fortentwickelt. Ging es zu Beginn dieser Rechtsprechung in der Lebenspartnerschaftsentscheidung noch um die Frage, ob es mit Art. 6 Abs. 1 GG vereinbar ist, neben der durch den „besonderen Schutz" der Verfassung privilegierten Ehe das Institut der eingetragenen Lebenspartnerschaft überhaupt zuzulassen,[1049] so geht es in der neuesten Rechtsprechung des Gerichts nunmehr bereits darum, ob Art. 6 Abs. 1 GG überhaupt noch als Rechtfertigungsgrund dafür dienen kann und darf, die Ehe gegenüber der eingetragenen Lebenspartnerschaft zu privilegieren.[1050] Der Blickwinkel des Gerichts hat sich also verlagert: Von Interesse ist für das Gericht nicht mehr, ob andere Lebensgemeinschaften rechtlich im Abstand zur Ehe ausgestaltet werden *müssen,* sondern ob sie überhaupt differenzierend ausgestaltet werden *dürfen.*[1051] Maßstab für diese Frage ist daher nicht mehr allein Art. 6 Abs. 1 GG, sondern auch der allgemeine Gleichheitssatz des Art. 3 Abs. 1 GG. Dabei steht insbesondere die Frage im Mittelpunkt, ob die Ungleichbehandlung von Ehe und eingetragener Lebenspartnerschaft eine Diskriminierung aufgrund der sexuellen Orientierung darstellt und inwieweit Ehe und eingetragene Lebenspartnerschaft vergleichbar sind, das heißt, ob die Gründe, welche einen verfassungsrechtlichen Schutz der Ehe rechtfertigen, auch auf die eingetragene Lebenspartnerschaft Anwendung finden und so zu einer Vergleichbarkeit der beiden Institute führen. Die Bewertung und Darstellung dieser neuen Rechtsprechungsentwicklung ist Gegenstand des nachfolgenden Abschnitts.

I. Kontext der ergangenen Entscheidungen

Nachdem das Bundesverfassungsgericht in der vorstehend untersuchten Lebenspartnerschaftsentscheidung aus dem Jahr 2002 bereits über die Verfassungsmäßigkeit der Einführung der eingetragenen Lebenspartnerschaft entschieden hat, geht es in den darauffolgenden Entscheidungen inhaltlich hauptsächlich um eine Angleichung der Rechte der eingetragenen Lebenspartner an die der Ehegatten.[1052] Dabei hat sich die Gesetzeslage seit der Einführung der eingetragenen Lebenspartnerschaft verändert. Im Jahr 2002 kam aufgrund der Verweigerung der Zustimmung des Bundesrates lediglich das LPartDisBG zustande, das zustimmungspflichtige, hauptsächlich verfahrensrechtliche Ausführungsregelungen enthaltene Lebenspartnerschaftsergänzungsgesetz (LPartErgG) hingegen nicht.[1053] Im Jahr 2004 wurde dann auf Initiative von Bündnis 90/Die Grünen das „Gesetz zur Überarbeitung des Lebenspartnerschaftsrechts"[1054], welches das LPartDisBG änderte und erweiterte, in den Bundestag eingebracht und mit den Stimmen von Bündnis 90/Die Grünen, der SPD und der FDP angenommen. Auch dieses Gesetz benötigte nicht die Zustimmung des Bundesrates und trat am

1049 Vgl. hierzu oben Teil 3, A.
1050 *Uhle,* in: Epping/Hillgruber, OK-GG, Art 6 (Stand: 01.09.2015) Rn. 36.2.
1051 *Uhle,* in: Epping/Hillgruber, OK-GG, Art 6 (Stand: 01.09.2015) Rn. 36.2.
1052 Vgl. zum Inhalt der ergangenen Entscheidungen unten unter Teil 3, B., II.
1053 Vgl. hierzu oben unter 3. Teil, A., I.
1054 BGBl. 2004 I, S. 3396.

01. Januar 2005 in Kraft. Inhaltlich wurde eine noch weitergehende Angleichung des Rechts der eingetragenen Lebenspartnerschaft an das Eherecht vorgenommen. Erfolgt sind insbesondere die Übernahme des ehelichen Güterrechts, die weitgehende Angleichung des Unterhaltsrechts, die weitgehende Angleichung der Aufhebungsgründe an die Scheidungsvoraussetzungen, die Zulassung der Stiefkindadoption, die Einführung des Versorgungsausgleichs, sowie die Einbeziehung der Lebenspartner in die Hinterbliebenenversorgung der gesetzlichen Rentenversicherung.[1055]

1. *Die Kammerrechtsprechung des Zweiten Senats zum Familienzuschlag der Stufe 1*

Bevor sich der Erste Senat des Bundesverfassungsgerichts nach der Lebenspartnerschaftsentscheidung allerdings weiter mit dem Verhältnis der eingetragenen Lebenspartnerschaft zur Ehe und damit dem „besonderen Schutz" des Art. 6 Abs. 1 GG beschäftigen konnte, wurde zunächst die 1. Kammer des Zweiten Senats zur Entscheidung berufen.[1056]

a. Der zugrunde liegende Sachverhalt

In den hier relevanten Kammerentscheidungen aus den Jahren 2007 und 2008 ging es um die Gewährung des Familienzuschlags der Stufe 1 für in einer eingetragenen Lebenspartnerschaft lebende Beamte.[1057] Nach § 39 Abs. 1 S. 1 Bundesbesoldungsgesetz (BBesG) wird Beamten neben ihrem Grundgehalt ein Familienzuschlag gewährt. Die Höhe dieses Familienzuschlags richtet sich nach der Besoldungsgruppe und der Stufe, die den Familienverhältnissen des Beamten entspricht, § 39 Abs. 1 S. 2 BBesG. Zur Stufe 1 gehören gem. § 40 Abs. 1 BBesG u.a. verheiratete Beamte. Die nach § 1 LPartG geschlossene eingetragene Lebenspartnerschaft wurde zu diesem Zeitpunkt im BBesG hingegen nicht explizit erwähnt.[1058] Zwar war in Art. 3 § 10

1055 Vgl. die Aufzählung im Entwurf des Gesetzes zur Überarbeitung des Lebenspartnerschaftsrechts, BT-Drucks. 15/3445 v. 29.06.2004, S. 1 ff.

1056 Gem. § 15a BVerfGG berufen die Senate für die Dauer eines Geschäftsjahres mehrere Kammern, wobei jede dieser Kammern aus drei Richtern besteht. Aufgabe der Kammern ist es vor allem, über die Annahme von Verfassungsbeschwerden zu entscheiden, vgl. § 93b BVerfGG. Zudem kann die Kammer einer Verfassungsbeschwerde, wenn sie offensichtlich begründet ist, dann stattgeben, wenn die Voraussetzungen des § 93a Abs. 2 Buchstabe b BVerfGG vorliegen und die für die Beurteilung der Verfassungsbeschwerde maßgebliche verfassungsrechtliche Frage durch das BVerfG bereits entschieden worden ist, vgl. § 93c Abs. 1 BVerfGG.

1057 BVerfGK 12, 169 (169 ff.), Beschluss der 1. Kammer des Zweiten Senats vom 20. September 2007 – 2 BvR 855/06; BVerfG (K), FamRZ 2008, 487 (487 ff.), Beschluss der 1. Kammer des Zweiten Senats vom 8. November 2007 – 2 BvR 2466/06; BVerfGK 13, 501 (501 ff.), Beschluss der 1. Kammer des Zweiten Senats vom 6. Mai 2008 – 2 BvR 1830/06.

1058 Vgl. aber aktuell § 17b BBesG.

Nr. 1 des Entwurfs des Lebenspartnerschaftsgesetzes (LPartG) vom 4. Juli 2000[1059] eine Änderung des Bundesbesoldungsgesetzes dahingehend vorgesehen, dass alle Vorschriften, welche auf die Ehegatten oder das Bestehen einer Ehe Bezug nehmen, ebenso auf die eingetragene Lebenspartnerschaft angewendet werden sollten. Diese Vorschrift wurde allerdings im Rahmen des Gesetzgebungsverfahrens aus dem LPartDisBG herausgenommen und mit weiteren Vorschriften, welche ebenfalls der Zustimmung des Bundesrates bedurften, in das Lebenspartnerschaftsergänzungsgesetz (LPartErgG)[1060] übertragen. Die Zustimmung des Bundesrates zu diesem Gesetz wurde allerdings nicht erteilt. Auch durch das Gesetz zur Überarbeitung des Lebenspartnerschaftsrechts vom 15. Dezember 2004[1061] wurden keine Änderungen im Beamtenbesoldungsrecht vorgenommen.

Die Beschwerdeführer leben in einer eingetragenen Lebenspartnerschaft und sind bzw. waren Beamte im Dienste eines Landes bzw. einer Stadt. Nachdem ihre Klage auf Zahlung des Familienzuschlags der Stufe 1 gem. §§ 39 Abs. 1 S. 1, 40 Abs. 1 Nr. 1 BBesG von allen in Anspruch genommenen Instanzen abgelehnt wurde, erhoben die Beschwerdeführer Verfassungsbeschwerde und rügten, durch die Ablehnung des Familienzuschlags unter anderem in ihren Rechten aus Art. 3 Abs. 1 GG verletzt zu sein.[1062]

b. Die Entscheidung der 1. Kammer des Zweiten Senats

Die Verfassungsbeschwerden wurden in allen drei Verfahren nicht zur Entscheidung angenommen, da nach Ansicht der 1. Kammer des Zweiten Senats die Voraussetzungen des § 93a Abs. 2 BVerfGG nicht vorlagen.[1063] Alle Verfassungsbeschwerden waren nach Ansicht des Gerichts unbegründet.

aa) Prüfungsmaßstab Art. 3 Abs. 1 GG i.V.m. Art. 6 Abs. 1 GG

Die durch die Beschwerdeführer behauptete Ungleichbehandlung von Ehe und eingetragener Lebenspartnerschaft durch die Gewährung des Familienzuschlags der Stufe 1 nur an verheiratete Beamte überprüft die 1. Kammer am Maßstab des Art. 3

1059 BT-Drucks. 14/3751 v. 04.07.2000.

1060 BR-Drucks. 14/4875.

1061 BGBl. 2004 I, S. 3396.

1062 BVerfGK 12, 169 (172); BVerfG (K), FamRZ 2008, 487 (487).

1063 BVerfGK 12, 169 (173); BVerfG (K), FamRZ 2008, 487 (487); BVerfGK 13, 501 (502). Nichtannahmebeschlüsse der Kammern sind „Nichtentscheidungen“, welche der Verfassungsbeschwerde eine Entscheidung über ihre Zulässigkeit und Begründetheit versagen. Aufgrund dessen haben sie, auch wenn sie von der Kammer begründet werden, keine materielle Rechtskraft und keine Bindungswirkung i.S.d. § 31 Abs. 1 BVerfGG. Daher kann jeder Senat, ohne dass gem. § 16 BVerfGG die Notwendigkeit besteht, das Plenum anzurufen, von Rechtsansichten in begründeten Nichtannahmebeschlüssen abweichen, *Graßhof*, in: Maunz/Schmidt-Bleibtreu/Klein/Bethge, BVerfGG, Bd. 2, § 93b (Stand: Juni 2001) Rn. 17.

Abs. 1 GG in Verbindung mit Art. 6 Abs. 1 GG. Art. 3 Abs. 3 GG als besonderer Gleichheitssatz scheidet hingegen als Prüfungsmaßstab aus, denn die zu überprüfende Ungleichbehandlung knüpft nach Ansicht des Gerichts nicht an eines der dort genannten Merkmale an.[1064] Insbesondere handele es sich nicht um eine Ungleichbehandlung wegen des Geschlechts. § 40 Abs. 1 Nr. 1 BBesG erfülle den Schutzauftrag des Art. 6 Abs. 1 GG, sodass durch den besonderen Schutz, welchen die Verfassung Ehe und Familie gewähre, nicht andere Lebensgemeinschaften, welche nicht an diesem besonderen Schutz- und Förderauftrag teilhätten, diskriminiert würden.[1065] Schließlich beziehe sich das in Art. 3 Abs. 3 S. 1 GG genannte Merkmal „Geschlecht" auf eine Ungleichbehandlung zwischen Männern und Frauen, sodass ein Gesetz, welches an die „Geschlechtskombination einer Personenverbindung" anknüpfe, keine Ungleichbehandlung wegen des Geschlechts darstelle.[1066] Auch eine gem. Art. 3 Abs. 3 S. 1 GG rechtfertigungsbedürftige Diskriminierung der eingetragenen Lebenspartner aufgrund ihrer sexuellen Orientierung schließt die Kammer aus.[1067] Zum einen knüpfe Art. 40 Abs. 1 Nr. 1 BBesG nicht unmittelbar an dieses Merkmal an, zum anderen gehöre die sexuelle Orientierung auch nicht zu den in Art. 3 Abs. 3 S. 1 GG genannten Merkmalen und eine erweiterte Auslegung dieser Norm verbiete sich, denn eine angestrebte Verfassungserweiterung des Art. 3 Abs. 3 S. 1 GG um das Merkmal der sexuellen Orientierung sei abgelehnt worden.[1068] Prüfungsmaßstab für die behauptete Ungleichbehandlung sei deshalb der allgemeine Gleichheitssatz des Art. 3 Abs. 1 GG, bei dessen Prüfung allerdings die in Art. 6 Abs. 1 GG enthaltene Grundsatzentscheidung für den Schutz der Ehe mit zu berücksichtigen sei.[1069]

bb) Mittelbare Ungleichbehandlung aufgrund der sexuellen Orientierung

Die 1. Kammer führt aus, dass Art. 3 Abs. 1 GG sämtlichen Grundrechtsadressaten gebiete, wesentlich Gleiches gleich und wesentlich Ungleiches ungleich zu behandeln.[1070] Bei der Gewährung des Familienzuschlags würden verheiratete Beamte anders behandelt als Beamte, die in einer eingetragenen Lebenspartnerschaft leben, obwohl es sich bei beiden Partnerschaften – wie die 1. Kammer feststellt – um grundsätzlich unauflösbare, unter staatlicher Mitwirkung geschlossene Lebensgemeinschaften handele, deren Partner eine gegenseitige Unterhaltspflicht treffe.[1071]

1064 BVerfGK 12, 169 (173); BVerfG (K), FamRZ 2008, 487 (488).

1065 BVerfGK 12, 169 (174); BVerfG (K), FamRZ 2008, 487 (488).

1066 BVerfGK 12, 169 (174) mit Verweis auf BVerfGE 105, 313 (351 f.); BVerfG (K), FamRZ 2008, 487 (488).

1067 BVerfGK 12, 169 (174); BVerfG (K), FamRZ 2008, 487 (488).

1068 BVerfGK 12, 169 (174) mit Verweis auf den Bericht der Gemeinsamen Verfassungskommission, BT-Drucks. 12/6000 v. 05.11.1993, S. 54; BVerfG (K), FamRZ 2008, 487 (488).

1069 BVerfGK 12, 169 (174) mit Verweis auf BVerfGE 67, 186 (195 f.); BVerfG (K), FamRZ 2008, 487 (488).

1070 BVerfGK 12, 169 (174); BVerfG (K), FamRZ 2008, 487 (488).

1071 BVerfGK 12, 169 (176); BVerfG (K), FamRZ 2008, 487 (488 f.).

Dabei knüpfe die Ungleichbehandlung an das Merkmal des Familienstandes an.[1072] Unmittelbares Unterscheidungsmerkmal zwischen der Ehe und der eingetragenen Lebenspartnerschaft sei die Verschieden- bzw. Gleichgeschlechtlichkeit der Partner dieser Lebensgemeinschaften.[1073] Mittelbar gehe es allerdings um eine Ungleichbehandlung aufgrund der sexuellen Orientierung.[1074] Zwar sei Voraussetzung für das Eingehen der Ehe bzw. der eingetragenen Lebenspartnerschaft gerade nicht eine bestimmte sexuelle Orientierung, sondern die „Geschlechtskombination der Partner",[1075] allerdings werde die Ehe typischerweise von heterosexuellen, die eingetragene Lebenspartnerschaft typischerweise von homosexuellen Personen geschlossen.[1076] Folglich liege eine rechtfertigungsbedürftige Ungleichbehandlung von verheirateten Beamten einerseits und in einer eingetragenen Lebenspartnerschaft lebenden Beamten andererseits vor.

cc) Rechtfertigung der Ungleichbehandlung durch Art. 6 Abs. 1 GG

Diese Ungleichbehandlung findet allerdings nach Ansicht der 1. Kammer des Zweiten Senats ihre Rechtfertigung in Art. 6 Abs. 1 GG.[1077] Im Rahmen dieser Norm nehme die Verfassung selbst eine Unterscheidung vor, indem sie „eine bestimmte Gruppe hervorhebt, ihre Ungleichbehandlung erlaubt oder ihre besondere Förderung gebietet".[1078] In diesem Sinne stelle Art. 6 Abs. 1 GG ein „Differenzierungsgebot" dar, welches spezieller als der allgemeine Gleichheitssatz sei.[1079] Durch den in Art. 6 Abs. 1 GG

1072 BVerfGK 12, 169 (176); BVerfG (K), FamRZ 2008, 487 (488); ebenso BGH, NJW-RR 2007, 1441 (1443); BVerwGE 125, 79 (82); BVerwGE 129, 129 (134).

1073 BVerfGK 12, 169 (176); BVerfG (K), FamRZ 2008, 487 (489).

1074 BVerfGK 12, 169 (176); BVerfG (K), FamRZ 2008, 487 (489).

1075 Vgl. hierzu BVerfGE 115, 1 (16).

1076 BVerfGK 12, 169 (176); BVerfG (K), FamRZ 2008, 487 (489).

1077 BVerfGK 12, 169 (176 f.); BVerfG (K), FamRZ 2008, 487 (489); ebenso BVerwGE 125, 79 (82), wonach „der „besondere" verfassungsrechtliche Schutz, den nach Art. 6 Abs. 1 GG nur die Ehe genießt, (...) den die Verschiedenbehandlung rechtfertigenden Unterschied" darstellt; so auch BVerwGE 129, 129 (133), „der Gesetzgeber ist nicht gehindert, entsprechend den grundgesetzlichen Wertungen zu differenzieren. (...) Die Ehe darf somit wegen Art. 6 Abs. 1 GG auch dann gegenüber einer anderen Lebensgemeinschaft bevorzugt werden, wenn die andere Gemeinschaft mit der Ehe – abgesehen von deren verfassungsrechtlich begründeter Förderungswürdigkeit – wichtige Gemeinsamkeiten aufweist." Ebenso BFHE 212, 236 (240 f.); BGH, NJW-RR 2007, 1441 (1442); a.A. BAGE 129, 105 (112), das darauf abstellt, dass sich nach der Rechtsprechung des BVerfG aus Art. 6 Abs. 1 GG kein „Abstandsgebot" zwischen der Ehe und anderen Lebensformen ergibt und es aufgrund dessen Sache des einfachen Gesetzgebers sei, zu bestimmen, ob im konkreten Einzelfall zwischen Ehe und eingetragener Lebenspartnerschaft eine vergleichbare Situation bestehe.

1078 BVerfGK 12, 169 (175); BVerfG (K), FamRZ 2008, 487 (488).

1079 BVerfGK 12, 169 (175); BVerfG (K), FamRZ 2008, 487 (488); zustimmend *Uhle,* in: Epping/Hillgruber, OK-GG, Art. 6 (Stand: 01.09.2015) Rn. 36.2.

enthaltenen verfassungsrechtlichen Förderauftrag sei der Gesetzgeber berechtigt, „die Ehe als die förmlich eingegangene Lebensgemeinschaft von Mann und Frau gegenüber anderen Lebensformen herauszuheben und zu begünstigen".[1080] Aufgrund dessen dürfe dem Gesetzgeber nicht bereits deswegen eine willkürliche Ungleichbehandlung gleicher Sachverhalte entgegengehalten werden, weil er dem durch die Verfassung vorgegebenen „Unterscheidungsmuster" folge.[1081] Eingeschränkt werde dieses spezielle Differenzierungsgebot lediglich dadurch, dass die „Art und Weise der Unterscheidung im Hinblick auf die tatsächlichen Lebensverhältnisse und die auferlegten Rechtspflichten im Vergleich beider Gruppen nicht unverhältnismäßig ausfallen" dürfe.[1082] Dies sei im Rahmen des § 40 Abs. 1 BBesG aber nicht der Fall, denn auch nicht verheiratete Beamte könnten unter den in § 40 Abs. 1 Nr. 4 BBesG genannten Voraussetzungen den Familienzuschlag der Stufe 1 erhalten.[1083]

In Anknüpfung an die in der Lebenspartnerschaftsentscheidung gemachten Vorgaben des Ersten Senats des Bundesverfassungsgerichts geht die 1. Kammer des Zweiten Senats in den auf die Lebenspartnerschaftsentscheidung folgenden Entscheidungen also von einem sich aus Art. 6 Abs. 1 GG ergebenden „Differenzierungsgebot" aus.[1084] Wie sich allerdings aus der Analyse des Lebenspartnerschaftsurteils ergeben hat,[1085] lässt sich ein solches „Differenzierungsgebot" nach der Rechtsprechung des Ersten Senats aber gerade nicht aus Art. 6 Abs. 1 GG herleiten, sondern die Norm enthält nach Ansicht des Gerichts lediglich eine „Differenzierungsermächtigung", sodass die Annahme eines solchen Gebotes im klaren Widerspruch zur ergangenen Rechtsprechung des Ersten Senats steht.[1086]

2. *Die Maruko-Entscheidung des Europäischen Gerichtshofs*

Auch der Europäische Gerichtshof beschäftigte sich im Rahmen eines Vorabentscheidungsverfahrens nach Art. 267 AEU[1087] mit dem Verhältnis von eingetragener

---

1080 BVerfGK 12, 169 (177) mit Verweis auf BVerfGE 105, 313 (348); BVerfG (K), FamRZ 2008, 487 (489).

1081 BVerfGK 12, 169 (175); BVerfG (K), FamRZ 2008, 487 (488).

1082 BVerfGK 12, 169 (175); BVerfG (K), FamRZ 2008, 487 (488).

1083 BVerfGK 12, 169 (177); BVerfG (K), FamRZ 2008, 487 (489).

1084 BVerfGK 12, 169 (175); BVerfG (K), FamRZ 2008, 487 (488).

1085 Vgl. oben unter 3. Teil, A., II., 2., b.

1086 Auf diesen Widerspruch weist auch *Krings*, in: Höfling, FS für Friauf, S. 269 (272) hin, der sich aber grundsätzlich für die Annahme eines „Differenzierungsgebotes" ausspricht.

1087 Im Vorabentscheidungsverfahren entscheidet der EuGH über Vorlagen von nationalen Gerichten, welche die Auslegung von Gemeinschaftsrecht betreffen. Das Verfahren dient der Gewährleistung einer gemeinschaftskonformen und einheitlichen Anwendung des Gemeinschaftsrechts in den Mitgliedstaaten, vgl. *Wegener*, in: Calliess/Ruffert, EUV/AEUV, Art. 267 Rn. 3 ff. Verbindlich ist das Urteil des EuGH sowohl für das vorlegende Gericht, als auch für die Instanzgerichte. Erga omnes kommt dem Urteil nur dann Bindungswirkung zu, wenn die Ungültigkeit

Lebenspartnerschaft und Ehe.[1088] Hierbei ging es um die Auslegung der Richtlinie 2000/78/EG[1089] und insbesondere um die Frage, ob diese Richtlinie einer Ungleichbehandlung von Ehe und eingetragener Lebenspartnerschaft entgegensteht. Der Zweck der Richtlinie ist die Bekämpfung von verschiedenen Arten von Diskriminierungen, unter anderem wegen der sexuellen Ausrichtung, in Verwirklichung des Grundsatzes der Gleichbehandlung in den Mitgliedstaaten.[1090]

a. Der zugrunde liegende Sachverhalt

In dem zugrunde liegenden Sachverhalt ging es um die Klage eines in eingetragener Lebenspartnerschaft lebenden Mannes, dessen Lebenspartner bei der Versorgungsanstalt der deutschen Bühnen (VddB) pflichtversichert war.[1091] Nach dem Tod des Versicherten beantragte der Kläger bei der VddB Witwerrente. Diese lehnte die Beklagte allerdings mit der Begründung ab, dass ihre Satzung Ansprüche auf Hinterbliebenenrente für eingetragene Lebenspartner nicht vorsehe. Der Kläger erhob daraufhin Klage mit der Behauptung, dass die Ungleichbehandlung von Eheleuten und eingetragenen Lebenspartnern in der VddB-Satzung gegen den Grundsatz der Gleichbehandlung im Sinne von Art. 1 in Verbindung mit Art. 2 der Richtlinie 2000/78/EG[1092] verstoße, da eine Diskriminierung wegen der sexuellen Ausrichtung von Lebenspartnern vorliege, obwohl diese, ebenso wie Ehegatten, füreinander Verantwortung trügen sowie einander zur Fürsorge und Unterstützung verpflichtet seien. Weiterhin seien die güterstandsrechtlichen Regelungen der eingetragenen Lebenspartner mit denen von Ehegatten zu vergleichen.

---

von Unionsrecht oder einer sonstigen Organhandlung festgestellt wurde (vgl. *Karpenstein,* in: Grabitz u.a., AEUV, Art. 267 (Stand: August 2015) Rn. 102 ff.). Kommt ein Gericht seiner gem. Art. 267 Abs. 3 AEU bestehenden Vorlagepflicht nicht nach, so kommt ein Vertragsverletzungsverfahren gem. Art. 258 AEU in Betracht. Zudem kann die Nichtvorlage in Deutschland gerügt werden, denn nach der Rechtsprechung des BVerfG ist der EuGH gesetzlicher Richter i.S.d. Art. 101 Abs. 1 S. 2 GG, vgl. BVerfGE 82, 159 (192 f.).

1088 EuGH, Urteil v. 01.04.2008, Rs. C-267/06, Slg. 2008, I-1788 (1788 ff.) – (*Tadao Maruko/Versorgungsanstalt der deutschen Bühnen*).

1089 „Richtlinie des Rates 2000/78/EG vom 27. November 2000 zur Festlegung eines allgemeinen Rahmens für die Verwirklichung der Gleichbehandlung in Beschäftigung und Beruf".

1090 Vgl. Art. 1 Richtlinie 2000/78/EG.

1091 Vgl. zu dem der Entscheidung des EuGH zugrunde liegenden Sachverhalt, VG München, Beschluss v. 01.06.2006 – M 3 K 05.1595, BeckRS 2006, 23871.

1092 Die unmittelbare Heranziehung der Richtlinie 2000/78/EG ergibt sich nach dem Urteil des Ausgangsgerichts daraus, dass die Richtlinie „inhaltlich unbedingt und hinreichend genau erscheint und die Bundesrepublik Deutschland die Richtlinie nicht fristgemäß in nationales Recht umgesetzt hat." Zudem ergebe sich der vom Kläger geltend gemachte Anspruch nicht aus den Vorschriften des nationalen Rechts, sondern hänge von der Auslegung der Richtlinie ab, vgl. VG München, Beschluss vom 01.06.2006 – M 3 K 05.1595, BeckRS 2006, 23871.

Das Ausgangsgericht legte dem Europäischen Gerichtshof mehrere Fragen zur Vorabentscheidung vor. Neben den Fragen zum Anwendungsbereich der Richtlinie ging es insbesondere darum, ob die Nichtgewährung von Hinterbliebenenrente an eingetragene Lebenspartner, welche, so das Ausgangsgericht, ebenso wie Ehegatten in einer „formal auf Lebenszeit begründeten Fürsorge und Einstandsgemeinschaft" leben, eine unmittelbare Diskriminierung wegen der sexuellen Ausrichtung im Sinne von Art. 1 in Verbindung mit Art. 2 Abs. 1 und Abs. 2 lit. a der Richtlinie 2000/78/EG darstellt.[1093]

b. *Die Entscheidung des Europäischen Gerichtshofs*

Der Gerichtshof bejahte zunächst die Anwendbarkeit der Richtlinie auf die von der VddB gewährte Hinterbliebenenversorgung.[1094] Auf die Frage des vorlegenden Gerichts, ob der Ausschluss eingetragener Lebenspartner von der Hinterbliebenenversorgung eine Diskriminierung wegen der sexuellen Ausrichtung darstelle, antwortete der Europäische Gerichtshof, dass dann eine unmittelbare Diskriminierung wegen der sexuellen Orientierung im Sinne des Art. 1 und 2 Abs. 2 lit. a der Richtlinie 2000/78/EG vorliege, wenn das vorlegende Gericht entscheide, dass sich nach nationalem Recht überlebende Ehegatten und überlebende eingetragene Lebenspartner in einer vergleichbaren Situation in Bezug auf die Gewährung von Hinterbliebenenversorgung befinden.[1095]Das bedeutet, der Europäische Gerichtshof spricht sich zwar grundsätzlich für eine Gleichbehandlung von eingetragener Lebenspartnerschaft und Ehe aus, aber nur dann, wenn beide Institute auch tatsächlich vergleichbar sind, was allerdings ausschließlich nach nationalem Recht zu beurteilen sei. Die Auslegung des nationalen Rechts überlässt der Gerichtshof den jeweiligen Gerichten, da dies nicht in seiner Kompetenz liegt.[1096] Kommt ein nationales Gericht allerdings zu dem Ergebnis, dass eine Vergleichbarkeit gegeben ist, führt dies dazu, dass die dann vorliegende unmittelbare Diskriminierung aufgrund der sexuellen Ausrichtung nur durch Art. 4 Abs. 1 der Richtlinie 2000/78/EG gerechtfertigt werden kann. Ehegatten und Lebenspartner dürfen unter dieser Voraussetzung nur

---

1093 VG München, Beschluss vom 01.06.2006 – M 3 K 05.1595, BeckRS 2006, 23871.

1094 EuGH, Urteil v. 01.04.2008, Rs. C-267/06, Slg. 2008, I-1810 – (*Tadao Maruko/Versorgungsanstalt der deutschen Bühnen*). Demgegenüber hatten das BVerwG (BVerwGE 125, 79 (83); BVerwGE 129, 129 (140 f.)) und der BGH (NJW-RR 2007, 1441 (1443)) die Anwendbarkeit der Richtlinie auf eingetragene Lebenspartner abgelehnt.

1095 EuGH, Urteil v. 01.04.2008, Rs. C-267/06, Slg. 2008, I-1813 (*Tadao Maruko/Versorgungsanstalt der deutschen Bühnen*). Einen vergleichbaren Ansatz wählt das BAG in einer Entscheidung zur Gewährung des Ortszuschlags nach §§ 26, 29 Abschn. A I BAT auch an eingetragene Lebenspartner. Es stellt darauf ab, dass die Lebenspartnerschaft sämtliche Merkmale erfüllt, die § 29 Abschn. B II Nr. 1 BAT in Bezug auf verheiratete Angestellte immanent sind, BAGE 110, 277 (285); ebenso BAGE 129, 105 (111) bezüglich der Hinterbliebenenversorgung im Rahmen der betrieblichen Altersversorgung.

1096 *Stüber*, NVwZ 2008, 750 (750).

dann ungleich behandelt werden, wenn die sexuelle Ausrichtung „aufgrund der Art einer bestimmten beruflichen Tätigkeit oder der Bedingungen ihrer Ausübung eine wesentliche und entscheidende berufliche Anforderung darstellt, sofern es sich um einen rechtmäßigen Zweck und eine angemessene Anforderung handelt". Die Rechtfertigung einer Ungleichbehandlung ist in dieser Konstellation folglich nicht denkbar.[1097] Hier liegt die Annahme nahe, dass der Europäische Gerichtshof einer von den nationalen Gerichten angeführten Rechtfertigung einer mittelbaren Diskriminierung durch Art. 6 Abs. 1 GG[1098] zuvorkommen wollte.[1099]

Fortgeführt wird diese Rechtsprechung des Europäischen Gerichtshofs mit einem Urteil des Gerichts zur diskriminierenden Berechnungsmethode für Zusatzversorgungsbezüge nach dem Hamburgischen Gesetz über die zusätzliche Alters- und Hinterbliebenenversorgung für Angestellte und Arbeiter der Freien und Hansestadt Hamburg (Erstes Ruhegeldgesetz der Freien und Hansestadt Hamburg).[1100] Auch hier ging es darum, dass nach Art. 2 Abs. 2 lit. a der Richtlinie 2000/78/EG eine unmittelbare Diskriminierung aufgrund der sexuellen Ausrichtung dann anzunehmen sei, wenn in einer vergleichbaren Situation die eingetragene Lebenspartnerschaft eine weniger günstige Behandlung erfahre als die Ehe. Hierbei konkretisiert das Gericht, dass es nicht darauf ankomme, dass die jeweilige Situation identisch sei, sondern die Situation müsse lediglich vergleichbar sein.[1101] Zudem müsse die Prüfung der Vergleichbarkeit spezifisch und konkret für die jeweilige Leistung erfolgen und dürfe nicht abstrakt und allgemein sein.[1102] Das bedeutet, dass sich die Vergleichbarkeit der Situationen auf eine Analyse der Rechte und Pflichten verheirateter Personen sowie eingetragener Lebenspartner stützen muss, so „wie sie sich aus den anwendbaren innerstaatlichen Bestimmungen ergeben" und „unter Berücksichtigung des Zwecks und der Voraussetzungen für die Gewährung der im Ausgangsverfahren fraglichen Leistung relevant sind".[1103] Hingegen kommt es gerade nicht darauf an,

---

1097 Ebenso *Lembke,* NJW 2008, 1631 (1633), der aber von einer mittelbaren Benachteiligung ausgeht, da die Ungleichbehandlung unmittelbar an den Familienstand und nur mittelbar an die sexuelle Ausrichtung anknüpfe; vgl. auch *Bruns,* NZA 2009, 596 (596).

1098 So vertreten durch BVerfGK 12, 169 (176 f.); BVerfG (K), FamRZ 2008, 487 (489); BVerwGE 125, 79 (82); BVerwGE 129, 129 (133), BFHE 212, 236 (240 f.); BGH, NJW-RR 2007, 1441 (1442); a.A. BAGE 129, 105 (112).

1099 *Lembke,* NJW 2008, 1631 (1633).

1100 EuGH, Urteil v. 10.05.2011, Rs. C-147/08, Slg. 2011, I-3645 (3645 ff.) – (*Jürgen Römer/Freie und Hansestadt Hamburg*).

1101 EuGH, Urteil v. 10.05.2011, Rs. C-147/08, Slg. 2011, I-3663 f. – (*Jürgen Römer/Freie und Hansestadt Hamburg*).

1102 EuGH, Urteil v. 10.05.2011, Rs. C-147/08, Slg. 2011, I-3663 f. – (*Jürgen Römer/Freie und Hansestadt Hamburg*).

1103 EuGH, Urteil v. 10.05.2011, Rs. C-147/08, Slg. 2011, I-3664 – (*Jürgen Römer/Freie und Hansestadt Hamburg*).

dass die eingetragene Lebenspartnerschaft und die Ehe im nationalen Recht „allgemein und umfassend rechtlich gleichgestellt" sind.[1104]

c. *Die Auswirkungen der Maruko-Entscheidung auf die nationalen Gerichte*

Die Letztentscheidungsbefugnis über eine Gleichstellung von Ehe und eingetragener Lebenspartnerschaft liegt damit auch nach der – eine Gleichbehandlung von Ehe und eingetragener Lebenspartnerschaft aber grundsätzlich bejahenden[1105] – Maruko-Entscheidung bei den deutschen Gerichten. Sie hängt davon ab, inwieweit Ehe und eingetragene Lebenspartnerschaft nach deutschem Recht in der jeweiligen Situation als vergleichbar angesehen werden können. Liegt eine Vergleichbarkeit vor, geht der Europäische Gerichtshof davon aus, dass die Ungleichbehandlung von Ehe und eingetragener Lebenspartnerschaft eine unmittelbare Diskriminierung wegen der sexuellen Ausrichtung im Sinne von Art. 2 Abs. 2 lit. a der Richtlinie 2000/78/EG darstellt. Hierin besteht ein Unterschied zu der bis zu diesem Zeitpunkt von nationalen Gerichten überwiegend vertretenen Ansicht, dass eine Ungleichbehandlung von Ehe und eingetragener Lebenspartnerschaft an das Merkmal des Familienstandes und nicht an die sexuelle Orientierung anknüpft.[1106]

Die nach der Maruko-Entscheidung ergangene Kammerrechtsprechung der 1. Kammer des Zweiten Senats des Bundesverfassungsgerichts[1107] und die kurz davor ergangene Entscheidung des Bundesverwaltungsgerichts[1108] zeigen zudem, dass die Entscheidung des Europäischen Gerichtshofs durchaus noch Raum für die Beurteilung der nationalen Gerichte gelassen hat. So sammelt das Bundesverwaltungsgericht in seinem kurz vor Maruko ergangenen Urteil bereits Gründe, die

---

1104 EuGH, Urteil v. 10.05.2011, Rs. C-147/08, Slg. 2011, I-3664 – (*Jürgen Römer/Freie und Hansestadt Hamburg*).

1105 Vgl. auch *Lembke*, NJW 2008, 1631 (1633).

1106 Vgl. etwa BVerwGE 125, 79 (82); BVerwGE 129, 129 (133); BGH, NJW-RR 2007, 1441 (1443). Ebenso BVerfGK 12, 169 (176). Die Kammer geht aber mittelbar von einer Ungleichbehandlung aufgrund der sexuellen Orientierung aus, da die Ehe typischerweise von Heterosexuellen, die eingetragene Lebenspartnerschaft typischerweise von Homosexuellen eingegangen werde. Vgl. hierzu auch umfassend *Franzen*, EuZA 2009, 395 (398 ff.), der ebenfalls von einer mittelbaren Benachteiligung aufgrund der sexuellen Identität ausgeht, allerdings zu Recht darauf abstellt, dass sich am Endergebnis, nämlich der Letztentscheidungsbefugnis der innerstaatlichen Gerichtsbarkeit auch bei Annahme einer mittelbaren Benachteiligung nichts ändert, denn eine mittelbare Benachteiligung ist gem. Art. 2 Abs. 2 lit. b der Richtlinie 2000/78/EG dann gerechtfertigt, wenn die betreffenden Kriterien durch ein rechtmäßiges Ziel sachlich gerechtfertigt sind und die Mittel zur Erreichung dieses Ziels angemessen und erforderlich sind. Dies entscheidet nicht der EuGH, sondern die innerstaatlichen Gerichte, unter Beachtung der vom EuGH gemachten Vorgaben.

1107 BVerfGK 13, 501 (501 ff.).

1108 BVerwG, NJW 2008, 868 (868 f.).

gegen eine Vergleichbarkeit der Familienstände Ehe und eingetragene Lebenspartnerschaft sprechen. Hierbei geht das Bundesverwaltungsgericht aber zu Unrecht davon aus, dass es bei der Umsetzung des Gleichbehandlungsgrundsatzes nach der Auslegung des Europäischen Gerichtshofs auf eine Vergleichbarkeit des rechtlichen Anknüpfungspunktes für die begehrte Leistung, also den Familienstand, ankommt.[1109] Sodann kommt das Bundesverwaltungsgericht zu dem Schluss, dass die familienrechtlichen Institute der Ehe und der eingetragenen Lebenspartnerschaft nicht gleichartig seien und aufgrund dessen der Familienstand der dem jeweiligen Rechtsinstitut zugehörigen Personen ebenfalls nicht vergleichbar sei.[1110] Der Europäische Gerichtshof geht hingegen von einem anderen Ansatzpunkt aus. Er vergleicht nicht den Anknüpfungspunkt des Familienstandes, sondern, ob im Hinblick auf die konkrete Situation Ehe und eingetragene Lebenspartnerschaft vergleichbar sind.[1111] Dies ist insoweit sachgerecht, als das Diskriminierungsverbot seinen vollen Wirkungsbereich nur dann entfalten kann, wenn nicht auf die generelle Vergleichbarkeit abgestellt wird, sondern auf die Vergleichbarkeit der konkreten Situation.[1112]

Auch der kurz nach der Maruko-Entscheidung ergangene Beschluss der 1. Kammer des Zweiten Senats zum Familienzuschlag der Stufe 1 für in eingetragener Lebenspartnerschaft lebende Beamte nahm auf die Entscheidung des Europäischen Gerichtshofs Bezug. Die 1. Kammer kam zu dem Ergebnis, dass die Richtlinie 2000/78/EG in der Auslegung, welche sie in der Maruko-Entscheidung des Europäischen Gerichtshofs erfahren hat, einer unterschiedlichen Behandlung von verheirateten Beamten und Beamten in eingetragener Lebenspartnerschaft bei der Regelung des Familienzuschlags nicht entgegensteht. Eine unmittelbare Diskriminierung im Sinne von Art. 2 Abs. 2 lit. a der Richtlinie liege nicht vor, da sich Lebenspartner zumindest in Bezug auf den Familienzuschlag nicht in einer mit den Ehegatten vergleichbaren Situation befänden.[1113] Weder bestehe eine allgemeine rechtliche Gleichstellung der Lebenspartnerschaft mit der Ehe im deutschen Recht, noch sei eine normative Vergleichbarkeit von Ehe und eingetragener Lebenspartnerschaft in Bezug auf den Familienzuschlag der Stufe 1 gegeben.[1114]

1109 *Stüber*, NVwZ 2008, 750 (751) mit Verweis auf BVerwG, NJW 2008, 868 (869); ebenso *Bruns*, NZA 2009, 596 (597).

1110 BVerwG, NJW 2008, 868 (869).

1111 EuGH, Urteil v. 01.04.2008, Rs. C-267/06, Slg. 2008, I-1813 – (*Tadao Maruko/Versorgungsanstalt der deutschen Bühnen*); bestätigt in EuGH, Urteil v. 10.05.2011, Rs. C-147/08, Slg. 2011, I-3663 f. – (*Jürgen Römer/Freie und Hansestadt Hamburg*).

1112 *Stüber*, NVwZ 2008, 750 (751); ebenso EuGH, Urteil v. 10.05.2011, Rs. C-147/08, Slg. 2011, I-3663 f. – (*Jürgen Römer/Freie und Hansestadt Hamburg*).

1113 BVerfGK 13, 501 (503 f.).

1114 BVerfGK 13, 501 (504 f.).

II. Die Entscheidungen im Einzelnen

Fortgeführt wird die in der Lebenspartnerschaftsentscheidung begonnene Rechtsprechung des Bundesverfassungsgerichts zur Gleichstellung der eingetragenen Lebenspartnerschaft mit der Ehe im Jahr 2009, beginnend mit der Entscheidung des Gerichts zur Gleichbehandlung der eingetragenen Lebenspartnerschaft im Bereich der betrieblichen Hinterbliebenenversorgung für Arbeitnehmer des öffentlichen Dienstes. Nachdem der Erste Senat in dem im Jahr 2002 ergangenen Lebenspartnerschaftsurteil die Verfassungsmäßigkeit der Einführung der eingetragenen Lebenspartnerschaft bestätigt hat, geht es in den darauf folgenden Urteilen darum, inwieweit die Partner der eingetragenen Lebenspartnerschaft eine Gleichstellung mit der in Art. 6 Abs. 1 GG geschützten Ehe beanspruchen können. Ansatzpunkt ist hierbei der allgemeine Gleichheitssatz des Art. 3 Abs. 1 GG. Der folgende Abschnitt beschäftigt sich zunächst mit einer Übersicht über die ergangene Rechtsprechung und die sich hieraus ergebenden Neuerungen, bevor im darauffolgenden Abschnitt eine genaue rechtliche Bewertung der vorgenannten Judikatur des Bundesverfassungsgerichts vorgenommen wird.

1. Die Gleichstellung von Ehe und Lebenspartnerschaft im Bereich der betrieblichen Hinterbliebenenversorgung

Der erste Beschluss des Ersten Senats des Bundesverfassungsgerichts nach der Lebenspartnerschaftsentscheidung vom 7. Juli 2009 beschäftigt sich mit der Ungleichbehandlung von Ehe und eingetragener Lebenspartnerschaft im Bereich der betrieblichen Hinterbliebenenversorgung für Arbeitnehmer des öffentlichen Dienstes welche bei der Versorgungsanstalt des Bundes und der Länder (VBL) zusatzversichert sind.[1115] In dieser Entscheidung setzt sich das Bundesverfassungsgericht zum ersten Mal mit der Verfassungsmäßigkeit einer Ungleichbehandlung von Ehe und eingetragener Lebenspartnerschaft auseinander und entwickelt die auch in den darauffolgenden Entscheidungen fortgeführte Rechtsprechungslinie.

a. Der zugrunde liegende Sachverhalt

Rechtlich geregelt ist die Zusatzversorgung im Tarifvertrag Altersversorgung (ATV), welcher inhaltlich von der Satzung der VBL (VBLS) übernommen wurde.[1116] § 38 der VBLS regelt die Hinterbliebenenrente und hat hauptsächlich den Inhalt des § 10 ATV übernommen, welcher sich wiederum weitgehend an die Regelung der Witwen- und Witwerrente der gesetzlichen Rentenversicherung in § 46 SGB VI anlehnt.[1117] Im Unterschied zu § 46 Abs. 4 SGB VI, welcher durch das Gesetz zur Überarbeitung des Lebenspartnerschaftsrechts eingefügt wurde, enthalten

1115 BVerfGE 124, 199 (199 ff.), Beschluss des Ersten Senats vom 7. Juli 2009 – 1 BvR 1164/07.
1116 BVerfGE 124, 199 (201).
1117 BVerfGE 124, 199 (201).

allerdings weder der ATV noch die VBLS Regelungen zur Hinterbliebenenrente von eingetragenen Lebenspartnern.

Der in einer eingetragenen Lebenspartnerschaft lebende Beschwerdeführer ist Arbeitnehmer im öffentlichen Dienst und bei der VBL, der Beklagten des Ausgangsverfahrens, zusatzversichert. Aus Anlass einer Umstellung des Versorgungssystems berechnete die VBL die bis zum damaligen Zeitpunkt erworbene Rentenanwartschaft des Beschwerdeführers. Hierbei legte sie zum einen bei der Lohnsteuer die für Unverheiratete geltende Steuerklasse I/0 zugrunde, zum anderen teilte sie dem Beschwerdeführer mit, seinem Lebenspartner bei Eintritt des Versicherungsfalls nicht die für Verheiratete gem. § 38 VBLS vorgesehene Hinterbliebenenrente zahlen zu wollen.[1118] Aufgrund dessen erhob der Beschwerdeführer Klage vor dem Landgericht, um feststellen zu lassen, dass die VBL verpflichtet sei, bei der Rentenberechnung die für Verheiratete geltende Steuerklasse zugrunde zu legen, sowie seinem Lebenspartner bei Fortbestehen der Lebenspartnerschaft bis zum Tod des Beschwerdeführers die satzungsgemäße Hinterbliebenenrente zu gewähren.[1119] Die Feststellungsanträge des Beschwerdeführers wurden sowohl vom Landgericht als auch vom Oberlandesgericht sowie vom Bundesgerichtshof als unbegründet zurückgewiesen.[1120] Weder aus direkter noch aus ergänzender oder analoger Anwendung des § 38 VBLS ergebe sich ein Anspruch auf Zahlung einer Hinterbliebenenrente an den Lebenspartner des Beschwerdeführers bei dessen Ableben.[1121] Auch ein Verstoß gegen höherrangiges Recht – der Beschwerdeführer rügte einen Verstoß der VBLS gegen Art. 3 Abs. 1 GG, sowie gegen Art. 141 EG und die Richtlinie 2000/78/EG vom 27.11.2000[1122] – lag nach Ansicht der Vorinstanzen nicht vor. Nach Art. 6 Abs. 1 GG, welchen die VBL als Anstalt des öffentlichen Rechts zu beachten habe, sei eine Privilegierung der Ehe als besonders schützenswerte Lebensform zwar verfassungsrechtlich nicht zwingend geboten, aber doch zumindest zulässig.[1123] Begründet wurde diese durch Art. 6 Abs. 1 GG legitimierte Begünstigung der Ehe von den Ausgangsinstanzen mit der Förderung von dauerhaft eingegangenen, verschiedengeschlechtlichen Gemeinschaften, welche „typischerweise“ als potentielle Vorstufe zur Familie durch die Erzeugung und Erziehung eigener Kinder einen wesentlichen Beitrag für die demografische Zukunftsfähigkeit der Gesellschaft leisten könnten, den gleichgeschlechtliche Partnerschaften auch unter Berücksichtigung der Möglichkeit einer Kindesadoption „typischerweise“

1118 BVerfGE 124, 199 (208 f.).

1119 BVerfGE 124, 199 (209).

1120 Verfahrensgang: Urteil des LG Karlsruhe vom 26. März 2004 – 6 O 968/03, BeckRS 2007, 06214; Urteil des OLG Karlsruhe vom 21. Oktober 2004 – 12 U 195/04, BeckRS 2004, 10113 sowie Urteil des BGH vom 14. Februar 2007 – IV ZR 267/04, NJW-RR 2007, 1441 ff.

1121 BGH, NJW-RR 2007, 1441 (1441 f.).

1122 ABlEG 2000 Nr. L 303, S. 16.

1123 So BGH, NJW-RR 2007, 1441 (1442); OLG Karlsruhe, BeckRS 2004, 10113; LG Karlsruhe, BeckRS 2007, 06214 alle mit Verweis auf das Lebenspartnerschaftsurteil des BVerfG, BVerfGE 105, 313 (348).

nicht erbringen könnten.[1124] Die Gewährung der Hinterbliebenenrente nur an verheiratete Arbeitnehmer sei deswegen gegenüber nicht verheirateten bzw. kinderlosen Arbeitnehmern gerechtfertigt, denn für verheiratete Arbeitnehmer sei es nach wie vor „typisch", dass sie Kinder hätten und die durch die Kinder und den Ehepartner entstehenden Unterhaltspflichten und Vorsorgekosten von ihrem Arbeitsverdienst bestreiten müssten.[1125]

Gegen diese Gerichtsentscheidungen legte der Beschwerdeführer Verfassungsbeschwerde ein mit der Behauptung, durch die Nichtgewährung der Hinterbliebenenrente in seinen Rechten aus Art. 3 Abs. 1 GG verletzt worden zu sein.[1126] Eine Ungleichbehandlung von Ehe und eingetragener Lebenspartnerschaft könne „nicht ohne jegliche zusätzliche Begründung" auf Art. 6 Abs. 1 GG gestützt werden, da es sich zumindest mittelbar um eine Differenzierung aufgrund der vom Einzelnen nicht beliebig wählbaren sexuellen Identität handele. Denn das Institut der Ehe richte sich typischerweise an heterosexuelle Menschen, während das Rechtsinstitut der eingetragenen Lebenspartnerschaft in typischer Weise an Homosexuelle gerichtet sei.[1127] Aufgrund dessen sei die vorliegende (zumindest mittelbare) Ungleichbehandlung an den Maßstäben zu messen, welche nach der ständigen Rechtsprechung des Bundesverfassungsgerichts für personenbezogene Merkmale gelten.[1128] Eine Rechtfertigung der Schlechterstellung des Beschwerdeführers gegenüber verheirateten (teilweise ebenfalls kinderlosen) Versicherten könne sich nicht daraus ergeben, „dass Ehen typischerweise auf eigene Kinder angelegt seien", denn zum einen gebe es viele kinderlose Ehen, zum anderen könnten durch Einführung der Stiefkindadoption auch eingetragene Lebenspartnerschaften auf Kinder angelegt sein.[1129] Zudem ginge es bei den streitigen Satzungsbestimmungen der VBL gerade nicht um eine

---

1124 BGH, NJW-RR 2007, 1441 (1443); OLG Karlsruhe, BeckRS 2004, 10113; LG Karlsruhe, BeckRS 2007, 06214; vgl. ebenso die Stellungnahme der VBL, BVerfGE 124, 199 (213 f.).

1125 BGH, NJW-RR 2007, 1441 (1442); vgl. ebenso die Stellungnahme der Arbeitsgemeinschaft für betriebliche Altersversorgung, BVerfGE 124, 199 (215 f.).

1126 BVerfGE 124, 199 (211). Der Beschwerdeführer rügt zudem wegen der Nichtdurchführung eines Vorabentscheidungsverfahrens vor dem Gerichtshof der Europäischen Gemeinschaften die Verletzung seines Anspruchs auf den gesetzlichen Richter aus Art. 101 Abs. 1 S. 2 GG, worauf es im Rahmen der vorliegenden Untersuchung aber nicht mehr ankommt. Soweit der Beschwerdeführer die Verfassungsbeschwerde über den geltend gemachten Anspruch auf Hinterbliebenenrente hinaus auch auf eine Grundrechtsverletzung durch Zugrundelegung der für Alleinstehende geltenden Steuerklasse stützt, wird diese geltend gemachte Verletzung in einem gesonderten Verfassungsbeschwerdeverfahren fortgeführt (BVerfGE 124, 199 (212 f.).

1127 BVerfGE 124, 199 (211); so auch die Stellungnahme der Bundesgemeinschaft Schwule und Lesbische Paare e.V., BVerfGE 124, 199 (217).

1128 BVerfGE 124, 199 (211).

1129 BVerfGE 124, 199 (212); so auch die Stellungnahme des Deutschen Gewerkschaftsbundes, BVerfGE 124, 199 (215).

Begünstigung der Ehe als „im Normalfall präsumtiv reproduktionsfähige Lebensgemeinschaft", sondern um die in einer auch kinderlosen Ehe „typischerweise auftretenden gesetzlichen Unterhaltslasten".[1130] Insofern ergäben sich im Vergleich mit der eingetragenen Lebenspartnerschaft keine Unterschiede.[1131] Nach Ansicht des Beschwerdeführers stellen die Entscheidungen der Ausgangsinstanzen eine Verkennung der Schutzwirkung des Art. 3 Abs. 1 GG zu seinen Lasten dar.[1132] Zum einen sei unberücksichtigt geblieben, dass das Merkmal der „sexuellen Ausrichtung oder Identität" den in Art. 3 Abs. 3 GG genannten Merkmalen sehr nahe komme, besonders dem Merkmal des Geschlechts.[1133] Zum anderen seien die Vorinstanzen zu Unrecht „von einem generellen Vorrang des Art. 6 Abs. 1 GG gegenüber Art. 3 Abs. 1 GG ausgegangen", welcher sich aus der vorangegangenen Rechtsprechung des Bundesverfassungsgerichts aber so nicht herleiten lasse.[1134]

b. Die Entscheidung des Bundesverfassungsgerichts

Das Bundesverfassungsgericht hat entschieden, dass die angegriffenen Entscheidungen den Beschwerdeführer in seinem Grundrecht aus Art. 3 Abs. 1 GG verletzen.[1135] Ein sachlicher Differenzierungsgrund zur Begründung der im Rahmen des § 38 VBLS vorliegenden Ungleichbehandlung zwischen Ehe und eingetragener Lebenspartnerschaft ist für das Bundesverfassungsgericht objektiv nicht erkennbar.[1136] Die in § 38 VBLS für Ehegatten getroffenen Regelungen zur Hinterbliebenenrente gelten mit Wirkung ab dem 1. Januar 2005 auch für eingetragene Lebenspartner.[1137]

aa) Prüfungsmaßstab: Art. 3 Abs. 1 GG

Als Prüfungsmaßstab zieht das Bundesverfassungsgericht den allgemeinen Gleichheitssatz des Art. 3 Abs. 1 GG heran.[1138] Die Satzungsbestimmungen der VBL seien

---

1130 BVerfGE 124, 199 (212).
1131 BVerfGE 124, 199 (212); vgl. ebenso die Stellungnahme des Lesben- und Schwulenverbundes in Deutschland, BVerfGE 124, 199 (216 f.).
1132 BVerfGE 124, 199 (211).
1133 BVerfGE 124, 199 (211).
1134 BVerfGE 124, 199 (211).
1135 BVerfGE 124, 199 (217). Vgl. auch die Stellungnahmen zur Verfassungsbeschwerde der VBL, des Bundesarbeitsgerichts, des Bundesfinanzhofs, der Tarifgemeinschaft deutscher Länder, der Gewerkschaft dbb tarifunion, des Deutschen Gewerkschaftsbunds, der Arbeitsgemeinschaft für betriebliche Altersversorgung, der Arbeitsgemeinschaft kommunale und kirchliche Altersversorgung, des Lesben- und Schwulenverbunds in Deutschland sowie der Bundesarbeitsgemeinschaft Schwule und Lesbische Paare e.V., BVerfGE 124, 199 (213 ff.).
1136 BVerfGE 124, 199 (224).
1137 BVerfGE 124, 199 (234).
1138 BVerfGE 124, 199 (218).

unmittelbar an dieser Norm zu messen, da es sich bei der VBL um eine Anstalt des öffentlichen Rechts handele, welche eine öffentliche Aufgabe wahrnehme.[1139]

(1) Vorliegen einer Ungleichbehandlung von Ehe und Lebenspartnerschaft

Das Bundesverfassungsgericht bejaht eine Ungleichbehandlung und führt in diesem Zusammenhang aus, dass § 38 VBLS verheirateten Versicherten eine zusatzrentenrechtliche Anwartschaft auf Hinterbliebenenversorgung für den Ehepartner im Falle ihres Versterbens gewähre, während die Norm eingetragenen Lebenspartnern diesen Anspruch nicht vermittle. Aufgrund dessen bestehe eine Ungleichbehandlung zwischen verheirateten Versicherten und in eingetragener Lebenspartnerschaft lebenden Versicherten.[1140]

(2) Keine Rechtfertigung der Ungleichbehandlung

Diese Ungleichbehandlung zwischen Verheirateten und eingetragenen Lebenspartnern ist nach Ansicht des Bundesverfassungsgerichts nicht gerechtfertigt.[1141]

(a) Anwendung eines strengen Gleichheitsmaßstabes: Die Ungleichbehandlung verschiedener Personengruppen aufgrund der sexuellen Orientierung

Im Fall der durch § 38 VBLS bewirkten Ungleichbehandlung von eingetragener Lebenspartnerschaft und Ehe ist nach Ansicht des Bundesverfassungsgerichts zur Beantwortung der Frage, ob ein hinreichender Differenzierungsgrund vorliegt, ein strenger Prüfungsmaßstab anzusetzen, da es sich zum einen um eine unterschiedliche Behandlung von Personengruppen handele und zum anderen die vorgenommene Differenzierung an das personenbezogene Merkmal der sexuellen Orientierung anknüpfe.[1142]

(b) Fehlen eines die Ungleichbehandlung rechtfertigenden sachlichen Differenzierungsgrundes

Die im Rahmen des § 38 VBLS festgestellte Ungleichbehandlung von Ehe und eingetragener Lebenspartnerschaft hält das Bundesverfassungsgericht, gemessen an den durch das Gericht aufgestellten gesteigerten Rechtfertigungsanforderungen für nicht gerechtfertigt, denn ein zur Begründung der Ungleichbehandlung ausreichender sachlicher Differenzierungsgrund sei objektiv nicht erkennbar.[1143] In diesem Zusammenhang reicht, so das Bundesverfassungsgericht, die „bloße Verweisung auf

1139 BVerfGE 124, 199 (218) m.w.N.
1140 BVerfGE 124, 199 (219).
1141 BVerfGE 124, 199 (219).
1142 BVerfGE 124, 199 (219).
1143 BVerfGE 124, 199 (224).

die Ehe und ihren Schutz“ nicht aus.[1144] Zwar sei es dem Gesetzgeber aufgrund des der Ehe gem. Art. 6 Abs. 1 GG zustehenden besonderen Schutzes grundsätzlich nicht verwehrt, diese gegenüber anderen Lebensformen zu begünstigen.[1145] Sei aber die Privilegierung der Ehe mit einer Schlechterstellung von anderen Lebensgemeinschaften verbunden, obwohl diese mit der Ehe vergleichbar seien, so stellt nach Ansicht des Bundesverfassungsgerichts der bloße Verweis auf Art. 6 Abs. 1 GG keinen hinreichend gewichtigen Differenzierungsgrund für eine Ungleichbehandlung zwischen Ehe und eingetragener Lebenspartnerschaft dar.[1146] Darüber hinaus ergäben sich weder aus dem Bereich der betrieblichen Hinterbliebenenversorgung, noch aus einer „Ungleichheit der Lebenssituation von Eheleuten und Lebenspartnern“ sachliche Gründe, welche die Ungleichbehandlung von Ehe und eingetragener Lebensgemeinschaft rechtfertigen könnten.[1147] Denn im Rahmen der Hinterbliebenenversorgung würden Sachverhalte berücksichtigt, die bei der Ehe ebenso wie bei der eingetragenen Lebenspartnerschaft aufträten und bezogen auf die mit der Hinterbliebenenversorgung verfolgten Ziele ließen sich zwischen eingetragener Lebenspartnerschaft und Ehe keine einfachrechtlichen oder tatsächlichen Unterschiede erkennen.[1148]

bb) Rechtsfolge: Gewährung von Hinterbliebenenrente gem. § 38 VBLS auch an eingetragene Lebenspartner

Die Ungleichbehandlung von Ehe und eingetragener Lebenspartnerschaft im Rahmen der Hinterbliebenenversorgung führt, so das Bundesverfassungsgericht, zu einem Verstoß der betreffenden Klauseln der VBL-Satzung gegen Art. 3 Abs. 1 GG. Folge eines solchen Verstoßes allgemeiner Versicherungsbedingungen gegen höherrangiges Recht sei nach der Rechtsprechung der Zivilgerichte die Unwirksamkeit der betroffenen Klauseln.[1149] Im vorliegenden Fall lasse sich der entstandene Gleichheitsverstoß aber nicht durch die Nichtanwendung des § 38 VBLS beseitigen, denn dadurch würde entgegen des mit § 38 VBLS verfolgten Regelungsplans auch die Hinterbliebenenrente für Ehegatten ausgeschlossen werden.[1150] Der der Hinterbliebenenrente zugrunde liegende Regelungsplan lasse sich mithin nur dann vervollständigen, wenn § 38 VBLS ab dem 01.01.2005 auch auf eingetragene Lebenspartner Anwendung finde.[1151] Dies entspreche sowohl dem hypothetischen Willen der Tarifvertragsparteien als auch der VBL, welche eine Einbeziehung eingetragener Lebenspartner in die Hinterbliebenenversorgung vorgenommen hätten, wäre ihnen

1144 BVerfGE 124, 199 (224). Vgl. ausführlich zu dieser Argumentation unten unter Teil 3, B., III.
1145 BVerfGE 124, 199 (224) mit Verweis auf BVerfGE 6, 55 (76 f.); 105, 313 (348).
1146 BVerfGE 124, 199 (224).
1147 BVerfGE 124, 199 (224).
1148 Vgl. dazu BVerfGE 124, 199 (226 ff.).
1149 BVerfGE 124, 199 (233 f.) mit Verweis auf BGHZ 174, 127 (175).
1150 BVerfGE 124, 199 (234).
1151 BVerfGE 124, 199 (234).

die sich aus Art. 3 Abs. 1 GG ergebende Verpflichtung bewusst gewesen. Darüber hinaus seien einer Einbeziehung entgegenstehende Grundrechtspositionen auch nicht erkennbar.[1152] Es bleibe den Tarifvertragsparteien und der VBL unbenommen, § 38 VBLS durch eine Regelung zu ersetzen, die Art. 3 Abs. 1 GG in Bezug auf die Gleichbehandlung von Ehe und eingetragener Lebenspartnerschaft Rechnung trage. Dabei komme insbesondere eine noch stärkere Berücksichtigung des konkreten Unterhaltsbedarfs in Betracht.[1153]

2. Die Gleichstellung von Ehe und Lebenspartnerschaft im Erbschaftsteuer- und Schenkungsteuergesetz

Nach dem Beschluss des Ersten Senats zur Gleichstellung von Ehe und eingetragener Lebenspartnerschaft im Bereich der betrieblichen Hinterbliebenenversorgung für Arbeitnehmer des öffentlichen Dienstes beschäftigt sich das Bundesverfassungsgericht in einem zweiten Beschluss vom 21. Juli 2010 mit der Ungleichbehandlung von Ehe und eingetragener Lebenspartnerschaft im Erbschaftsteuer- und Schenkungsteuergesetz in der bis zum 31. Dezember 2008 geltenden Fassung.[1154] Auch hier stellt der Erste Senat fest, dass die Ungleichbehandlung von Ehe und eingetragener Lebenspartnerschaft gegen Art. 3 Abs. 1 GG verstoße.

a. Der zugrunde liegende Sachverhalt

Gegenstand des Beschlusses des Ersten Senats vom 21. Juli 2010 war die Ungleichbehandlung von Ehe und eingetragener Lebenspartnerschaft in den §§ 15, 16 und 17 des Erbschaftsteuer- und Schenkungsteuergesetzes (ErbStG) in der auf das Jahressteuergesetz 1997 vom 20. Dezember 1996[1155] zurückgehenden Fassung der Bekanntmachung vom 27. Februar 1997[1156]. Nach § 1 Abs. 1 Nr. 1 und 2 ErbStG unterliegen unter anderem der Erwerb von Todes wegen sowie die Schenkung unter Lebenden der Erbschaft- bzw. Schenkungsteuer. Dabei werden gem. § 15 Abs. 1 ErbStG nach dem persönlichen Verhältnis des Erwerbers zum Erblasser oder Schenker drei Steuerklassen unterschieden. Gem. § 15 Abs. 1 ErbStG a.F. fielen unter Steuerklasse I der Ehegatte des Erblassers oder Schenkers, sowie die Kinder und Stiefkinder, die Enkel sowie

1152 BVerfGE 124, 199 (234).
1153 BVerfGE 124, 199 (234 f.).
1154 BVerfGE 126, 400 (400 ff.), Beschluss des Ersten Senats vom 21. Juli 2010 – 1 BvR 611, 2464/07.
1155 BGBl. 1996 I, S. 2049.
1156 BGBl. 1997 I, S. 378. Im Folgenden: ErbStG a.F. Mittlerweile wurden die oben genannten Vorschriften zunächst durch das Gesetz zur Reform des Erbschaftsteuer- und Bewertungsrechts (Erbschaftsteuerreformgesetz) vom 24. Dezember 2008 (BGBl. 2008 I, S. 3018) zugunsten eingetragener Lebenspartner geändert. Durch das Jahressteuergesetz 2010 vom 08. Dezember 2010 (BGBl. 2010 I, S. 1768) erfolgte schließlich die vollständige Gleichstellung von Ehegatten und Lebenspartnern im Erbschaftsteuer- und Schenkungsteuerrecht.

die Eltern und Voreltern bei Erwerben von Todes wegen. Zur Steuerklasse II zählten unter anderem die Eltern und Voreltern, soweit sie nicht zur Steuerklasse I gehören und die Geschwister. Unter Steuerklasse III fielen schließlich alle übrigen Erwerber und damit nach damaliger Auslegung auch die eingetragenen Lebenspartner.[1157] Maßgebend ist die Einordnung in die jeweilige Steuerklasse gem. § 19 Abs. 1 ErbStG für die Höhe des Steuersatzes sowie gem. § 16 Abs. 1 ErbStG für die Bestimmung der persönlichen Freibeträge. Dabei zeichnet sich die Besteuerung der Ehegatten innerhalb der Steuerklasse I durch einen gegenüber den anderen Steuerklassen deutlich niedrigeren Steuersatz sowie den höchsten Steuerfreibetrag auch innerhalb ihrer Steuerklasse aus. Zudem steht Ehegatten neben dem Freibetrag gem. § 16 Abs. 1 Nr. 1 ErbStG ein besonderer Versorgungsfreibetrag gem. § 17 Abs. 1 S. 1 ErbStG zu. Demgegenüber wurden eingetragene Lebenspartner gem. § 15 Abs. 1 ErbStG a.F. als „übrige Erwerber" innerhalb der Steuerklasse III wie entfernte Verwandte und Fremde besteuert.[1158] Sie unterlagen im Erbschafts- oder Schenkungsfall deutlich höheren Steuersätzen, hatten gem. § 16 Abs. 1 Nr. 5 ErbStG a.F. nur einen geringen Steuerfreibetrag sowie keinen besonderen Versorgungsfreibetrag im Sinne des § 17 ErbStG a.F.

Gegen diese Rechtslage erhoben die Beschwerdeführer Verfassungsbeschwerde mit der Behauptung, in ihren Rechten aus Art. 3 Abs. 1 GG und Art. 14 Abs. 1 GG verletzt worden zu sein.[1159] Beide Beschwerdeführer waren Erben ihrer verstorbenen eingetragenen Lebenspartner. Bei der Berechnung der jeweils fälligen Erbschaftsteuer ordneten die zuständigen Finanzämter die Beschwerdeführer in die Steuerklasse III ein und gewährten aufgrund dessen nur den dieser Steuerklasse zustehenden Freibetrag gem. § 16 Abs. 1 Nr. 5 EStG a.F. und erhoben den gem. § 19 Abs. 1 EStG a.F. fälligen Erbschaftsteuersatz. Ein besonderer Versorgungsfreibetrag gem. § 17 EStG a.F. wurde in beiden Fällen nicht gewährt. Der als Revisionsinstanz herangezogene Bundesfinanzhof lehnte eine analoge Anwendung der §§ 15, 16, 17 und 19 ErbStG mit dem Ziel der Gleichstellung eingetragener Lebenspartner mit Ehegatten in beiden Fällen mit dem Argument ab, dass Art. 6 Abs. 1 GG den Gesetzgeber nur zum Schutz von Ehe und Familie verpflichte; eingetragenen Lebenspartnern könne er zwar Vergünstigungen einräumen, müsse dies aber nicht. Zudem bilde im bestehenden Erbschaftsteuerrecht das sich aus dem Schutz von Ehe und Familie ergebende Familienprinzip eine Grenze für das Maß der Steuerbelastung, welche aber nur bei Ehegatten und Kindern einschlägig sei.[1160] Nach Ansicht der Beschwerdeführer verletzte die erbschaftsteuerrechtliche Ungleichbehandlung von Ehe und eingetragener Lebenspartnerschaft Art. 3 Abs. 1 GG, denn bei der Ehe und der eingetragenen Lebenspartnerschaft handele es sich gleichermaßen

---

1157 BVerfGE 126, 400 (406).

1158 BVerfGE 126, 400 (403).

1159 BVerfGE 126, 400 (411 f.).

1160 Vgl. den Gerichtsbescheid des BFH vom 8. November 2006 – II R 43/05 (nicht veröffentlicht, abrufbar unter http://www.lsvd.de/fileadmin/pics/Dokumente/Recht sprechung/BFH061108.pdf) sowie den Beschluss des BFH vom 20. Juni 2007 – II R 56/05, NJW 2007, 3455 (3455 f.).

um auf Dauer angelegte Lebensgemeinschaften, welche sich auch in Hinblick auf die Vermögenssituation und die gegenseitig übernommene Fürsorge und Verantwortung nicht wesentlich voneinander unterschieden.[1161] Die Wahl zwischen Ehe und eingetragener Lebenspartnerschaft erfolge aufgrund der sexuellen Identität, sodass eine Ungleichbehandlung von Ehe und eingetragener Lebenspartnerschaft eine Diskriminierung aufgrund der sexuellen Orientierung darstelle, wodurch der Gesetzgeber besonders eng an den Gleichheitsgrundsatz gebunden sei.[1162] Art. 6 Abs. 1 GG gebiete es nicht, die eingetragene Lebenspartnerschaft gegenüber der Ehe zu benachteiligen.[1163] Die Beschwerdeführer rügten zudem einen Verstoß gegen die Garantie des Erbrechts gem. Art. 14 Abs. 1 GG.[1164] Die weitgehende Angleichung der eingetragenen Lebenspartnerschaft an die Ehe bewirke, dass Lebenspartner, ebenso wie Ehegatten, eine gemeinsame wirtschaftliche Grundlage für die individuelle Gestaltung ihrer Partnerschaft schafften, die der Partnerschaft auch im Alter bzw. nach Ableben eines Partners zugute kommen solle.[1165] Die erbschaftsteuerliche Behandlung eingetragener Lebenspartner innerhalb der Steuerklasse III wie Fremde sei mit diesem Bild nicht zu vereinbaren.[1166]

b. Die Entscheidung des Bundesverfassungsgerichts

Das Bundesverfassungsgericht hielt die zulässigen Verfassungsbeschwerden auch für begründet, da die erbschaftsteuerrechtliche Schlechterstellung von eingetragenen Lebenspartnern gegenüber Ehegatten im persönlichen Freibetrag gem. § 16 Abs. 1 ErbStG a.F., im Steuersatz gem. §§ 15 Abs. 1, 19 Abs. 1 ErbStG a.F. und durch Nichtgewährung eines Versorgungsfreibetrags gem. § 17 ErbStG a.F. mit dem allgemeinen Gleichheitssatz des Art. 3 Abs. 1 GG unvereinbar sei.[1167]

aa) Prüfungsmaßstab: Art. 3 Abs. 1 GG

Prüfungsmaßstab für die Ungleichbehandlung von Ehe und eingetragener Lebenspartnerschaft im Rahmen des ErbStG a.F. ist Art. 3 Abs. 1 GG.

(1) Vorliegen einer Ungleichbehandlung von Ehe und Lebenspartnerschaft

Das Bundesverfassungsgericht bejahte eine Ungleichbehandlung und führte aus, dass das ErbStG a.F. die in Steuerklasse I einzuordnenden Ehegatten und nahe

1161 BVerfGE 126, 400 (411 f.).
1162 BVerfGE 126, 400 (411 f.).
1163 BVerfGE 126, 400 (412).
1164 BVerfGE 126, 400 (411 f.).
1165 BVerfGE 126, 400 (411 f.).
1166 BVerfGE 126, 400 (411 f.).
1167 BVerfGE 126, 400 (414 f.). Aufgrund der durch das BVerfG festgestellten Unvereinbarkeit der erbschaftsteuerrechtlichen Vorschriften mit Art. 3 Abs. 1 GG lässt das Gericht offen, ob die zugrunde liegenden Vorschriften auch gegen Art. 14 Abs. 1 GG verstoßen.

Verwandte mit umfangreichen Freibeträgen gem. § 16 Abs. 1 ErbStG a.F., niedrigen Steuersätzen gem. §§ 15 Abs. 1, 19 Abs. 1 ErbStG a.F. sowie einem besonderen Versorgungsfreibetrag im Sinne des § 17 ErbStG a.F. privilegiere. Demgegenüber würden eingetragene Lebenspartner gem. § 15 Abs. 1 ErbStG a.F. als „übrige Erwerber“ innerhalb der Steuerklasse III wie beliebige Dritte behandelt, d.h. sie unterlägen einem höheren Steuersatz, hätten geringere persönliche Freibeträge und seien von dem besonderen Versorgungsfreibetrag gem. § 17 ErbStG a.F. vollständig ausgeschlossen.[1168] Folglich liege eine Ungleichbehandlung von eingetragener Lebenspartnerschaft und Ehe vor.[1169]

(2) Anwendung eines strengen Gleichheitsmaßstabes: Die Ungleichbehandlung verschiedener Personengruppen aufgrund der sexuellen Orientierung im Steuerrecht

Wie in der Hinterbliebenenentscheidung[1170] kam das Bundesverfassungsgericht auch in dieser Entscheidung zu dem Ergebnis, dass die Prüfung der Ungleichbehandlung anhand eines strengen Gleichheitsmaßstabes zu erfolgen habe. Im vorliegenden Fall ergebe sich der anzuwendende strenge Gleichheitsmaßstab daraus, dass es sich um eine Ungleichbehandlung einer Personengruppe aufgrund ihrer sexuellen Orientierung im Steuerrecht handele: Im Bereich des Steuerrechts stehe dem Gesetzgeber zwar grundsätzlich ein weiter Entscheidungsspielraum zu,[1171] dieser werde allerdings durch das Gebot der Ausrichtung der Steuerlast am Prinzip der finanziellen Leistungsfähigkeit und durch das Gebot der Folgerichtigkeit begrenzt.[1172] Ein Steuergesetz müsse alle Steuerpflichtigen bei folgerichtiger Umsetzung grundsätzlich rechtlich und tatsächlich gleichmäßig belasten.[1173] Von der folgerichtigen Umsetzung könne nur aufgrund der Berufung auf einen besonderen sachlichen Grund abgesehen werden.[1174] Des Weiteren handele es sich bei der unterschiedlichen Besteuerung von Erbschaften um eine Differenzierung aufgrund von personenbezogenen Merkmalen, die Besteuerung erfolge in Abhängigkeit von der familiären und verwandtschaftlichen Nähe zum Erblasser oder Schenker.[1175] Bei einer solchen Ungleichbehandlung, welche ihren Anknüpfungspunkt in der Person finde, unterliege

1168 BVerfGE 126, 400 (415 f.).
1169 BVerfGE 126, 400 (415 f.).
1170 Vgl. oben unter 3. Teil, B., II., 1., b., aa), (2), (a).
1171 BVerfGE 126, 400 (416 f.) mit Verweis auf BVerfGE 93, 121 (136); 105, 73 (126); 107, 27 (47); 117, 1 (30); 120, 1 (29); 123, 1 (19).
1172 BVerfGE 126, 400 (417) mit Verweis auf BVerfGE 116, 164 (180 f.); 117, 1 (30); 121, 108 (119 f.).
1173 BVerfGE 126, 400 (417) mit Verweis auf BVerfGE 110, 274 (292); 117, 1 (30); 121, 108 (120).
1174 BVerfGE 126, 400 (417) mit Verweis auf BVerfGE 99, 88 (95); 107, 27 (47); 117, 1 (31); 120, 1 (29).
1175 BVerfGE 126, 400 (417).

der Gesetzgeber regelmäßig einer strengen Bindung.[1176] Dabei seien dem Gesetzgeber umso engere Grenzen gesetzt, je weniger nachteilige Folgen durch das Verhalten des Einzelnen vermieden werden könnten und je mehr in grundgesetzlich geschützte Freiheiten eingegriffen werde.[1177] Vorliegend greife die Besteuerung in das gem. Art. 14 Abs. 1 S. 1 GG geschützte Erbrecht der Erben ein, ohne dass diese durch eigenes Verhalten Einfluss auf die Besteuerung nehmen könnten.[1178] Aufgrund dessen bedürfe die unterschiedliche Besteuerung verschiedener Gruppen von Erben gem. Art. 3 Abs. 1 GG eines hinreichend gewichtigen Differenzierungsgrundes.[1179] Schließlich ergebe sich das Bedürfnis einer strengen Gleichheitsprüfung auch daraus, dass es sich vorliegend um eine Ungleichbehandlung aufgrund der sexuellen Orientierung handele, denn die Entscheidung des Einzelnen für eine eingetragene Lebenspartnerschaft oder Ehe sei kaum trennbar von seiner sexuellen Orientierung.[1180] Aufgrund dieser Anknüpfung der erbschaftsteuerlichen Ungleichbehandlung von Ehe und eingetragener Lebenspartnerschaft an die sexuelle Orientierung bedürfe es hinreichend gewichtiger Unterschiede zwischen diesen beiden Formen der Partnerschaft, um die konkrete Ungleichbehandlung zu rechtfertigen.[1181]

(3) Keine Rechtfertigung der Ungleichbehandlung

Nach Ansicht des Bundesverfassungsgerichts bestehen zwischen Ehe und eingetragener Lebenspartnerschaft keine Unterschiede von solchem Gewicht, dass sie die Schlechterstellung von eingetragenen Lebenspartnern im ErbStG a.F. rechtfertigen könnten.[1182] Dies gelte sowohl für § 16 ErbStG a.F. als auch für die §§ 17 und 19 ErbStG a.F. Dabei setzt sich das Gericht zunächst mit der Ungleichbehandlung von Lebenspartnerschaft und Ehe im Rahmen des persönlichen Freibetrags gem. § 16 ErbStG a.F. auseinander. Hiernach bleibt ein Teil der Erbschaft steuerfrei, wobei sich die konkreten Beträge nach der jeweiligen Steuerklasse ergeben, welche sich am Prinzip der Familien- und Verwandtschaftsnähe orientiert.[1183] Nach § 16 ErbStG a.F. erhalten eingetragene Lebenspartner aufgrund ihrer Einordnung in die Steuerklasse III einen wesentlich geringeren Steuerfreibetrag als Ehegatten. Diese Ungleichbehandlung ist nach Ansicht des Bundesverfassungsgerichts nicht gerechtfertigt, da Ehe und eingetragene Lebenspartnerschaft im Bereich des Erbschaftsteuerrechts vergleichbar seien.[1184] Aufgrund dessen lasse sich die

---

1176 BVerfGE 126, 400 (417) mit Verweis auf BVerfGE 88, 87 (96); 98, 365 (389); 121, 317 (369).
1177 BVerfGE 126, 400 (418) mit Verweis auf BVerfGE 55, 72 (89); 82, 126 (146).
1178 BVerfGE 126, 400 (418).
1179 BVerfGE 126, 400 (418 f.).
1180 BVerfGE 126, 400 (419) mit Verweis auf BVerfGE 124, 199 (220 f.).
1181 BVerfGE 126, 400 (419).
1182 BVerfGE 126, 400 (419).
1183 Vgl. BVerfGE 126, 400 (419).
1184 BVerfGE 126, 400 (421 ff.).

Benachteiligung der eingetragenen Lebenspartnerschaft nicht bereits durch Art. 6 Abs. 1 GG rechtfertigen.[1185] Darüber hinaus ergäben sich, so das Gericht, weder aus dem Prinzip der Besteuerung nach der Leistungsfähigkeit, noch aus dem das Erbschaftsteuerrecht prägende Familienprinzip Gründe für eine Ungleichbehandlung.[1186] Auch für die Ungleichbehandlung von Ehegatten und Lebenspartnern im Bereich des besonderen Freibetrags gem. § 17 ErbStG a.F. sowie der Einordnung in die Steuerklasse gem. §§ 15 Abs. 1, 19 Abs. 1 ErbStG a.F. fehle ein ausreichender Differenzierungsgrund, denn auch in diesen Bereichen sei die Lebenspartnerschaft mit der Ehe vergleichbar.[1187]

bb) Rechtsfolge: Unanwendbarkeit der §§ 16 Abs. 1, 17 und 15 Abs. 1 i.V.m. § 19 ErbStG a.F.

Aufgrund der Unvereinbarkeit der §§ 16 Abs. 1, 17 und 15 Abs. 1 i.V.m. § 19 ErbStG a.F. mit Art. 3 Abs. 1 GG dürfen Gerichte und Verwaltungsbehörden die Normen im Umfang der festgestellten Unvereinbarkeit nicht mehr anwenden.[1188] Die im Ausgangsverfahren ergangenen Beschlüsse des Bundesfinanzhofs sind aufzuheben. Für Altfälle im Zeitraum zwischen Inkrafttreten des LPartDisBG[1189] bis zum Inkrafttreten des Erbschaftsteuerreformgesetzes vom 24. Dezember 2008[1190] hat der Gesetzgeber eine Neuregelung zu treffen, welche die festgestellten Gleichheitsverstöße beseitigt.[1191]

3. Der Familienzuschlag der Stufe 1 im Beamtenrecht auch für eingetragene Lebenspartner

Fortgesetzt wird die Rechtsprechung des Bundesverfassungsgerichts zur Gleichstellung der eingetragenen Lebenspartnerschaft mit der Ehe durch einen Beschluss des Zweiten Senats vom 19. Juni 2012.[1192] Gegenstand dieses Beschlusses ist die Ungleichbehandlung von Ehe und eingetragener Lebenspartnerschaft beim Familienzuschlag der Stufe 1 gem. § 40 Abs. 1 Nr. 1 BBesG in der bis zum 1. Januar 2009 geltenden Fassung.

1185 BVerfGE 126, 400 (420) mit Verweis auf BVerfGE 124, 199 (226).
1186 BVerfGE 126, 400 (420).
1187 BVerfGE 126, 400 (428 ff.).
1188 BVerfGE 126, 400 (431).
1189 BGBl. 2001 I, S. 266.
1190 BGBl. 2008 I, S. 3018.
1191 BVerfGE 126, 400 (431).
1192 BVerfGE 131, 239 (239 ff.), Beschluss des Zweiten Senats vom 19. Juni 2012 – 2 BvR 1397/09.

a. Der zugrunde liegende Sachverhalt

Bei der Bemessung der Bezüge eines Beamten wird dessen Familienstand berücksichtigt, indem nach §§ 39 ff. BBesG neben dem Grundgehalt ein Familienzuschlag gewährt wird. Gem. § 39 Abs. 1 S. 2 BBesG richtet sich die Höhe des Familienzuschlags nach der Besoldungsgruppe des Beamten und der Stufe, die den Familienverhältnissen entspricht. Dabei gehören verheiratete Beamte neben unter anderem verwitweten und geschiedenen Beamten gem. § 40 Abs. 1 BBesG zur Stufe 1. Eingetragene Lebenspartner erhielten hingegen nach der bis zum 1. Januar 2009 geltenden Fassung des Bundesbesoldungsgesetzes (BBesG) keinen Familienzuschlag.[1193] Zwar war eine Erstreckung der für die Ehe geltenden Vorschriften im BBesG auch für eingetragene Lebenspartner im LPartErgG vorgesehen, mangels Zustimmung des Bundesrates kam dieses Gesetz allerdings nicht zustande.[1194]

Der Beschwerdeführer lebte seit dem Jahr 2002 in eingetragener Lebenspartnerschaft und war als Bundesbeamter beim Deutschen Wetterdienst, einer teilrechtsfähigen Anstalt des öffentlichen Rechts, tätig. Durch die Nichtgewährung des Familienzuschlags der Stufe 1 an eingetragene Lebenspartner gem. § 40 Abs. 1 Nr. 1 BBesG in der bis zum 1. Januar 2009 geltenden Fassung sah er sich in seinen Rechten aus Art. 3 Abs. 1 GG sowie Art. 33 Abs. 5 GG verletzt und erhob deshalb Verfassungsbeschwerde vor dem Bundesverfassungsgericht mit dem Ziel der Gewährung eines Familienzuschlags der Stufe 1 rückwirkend im Zeitraum ab dem 2. Dezember 2003[1195] bis zum 1. Januar 2009[1196].[1197] Er argumentierte, dass allein Art. 6 Abs. 1 GG ohne Hinzutreten weiterer Sachgründe keine Benachteiligung der eingetragenen Lebenspartnerschaft gegenüber der Ehe rechtfertigen könne.[1198] In Bezug auf die Zwecksetzung des Familienzuschlags seien eingetragene Lebenspartner vergleichbar mit Ehegatten ohne Kinder, sodass eine Ungleichbehandlung dieser beiden Partnerschaften mit Art. 3 Abs. 1 GG nicht vereinbar sei.[1199] Zudem ergebe sich die Pflicht zur Berücksichtigung der eingetragenen Lebenspartnerschaft im Rahmen des Familienzuschlags auch aus der Alimentationspflicht des

1193 Ab dem 1. Januar 2009 wurde rückwirkend mit Art. 4 des Gesetzes zur Übertragung ehebezogener Regelungen im öffentlichen Dienstrecht auf Lebenspartnerschaften vom 14. November 2011 (BGBl. 2011 I, S. 2219) das BBesG novelliert und gem. § 17b BBesG die Geltung aller ehebezogener Regelungen entsprechend auch auf in eingetragener Lebenspartnerschaft lebende Beamte angeordnet. Durch die Föderalismusreform I ging die Zuständigkeit für die Regelung der Besoldung von Landesbeamten zum 1. September 2006 auf die Länder über.

1194 Vgl. hierzu oben unter 3. Teil, A., I.

1195 Ablauf der Umsetzungsfrist der Richtlinie 2000/78/EG.

1196 Rückwirkendes Inkrafttreten (vgl. Art. 10 Abs. 1) des Gesetzes zur Übertragung ehebezogener Regelungen im öffentlichen Dienstrecht auf Lebenspartnerschaften vom 14. November 2011 (BGBl. 2011 I, S. 2219).

1197 BVerfGE 131, 239 (247 f.).

1198 BVerfGE 131, 239 (248).

1199 BVerfGE 131, 239 (248 f.).

Dienstherrn gem. Art. 33 Abs. 5 GG, denn aus Art. 6 Abs. 1 GG lasse sich nach der Rechtsprechung des Bundesverfassungsgerichts kein Abstandsgebot der Lebenspartnerschaft zur Ehe ableiten und die in der eingetragenen Lebenspartnerschaft bestehenden Unterhaltspflichten seien mit denen in der Ehe identisch, sodass das Alimentationsprinzip auch den eingetragenen Lebenspartner umfasse.[1200]

b. Die Entscheidung des Bundesverfassungsgerichts

Der Zweite Senat des Bundesverfassungsgerichts hat entschieden, dass die Ungleichbehandlung von Ehe und eingetragener Lebenspartnerschaft im Rahmen des Familienzuschlags der Stufe 1 gem. § 40 Abs. 1 Nr. 1 BBesG in der bis zum 1. Januar 2009 geltenden Fassung gegen den allgemeinen Gleichheitssatz des Art. 3 Abs. 1 GG verstößt.[1201]

aa) Prüfungsmaßstab: Art. 3 Abs. 1 GG

Die Ungleichbehandlung von Ehe und eingetragener Lebenspartnerschaft im Rahmen des Familienzuschlags der Stufe 1 misst auch der Zweite Senat an Art. 3 Abs. 1 GG.

(1) Vorliegen einer Ungleichbehandlung von Ehe und Lebenspartnerschaft

Der Ausschluss eingetragener Lebenspartner vom Familienzuschlag der Stufe 1 stellt nach Ansicht der Zweiten Kammer des Bundesverfassungsgerichts eine mittelbare Ungleichbehandlung eingetragener Lebenspartner aufgrund ihrer sexuellen Orientierung dar.[1202]

(2) Anwendung eines strengen Gleichheitsmaßstabs: Die Ungleichbehandlung verschiedener Personengruppen aufgrund der sexuellen Orientierung

Auch in diesem Beschluss ergibt sich die Anwendung eines strengen Prüfungsmaßstabs innerhalb des Art. 3 Abs. 1 GG daraus, dass es sich nach Ansicht des Verfassungsgerichts bei der Ungleichbehandlung von Ehe und eingetragener Lebenspartnerschaft im Rahmen des Familienzuschlags der Stufe 1 um eine Ungleichbehandlung von Personengruppen aufgrund ihrer sexuellen Orientierung handelt.[1203]

1200 BVerfGE 131, 239 (249).

1201 BVerfGE 131, 239 (255). Soweit die Verfassungsbeschwerde auch eine Verletzung des Art. 33 Abs. 5 GG rügt, mangelt es nach Ansicht des BVerfG an einer substantiierten und schlüssigen Darlegung der Verletzung (vgl. BVerfGE 131, 239 (254 f.).

1202 BVerfGE 131, 239 (258 f.).

1203 BVerfGE 131, 239 (256).

(3) Keine Rechtfertigung der Ungleichbehandlung

Die festgestellte Ungleichbehandlung von in eingetragener Lebenspartnerschaft lebenden Beamten und verheirateten Beamten bei der Gewährung des Familienzuschlags der Stufe 1 ist nach Ansicht des Zweiten Senats nicht gerechtfertigt.[1204] Eine Rechtfertigung der Ungleichbehandlung ergebe sich nicht bereits aus Art. 6 Abs. 1 GG. Gehe die Privilegierung der Ehe mit einer Benachteiligung anderer, in vergleichbarer Weise rechtlich verbindlich verfasster Lebensformen einher, obgleich diese nach dem geregelten Lebenssachverhalt und den mit der Normierung verfolgten Zwecken mit der Ehe vergleichbar seien, rechtfertige der bloße Verweis auf das Schutzgebot der Ehe eine solche Differenzierung nicht.[1205] Sodann kommt der Zweite Senat zu dem Schluss, dass Ehe und eingetragene Lebenspartnerschaft zum einen grundsätzlich vergleichbar seien und sich zum anderen keine tragfähigen sachlichen Gründe für die Rechtfertigung der Ungleichbehandlung von verheirateten und in eingetragener Lebenspartnerschaft lebenden Beamten aus dem Normzweck des § 40 Abs. 1 Nr. 1 BBesG ergäben.[1206]

bb) Rechtsfolge: Unvereinbarkeit des § 40 Abs. 1 Nr. 1 BBesG mit dem Grundgesetz

Aufgrund des Verstoßes des § 40 Abs. 1 Nr. 1 BBesG[1207] gegen Art. 3 Abs. 1 GG stellt das Bundesverfassungsgericht die Unvereinbarkeit dieser Norm mit dem Grundgesetz fest.[1208] Hieraus folge die Verpflichtung des Gesetzgebers, den festgestellten Verfassungsverstoß für in eingetragener Lebenspartnerschaft lebende Beamte, welche ihren Anspruch auf Familienzuschlag der Stufe 1 zeitnah geltend gemacht haben, rückwirkend zum 1. August 2001 zu beseitigen.[1209]

4. Die Befreiung eingetragener Lebenspartner von der Grunderwerbsteuer

Fortgesetzt wird die Rechtsprechung des Bundesverfassungsgerichts zur Gleichstellung der eingetragenen Lebenspartnerschaft mit der Ehe in einem Beschluss des Ersten Senats vom 18. Juli 2012, welcher sich mit der Befreiung der eingetragenen Lebenspartner von der Grunderwerbsteuer beschäftigt.[1210]

1204 BVerfGE 131, 239 (259).

1205 BVerfGE 131, 239 (260) mit Verweis auf BVerfGE 124, 199 (226); 126, 400 (420).

1206 BVerfGE 131, 239 (261 f.).

1207 In der Fassung des Gesetzes zur Reform des öffentlichen Dienstrechts vom 24. Februar 1997 bis zum Inkrafttreten von § 17b BBesG in der Form des Art. 4 des Gesetzes zur Übertragung ehebezogener Regelungen im öffentlichen Dienstrecht auf Lebenspartnerschaften vom 14. November 2011 (BGBl. 2011 I, S. 2219) mit Wirkung zum 1. Januar 2009.

1208 BVerfGE 131, 239 (264 f.).

1209 BVerfGE 131, 239 (265 ff.).

1210 BVerfGE 132, 179 (179 ff.), Beschluss des Ersten Senats vom 18. Juli 2012 – 1 BvL 16/11.

a. Der zugrunde liegende Sachverhalt

Nach § 1 des Grunderwerbsteuergesetzes (GrEStG) unterliegen bestimmte Erwerbsvorgänge an Grundstücken oder grundstücksgleichen Rechten der Grunderwerbsteuer. Von dieser Grunderwerbsteuerpflicht statuiert § 3 GrEStG Ausnahmen. Gem. § 3 Nr. 4 GrEStG in der Fassung der Bekanntmachung vom 26. Februar 1997[1211] war die Besteuerung bei einem Grundstückserwerb durch den Ehegatten ausgenommen. Hinzu kamen in § 3 Nr. 3 S. 2 und 3, Nr. 5, Nr. 6 S. 3 und Nr. 7 S. 2 GrEStG a.F. noch weitere Ausnahmen von der Besteuerung zugunsten von Ehegatten. Für eingetragene Lebenspartner galten diese Steuerbefreiungen in der bis zum Inkrafttreten des Jahressteuergesetztes 2010 vom 8. Dezember 2010 geltenden Fassung des GrEStG hingegen nicht.[1212]

Die Kläger des Ausgangsverfahrens lebten seit 2002 in einer eingetragenen Lebensgemeinschaft im Güterstand der Zugewinngemeinschaft.[1213] Im Jahr 2009 schlossen die bereits getrennt lebenden Lebenspartner eine notariell beurkundete Auseinandersetzungsvereinbarung, in der sie den gesetzlichen Güterstand aufhoben und Gütertrennung vereinbarten.[1214] Den während der Lebenspartnerschaft erzielten Zugewinn regelten die Kläger, indem sie sich wechselseitig unentgeltlich das Miteigentum an zwei jeweils hälftig in ihrem Eigentum stehenden Immobilien gegen Übernahme der vorher gesamtschuldnerisch bestehenden schuldrechtlichen und dinglichen Haftung durch den späteren Alleineigentümer übertrugen.[1215] Infolge dessen setzte das im Ausgangsverfahren beklagte Finanzamt gegen beide Kläger die Grunderwerbsteuer fest. Gegen diese Festsetzung wendeten sich die Kläger vor dem Finanzgericht mit der Behauptung einer verfassungswidrigen Ungleichbehandlung ihrer Lebenspartnerschaft gegenüber einer Ehe.[1216] Das Finanzgericht setzte das Verfahren aus und legte dem Bundesverfassungsgericht die Frage vor, ob der Ausschluss eingetragener Lebenspartner von der Grunderwerbsteuerbefreiung gem. § 3 Nr. 4 GrEStG a.F. gegen Art. 3 Abs. 1 GG verstößt.

1211 BGBl. 1997 I, S. 418, im Folgenden GrEStG a.F. Geändert durch das Jahressteuergesetz 2010 vom 8. Dezember 2010 (BGBl. 2010 I, S. 1768), in dem der Gesetzgeber eingetragene Lebenspartner hinsichtlich aller für Ehepartner geltenden Ausnahmen des § 3 GrEStG a.F. gleichgestellt hat.

1212 Nach § 23 Abs. 9 GrEStG in der Fassung des Jahressteuergesetzes 2010 ist die geänderte Fassung des § 3 GrEStG erstmals auf Erwerbsvorgänge anzuwenden, die nach dem 13. Dezember 2010 verwirklicht wurden.

1213 BVerfGE 132, 179 (183).

1214 BVerfGE 132, 179 (183 f.).

1215 BVerfGE 132, 179 (184).

1216 BVerfGE 132, 179 (184).

b. Die Entscheidung des Bundesverfassungsgerichts

Nach Ansicht des Ersten Senats ist § 3 GrEStG a.F. mit Art. 3 Abs. 1 GG unvereinbar, soweit diese Norm nur Ehegatten und nicht auch Lebenspartner von der Grunderwerbsteuer befreie.[1217]

aa) Prüfungsmaßstab: Art. 3 Abs. 1 GG

Prüfungsmaßstab ist wiederum Art. 3 Abs. 1 GG.

(1) Vorliegen einer Ungleichbehandlung von Ehe und Lebenspartnerschaft

Die Ungleichbehandlung von Ehe und eingetragener Lebenspartnerschaft liegt, so das Bundesverfassungsgericht, darin, dass – bis zur Neuregelung des GrEStG durch das Jahressteuergesetz 2010 – gem. § 3 Nr. 4 GrEStG a.F. nur der Grundstückserwerb durch den Ehegatten grunderwerbsteuerfrei möglich war, während Lebenspartner beim Grundstückserwerb untereinander besteuert wurden.[1218]

(2) Anwendung eines strengen Gleichheitsmaßstabes: Die Ungleichbehandlung verschiedener Personengruppen aufgrund der sexuellen Orientierung im Steuerrecht

Auch im vorliegenden Fall erfordert die Prüfung der Ungleichbehandlung nach Art. 3 Abs. 1 GG eine strenge Verhältnismäßigkeitsprüfung.[1219] Dies ergibt sich – wie auch bei dem Beschluss des Ersten Senats zur Gleichstellung eingetragener Lebenspartner im Erbschaftsteuer- und Schenkungsteuergesetz – nach Ansicht des Ersten Senats daraus, dass es sich um eine Ungleichbehandlung von eingetragenen Lebenspartnern aufgrund ihrer sexuellen Orientierung im Steuerrecht handele.[1220] Aufgrund dessen bedürfe es hinreichend gewichtiger Unterschiede zwischen Ehe und eingetragener Lebenspartnerschaft, um die konkrete Ungleichbehandlung rechtfertigen zu können.[1221]

(3) Keine Rechtfertigung der Ungleichbehandlung

Die Ungleichbehandlung von Ehe und eingetragener Lebenspartnerschaft sei nicht gerechtfertigt, denn Unterschiede von hinreichendem Gewicht bestünden in Bezug auf § 3 Nr. 4 GrEStG a.F. nicht.[1222] Eine Rechtfertigung ergebe sich in diesem Zusammenhang weder aus dem Normzweck des § 3 Nr. 4 GrEStG a.F., noch aus der in

1217 BVerfGE 132, 179 (187).
1218 BVerfGE 132, 179 (188).
1219 BVerfGE 132, 179 (188 ff.).
1220 BVerfGE 132, 179 (188 ff.).
1221 BVerfGE 132, 179 (190) mit Verweis auf BVerfGE 124, 199 (222); 126, 400 (419).
1222 BVerfGE 132, 179 (190).

Art. 6 Abs. 1 GG verankerten Pflicht, die Ehe zu schützen und zu fördern.[1223] Denn „geht die Förderung der Ehe mit der Benachteiligung anderer Lebensformen einher, obgleich diese nach dem geregelten Lebenssachverhalt und den mit der Normierung verfolgten Zielen der Ehe vergleichbar sind, rechtfertigt die bloße Verweisung auf das Schutzgebot der Ehe eine solche Differenzierung nicht."[1224] Dies ist nach Ansicht des Gerichts der Fall, da die eingetragene Lebenspartnerschaft sowohl eherechtlich als auch erbrechtlich an die Ehe angeglichen sei und aufgrund dessen kein Rechtfertigungsgrund für eine Ungleichbehandlung bestehe.[1225]

bb) Rechtsfolge: Unvereinbarkeit des § 3 Nr. 4 GrEStG a.F. mit Art. 3 Abs. 1 GG

§ 3 Nr. 4 GrEStG a.F. ist nach Ansicht des Gerichts unvereinbar mit Art. 3 Abs. 1 GG, da die Norm Ehepartnern eine Begünstigung gewähre, die eingetragenen Lebenspartnern vorenthalten bleibe.[1226] Die übrigen Befreiungsvorschriften zugunsten von Ehepartnern – § 3 Nr. 3 S. 2 und 3, Nr. 5, Nr. 6 S. 3 und Nr. 7 S. 2 GrEStG a.F. – seien im Interesse der Rechtsklarheit gem. § 78 S. 2 in Verbindung mit § 82 Abs. 1 BVerfGG mit Art. 3 Abs. 1 GG unvereinbar zu erklären.[1227] Die Norm dürfe im Umfang der festgestellten Unvereinbarkeit von Gerichten und Verwaltungsbehörden nicht mehr angewendet werden und alle laufenden Verfahren seien auszusetzen.[1228] Der Gesetzgeber habe bis zum 31. Dezember 2012 eine Neuregelung für die vom GrEStG a.F. betroffenen Altfälle zu schaffen, welche die Ungleichbehandlung von eingetragener Lebenspartnerschaft und Ehe im GrEStG a.F. rückwirkend im Zeitraum zwischen dem Inkrafttreten des LPartDisBG bis zum Inkrafttreten des Jahressteuergesetzes 2010 beseitige.[1229]

5. *Die Zulassung der Sukzessivadoption durch eingetragene Lebenspartner*

Eine weitere bedeutende Entscheidung stellt das Urteil des Ersten Senats vom 19. Februar 2013 zur Zulassung der Adoption eines angenommenen Kindes eines eingetragenen Lebenspartners durch den anderen Lebenspartner (sog. Sukzessivadoption) dar.[1230] Auch dieses Urteil folgt sowohl im Aufbau als auch inhaltlich den in der vorherigen Rechtsprechung entwickelten Grundsätzen.

1223 BVerfGE 132, 179 (190 f.).
1224 BVerfGE 132, 179 (191 f.).
1225 BVerfGE 132, 179 (186, 192).
1226 BVerfGE 132, 179 (192).
1227 BVerfGE 132, 179 (192).
1228 BVerfGE 132, 179 (193) mit Verweis auf BVerfGE 73, 40 (101); 105, 73 (134); 126, 400 (431).
1229 BVerfGE 132, 179 (193).
1230 BVerfGE 133, 59 (59 ff.), Urteil des Ersten Senats vom 19. Februar 2013 – 1 BvL 1/11, 1 BvR 3247/09.

a. Der zugrunde liegende Sachverhalt

Die Entscheidung befasste sich mit dem Adoptionsrecht eingetragener Lebenspartner. Dieses ist in § 9 Abs. 6 und 7 LPartG geregelt und verweist auf die auch für Ehegatten geltenden Adoptionsvorschriften des BGB. Gem. § 1741 Abs. 2 S. 1 BGB können Unverheiratete, also auch Lebenspartner, ein Kind allein annehmen. Hingegen können Ehegatten gem. § 1741 Abs. 2 S. 2 BGB ein Kind nur gemeinschaftlich annehmen, während eine gemeinschaftliche Adoption eines Kindes für Lebenspartner zum jetzigen Zeitpunkt nicht möglich ist.[1231] Eine Stiefkindadoption des leiblichen Kindes des Partners ist sowohl für Ehepaare gem. § 1741 Abs. 2 S. 3 BGB als auch für Lebenspartner gem. § 9 Abs. 7 LPartG möglich. Demgegenüber war die sukzessive Adoption eines von einem Ehegatten bereits vor der Eheschließung angenommenen Kindes durch den anderen Ehepartner gem. § 1742 nach § 9 Abs. 7 LPartG a.F. BGB nur für Ehegatten erlaubt.

Gegen diesen Ausschluss eingetragener Lebenspartner von der Sukzessivadoption waren ein Vorlageverfahren[1232] und eine Verfassungsbeschwerde[1233] vor dem Bundesverfassungsgericht anhängig. Sowohl der Beteiligte des dem Vorlageverfahren zugrunde liegenden Ausgangsverfahrens als auch die Beschwerdeführerin der Verfassungsbeschwerde wollten das adoptierte Kind ihres eingetragenen Lebenspartners adoptieren.[1234] Die Verfahren betrafen deshalb die Frage, ob § 9 Abs. 7 LPartG a.F., der aufgrund des mangelnden Verweises auf § 1742 BGB eine Sukzessivadoption für Lebenspartner ausschließt,[1235] mit dem Grundgesetz vereinbar ist. Sowohl das vorlegende Gericht als auch die die Verfassungsbeschwerde erhebende Beschwerdeführerin waren der Ansicht, dass die Norm insoweit gegen Art. 3 Abs. 1 GG verstoße, als sie eingetragenen Lebenspartnern die Sukzessivadoption verwehre,

---

1231 Zwei Vorlagen des Amtsgerichts Schöneberg vom 8. März 2013 betreffend die Frage, ob die Nichtzulassung der gemeinschaftlichen Adoption durch eingetragene Lebenspartner gem. § 1741 Abs. 2 S. 1 BGB und § 9 Abs. 6 und 7 LPartG mit Art. 3 Abs. 1 GG vereinbar ist, hat die 1. Kammer des Ersten Senats in einem Beschluss vom 23. Januar 2014 als unzulässig verworfen, da die Beschlüsse nicht den Begründungsanforderungen entsprächen, die nach der ständigen Rechtsprechung des BVerfG an eine Richtervorlage zu stellen sind. Das AG habe weder die einschlägige Fachliteratur, noch die Rechtsprechung des BVerfG, insbesondere die Entscheidung zur Zulässigkeit der Sukzessivadoption durch eingetragene Lebenspartner in ausreichendem Maße berücksichtigt, vgl. BVerfG, Beschluss vom 23.01.2014 – 1 BvL 2/13, 1 BvL 3/13, BeckRS 2014, 47866, Rn. 20 ff.

1232 Aussetzungs- und Vorlagebeschluss des Hanseatischen Oberlandesgerichts vom 22. Dezember 2010 (2 Wx 23/09).

1233 1. unmittelbar gegen a) den Beschluss des Oberlandesgerichts Hamm vom 1. Dezember 2009 – I-15 Wx 236/09, b) den Beschluss des Landgerichts München vom 16. März 2009 – 05 T 775/08, c) den Beschluss des Amtsgerichts München vom 30. September 2008 – 105 XVI 5/08, 2. mittelbar gegen § 9 Abs. 7 LPartG.

1234 BVerfGE 133, 59 (64).

1235 Vgl. BVerfGE 133, 59 (62) m.w.N.

obwohl diese gem. § 1742 BGB für Ehepartner eröffnet sei und § 9 Abs. 7 LPartG die Adoption eines leiblichen Kindes des eingetragenen Lebenspartners durch den anderen Lebenspartner bereits gestatte.[1236]

b. Die Entscheidung des Bundesverfassungsgerichts

Der Erste Senat des Bundesverfassungsgerichts hat entschieden, dass indem § 9 Abs. 7 LPartG a.F. die Annahme eines adoptierten Kindes des eingetragenen Lebenspartners durch den anderen Lebenspartner (sog. Sukzessivadoption) verbietet, wohingegen die Annahme eines adoptierten Kindes des Ehepartners durch den anderen Ehepartner sowie die Annahme eines leiblichen Kindes des eingetragenen Lebenspartners durch den anderen Lebenspartner (sog. Stiefkindadoption) möglich sind, sowohl die betroffenen Kinder als auch die betroffenen Lebenspartner in ihrem Recht aus Art. 3 Abs. 1 GG verletzt werden.[1237]

Daneben hat das Bundesverfassungsgericht in dieser Entscheidung eine Reihe weiterer Rechtsfragen geklärt. Durch die Nichtzulassung der Sukzessivadoption durch eingetragene Lebenspartner ist nach Ansicht des Gerichts weder das Recht des Kindes auf staatliche Gewährleistung elterlicher Pflege und Erziehung[1238] noch das Elterngrundrecht[1239] oder das Familiengrundrecht[1240] verletzt. In diesem Zusammenhang stellt das Gericht fest, dass „Art. 2 Abs. 1 i.V.m. Art. 6 Abs. 2 GG dem Kind ein Recht auf staatliche Gewährleistung elterlicher Pflege und Erziehung“ verleiht, sich hieraus allerdings keine Verpflichtung des Gesetzgebers ableiten lässt, die Sukzessivadoption für eingetragene Lebenspartner zu ermöglichen.[1241] Weiterhin ergibt sich aus der Entscheidung, dass zwei Personen gleichen Geschlechts, die gesetzlich als Elternteile eines Kindes anerkannt sind, auch im verfassungsrechtlichen Sinne Eltern im Sinne des Art. 6 Abs. 2 S. 1 GG sind und dass eine Person, die bislang weder in einer biologischen noch in einer einfachrechtlichen Elternbeziehung zu einem Kind steht, grundsätzlich nicht allein deshalb nach Art. 6 Abs. 2 GG Elternteil im verfassungsrechtlichen Sinne ist, weil sie in sozial-familiärer Beziehung mit dem Kind lebt.[1242] Darüber hinaus bilden, so das Bundesverfassungsgericht, Lebenspartner, die mit dem leiblichen oder angenommenen Kind eines Lebenspartners in sozial-familiärer Gemeinschaft leben, mit dem Kind eine durch Art. 6 Abs. 1 GG geschützte Familie.[1243] Vorliegend interessiert jedoch insbesondere die Feststellung

1236 BVerfGE 133, 59 (61). Die Beschwerdeführerin der Verfassungsbeschwerde rügt zudem eine Verletzung des Familiengrundrechts gem. Art. 6 Abs. 1 GG.
1237 BVerfGE 133, 59 (59), LS 4.
1238 Vgl. BVerfGE 133, 59 (73).
1239 Vgl. BVerfGE 133, 59 (77).
1240 Vgl. BVerfGE 133, 59 (82).
1241 BVerfGE 133, 59 (59), LS 1.
1242 BVerfGE 133, 59 (59), LS 2.
1243 BVerfGE 133, 59 (59), LS 3.

des Ersten Senats, dass die Nichtzulassung der Sukzessivadoption die betroffenen Lebenspartner in ihrem Recht aus Art. 3 Abs. 1 GG verletzt.[1244]

aa) Prüfungsmaßstab: Art. 3 Abs. 1 GG

Prüfungsmaßstab ist auch in der vorliegenden Entscheidung Art. 3 Abs. 1 GG. Im Unterschied zu den vorangegangenen Entscheidungen beschäftigt sich das Bundesverfassungsgericht in dieser Entscheidung allerdings nur sehr knapp mit der Ungleichbehandlung von Ehe und eingetragener Lebenspartnerschaft. Im Mittelpunkt der Entscheidung steht primär die ebenfalls Art. 3 Abs. 1 GG verletzende Ungleichbehandlung von adoptierten Kindern eines eingetragenen Lebenspartners gegenüber adoptierten Kindern eines Ehegatten, welche nach § 1742 BGB vom anderen Ehegatten adoptiert werden können sowie gegenüber leiblichen Kindern eines Lebenspartners, welche vom anderen Lebenspartner nach § 9 Abs. 7 LPartG adoptiert werden können.[1245]

(1) Vorliegen einer Ungleichbehandlung

Das Bundesverfassungsgericht stellt fest, dass § 9 Abs. 7 LPartG insofern gegen Art. 3 Abs. 1 GG verstoße, als die Regelung eingetragene Lebenspartner gegenüber Ehegatten benachteiligt, da es Ehegatten gem. § 1742 BGB möglich sei, ein adoptiertes Kind ihres Partners ebenfalls anzunehmen, während dessen dies für eingetragene Lebenspartner nicht möglich sei.[1246]

(2) Anwendung eines strengen Gleichheitsmaßstabes: Die Ungleichbehandlung verschiedener Personengruppen aufgrund der sexuellen Orientierung

Die Prüfung der Ungleichbehandlung von Verheirateten gegenüber eingetragenen Lebenspartnern unterliegt nach Ansicht des Gerichts hohen verfassungsrechtlichen Anforderungen, denn es handele sich um eine Ungleichbehandlung aufgrund der sexuellen Identität.[1247]

(3) Keine Rechtfertigung der Ungleichbehandlung

Das Bundesverfassungsgericht hält die Ungleichbehandlung von Ehe und eingetragener Lebenspartnerschaft für nicht gerechtfertigt.[1248] Auch hier gelte wie in den vorangegangenen Entscheidungen, dass, wenn „die Privilegierung der Ehe

1244 BVerfGE 133, 59 (59), LS 4.
1245 BVerfGE 133, 59 (86 ff.).
1246 BVerfGE 133, 59 (98).
1247 BVerfGE 133, 59 (98) mit Verweis auf BVerfGE 124, 199 (419); 126, 400 (419); 132, 179 (188 f.).
1248 BVerfGE 133, 59 (98).

mit einer Benachteiligung anderer Lebensformen einher (geht), obgleich diese nach dem geregelten Lebenssachverhalt und den mit der Normierung verfolgten Zielen mit der Ehe vergleichbar sind, (...) der bloße Verweis auf das Schutzgebot der Ehe deren Benachteiligung (...) nicht (rechtfertigt)."[1249] Es bedarf also, so das Gericht, „jenseits der bloßen Berufung auf Art. 6 Abs. 1 GG eines hinreichend gewichtigen Sachgrundes, der gemessen am jeweiligen Regelungsgegenstand und -ziel die Benachteiligung anderer Lebensformen rechtfertigt."[1250] Zwischen Ehe und eingetragener Lebenspartnerschaft bestünden aber keine Unterschiede, welche die unterschiedliche Ausgestaltung der Adoptionsmöglichkeit rechtfertigen könnten.[1251] So sei davon auszugehen, dass eingetragene Lebenspartner ihre Elternrechte genauso einvernehmlich ausüben wie Ehegatten, das Kind also keinen konkurrierenden Elternrechten ausgesetzt sei, welche widersprüchlich ausgeübt werden könnten.[1252] Auch die Gefahr einer Kindesweiterreichung durch Kettenadoption sei im Rahmen der Sukzessivadoption durch Lebenspartner ebenso wenig gegeben, wie bei Ehegatten.[1253] Denn Ehe und eingetragene Lebenspartnerschaft seien gleichermaßen auf Dauer angelegte und durch verbindliche Verantwortungsübernahme geprägte Partnerschaften.[1254] Darüber hinaus ergäben sich auch im Hinblick auf das Kindeswohl keine Gründe, eingetragene Lebenspartner von der Sukzessivadoption auszuschließen, im Gegenteil spreche das Kindeswohl sogar dafür, die Sukzessivadoption auch in eingetragenen Lebenspartnerschaften zuzulassen.[1255] Insbesondere geht das Bundesverfassungsgericht mit Verweis auf die ganz überwiegende Zahl der sachverständigen Stellungnahmen davon aus, dass auch in einer eingetragenen Lebenspartnerschaft behütete Verhältnisse herrschten, die „das Aufwachsen von Kindern ebenso fördern können wie die einer Ehe".[1256]

bb) Rechtsfolge: Unvereinbarkeit des § 9 Abs. 7 LPartG a.F. mit Art. 3 Abs. 1 GG

Das Bundesverfassungsgericht stellt fest, dass § 9 Abs. 7 LPartG mit Art. 3 Abs. 1 GG insoweit nicht vereinbar sei, als es nach dieser Norm nicht möglich ist, dass der eingetragene Lebenspartner das adoptierte Kind des anderen Lebenspartners annimmt.[1257] Der Gesetzgeber habe bis zum 30. Juni 2014 eine verfassungskonforme Regelung zu treffen. Bis dahin sei § 9 Abs. 7 LPartG mit der Maßgabe anzuwenden,

---

1249 BVerfGE 133, 59 (96) mit Verweis auf BVerfGE 124, 199 (226); 126, 400 (420).
1250 BVerfGE 133, 59 (96) mit Verweis auf BVerfGE 124, 199 (226).
1251 BVerfGE 133, 59 (88 f.; 98).
1252 BVerfGE 133, 59 (88).
1253 BVerfGE 133, 59 (88 f.).
1254 BVerfGE 133, 59 (89) mit Verweis auf BVerfGE 124, 199 (225); 126, 400 (426); 131, 239 (259 ff.).
1255 BVerfGE 133, 59 (89 ff.).
1256 BVerfGE 133, 59 (89 f.) mit Verweis auf BVerfGE 131, 239 (264).
1257 BVerfGE 133, 59 (60).

dass auch der eingetragene Lebenspartner das angenommene Kind des anderen Lebenspartners adoptieren könne.[1258]

6. *Die Verfassungswidrigkeit des Ausschlusses eingetragener Lebenspartner vom Ehegattensplitting*

Die aktuellste Entscheidung des Bundesverfassungsgerichts zur Gleichstellung der eingetragenen Lebenspartnerschaft mit der Ehe betrifft das sog. Ehegattensplitting. Nach einem Beschluss des Zweiten Senats vom 7. Mai 2013 ist die Ungleichbehandlung von Verheirateten und eingetragenen Lebenspartnern in den Vorschriften der §§ 26, 26b, 32a Abs. 5 Einkommensteuergesetz (EStG)[1259] zum Ehegattensplitting nicht mit dem allgemeinen Gleichheitssatz des Art. 3 Abs. 1 GG vereinbar.[1260]

a. *Der zugrunde liegende Sachverhalt*

In der Entscheidung ging es um die unterschiedliche Besteuerung von Ehegatten und eingetragenen Lebenspartnern im Einkommensteuerrecht. Liegen die in § 26 Abs. 1 EStG genannten Voraussetzungen vor, können Ehegatten bei der Besteuerung ihres Einkommens zwischen getrennter Veranlagung, d.h. Einzelveranlagung gem. § 26a EStG und Zusammenveranlagung gem. § 26b EStG wählen. Wählen sie

---

1258 BVerfGE 133, 59 (60). § 9 Abs. 7 LPartG enthält mittlerweile auch einen Verweis auf § 1742 BGB.

1259 Maßgeblich waren in der vorliegenden Entscheidung die Veranlagungsjahre 2001 und 2002. Die für das Splittingverfahren einschlägigen §§ 26 und 26b EStG galten in der Fassung der Bekanntmachung vom 16. April 1997 (BGBl. 1997 I, S. 821) gültig bis 20. September 2002, ab 21. September 2002 in der Fassung der Bekanntmachung vom 19. Oktober 2002 (BGBl. 2002 I, S. 4210) sowie § 32a EStG für das Veranlagungsjahr 2001 in der Fassung des Gesetzes zur Senkung der Steuersätze und zur Reform der Unternehmensbesteuerung (Steuersenkungsgesetz – StSenkG) vom 23. Oktober 2000 (BGBl. 2000 I, S. 1433); für das Veranlagungsjahr 2002 in der Fassung des Gesetzes zur Umrechnung und Glättung steuerlicher Euro-Beträge (Steuer-Euroglättungsgesetz – StEuglG) vom 19. Dezember 2000 (BGBl. 2000 I, S. 1790) gültig vom 1. Januar bis 20. September 2002, ab 21. September 2002 in der Fassung der Bekanntmachung vom 19. Oktober 2002 (BGBl. 2002 I, S. 4210). Das BVerfG erklärte sowohl diese Fassungen, als auch die nachfolgenden Fassungen mit Art. 3 Abs. 1 GG unvereinbar, soweit sie eingetragene Lebenspartner von der Möglichkeit der Zusammenveranlagung und der damit verbundenen Anwendung des Splitting-Verfahrens ausschließen (vgl. BVerfGE 133, 377 (378). Inhaltlich unterschieden sich die verschiedenen Fassungen der §§ 26, 26b und 32a Abs. 5 EStG nicht wesentlich, alle Fassungen sahen die Zusammenveranlagung und das Splitting-Verfahren nur für Ehegatten vor, sodass die im Folgenden gemachten Ausführen sich auf alle Fassungen des jeweiligen Paragraphen beziehen, ohne dass es auf die Nennung der jeweiligen Fassung ankommt.

1260 BVerfGE 133, 377 (377 ff.), Beschluss des Zweiten Senats vom 7. Mai 2013 – 2 BvR 909, 1981/06, 288/07.

die Zusammenveranlagung, werden ihre erzielten Einkünfte zusammengerechnet, ihnen gemeinsam zugerechnet und, soweit nichts anderes vorgeschrieben ist, die Ehegatten gemeinsam als Steuerpflichtiger behandelt.[1261] Sodann wird gem. § 32 Abs. 5 EStG das sog. Splitting-Verfahren angewendet. Das heißt, die tarifliche Einkommensteuer beträgt das Zweifache des Steuerbetrags, der sich für die Hälfte des durch die Ehegatten gemeinsam zu versteuernden Einkommens nach der Einkommensteuergrundtabelle ergibt.[1262] Die Anwendung des Splitting-Verfahrens führt zu einer Abflachung der Steuerprogression, denn der Einkommensteuergrundtarif verläuft in weiten Teilen progressiv und nicht proportional.[1263] Aufgrund dessen kommt es zur Verringerung der festzusetzenden Steuerschuld gegenüber zwei Einzelveranlagungen von Eheleuten, wenn nicht vor der Zusammenveranlagung die zu versteuernden Einkünfte des Ehemannes und der Ehefrau gleich hoch sind oder bereits so hoch sind, dass sie sich deswegen ohnehin in der Proportionalzone des Grundtarifs befinden.[1264] Für eingetragene Lebenspartner bestand die Möglichkeit der steuerlichen Zusammenveranlagung gem. §§ 26, 26b EStG und der Anwendung des Splittingverfahrens gem. § 32a Abs. 5 EStG hingegen nicht.

Gegen diese Ungleichbehandlung von Ehe und eingetragener Lebenspartnerschaft wandten sich die drei Beschwerdeführer jeweils im Rahmen der Verfassungsbeschwerde.[1265] Alle drei Beschwerdeführer lebten in eingetragenen Lebenspartnerschaften und beantragten die einkommensteuerrechtliche Zusammenveranlagung mit ihrem jeweiligen Lebenspartner.[1266] Gegen die daraufhin ergangenen Ablehnungsbescheide der Finanzämter schöpften die Beschwerdeführer sämtliche ihnen zur Verfügung stehende Rechtsmittel erfolglos aus.[1267] Im Rahmen der Verfassungsbeschwerde rügten sie, durch den Ausschluss vom Ehegattensplitting in ihren Rechten aus Art. 3 Abs. 1 GG verletzt worden zu sein, da die vorliegende Ungleichbehandlung von Personengruppen aufgrund der sexuellen Orientierung nicht gerechtfertigt sei.[1268]

b. Die Entscheidung des Bundesverfassungsgerichts

Das Bundesverfassungsgericht hat entschieden, dass die §§ 26, 26b und 32a Abs. 5 EStG insoweit gegen Art. 3 Abs. 1 verstoßen, als sie nur Ehegatten und nicht auch eingetragenen Lebenspartnern die Wahl der Zusammenveranlagung und die damit einhergehende Anwendung des Splittingtarifs zur Verfügung stellen.[1269]

1261 Vgl. § 26b EStG.
1262 Vgl. § 32a Abs. 5 EStG.
1263 BVerfGE 133, 377 (382).
1264 BVerfGE 133, 377 (382).
1265 Vgl. BVerfGE 133, 377 (387 ff.).
1266 Vgl. BVerfGE 133, 377 (387 ff.).
1267 Vgl. BVerfGE 133, 377 (387 ff.).
1268 BVerfGE 133, 377 (393 ff.).
1269 BVerfGE 133, 377 (407).

aa) Prüfungsmaßstab: Art. 3 Abs. 1 GG

Art. 3 Abs. 1 GG ist auch in dieser Entscheidung Prüfungsmaßstab.

(1) Anwendung eines strengen Gleichheitsmaßstabes: Die Ungleichbehandlung verschiedener Personengruppen aufgrund der sexuellen Orientierung im Steuerrecht

Auch in der vorliegenden Entscheidung ergibt sich die Anwendung eines strengen Gleichheitsmaßstabes nach Ansicht des Bundesverfassungsgerichts daraus, dass es sich um die Ungleichbehandlung einer Personengruppe aufgrund ihrer sexuellen Orientierung im Steuerrecht handelt.[1270]

(2) Vorliegen einer Ungleichbehandlung

Der Ausschluss eingetragener Lebenspartner vom Ehegattensplitting gem. §§ 26, 26b, 32a Abs. 5 EStG stellt nach Ansicht des Zweiten Senats eine mittelbare Ungleichbehandlung eingetragener Lebenspartner gegenüber Ehegatten aufgrund der sexuellen Orientierung dar.[1271]

(3) Keine Rechtfertigung der Ungleichbehandlung

Die bestehende Ungleichbehandlung zwischen Ehe und eingetragener Lebenspartnerschaft in Bezug auf die Wahl der einkommensteuerrechtlichen Veranlagungsform und der damit verbundenen Anwendung des Splittingverfahrens ist nach Ansicht des Bundesverfassungsgerichts nicht gerechtfertigt.[1272] Eine Rechtfertigung der Ungleichbehandlung ergebe sich weder aus dem besonderen Schutz der Ehe gem. Art. 6 Abs. 1 GG, noch aus anderen, hinreichend gewichtigen Sachgründen aus dem Bereich des Steuerrechts. Das Gericht stellt zunächst fest, dass Art. 6 Abs. 1 GG einen eigenständigen verfassungsrechtlichen Schutz- und Förderauftrag zugunsten der Ehe enthalte. Es sei Aufgabe des Staates, „alles zu unterlassen, was die Ehe beschädigt und sie durch geeignete Maßnahmen zu fördern".[1273] Aufgrund dessen sei der Gesetzgeber berechtigt, die Ehe als rechtlich verbindliche und mit gegenseitigen Einstandspflichten ausgestattete, auf Dauer angelegte Lebensgemeinschaft gegenüber anderen Lebensformen zu begünstigen.[1274] Art. 6 Abs. 1 GG bilde insoweit einen sachlichen Differenzierungsgrund, welcher die Besserstellung der Ehe

---

1270 BVerfGE 133, 377 (407 f., 413).

1271 BVerfGE 133, 377 (408).

1272 BVerfGE 133, 377 (409).

1273 BVerfGE 133, 377 (409 f.) mit Verweis auf BVerfGE 6, 55 (76); 28, 104 (113); 53, 224 (248); 76, 1 (41); 80, 81 (92 f.); 99, 216 (231 f.); 131, 239 (259).

1274 BVerfGE 133, 377 (410) mit Verweis auf 6, 55 (76 f.); 105, 313 (348); 117, 316 (328 f.); 124, 199 (225); 131, 239 (259).

gegenüber weniger verbindlichen Lebensgemeinschaften rechtfertigen könne.[1275] Aber auch hier stellt der Zweite Senat darauf ab, dass, wenn „die Privilegierung der Ehe mit einer Benachteiligung anderer, in vergleichbarer Weise rechtlich verbindlich verfasster Lebensformen einher (geht), obgleich diese nach dem geregelten Lebenssachverhalt und den mit der Normierung verfolgten Zielen vergleichbar sind, (...) der bloße Verweis auf das Schutzgebot der Ehe eine solche Differenzierung indes nicht (rechtfertigt)".[1276] Vielmehr bedürfe es jenseits der bloßen Nennung des Art. 6 Abs. 1 GG eines „hinreichend gewichtigen Sachgrundes, der gemessen am jeweiligen Regelungsgegenstand und -ziel die Benachteiligung dieser anderen Lebensform rechtfertigt".[1277] Allein Art. 6 Abs. 1 GG könne eine Ungleichbehandlung zwischen Ehe und eingetragener Lebenspartnerschaft nicht rechtfertigen, da – wie der Zweite Senat ausführt – beide Lebensformen miteinander grundsätzlich vergleichbar seien.[1278] Darüber hinaus ließen sich weder aus dem Normzweck der §§ 26, 26b und 32a Abs. 5 EStG, noch aus der Typisierungsbefugnis des Gesetzgebers im Steuerrecht hinreichend gewichtige Sachgründe herleiten, welche die Besserstellung von Ehen gegenüber Lebenspartnern durch das Splittingverfahren rechtfertigen könnten.[1279] Der Gesetzeszweck dieser Paragraphen sei die von der Einkommensverteilung unabhängige steuerliche Gleichbehandlung von Ehen als Gemeinschaften des Erwerbs und Verbrauchs.[1280] Dieser Zweck könne die Privilegierung Ehe gegenüber der eingetragenen Lebenspartnerschaft allerdings nicht rechtfertigen, denn das Lebenspartnerschaftsgesetz gestalte auch die eingetragene Lebenspartnerschaft als Gemeinschaft des Erwerbs und Verbrauchs aus, welche in ihrer steuerlichen Ausgestaltung mit der Ehe vergleichbar sei.[1281] Auch familienpolitische Erwägungen, welche eine Ungleichbehandlung von Ehe und eingetragener Lebenspartnerschaft bezüglich des Splittingverfahrens rechtfertigen könnten, sind nach Ansicht des Bundesverfassungsgerichts nicht gegeben.[1282] Zum einen knüpften die §§ 26, 26b und 32a Abs. 5 EStG nicht an einen „kindbedingten Bedarf" der Eheleute an, sondern die Gewährung des Splittingvorteils hänge nach dem Wortlaut der Vorschrift grundsätzlich nur von der Existenz einer Ehe ab.[1283] Auch die mit dem Splittingverfahren bewirkte Erweiterung der Gestaltungsfreiheit der Ehepartner bei ihrer persönlichen und wirtschaftlichen Lebensführung und der Aufgabenverteilung in der Ehe sowie

---

1275 BVerfGE 133, 377 (410) mit Verweis auf BVerfGE 10, 59 (66); 112, 50 (65); 115, 1 (19); 117, 316 (327); 124, 199 (225); 131, 239 (259 f.).

1276 BVerfGE 133, 377 (411, 413 f.) mit Verweis auf BVerfGE 124, 199 (226); 126, 400 (420); 131, 239 (260); 132, 179 (191 f.).

1277 BVerfGE 133, 377 (410) mit Verweis auf BVerfGE 124, 199 (226); 131, 239 (260); 132, 179 (190 ff.); 133, 59 (96).

1278 BVerfGE 133, 377 (413 ff.).

1279 BVerfGE 133, 377 (415).

1280 BVerfGE 133, 377 (417).

1281 BVerfGE 133, 377 (417).

1282 BVerfGE 133, 377 (418).

1283 BVerfGE 133, 377 (418).

die „besondere Anerkennung der Aufgabe der Ehefrau als Hausfrau und Mutter" und die damit verbundene Eigenschaft des Ehegattensplittings als steuerrechtliches Instrument, welches „vor allem für Familien gedacht (ist), in denen ein Ehepartner wegen Familienarbeit, das heißt wegen Kindererziehung oder Pflege, nicht oder nur teilweise erwerbstätig ist", rechtfertigt nach Ansicht des Bundesverfassungsgerichts eine Schlechterstellung der eingetragenen Lebenspartnerschaft gegenüber der Ehe nicht.[1284] Lebenspartnern stehe ebenso wie Ehepartnern nach dem Lebenspartnerschaftsgesetz Gestaltungsfreiheit hinsichtlich ihrer persönlichen und wirtschaftlichen Lebensführung zu.[1285] Auch gehe das Lebenspartnerschaftsgesetz seit seinem Inkrafttreten ebenso wie das Eherecht von der Gleichwertigkeit von Familienarbeit und Erwerbstätigkeit aus, sodass auch eine eingetragene Lebenspartnerschaft, in der sich ein Partner ganz oder teilweise der Pflege oder der Kindererziehung widme, vom Splittingverfahren profitieren könne.[1286] Insoweit könnten keine Unterschiede zwischen der Lebenssituation von Ehepartnern und Lebenspartnern festgestellt werden.[1287] Schließlich lässt sich die Privilegierung der Ehe gegenüber der eingetragenen Lebenspartnerschaft nach Ansicht des Bundesverfassungsgerichts auch nicht mit der grundsätzlich bestehenden Typisierungsbefugnis des Gesetzgebers im Steuerrecht rechtfertigen.[1288] Der Zweck der §§ 26, 26b, 32a Abs. 5 EStG eigne sich nicht für eine Typisierung nach dem Merkmal „Ehe".[1289] Typisierung bedeute, „bestimmte, in wesentlichen Elementen gleich geartete Lebenssachverhalte normativ zusammenzufassen", sodass die gemeinsame Eigenschaft von Ehe und Lebenspartnerschaft als Gemeinschaft des Verbrauchs und Erwerbs bei typisierender Gruppenbildung gerade für eine steuerliche Gleichbehandlung spreche.[1290] Auch der weitaus geringere Kinderanteil in eingetragenen Lebenspartnerschaften ist, so das Bundesverfassungsgericht, für eine typisierende Beschränkung des Splittingverfahrens nicht ausreichend. Bliebe unberücksichtigt, dass auch in eingetragenen Lebenspartnerschaften Kinder aufwachsen, käme dies einer mittelbaren Diskriminierung der eingetragenen Lebenspartner aufgrund der sexuellen Orientierung gleich.[1291] Eine solche Ungleichbehandlung könnte auch unter Berufung auf die ansonsten zulässige Typisierung nicht gerechtfertigt werden.[1292]

1284 BVerfGE 133, 377 (419 f.).
1285 BVerfGE 133, 377 (420).
1286 BVerfGE 133, 377 (419 f.).
1287 BVerfGE 133, 377 (420).
1288 BVerfGE 133, 377 (420 ff.).
1289 BVerfGE 133, 377 (421) mit Verweis auf BVerfGE 111, 115 (137); BVerfG, Beschluss der 3. Kammer des Ersten Senats vom 8. November 2012 – 1 BvR 2153/08, juris, Rn. 45.
1290 BVerfGE 133, 377 (421) mit Verweis auf BVerfGE 111, 115 (137); 122, 210 (232); 126, 268 (279).
1291 BVerfGE 133, 377 (422).
1292 BVerfGE 133, 377 (422) mit Verweis auf BVerfGE 63, 119 (128); 84, 348 (360); 126, 233 (263 f.).

bb) Rechtsfolge: Unvereinbarkeit der §§ 26, 26b und 32a Abs. 5 EStG mit Art. 3 Abs. 1 GG

Seit Inkrafttreten des LPartDisBG vom 16. Februar 2001 sind die §§ 26 und 26b EStG[1293] und § 32a Abs. 5 EStG[1294] sowie die nachfolgenden Fassungen dieser Paragraphen[1295] nach der Entscheidung des Bundesverfassungsgerichts insoweit mit Art. 3 Abs. 1 GG unvereinbar, als sie eingetragenen Lebenspartnern die Möglichkeit der Zusammenveranlagung und die damit verbundene Anwendung des Splittingtarifs verweigern.[1296] Bis zum Inkrafttreten einer Neuregelung bleiben diese Paragraphen anwendbar, allerdings mit der Maßgabe, dass mit Wirkung ab dem 1. August 2001 eingetragene Lebenspartner, ebenso wie Ehegatten, eine Zusammenveranlagung und die Anwendung des Splittingverfahrens beantragen können, wenn ihre Veranlagung noch nicht bestandskräftig durchgeführt wurde.[1297]

III. Die rechtliche Würdigung der ergangenen Entscheidungen

Erstmals in der jüngsten Rechtsprechung des Bundesverfassungsgerichts ab dem Jahr 2009 geht es darum, ob eine Ungleichbehandlung von Ehe und eingetragener Lebenspartnerschaft mit Art. 3 Abs. 1 GG vereinbar ist. Diese Frage beantwortet das Bundesverfassungsgericht nicht pauschal für sämtliche Ungleichbehandlungen der eingetragenen Lebenspartnerschaft gegenüber der Ehe, sondern jeweils auf den konkreten Fall bezogen. Der vorangegangene Abschnitt hat gezeigt, dass der den jüngsten Entscheidungen zugrunde liegende Aufbau immer ähnlich ist: Innerhalb der Prüfung des Art. 3 Abs. 1 GG stellt das Bundesverfassungsgericht fest, dass die Ungleichbehandlung von Ehe und eingetragener Lebenspartnerschaft im jeweiligen Rechtsgebiet eine Diskriminierung einer Personengruppe aufgrund ihrer sexuellen Orientierung darstellt. Über einen aufgrund dessen angenommenen strengen Prüfungsmaßstab kommt das Gericht dann zu dem Ergebnis, dass die Ungleichbehandlung der eingetragenen Lebenspartnerschaft gegenüber der Ehe dann nicht durch den bloßen Verweis auf das Schutzgebot des Art. 6 Abs. 1 GG gerechtfertigt werden kann, wenn Lebenspartnerschaft und Ehe „nach dem geregelten Lebenssachverhalt und den mit der Normierung verfolgten Zielen“[1298] miteinander vergleichbar sind. In diesem Fall bedarf die Ungleichbehandlung nach Ansicht des Bundesverfassungsgerichts über Art. 6 Abs. 1 GG hinausreichende sachliche Rechtfertigungsgründe.

1293 In der Fassung der Bekanntmachung der Neufassung vom 16. April 1997 (BGBl. 1997 I, S. 821).

1294 In der Fassung des Gesetzes zur Senkung der Steuersätze und zur Reform der Unternehmensbesteuerung (Steuersenkungsgesetz – StSenkG) vom 23. Oktober 2000 (BGBl. 2000 I, S. 1433).

1295 Vgl. BVerfGE 133, 377 (423).

1296 BVerfGE 133, 377 (378, 422 ff.).

1297 BVerfGE 133, 377 (378).

1298 Vgl. BVerfGE 124, 199 (226); 126, 400 (420); 131, 239 (260); 132, 179 (191 f.); 133, 59 (96); 133, 377 (411).

Im vorangegangenen Abschnitt wurde die aktuelle Rechtsprechung des Bundesverfassungsgerichts zur Gleichstellung der eingetragenen Lebenspartnerschaft mit der Ehe inhaltlich dargestellt. Der folgende Abschnitt beschäftigt sich nun mit einer rechtlichen Bewertung dieser durch das Gericht neu eingeschlagenen Rechtsprechungslinie.

1. *Die Anwendung des Art. 3 Abs. 1 GG auf das Verhältnis zwischen Ehe und Lebenspartnerschaft*

Im Unterschied zur Lebenspartnerschaftsentscheidung des Bundesverfassungsgerichts aus dem Jahr 2002 ist Prüfungsmaßstab der aktuellen Entscheidungen nicht mehr Art. 6 Abs. 1 GG, sondern der allgemeine Gleichheitssatz des Art. 3 Abs. 1 GG. Dies ist insoweit konsequent, als Gegenstand der vorliegenden Entscheidungen nicht mehr die Frage ist, ob die Einführung der eingetragenen Lebenspartnerschaft eine Verletzung des Art. 6 Abs. 1 GG darstellt,[1299] sondern es darum geht, inwieweit bestehende Ungleichbehandlungen der eingetragenen Lebenspartnerschaft gegenüber der Ehe gegen Art. 3 Abs. 1 GG verstoßen. Andersherum gesagt ist Gegenstand der verfassungsgerichtlichen Prüfung die Frage, inwieweit eingetragenen Lebenspartnerschaften ein Recht auf Gleichstellung mit der Ehe zusteht. Art. 6 Abs. 1 GG, der den verfassungsrechtlichen Schutz der Ehe sichern soll, spielt bei der Beurteilung dieser Frage in der jüngsten Rechtsprechung des Bundesverfassungsgerichts nur noch eine untergeordnete Rolle.

a. *Das Vorliegen einer Ungleichbehandlung*

Bei der Prüfung, ob eine nach Art. 3 Abs. 1 GG relevante Ungleichbehandlung von Ehe und eingetragener Lebenspartnerschaft vorliegt, greift das Bundesverfassungsgericht auf seine ständige Rechtsprechung zurück, nach der es der allgemeine Gleichheitssatz des Art. 3 Abs. 1 GG gebietet, wesentlich Gleiches gleich und wesentlich Ungleiches ungleich zu behandeln.[1300] Dies gilt, so das Gericht, sowohl für ungleiche Belastungen, als auch für ungleiche Begünstigungen.[1301] Auch ein gleichheitswidriger Begünstigungsausschluss, bei dem einem Personenkreis eine Begünstigung gewährt, einem anderen aber vorenthalten wird, sei unzulässig.[1302] In den jeweiligen Entscheidungen stellt das Bundesverfassungsgericht darauf ab, dass der Ehe eine bestimmte Begünstigung gewährt werde, welche der eingetragenen

1299 Siehe hierzu oben Teil 3, A.

1300 BVerfGE 79, 1 (17); 98, 365 (385); 126, 400 (416); 129, 49 (68); 131, 239 (255); 132, 179 (188); 133, 59 (86); 133, 377 (407).

1301 BVerfGE 79, 1 (17); 110, 412 (431); 112, 164 (174); 116, 164 (180); 121, 108 (119); 121, 317 (370); 124, 199 (218); 126, 400 (416); 129, 49 (68); 131, 239 (255); 132, 179 (188).

1302 BVerfGE 93, 386 (396); 105, 73 (110 ff., 133); 110, 412 (431); 112, 164 (174); 116, 164 (180); 121, 108 (119); 121, 317 (370); 124, 199 (218); 126, 400 (416); 129, 49 (68); 131, 239 (255); 132, 179 (188); 133, 377 (407).

Lebenspartnerschaft nicht gewährt werde und schließt hieraus auf das Bestehen einer Ungleichbehandlung.[1303] Eine Unterscheidung zwischen unmittelbarer und mittelbarer Diskriminierung erfolgt lediglich durch den Zweiten Senat.[1304]

b. Die Geltung eines strengen Rechtfertigungsmaßstabs: Die Ungleichbehandlung von Personengruppen aufgrund ihrer sexuellen Orientierung

Im Hinblick auf die Frage, ob ein hinreichend gewichtiger Differenzierungsgrund zur Rechtfertigung einer Ungleichbehandlung zwischen Ehe und eingetragener Lebenspartnerschaft vorliegt, setzt das Gericht immer einen strengen Prüfungsmaßstab an. Dies ergebe sich primär daraus, dass es sich bei der Ungleichbehandlung von Ehe und eingetragener Lebenspartnerschaft um die unterschiedliche Behandlung von Personengruppen aufgrund ihrer sexuellen Orientierung handele.[1305]

In diesem Zusammenhang stellt das Bundesverfassungsgericht zunächst fest, dass dem Gesetzgeber durch Art. 3 Abs. 1 GG nicht jede Art der Differenzierung verwehrt werde.[1306] Allerdings bedürfe eine Differenzierung stets der Rechtfertigung durch Sachgründe, welche sowohl dem Differenzierungsziel als auch dem Ausmaß der Ungleichbehandlung angemessen seien.[1307] Weiterhin führt das Gericht aus, dass sich aus Art. 3 Abs. 1 GG hinsichtlich der verfassungsrechtlichen Anforderungen an einen die jeweilige Ungleichbehandlung rechtfertigenden Sachgrund nach ständiger Rechtsprechung je nach Regelungsgegenstand und Differenzierungsmerkmalen unterschiedliche Grenzen für den Gesetzgeber ergäben, welche von gelockerten, auf das Willkürverbot beschränkten Bindungen bis hin zu strengen Verhältnismäßigkeitserfordernissen reichten.[1308] Dabei könne die Bestimmung des jeweils anzuwendenden Maßstabs nicht abstrakt und allgemein erfolgen, sondern es müsse stets auf den jeweils betroffenen Sach- und Regelungsbereich abgestellt werden.[1309]

1303 Vgl. BVerfGE 124, 199 (219); 126, 400 (415 f.); 132, 179 (188); 133, 59 (98).

1304 Vgl. BVerfGE 131, 239 (258); 133, 377 (408); siehe hierzu ausführlich unten unter Teil 3, B., III., 1., b., bb), (2).

1305 BVerfGE 124, 199 (219); 126, 400 (416); 131, 239 (256 f.); 132, 179 (188 ff.); 133, 377 (407 f.).

1306 BVerfGE 132, 179 (188); 133, 59 (86).

1307 BVerfGE 129, 49 (68), 132, 179 (188); 133, 59 (86).

1308 BVerfGE 88, 87 (96); 97, 169 (180 f.); 110, 274 (291); 117, 1 (30); 120, 1 (29); 121, 108 (119); 121, 317 (369); 122, 1 (23); 124, 199 (219); 126, 400 (416); 129, 49 (68); 130, 240 (254); 131, 239 (255 f.); 132, 179 (188 f., Rn. 31); 133, 59 (86 f., Rn. 72); 133, 377 (407, Rn. 74).

1309 BVerfGE 126, 400 (416) mit Verweis auf BVerfGE 75, 108 (157); 101, 275 (291); 103, 310 (318); 105, 73 (111); 110, 412 (432); 121, 108 (119).

aa) Die Ungleichbehandlung von Personengruppen

Bei der Bestimmung der Rechtfertigungsanforderungen im Rahmen des Art. 3 Abs. 1 GG unterscheidet das Bundesverfassungsgericht grundsätzlich danach, ob es sich um die Ungleichbehandlung verschiedener Sachverhalte oder die Ungleichbehandlung verschiedener Personengruppen handelt. Art. 3 Abs. 1 GG solle in erster Linie die ungerechtfertigte Benachteiligung oder Bevorzugung von Personen unterbinden, sodass der Gesetzgeber in Fällen, welche ihren Anknüpfungspunkt in der Person finden, regelmäßig einer strengen Bindung unterworfen sei.[1310] Dies gelte auch für eine Ungleichbehandlung von Sachverhalten, welche (nur) mittelbar eine Ungleichbehandlung von Personengruppen bewirke.[1311]

Aufgrund dessen ergibt sich in den aktuellen Entscheidungen ein strenger Prüfungsmaßstab im Rahmen der Rechtfertigungsprüfung nach Ansicht des Bundesverfassungsgerichts zunächst daraus, dass bei den in Frage stehenden Ungleichbehandlungen von eingetragener Lebenspartnerschaft und Ehe die gesteigerten Rechtfertigungsanforderungen zu beachten sind, die sich aus einer unterschiedlichen Behandlung von Personengruppen ergeben.[1312] Bei der unterschiedlichen Behandlung von Personengruppen ist Art. 3 Abs. 1 GG nach der in der ständigen Rechtsprechung des Bundesverfassungsgerichts verwendeten „neuen Formel“[1313] immer dann verletzt, wenn durch eine Norm eine Gruppe von Normadressaten im Vergleich zu anderen Normadressaten verschieden behandelt wird, obwohl zwischen beiden Gruppen keine Unterschiede von solcher Art und solchem Gewicht bestehen, dass sie die ungleiche Behandlung rechtfertigen könnten.[1314] Konkretisierend führt das Gericht aus, dass es Art. 3 Abs. 1 GG zur Begründung einer Ungleichbehandlung

1310 BVerfGE 55, 72 (88); 88, 87 (96); 98, 365 (389); 121, 317 (369); 126, 400 (417); 131, 239 (256).

1311 BVerfGE 88, 87 (96); 101, 54 (101); 103, 310 (319); 110, 274 (291); 131, 239 (256); 133, 377 (407 f.).

1312 BVerfGE 124, 199 (219); 126, 400 (417); 131, 239 (256); 133, 277 (407 f.).

1313 Ursprünglich verwendete das BVerfG in der zu Art. 3 Abs. 1 GG ergangenen Rechtsprechung ausschließlich die sog. „Willkürformel“, nach dieser eine nicht gerechtfertigte Ungleichbehandlung dann vorlag, wenn sich ein vernünftiger Sachgrund für die bestehende Ungleichbehandlung nicht ermitteln ließ, vgl. BVerfGE 1, 14 (52). Seit 1980 verwendet das BVerfG auch die sog. „neue Formel“, bei der es die Rechtfertigungsprüfung einer Ungleichbehandlung stärker an Verhältnismäßigkeitsgesichtspunkten ausrichtet, *Sodan*, in: ders., GG, Art. 3 Rn. 14 m.w.N. Die neue Formel kommt hauptsächlich dann zur Anwendung, wenn es um (auch mittelbare) personenbezogene Ungleichbehandlungen geht oder wenn sich die Ungleichbehandlung nachteilig auf die Ausübung grundrechtlich geschützter Freiheiten auswirken kann, *Sodan*, in: ders., GG, Art. 3 Rn. 15 m.w.N.

1314 BVerfGE 55, 72 (88); 82, 126 (146); 84, 197 (199); 87, 1 (36); 88, 5 (12); 88, 87 (97); 93, 386 (397); 100, 195 (205); 105, 73 (110); 107, 27 (46); 107, 205 (213); 109, 96 (123); 110, 274 (291); 110, 412 (432); 117, 272 (300 f.); 124, 199 (219 f.); 126, 400 (418); 129, 49 (69); 131, 239 (256); 133, 59 (86); 133, 377 (408).

von Personengruppen gebiete, an ein sachlich gerechtfertigtes Unterscheidungsmerkmal anzuknüpfen.[1315] Nicht ausreichend sei es, dass der Normgeber ein seiner Art nach geeignetes Unterscheidungsmerkmal berücksichtigt habe.[1316] Auch für das Maß der Differenzierung müsse ein innerer Zusammenhang zwischen den vorgefundenen Verschiedenheiten und der differenzierenden Regelung bestehen, welcher sich als sachlich vertretbarer Unterscheidungsgesichtspunkt von hinreichendem Gewicht anführen lasse.[1317]

bb) Die Anknüpfung der Ungleichbehandlung an die sexuelle Orientierung

Anknüpfungspunkt für die Ungleichbehandlung von Ehe und eingetragener Lebenspartnerschaft ist nach der aktuellen Rechtsprechung des Bundesverfassungsgerichts das personenbezogene Merkmal der sexuellen Orientierung.[1318] Die sexuelle Orientierung ist Teil der sexuellen Selbstbestimmung des Menschen. Diese wird im Rahmen der Privatsphäre durch das allgemeine Persönlichkeitsrecht gem. Art. 2 Abs. 1 i.V.m. Art. 1 Abs. 1 GG geschützt.[1319] Vom Begriff der sexuellen Selbstbestimmung umfasst ist nach ständiger Rechtsprechung des Bundesverfassungsgerichts, „dass der Einzelne sein Verhältnis zur Sexualität und seine geschlechtlichen Beziehungen zu einem Partner einrichten und grundsätzlich selbst darüber befinden kann, ob, in welchen Grenzen und mit welchen Zielen er Einwirkungen Dritter darauf hinnehmen will."[1320]

Erstmals in der Entscheidung zur Gewährung von betrieblicher Hinterbliebenenversorgung für Arbeitnehmer des öffentlichen Dienstes auch an eingetragene Lebenspartner kommt das Bundesverfassungsgericht zu dem Schluss, dass die Ungleichbehandlung von eingetragener Lebenspartnerschaft und Ehe an das personenbezogene Merkmal der sexuellen Orientierung anknüpft und nicht, wie teilweise angenommen,[1321] an den Familienstand der Betroffenen.[1322]

1315 BVerfGE 124, 199 (220).

1316 BVerfGE 124, 199 (220), 129, 49 (68).

1317 BVerfGE 81, 208 (224); 88, 87 (97); 93, 386 (401); 124, 199 (220); 126, 400 (418 f.); 129, 49 (68 f.).

1318 Vgl. BVerfGE 124, 199 (220); 126, 400 (419); 131, 239 (256 f.); 132, 179 (190); 133, 59 (98); 133, 377 (408).

1319 BVerfGE 47, 46 (73); 60, 123 (134); 88, 87 (97); 120, 224 (239f.); 121, 175 (191 f.); vgl. hierzu auch *Di Fabio,* in: Maunz/Dürig, GG, Bd. I, Art. 2 (Stand: Juli 2001) Rn. 200; *Cornils,* ZJS 2009, 85 (85); *Hohmann-Dennhardt,* in: Kritische Justiz, Verfassungsrecht und gesellschaftliche Realität, S. 125 (127).

1320 BVerfGE 120, 224 (239).

1321 Vgl. hierzu oben Teil 3, B., I., 1., b., bb).

1322 Vgl. BVerfGE 124, 199 (220 ff.).

(1) Der Anknüpfungspunkt der sexuellen Orientierung

Nach Ansicht des Bundesverfassungsgerichts knüpft die Ungleichbehandlung von eingetragener Lebenspartnerschaft und Ehe an das personenbezogene Merkmal der sexuellen Orientierung an, da die Entscheidung des Einzelnen für eine Ehe oder eingetragene Lebenspartnerschaft untrennbar mit seiner sexuellen Orientierung verbunden sei.[1323] Zwar sei es rechtlich zulässig, dass heterosexuelle Menschen eine eingetragene Lebenspartnerschaft schließen bzw. Homosexuelle eine Ehe. Der Gesetzgeber habe aber lediglich zur Wahrung der Intimsphäre der Betroffenen darauf verzichtet, eine Geschlechtsgemeinschaft vorauszusetzen bzw. vor Eingehung einer Ehe oder eingetragenen Lebenspartnerschaft die jeweilige sexuelle Orientierung zu überprüfen.[1324] Trotzdem richte sich das Institut der eingetragenen Lebenspartnerschaft nach der Intention des Gesetzgebers ausschließlich an gleichgeschlechtlich orientierte Menschen, was sich auch aus der Benennung – Gesetz zur Beendigung der Diskriminierung gleichgeschlechtlicher Gemeinschaften – und Zielsetzung des Lebenspartnerschaftsgesetzes ergebe.[1325] Aufgrund dessen kommt das Bundesverfassungsgericht zu dem Ergebnis, dass Bestimmungen, welche die Rechte der eingetragenen Lebenspartner regeln, typischerweise homosexuelle Menschen erfassen und Bestimmungen, welche die Rechte von Ehegatten regeln, typischerweise Heterosexuelle erfassen.[1326] Bei einer unterschiedlichen Behandlung von Ehe und eingetragener Lebenspartnerschaft liege aufgrund dessen eine Ungleichbehandlung aufgrund der sexuellen Orientierung vor.[1327]

(2) Gesteigerter Rechtfertigungsbedarf durch die Anknüpfung an die sexuelle Orientierung

Durch die Anknüpfung der Ungleichbehandlung von Ehe und eingetragener Lebenspartnerschaft an das personenbezogene Merkmal der sexuellen Orientierung ergibt sich nach Ansicht des Bundesverfassungsgerichts ein gesteigerter Rechtfertigungsbedarf hinsichtlich einer Ungleichbehandlung.[1328] In diesem Zusammenhang verweist das Gericht erneut auf seine ständige Rechtsprechung, nach welcher sich die Anforderungen an Rechtfertigungsgründe für gesetzliche Differenzierungen im Wesentlichen daraus ergeben, in welchem Maß sich eine Ungleichbehandlung auf

1323 BVerfGE 124, 199 (221); 126, 400 (419); 133, 377 (409).
1324 BVerfGE 124, 199 (221).
1325 BVerfGE 124, 199 (221).
1326 BVerfGE 124, 199 (222); 126, 400 (419); 133, 377 (409).
1327 BVerfGE 124, 199 (222) mit Verweis auf EuGH, Urteil vom 1. April 2008 – Maruko – C-267/06 – ABlEU 2008, Nr. C 128, 6; BAG, Urteil vom 14. Januar 2009 – 3 AZR 20/07, NZA 2009, 489 (492) bezüglich einer Benachteiligung wegen der sexuellen Ausrichtung im Sinne von Art. 2 Abs. 2 Buchstabe a der Rahmenrichtlinie bzw. § 1 AGG; BVerfGE 126, 400 (419); 133, 59 (98); 133, 377 (409).
1328 Vgl. BVerfGE 124, 199 (219); 126, 400 (419); 131, 239 (256); 132, 179 (189); 133, 59 (98).

die Ausübung grundrechtlich geschützter Freiheiten nachteilig auswirken kann.[1329] Gehe es um eine Ungleichbehandlung verschiedener Lebenssachverhalte und könnten sich die Betroffenen durch eigenes Verhalten auf die unterschiedliche Regelung einstellen, reiche die Gestaltungsfreiheit des Gesetzgebers besonders weit.[1330] Demgegenüber seien der Gestaltungsfreiheit des Gesetzgebers besonders enge Grenzen gesetzt, je mehr sich eine bestehende Ungleichbehandlung auf verfassungsrechtlich geschützte Freiheiten auswirke[1331] und je weniger es dem Einzelnen möglich sei, nachteilige Folgen durch sein Verhalten zu beeinflussen[1332]. Darüber hinaus verschärften sich die verfassungsrechtlichen Anforderungen an eine Ungleichbehandlung umso mehr, je mehr sich die Merkmale, an welche die Differenzierung anknüpfe, denen des Art. 3 Abs. 3 GG annäherten.[1333] Wann der Gesetzgeber im Einzelfall das Willkürverbot bzw. das Gebot verhältnismäßiger Gleichbehandlung verletzt, lässt sich, so das Bundesverfassungsgericht, aber nicht abstrakt und allgemein sagen, sondern könne nur bezogen auf die betroffenen Sach- und Regelungsbereiche bestimmt werden.[1334] Der strenge Rechtfertigungsmaßstab, den das Bundesverfassungsgericht in seiner jüngsten Rechtsprechung bei einer Ungleichbehandlung aufgrund der sexuellen Orientierung anlegt, ergibt sich demzufolge nach Ansicht des Gerichts zum einen daraus, dass sich die Anknüpfung der Ungleichbehandlung auf ein verfassungsrechtlich geschütztes Recht der Betroffenen auswirkt.

Zum anderen gilt ein strenger Rechtfertigungsmaßstab nach dem Bundesverfassungsgericht auch deshalb, weil es sich bei der sexuellen Orientierung eines Menschen um ein personenbezogenes Merkmal handele, welches der Einzelne nicht beeinflussen könne. Nach derzeitigem Stand der Sexualmedizin ist davon auszugehen, dass sich die sexuelle Prägung eines Menschen bereits aus einer „starken biologischen Prädisposition" ergibt.[1335] Das bedeutet, dass die sexuelle Orientierung bereits von Geburt an vorgegeben ist, der Einzelne darauf also keinen Einfluss nehmen kann.

Zu guter Letzt gilt ein strenger Rechtfertigungsmaßstab nach ständiger Rechtsprechung des Gerichts auch dann, wenn die Gefahr besteht, dass eine Anknüpfung an Persönlichkeitsmerkmale, welche mit denen des Art. 3 Abs. 3 GG vergleichbar

1329 Vgl. BVerfGE 60, 123 (134); 82, 126 (146); 88, 87 (96); 105, 73 (110 f.); 106, 166 (176); 111, 176 (184); 112, 164 (174); 126, 400 (417 f.); 129, 49 (69); 132, 179 (189).

1330 BVerfGE 126, 400 (418).

1331 BVerfGE 60, 123 (134); 82, 126 (146); 88, 87 (96); 126, 400 (418); 132, 179 (189).

1332 BVerfGE 55, 72 (89); 88, 87 (96); 97, 169 (181); 127, 263 (280); 129, 49 (69); 126, 400 (418); 132, 179 (189).

1333 BVerfGE 88, 87 (96); 124, 199 (220); 129, 49 (69); 130, 240 (254).

1334 BVerfGE 75, 108 (157); 93, 319 (348 f.); 101, 275 (291); 103, 310 (318); 105, 73 (111); 107, 27 (46); 110, 412 (432); 121, 108 (119); 126, 400 (416); 129, 49 (69); 131, 239 (256); 132, 179 (188); 133, 377 (407).

1335 *Beier/Bosinski/Loewit*, Sexualmedizin, S. 77.

sind, die Diskriminierung einer Minderheit zur Folge hat.[1336] Dies ist nach Ansicht des Bundesverfassungsgerichts bei dem personenbezogenen Merkmal der sexuellen Orientierung der Fall.[1337] Bei dieser Einordnung beruft sich das Gericht maßgeblich auf die Rechtsentwicklung im Europarecht: Art. 13 EGV[1338] und Art. 21 Abs. 1 der Charta der Grundrechte[1339] nennen die „sexuelle Ausrichtung" explizit als unzulässiges Differenzierungskriterium. Auch nach dem Europäischen Gerichtshof für Menschenrechte erfordert die Rechtfertigung von Unterscheidungen, welche aufgrund der sexuellen Orientierung erfolgen, ebenso „ernstliche Gründe" wie für diejenigen Unterscheidungen, die das Geschlecht betreffen.[1340] Erforderlich sind nach Ansicht des Bundesverfassungsgerichts aufgrund dessen erhebliche und hinreichend gewichtige Unterschiede, um eine Ungleichbehandlung dieser beiden auf Dauer angelegten und rechtlich verfestigten Partnerschaften zu rechtfertigen.[1341]

Dabei spricht der Erste Senat des Bundesverfassungsgerichts in sämtlichen zur Gleichstellung von Ehe und Lebenspartnerschaft ergangenen Entscheidungen immer nur allgemein von einer Ungleichbehandlung, ohne näher darauf einzugehen, ob es sich aufgrund der vordergründigen Anknüpfung an den Familienstand um eine mittelbare Diskriminierung handelt. Demgegenüber geht der Zweite Senat in den beiden durch ihn entschiedenen Fällen zu Recht davon aus, dass es sich um eine „mittelbare Ungleichbehandlung wegen der sexuellen Orientierung" handelt.[1342] Zwar richte sich, so der Zweite Senat, die Gewährung bzw. Nichtgewährung der

---

1336 BVerfGE 88, 87 (96); 97, 169 (181); 124, 199 (220); 129, 49 (69); 130, 240 (254); 131, 239 (256); 132, 179 (189, Rn. 31); 133, 377 (408); vgl. auch BVerfGE 116, 243 (260).

1337 BVerfGE 124, 199 (220); 126, 400 (419); 132, 179 (189); ebenso der Zweite Senat, BVerfGE 131, 239 (256); 133, 377 (408) mit Verweis auf BVerfGK 12, 169 (176 f.); *Osterloh,* in: Sachs, GG, 6. Aufl., Art. 3 Rn. 92 ff.; *Jarass,* in: ders./Pieroth, GG, 11. Aufl., Art. 3 Rn. 19a.

1338 Mittlerweile ersetzt Art. 19 AEUV den ehemaligen Art. 13 EGV. Art. 19 Abs. 1 AEUV lautet: „Unbeschadet der sonstigen Bestimmungen der Verträge kann der Rat im Rahmen der durch die Verträge auf die Union übertragenen Zuständigkeiten gemäß einem besonderen Gesetzgebungsverfahren und nach Zustimmung des Europäischen Parlaments einstimmig geeignete Vorkehrungen treffen, um Diskriminierungen aus Gründen des Geschlechts, der Rasse, der ethischen Herkunft, der Religion oder der Weltanschauung, einer Behinderung, des Alters oder der sexuellen Ausrichtung zu bekämpfen."

1339 Art. 21 Abs. 1 Charta der Grundrechte lautet: „Diskriminierungen, insbesondere wegen des Geschlechts, der Rasse, der Hautfarbe, der ethnischen oder sozialen Herkunft, der genetischen Merkmale, der Sprache, der Religion oder der Weltanschauung, der politischen oder sonstigen Anschauung, der Zugehörigkeit zu einer nationalen Minderheit, des Vermögens, der Geburt, einer Behinderung, des Alters oder der sexuellen Ausrichtung, sind verboten."

1340 BVerfGE 124, 199 (220) mit Verweis auf EGMR, Urteil vom 24. Juli 2003 – Nr. 40.016/98 – Karner gegen Österreich, ÖJZ 2004, 36 (38) m.w.N.

1341 BVerfGE 124, 199 (222); 126, 400 (419); 132, 179 (190); 133, 377 (413).

1342 BVerfGE 131, 239 (258); 133, 377 (408).

jeweiligen Leistung nicht ausdrücklich nach der sexuellen Orientierung, sondern nach dem Familienstand der Betroffenen.[1343] Mittelbar werde damit aber an die sexuelle Orientierung angeknüpft, denn die Entscheidung des Einzelnen für eine Ehe oder eingetragene Lebenspartnerschaft sei untrennbar mit der sexuellen Orientierung verbunden.[1344] Damit folgt der Zweite Senat der Argumentation seiner 1. Kammer, die ebenfalls von einer unmittelbaren Anknüpfung der von ihr zu beurteilenden Ungleichbehandlung zwischen Ehe und eingetragener Lebenspartnerschaft an das Merkmal des Familienstandes ausging, aber zumindest eine mittelbare Ungleichbehandlung aufgrund der sexuellen Orientierung annahm, da sich die Ehe typischerweise an Heterosexuelle, die eingetragene Lebenspartnerschaft typischerweise an Homosexuelle richte.[1345]

c. *Die Rechtfertigung einer Ungleichbehandlung der Lebenspartnerschaft gegenüber der Ehe*

Die Rechtfertigung einer Ungleichbehandlung von Ehe und eingetragener Lebenspartnerschaft unterliegt nach der aktuellen Rechtsprechung des Bundesverfassungsgerichts strengen Rechtfertigungsanforderungen.

aa) Die geltenden Rechtfertigungsanforderungen

Das Bundesverfassungsgericht bestimmt die geltenden Rechtfertigungsanforderungen bei einer Ungleichbehandlung der eingetragenen Lebenspartnerschaft gegenüber der Ehe in zwei aufeinanderfolgenden Schritten. Zunächst ergeben sich, wie bereits erläutert, nach Ansicht des Gerichts erhöhte Rechtfertigungsanforderungen daraus, dass es sich um eine unterschiedliche Behandlung von Personengruppen handelt.[1346] Die sich hieraus ergebenden Rechtfertigungsanforderungen seien nur gewahrt, wenn „zwischen beiden Gruppen Unterschiede von solcher Art und solchem Gewicht bestehen, dass sie die ungleiche Behandlung rechtfertigen können".[1347] Es reiche daher nicht aus, dass ein seiner Art nach geeignetes Unterscheidungsmerkmal berücksichtigt wird.[1348] Es müsse vielmehr „auch für das Maß der Differenzierung ein innerer Zusammenhang zwischen den vorgefundenen Verschiedenheiten und der differenzierenden Regelung bestehen, der

1343 BVerfGE 133, 377 (408 f.).

1344 BVerfGE 131, 239 (258); 133, 377 (408 f.).

1345 BVerfGK 12, 169 (176); vgl. zu besagter Kammerrechtsprechung oben Teil 3, B., I., 1. m.w.N.

1346 BVerfGE 124, 199 (219 f.); 126, 400 (417); 131, 239 (256); 133, 59 (86); 133, 377 (407 f.).

1347 BVerfGE 55, 72 (88); 82, 126 (146); 84, 197 (199); 87, 1 (36); 88, 5 (12); 88, 87 (97); 93, 386 (397); 100, 195 (205); 105, 73 (110); 107, 27 (46); 107, 205 (213); 109, 96 (123); 110, 274 (291); 110, 412 (432); 117, 272 (300 f.); 124, 199 (219 f.); 126, 400 (418); 129, 49 (69); 131, 239 (256); 133, 59 (86); 133, 377 (408).

1348 BVerfGE 124, 199 (220).

sich als sachlich vertretbarer Unterscheidungsgesichtspunkt von hinreichendem Gewicht anführen lässt".[1349]

Verschärft werden diese Rechtfertigungsanforderungen durch die Anknüpfung der Ungleichbehandlung an die sexuelle Orientierung der Betroffenen.[1350] Die Rechtfertigungsanforderungen bei der unterschiedlichen Behandlung von Personengruppen seien umso strenger, „je größer die Gefahr ist, dass eine Anknüpfung an Persönlichkeitsmerkmale, die mit denen des Art. 3 Abs. 3 GG vergleichbar sind, zur Diskriminierung einer Minderheit führt".[1351] Aufgrund dessen fordert das Gericht zur Rechtfertigung einer Ungleichbehandlung der eingetragenen Lebenspartnerschaft gegenüber der Ehe erhebliche, hinreichend gewichtige Unterschiede „zwischen diesen beiden Formen einer auf Dauer angelegten, rechtlich verfestigten Partnerschaft".[1352]

bb) Erforderlichkeit eines über Art. 6 Abs. 1 GG hinausreichenden Rechtfertigungsgrundes

Ist die eingetragene Lebenspartnerschaft im konkreten Fall mit der Ehe vergleichbar, so kann nach Ansicht des Bundesverfassungsgerichts „der bloße Verweis auf das Schutzgebot der Ehe" eine Ungleichbehandlung nicht rechtfertigen.[1353] Hiermit nimmt das Gericht Bezug auf die vorangegangene Kammerrechtsprechung der 1. Kammer des Zweiten Senats des Bundesverfassungsgerichts sowie auf die Rechtsprechung des Bundesverwaltungsgerichts und des Bundesgerichtshofs, in der bei einer im Sinne des Art. 3 Abs. 1 GG relevanten Ungleichbehandlung von Ehe und eingetragener Lebenspartnerschaft der in Art. 6 Abs. 1 GG enthaltene besondere Schutz der Ehe als die Ungleichbehandlung rechtfertigender sachlicher Differenzierungsgrund herangezogen wurde.[1354] Hierbei beriefen sich die Gerichte durchgehend auf das Lebenspartnerschaftsurteil aus dem Jahr 2002, in dem das Bundesverfassungsgericht aus dem in Art. 6 Abs. 1 GG enthaltenen Förderauftrag die Befugnis des Gesetzgebers ableitet, in Erfüllung dieses Förderauftrags die Ehe gegenüber anderen Lebensformen zu privilegieren.[1355]

Demgegenüber beruft sich das Bundesverfassungsgericht in seiner aktuellen Rechtsprechung ebenfalls auf das Lebenspartnerschaftsurteil und stellt zunächst fest, dass es dem Gesetzgeber zwar aufgrund des verfassungsrechtlichen Schutzes

---

1349 BVerfGE 81, 208 (224); 88, 87 (97); 93, 386 (401); 124, 199 (220); 126, 400 (418 f.).

1350 BVerfGE 124, 199 (220), 126, 400 (419), 131, 239 (256); 132, 179 (189); 133, 59 (98); 133, 377 (408).

1351 BVerfGE 88, 87 (96); 97, 169 (181); 124, 199 (220); 131, 239 (256); 133, 377 (408).

1352 BVerfGE 124, 199 (222); 126, 400 (418 f.).

1353 Vgl. BVerfGE 124, 199 (226); 126, 400 (420); 131, 239 (260); 132, 179 (191 f.); 133, 59 (96); 133, 377 (411).

1354 Vgl. BVerfGK 12, 169 (177); BVerwGE 125, 79 (82); BVerwGE 129, 129 (133); BGH, NJW-RR 2007, 1441 (1442); vgl. hierzu ausführlich oben Teil 3, B., I.

1355 Vgl. BVerfGE 105, 313 (348); vgl. hierzu bereits oben unter Teil 3, A., II., 2., a.

der Ehe gem. Art. 6 Abs. 1 GG grundsätzlich nicht verwehrt sei, diese gegenüber anderen Lebensformen zu begünstigen.[1356] Sei aber die Privilegierung der Ehe mit einer Benachteiligung anderer Lebensformen verbunden, obgleich diese „nach dem geregelten Lebenssachverhalt und den mit der Normierung verfolgten Zielen“ mit der Ehe vergleichbar seien, so rechtfertige der bloße Verweis auf das Schutzgebot der Ehe eine solche Differenzierung nicht.[1357] Der sich aus Art. 6 Abs. 1 GG ergebende verfassungsrechtliche Förderauftrag legitimiere zwar eine Privilegierung der Ehe gegenüber anderen Lebensformen, ein Benachteiligungs- oder ein Abstandsgebot, welches es gebiete, andere Lebensgemeinschaften im Abstand zur Ehe auszugestalten und mit geringeren Rechten zu versehen, ließe sich aus dieser Norm aber nicht herleiten.[1358] Hierzu bedürfe es jenseits der bloßen Berufung auf Art. 6 Abs. 1 GG eines „hinreichend gewichtigen Sachgrundes, der gemessen am jeweiligen Regelungsgegenstand und -ziel die Benachteiligung anderer Lebensformen“ rechtfertigt“.[1359] Begründet wird dies vom Bundesverfassungsgericht damit, dass die in Art. 6 Abs. 1 GG enthaltene Schutzpflicht für Ehe und Familie unabhängig von der Frage bestünde, inwieweit etwaige Gleichbehandlungsansprüche Dritter geltend gemacht würden.[1360] Hierüber entscheide ausschließlich der allgemeine Gleichheitssatz des Art. 3 Abs. 1 GG nach Maßgabe der vom Bundesverfassungsgericht entwickelten Anwendungsgrundsätze.[1361] Zudem liegt nach nicht weiter begründeter Ansicht des Gerichts die Rechtfertigung der Privilegierung der (auch kinderlosen) Ehe in der „auf Dauer übernommenen, auch rechtlich verbindlichen Verantwortung für den Partner“.[1362] Hierin unterscheide sich die Ehe aber nicht von der eingetragenen Lebenspartnerschaft.[1363] Beide Partnerschaften seien dauerhaft angelegt und begründeten eine gegenseitige Einstandspflicht.[1364] Gehe es hingegen um die Privilegierung der Ehe als Grundlage von Kindern, so sei die Förderung von Eltern primär Gegenstand des Grundrechtsschutzes der Familie und nicht auf verheiratete Eltern beschränkt.[1365] In diesem Zusammenhang lässt das Bundesverfassungsgericht die Berufung auf die Eigenschaft der Ehe als typische Grundlage der Familie nicht zu. Das Gericht stellt vielmehr einerseits fest, dass es nicht in jeder

1356 BVerfGE 124, 199 (225) mit Verweis auf BVerfGE 6, 55 (76 f.); 105, 313 (348); so auch 126, 400 (420); 131, 239 (259); 132, 179 (191); 133, 59 (96); 133, 377 (410).
1357 BVerfGE 124, 199 (226); 126, 400 (420); 131, 239 (260); 132, 179 (191 f.); 133, 59 (96); 133, 377 (411).
1358 BVerfGE 124, 199 (226) mit Verweis auf BVerfGE 105, 313 (348); so auch BVerfGE 133, 59 (96).
1359 BVerfGE 124, 199 (226); 131, 239 (260); 133, 59 (96).
1360 BVerfGE 126, 400 (420 f.); ebenso *Classen*, JZ 2010, 411 (411).
1361 BVerfGE 126, 400 (421).
1362 BVerfGE 124, 199 (225).
1363 BVerfGE 124, 199 (225).
1364 BVerfGE 124, 199 (225).
1365 BVerfGE 124, 199 (225).

Ehe Kinder gebe und auch nicht jede Ehe auf Kinder ausgerichtet sei, andererseits lebten auch in „zahlreichen" eingetragenen Lebenspartnerschaften Kinder.[1366]

Die Prüfung der Rechtfertigung einer Ungleichbehandlung einer anderen Lebensgemeinschaft gegenüber der Ehe innerhalb des Art. 3 Abs. 1 GG hat nach der aktuellen Rechtsprechung des Ersten Senats des Bundesverfassungsgerichts folglich in zwei Schritten zu erfolgen: Zunächst ist festzustellen, ob die andere Lebensgemeinschaft mit der Ehe vergleichbar ist. Dabei kommt es nach Ansicht des Gerichts nicht auf eine grundsätzliche Vergleichbarkeit mit der Ehe an, sondern, darauf, ob „nach dem geregelten Lebenssachverhalt und den mit der Normierung verfolgten Zielen" eine Vergleichbarkeit mit der Ehe gegeben ist.[1367] Aufgrund dessen prüft das Bundesverfassungsgericht in seiner aktuellen Rechtsprechung auch immer für den jeweiligen Einzelfall, ob eine Vergleichbarkeit von Ehe und Lebenspartnerschaft vorliegt.[1368] Kann im konkreten Fall keine Vergleichbarkeit mit der Ehe festgestellt werden, so kann die in Art. 6 Abs. 1 GG enthaltene Privilegierungsermächtigung zur Rechtfertigung einer Ungleichbehandlung herangezogen werden. Beispielsweise sah das Bundesverfassungsgericht die Beschränkung der Leistung medizinischer Maßnahmen zur künstlichen Befruchtung auf verheiratete Paare durch § 27a Abs. 1 Nr. 3 SGB V durch die gesetzliche Krankenversicherung als gerechtfertigt an. Begründet wurde dies mit dem im Vergleich zur nichtehelichen Partnerschaft

1366 BVerfGE 124, 199 (229).

1367 Vgl. BVerfGE 124, 199 (226).

1368 Vgl. BVerfGE 124, 199 (226): „Denn die Ausgestaltung der Hinterbliebenenversorgung trägt Sachverhalten Rechnung, die bei Ehen und bei Lebenspartnerschaften in gleicher Weise auftreten."; BVerfGE 126, 400 (421): „Der Vermögenszuwachs stellt sich beim Ehegatten nicht anders dar als bei einem Lebenspartner."; BVerfGE 131, 239 (262): „...weil nichts dafür ersichtlich ist, dass die mit § 40 Abs. 1 Nr. 1 BBesG auszugleichenden Mehrbedarfe nicht ebenso bei in eingetragener Lebenspartnerschaft lebenden Beamten bestehen."; BVerfGE 132, 179 (190 f.): „Die hiermit offenbar verbundene Vermutung (...), gilt aber auch für eingetragene Lebenspartner, weil sich die rechtlichen und tatsächlichen Grundlagen für diese der gesetzlichen Regelung zugrundeliegenden Annahmen bei Ehe und eingetragener Lebenspartnerschaft entsprechen."; BVerfGE 133, 59 (98): „Unterschiede zwischen Ehe und eingetragener Lebenspartnerschaft, welche die ungleiche Ausgestaltung der Adoptionsmöglichkeiten rechtfertigen können, bestehen nicht; insbesondere sind beide Partnerschaften auf Dauer angelegt und rechtlich verfestigt."; BVerfGE 133, 377 (417): „Das Lebenspartnerschaftsgesetz gestaltet die eingetragene Lebenspartnerschaft als eine Gemeinschaft des Erwerbs und Verbrauchs aus, die in ihren für die steuerrechtliche Anknüpfung wesentlichen Grundzügen mit der Ehe vergleichbar ist."; BVerfGE 133, 377 (420): „Dass Lebenspartner die Anerkennung und Förderung dieser Freiheit durch das Splittingverfahren wie Ehepaare nutzen könnten, (...) liegt auf der Hand. Nichts anderes gilt für die Erziehung von Kindern. Unterschiede zwischen der Lebenssituation von Ehepartnern und Lebenspartnern, die eine Ungleichbehandlung rechtfertigen könnten, sind auch insoweit nicht zu erkennen."

bestehenden „besonderen rechtlichen Rahmen“, welcher „den Kindeswohlbelangen mehr Rechnung trägt, als eine nichteheliche Partnerschaft“.[1369] Liegt hingegen nach dem geregelten Sachverhalt und den mit der Normierung verfolgten Zielen eine Vergleichbarkeit mit der Ehe vor, bedarf die Rechtfertigung der Ungleichbehandlung eines über die abstrakte Förderung der Ehe hinausgehenden „hinreichend gewichtigen Sachgrundes, der gemessen am jeweiligen Regelungsgegenstand und -ziel die Benachteiligung rechtfertigt“.[1370]

Demgegenüber erweitert der Zweite Senat in den beiden durch ihn zu entscheidenden Fällen die durch den Ersten Senat geprägte Formulierung. Und zwar spricht der Zweite Senat in beiden Entscheidungen davon, dass Art. 6 Abs. 1 GG dann nicht als ein die Ungleichbehandlung rechtfertigender Sachgrund herangezogen werden könne, wenn es um die Benachteiligung anderer, *in vergleichbarer Weise rechtlich verbindlich verfasster Lebensformen*“ gehe, „obgleich diese nach dem geregelten Lebenssachverhalt und den mit der Normierung verfolgten Zwecken“ mit der Ehe vergleichbar seien,[1371] während der Erste Senat in sämtlichen Entscheidungen lediglich von „anderen Lebensformen“ spricht[1372]. Dies erklärt, warum der Zweite Senat in den beiden von ihm entschiedenen Fällen jeweils zunächst auf die grundsätzliche Vergleichbarkeit von Ehe und eingetragener Lebenspartnerschaft eingeht[1373] und hierbei insbesondere hervorhebt, dass beide Lebensformen dauerhaft geschlossen und rechtlich verbindlich sind und erst danach eine Vergleichbarkeit von Ehe und Lebenspartnerschaft im konkreten Fall untersucht. In diesem Zusammenhang führt der Zweite Senat aus, Art. 6 Abs. 1 GG rechtfertige eine Begünstigung der Ehe als „rechtlich verbindlicher und in besonderer Weise mit gegenseitigen Einstandspflichten (etwa bei Krankheit oder Mittellosigkeit) ausgestatteter dauerhafter Paarbeziehung“.[1374] Die in Art. 6 Abs. 1 GG enthaltene Wertentscheidung stelle einen sachlichen Differenzierungsgrund dar, welcher allerdings primär eine Besserstellung der Ehe gegenüber weniger verbindlichen Lebensgemeinschaften rechtfertige.[1375] Eine Benachteiligung der eingetragenen Lebenspartnerschaft, welche ebenfalls eine rechtlich geordnete Lebensgemeinschaft darstelle und darüber hinaus aufgrund der Gleichgeschlechtlichkeit der Partner nicht mit der Ehe konkurriere und dieser auch nicht abträglich sei, könne Art. 6 Abs. 1 deshalb nicht „ohne weiteres“

1369 BVerfGE 117, 316 (328 f.).
1370 BVerfGE 124, 199 (226).
1371 Vgl. BVerfGE 131, 239 (260); 133, 277 (411).
1372 Vgl. BVerfGE 124, 199 (226); 126, 400 (420); 132, 179 (191 f.); 133, 59 (96).
1373 Vgl. BVerfGE 131, 239 (261); 133, 377 (413 ff.).
1374 Vgl. BVerfGE 131, 239 (259) mit Verweis auf BVerfGE 6, 55 (76 f.); 105, 313 (348); 117, 316 (328 f.); 124, 199 (225); vgl. auch BVerfGE 133, 377 (410).
1375 BVerfGE 131, 239 (259 f.) mit Verweis auf BVerfGE 10, 59 (66); 112, 50 (65); 115, 1 (19); 117, 316 (327); 124, 199 (225); ebenso BVerfGE 133, 377 (410); so auch *Brosius-Gersdorf,* in: Dreier, GG, 3. Aufl., Art. 6 Rn. 85; *Jarass,* in: ders./Pieroth, GG, Art. 6 Rn. 21.

rechtfertigen.[1376] Dieses Vorgehen des Zweiten Senats führt dazu, dass Art. 6 Abs. 1 GG nur dann als die Ungleichbehandlung rechtfertigender Differenzierungsgrund entfällt, wenn es sich bei der mit der Ehe zu vergleichenden Gemeinschaft um eine „in vergleichbarer Weise rechtlich verbindlich verfasste Lebensform" handelt. Diese Formulierung schließt die nichteheliche Lebensgemeinschaft von vornherein aus, auch wenn im Einzelfall eine mit der Ehe vergleichbare Situation vorliegt, denn die nichteheliche Lebensgemeinschaft ist nicht rechtlich verbindlich verfasst. Der Erste Senat hat diese Formulierung hingegen nicht übernommen. Allerdings ist davon auszugehen, dass auch nach Ansicht des Ersten Senats Art. 6 Abs. 1 GG als sachlicher Differenzierungsgrund für eine Besserstellung der Ehe gegenüber der nichtehelichen Lebensgemeinschaft herangezogen werden kann, denn die rechtlich verbindlich eingegangene Verantwortung der Partner füreinander, welche nach Ansicht des Ersten Senats die Privilegierung der Ehe rechtfertigt, liegt bei der nichtehelichen Lebensgemeinschaft gerade nicht vor.[1377]

2. *Kritik und eigene Ansicht*

Diese jüngste Rechtsprechung des Bundesverfassungsgerichts hat, wie auch bereits das Lebenspartnerschaftsurteil, vielfältige Kritik erfahren. Insbesondere wird die sexuelle Orientierung als unzulässiger Anknüpfungspunkt bezüglich der Bewertung einer Ungleichbehandlung von Ehe und eingetragener Lebenspartnerschaft kritisiert, sowie die Gleichstellung von Ehe und Lebenspartnerschaft in der jüngsten Judikatur als Verstoß gegen Art. 6 Abs. 1 GG angesehen.

a. Die sexuelle Orientierung als unzulässiger Anknüpfungspunkt

Die durch das Bundesverfassungsgericht vorgenommene Anknüpfung der Ungleichbehandlung von Ehe und Lebenspartnerschaft an das Merkmal der sexuellen Orientierung wird teilweise als unzulässig kritisiert.[1378]

1376 BVerfGE 131, 239 (260 f.); so auch BVerfGE 133, 377 (411).

1377 A.A. *v. Coelln*, in: Sachs, GG, Art. 6 Rn. 49, der davon ausgeht, dass das BVerfG die Besserstellung der Ehe gegenüber der nichtehelichen Lebensgemeinschaft nicht mehr mit Art. 6 Abs. 1 GG begründet, wohl weil er die (tatsächlich unglückliche) Formulierung der „weniger verbindlichen Paarbeziehung", welche das BVerfG gebraucht nicht auf die nichteheliche Lebensgemeinschaft bezieht. In der Tat schließt diese Formulierung die nichteheliche Lebensgemeinschaft nicht zwingend aus, weswegen der Zweite Senat wohl auch eine Umformulierung der durch den Ersten Senat geprägten Vergleichbarkeitsformel für angebracht hielt.

1378 So etwa *Krings*, NVwZ 2011, 26 (26 f.); *Gärditz*, in: Uhle, Zur Disposition gestellt?, S. 85 (107 ff.).

aa) Anknüpfung der Ungleichbehandlung an den Familienstand bzw. an das Geschlecht

Der Bundesgerichtshof und das Bundesverwaltungsgericht waren in der der jüngsten Rechtsprechung des Bundesverfassungsgerichts vorangegangenen Rechtsprechung noch davon ausgegangen, dass bei einer Differenzierung von verheirateten und in einer eingetragenen Lebenspartnerschaft lebenden Partnern eine unmittelbare Anknüpfung an den Familienstand vorliegt.[1379] Diese Anknüpfung an den Familienstand kritisierte das Bundesverfassungsgericht in seiner jüngsten Rechtsprechung allerdings als „zu formal" und nicht der Lebenswirklichkeit entsprechend, da die Entscheidung des Einzelnen für eine Ehe oder eingetragene Lebenspartnerschaft untrennbar mit seiner sexuellen Orientierung verbunden sei.[1380]

Gegen dieses Argument wird eingewandt, dass die Eingehung einer eingetragenen Lebenspartnerschaft keine Homosexualität voraussetze, da in der Lebenspartnerschaft gerade keine Verpflichtung zur Geschlechtsgemeinschaft bestehe, sodass beispielsweise die Möglichkeit der Eingehung einer eingetragenen Lebenspartnerschaft zwischen Tante und Nichte gegeben sei.[1381] Darüber hinaus dürfe das die eingetragene Lebenspartnerschaft von der Ehe unterscheidende Merkmal der Verschiedengeschlechtlichkeit nicht als Anknüpfung an die sexuelle Orientierung missverstanden werden.[1382] Art. 6 Abs. 1 GG ziele nicht spezifisch auf die Unterscheidung von Hetero- und Homosexualität ab, sondern berücksichtige lediglich neben dem Vorhandensein einer rechtlich abgesicherten Partnerschaft das prinzipielle Angelegtsein der Ehe auf die Familie, welches bei der eingetragenen Lebenspartnerschaft aus rein biologischen Gründen nicht gegeben sein könne.[1383]

bb) Missachtung des Verfassungsgeberwillens durch Anknüpfung an die sexuelle Orientierung

Darüber hinaus wird die Anknüpfung der an Art. 3 Abs. 1 GG zu messenden Ungleichbehandlung zwischen eingetragener Lebenspartnerschaft und Ehe an das personenbezogene Merkmal der sexuellen Orientierung und die hieraus abgeleiteten gesteigerten Rechtfertigungsanforderungen teilweise mit dem Argument kritisiert, dass hierdurch die Entscheidung des allein änderungsbefugten Verfassungsgesetzgebers, das Merkmal der sexuellen Orientierung gerade nicht in den abschließenden Katalog der Differenzierungsverbotsmerkmale des Art. 3 Abs. 3 GG aufzunehmen,

---

1379 Vgl. BGH, NJW-RR 2007, 1441 (1443); BVerwGE 125, 79 (82); 129, 129 (134).

1380 BVerfGE 124, 299 (221).

1381 *Grziwotz,* FamRZ 2009, 1982 (1983); *ders.,* FamRZ 2010, 1531 (1533).

1382 *Seiler,* in: Kahl/Waldhoff/Walter, BK-GG, Bd. 2, Art. 6 Abs. 1 (Stand: Juli 2014) Rn. 174; ähnlich *Hofmann,* in: Schmidt-Bleibtreu/Hofmann/Henneke, GG, Art. 6 Rn. 25.

1383 *Seiler,* in: Kahl/Waldhoff/Walter, BK-GG, Art. 6 Abs. 1 (Stand: Juli 2014) Rn. 174 mit Verweis auf *Ipsen,* in: Isensee/Kirchhof, HStR VII, § 154 Rn. 21 f., 58; *Seiler,* in: Uhle, Zur Disposition gestellt?, S. 37 (56 f.).

missachtet werde.[1384] Diese Ansicht nimmt Bezug auf die Ergebnisse einer im Jahr 1993 eingesetzten Gemeinsamen Verfassungskommission.[1385] Diese hatte sich sowohl innerhalb des Art. 3 Abs. 3 S. 1 GG als auch innerhalb des Art. 6 Abs. 1 GG damit auseinandergesetzt, inwieweit „eine Verbesserung des Schutzes der homosexuellen Minderheit über die Verfassung zu gewährleisten ist".[1386] Im Rahmen des Art. 3 Abs. 3 GG ging es um die Ergänzung dieser Norm um den Aspekt der homosexuellen Identität.[1387] Diese Ergänzung fand allerdings nicht die erforderliche Zweidrittelmehrheit.[1388]Begründet wurde dieser Antrag mit „gewandelten Entwicklungen in der Gesellschaft".[1389] Gewährleistet werden müsse ein wirksamer Persönlichkeitsschutz sowie die Verhinderung von Diskriminierungen gegenüber Homosexuellen und Transsexuellen.[1390] Zudem solle der Erweiterung des Art. 3 Abs. 3 GG eine „Appellfunktion für den Abbau rechtlicher sowie außerrechtlicher Benachteiligungen" zukommen und dadurch eine „klare Orientierung für den einfachen Gesetzgeber geschaffen werde(n)".[1391] Gegen diese Erweiterung des Art. 3 Abs. 3 GG wurde eingewandt, dass Homosexuelle durch die Verfassung im Rahmen des Art. 2 Abs. 1 und Art. 1 Abs. 1 GG und auch durch die Rechtsprechung des Bundesverfassungsgerichts bereits in ausreichendem Maße geschützt seien.[1392] Die Beseitigung bestehender Defizite könne durch den Gesetzgeber vorgenommen werden.[1393] Eine weitere Ausdifferenzierung des Art. 3 Abs. 3 GG ohne zwingenden Grund müsse vermieden werden, da sonst die Verfassung durch die „Atomisierung nach Gruppen Schaden nehmen" könne.[1394]

Das Bundesverfassungsgericht setzt sich in seiner aktuellen Rechtsprechung kurz mit der oben genannten Ansicht auseinander, kommt aber zu dem Schluss,

---

1384 So etwa *Uhle,* in: Epping/Hillgruber, OK-GG, Art. 6 (Stand: 01.09.2015) Rn. 36.3; *Kischel,* in: Epping/Hillgruber, OK-GG, Art. 3 (Stand: 01.12.2015) Rn. 130; *Krings,* in: Höfling, FS für Friauf, S. 269 (273); *Hillgruber,* JZ 2010, 41 (43); *Gärditz,* in: Uhle, Zur Disposition gestellt?, S. 85 (107 f.); vgl. auch *Badura,* in: Maunz/Dürig, GG, Bd. II, Art. 6 (Stand: Mai 2013) Rn. 32a.

1385 BT-Drucks. 12/6000 v. 05.11.1993, S. 54.

1386 BT-Drucks. 12/6000 v. 05.11.1993, S. 54. Im Rahmen des Art. 6 Abs. 1 GG wurde die Ausdehnung des Schutzes dieses Artikels auf andere auf Dauer angelegte Lebensgemeinschaften thematisiert (vgl. BT-Drucks. 12/6000 v. 05.11.1993, S. 54 ff.

1387 Abgestimmt wurde über folgende Formulierung des Art 3 Abs. 3 S. 1 GG: „Niemand darf wegen seines Geschlechtes, seiner sexuellen Identität, seiner Abstammung, seiner Rasse, seiner Sprache, seiner Heimat und Herkunft, seines Glaubens, seiner religiösen oder politischen Anschauungen benachteiligt oder bevorzugt werden." (BT-Drucks. 12/6000 v. 05 11.1993, S. 54).

1388 BT-Drucks. 12/6000 v. 05.11.1993, S. 54.

1389 BT-Drucks. 12/6000 v. 05.11.1993, S. 54.

1390 BT-Drucks. 12/6000 v. 05.11.1993, S. 54.

1391 BT-Drucks. 12/6000 v. 05.11.1993, S. 54.

1392 BT-Drucks. 12/6000 v. 05.11.1993, S. 54.

1393 BT-Drucks. 12/6000 v. 05.11.1993, S. 54.

1394 BT-Drucks. 12/6000 v. 05.11.1993, S. 54.

dass ein entgegenstehender Wille des verfassungsändernden Gesetzgebers nicht ersichtlich sei.[1395] In diesem Zusammenhang verweist das Gericht auf einen aktuellen Beschluss der Bundestagsmehrheit, welche entsprechende Gesetzesentwürfe[1396] der Fraktionen Bündnis 90/Die Grünen, SPD und Die Linke mit dem Ziel der Einfügung des Merkmals der sexuellen Identität in Art. 3 Abs. 3 GG mit der Begründung ablehnt, „dass zwar das Ziel, Menschen vor Diskriminierungen aufgrund ihrer sexuellen Identität zu schützen, geteilt und unterstützt werde", eine solche Erweiterung dieser Norm aber nicht erforderlich sei, da sich die Rechtsprechung des Bundesverfassungsgerichts zum Schutz vor Diskriminierungen wegen der sexuellen Orientierung durch Art. 3 Abs. 1 GG mittlerweile mit dem Schutz nach Art. 3 Abs. 3 GG decke, sodass eine Aufnahme des Merkmals der sexuellen Orientierung lediglich „Symbolpolitik" darstelle.[1397] Neben dem Grundgesetz und dem einfachen Recht böten darüber hinaus die Europäische Menschenrechtskonvention sowie die Charta der Grundrechte der Europäischen Union einen ausreichenden Schutz.[1398] Diese Aussagen der Bundestagsmehrheit interpretiert das Bundesverfassungsgericht als Bestätigung seiner zum Merkmal der sexuellen Orientierung ergangenen Rechtsprechung durch den Gesetzgeber.

cc) Eigene Ansicht

(1) Die sexuelle Orientierung als Unterscheidungsmerkmal zwischen Ehe und Lebenspartnerschaft

Zunächst ist festzustellen, dass in Übereinstimmung mit der Ansicht des Bundesverfassungsgerichts eine Ungleichbehandlung von Ehe und eingetragener Lebenspartnerschaft mittelbar an die sexuelle Orientierung der Betroffenen anknüpft und nicht lediglich an deren Geschlecht oder Familienstand. Denn bei der Auswahl eines der beiden Institute kommt es zwar maßgeblich darauf an, ob man mit einer Person verschiedenen oder gleichen Geschlechts eine Bindung eingehen möchte. Dies bestimmt sich aber einzig und allein aufgrund der sexuellen Orientierung. Aufgrund dessen ist davon auszugehen, dass eine Ungleichbehandlung von Ehe und eingetragener Lebenspartnerschaft zwar unmittelbar an den Familienstand bzw. das Geschlecht anknüpft, aber mittelbar die sexuelle Orientierung betrifft.

Gegen eine Anknüpfung an die sexuelle Orientierung spricht auch nicht, dass die eingetragene Lebenspartnerschaft auch anderen Formen der Solidargemeinschaft, beispielsweise Tante und Nichte oder Onkel und Neffen, offen steht, auch wenn es

---

1395 BVerfGE 131, 239 (257).

1396 Vgl. BT-Drucks. 17/88 v. 27.11.2009, 17/254 v. 15.12.2009 und 17/472 v. 20.01.2010.

1397 BT-Drucks. 17/4775 v. 14.02.2011, S. 5. Vgl. auch die zu einer Änderung des Art. 3 Abs. 3 S. 1 GG eingeholten Stellungnahmen von *S. Baer, N. Dethloff, K. F. Gärditz, H. Graupner, B. Grzeszick, W. Kluth, H. Kube, U. Sacksofsky* und *M. Schüffner*, anliegend dem Protokoll der 11. Sitzung des Rechtsausschusses (6. Ausschuss) vom 21. April 2010.

1398 BT-Drucks. 17/4775 v. 14.02.2011, S. 5.

sich hierbei nicht um homosexuelle Paare handelt. Wie das Bundesverfassungsgericht korrekt ausführt, zielt der einzig und allein maßgebliche Gesetzeszweck des LPartG darauf ab, gleichgeschlechtlich orientierten Paaren die rechtliche Absicherung ihrer Gemeinschaft zu ermöglichen. Hiervon sollen aber grundsätzlich keine verwandtschaftlichen Solidargemeinschaften umfasst werden, wie sich auch aus § 1 Abs. 3 Nr. 2 und 3 LPartG ergibt, durch welchen in gerader Linie Verwandten sowie vollbürtigen und halbbürtigen Geschwistern die Eingehung einer eingetragenen Lebenspartnerschaft versagt wird.

(2) Die Etablierung der sexuellen Orientierung als Quasi-Diskriminierungsverbot i.S.d. Art. 3 Abs. 3 S. 1 GG

Das Merkmal der sexuellen Orientierung findet sich nicht im grundsätzlich abschließenden Katalog der absoluten Differenzierungsverbote des Art. 3 Abs. 3 S. 1 GG. Das Bundesverfassungsgericht behilft sich damit, dass es eine Vergleichbarkeit der sexuellen Orientierung mit den in Art. 3 Abs. 3 S. 1 GG genannten Merkmalen annimmt. Diese Annahme der Vergleichbarkeit ist gerechtfertigt, denn genau wie die in Art. 3 Abs. 3 S. 1 GG genannten Merkmale handelt es sich bei der sexuellen Orientierung um ein personenbezogenes Merkmal bzw. um ein Persönlichkeitskernmerkmal.[1399] Darüber hinaus orientieren sich die in Art. 3 Abs. 3 GG genannten Differenzierungsverbote an den während des Nationalsozialismus gemachten Erfahrungen.[1400] Aber auch Homosexuelle wurden während der nationalsozialistischen Diktatur verfolgt, sodass der Vergleich der sexuellen Orientierung mit den in Art. 3 Abs. 3 S. 1 GG genannten Merkmalen auch aus diesem Grund legitim ist.[1401]

Aufgrund der Anknüpfung einer Ungleichbehandlung an die sexuelle Orientierung gelangt das Bundesverfassungsgericht dann zu einem strengen Rechtfertigungsmaßstab innerhalb des Art. 3 Abs. 1 GG. Das Gericht spricht in diesem Zusammenhang von einem „strenge(n) Kontrollmaßstab, (...) der sich dem bei anderen Diskriminierungsverboten geltenden Maßstab annähert".[1402] Es verlangt „erhebliche Unterschiede zwischen diesen beiden Formen einer auf Dauer angelegten, rechtlich verfestigten Partnerschaft (...), um die konkrete Ungleichbehandlung rechtfertigen zu können".[1403] Durch diese Auslegung erhebt das Bundesverfassungsgericht die sexuelle Orientierung nahezu zu einem „ungeschriebenen Diskriminierungsverbot"

1399 Ebenso *Krieger,* in: Schmidt-Bleibtreu/Hofmann/Henneke, GG, Art. 3 Rn. 39; *Zimmermann,* in: Cremer u.a., FS für Steinberger, S. 645 (660); *Risse,* Der verfassungsrechtliche Schutz der Homosexualität, S. 133 ff., der von einer „Strukturidentität" der sexuellen Orientierung mit den in Art. 3 Abs. 3 GG genannten Merkmalen ausgeht; *Wiemann,* NJW 2010, 1427 (1428); *Putzer,* Recht und Politik 2011, 88 (90).

1400 Vgl. *Starck,* in: v. Mangoldt/Klein/Starck, GG, Bd. 1, Art. 3 Rn. 367.

1401 Ebenso *Krieger,* in: Schmidt-Bleibtreu/Hofmann/Henneke, GG, Art. 3 Rn. 42; *Wiemann,* NJW 2010, 1427 (1428).

1402 BVerfGE 124, 199 (220).

1403 Vgl. BVerfGE 124, 199 (222).

im Sinne des Art. 3 Abs. 3 S. 1 GG. Indem sachliche Rechtfertigungsgründe, etwa der allgemeine Verweis auf Art. 6 Abs. 1 GG nicht zur Rechtfertigung einer Ungleichbehandlung genügen, etabliert das Gericht im Wege richterlicher Rechtsfortbildung einen Mindeststandard an unzulässiger Differenzierung, der den in Art. 3 Abs. 3 S. 1 GG genannten Kriterien eigen ist.[1404] In diesem Zusammenhang kann von einem sog. Quasi-Diskriminierungsverbot gesprochen werden, welches zwar formal dem allgemeinen Gleichheitssatz zugeordnet wird, allerdings strukturell wie ein echtes Diskriminierungsverbot wirkt.[1405]

Problematisch hierbei ist zum einen, dass diese Rechtsprechung eine Abgrenzung des allgemeinen Gleichheitssatzes von den speziellen Diskriminierungsverboten erschwert.[1406] Darüber hinaus hat sich das Bundesverfassungsgericht hierdurch möglicherweise über den Willen des Verfassungsgesetzgebers, das Merkmal der sexuellen Orientierung gerade nicht in den Katalog des Art. 3 Abs. 3 GG aufzunehmen, hinweggesetzt.[1407] Die Gemeinsame Verfassungskommission hatte sich im Jahr 1993 gegen die Aufnahme der sexuellen Identität in Art. 3 Abs. 3 S. 1 GG entschieden. Begründet wurde dies damit, Art. 2 Abs. 1 GG und Art. 1 Abs. 1 GG sowie die Rechtsprechung des Bundesverfassungsgerichts gewährleisteten Homosexuellen „bereits ausreichenden Schutz“, ein darüber hinausreichender Schutz könne durch den einfachen Gesetzgeber geleistet werden, sodass eine Erweiterung des Art. 3 Abs. 3 S. 1 GG nicht erforderlich sei.[1408] Eine solche Erweiterung hat das Bundesverfassungsgericht nun aber durch richterliche Rechtsfortbildung vorgenommen, indem es die sexuelle Orientierung zu einem ungeschriebenen Differenzierungsverbot im Sinne des Art. 3 Abs. 3 GG erhebt. Diesen entgegenstehenden Willen der im Jahr 1993 einberufenen Verfassungskommission erkennt auch das Bundesverfassungsgericht an, beruft sich aber in derselben Entscheidung darauf, dass die Bundestagsmehrheit eine Erweiterung des Art. 6 Abs. 1 GG um das Merkmal der sexuellen Identität mit dem Argument abgelehnt habe, „eine Erweiterung sei nicht erforderlich, weil der

---

1404 *Osterloh/Nußberger,* in: Sachs, GG, Art. 3 Rn. 257b; vgl. auch *Krieger,* in: Schmidt-Bleibtreu/Hofmann/Henneke, GG, Art. 3 Rn. 39.

1405 So *Kischel,* in: Epping/Hillgruber, OK-GG, Art. 3 (Stand: 01.12.2015) Rn. 129; ähnlich *Osterloh/Nußberger,* in: Sachs, GG, Art. 3 Rn. 257b; vgl. auch *Tischbirek/Wihl,* JZ 2013, 219 (222), die von sog. „Analogmerkmalen“ sprechen.

1406 *Osterloh/Nußberger,* in: Sachs, GG, Art. 3 Rn. 257b; vgl. auch *Gärditz,* in: Uhle, Zur Disposition gestellt?, S. 85 (109 f.), der eine Verzerrung des grundrechtlichen Schutzniveaus kritisiert, denn die Annäherung an Art. 3 Abs. 3 GG überhöhe die sexuelle Identität zu einem „grundsätzlich relativierungsfeindlichen Belang“. Unklar sei, warum die sexuelle Identität, welche bereits vom allg. Persönlichkeitsrecht erfasst werde, gegenüber den anderen persönlichen Identitäten einen herausgehobenen Schutz genießen solle.

1407 Vgl. hierzu bereits oben Teil 3, B., III., 2., a., bb). So etwa *Kischel,* in: Epping/Hillgruber, OK-GG, Art. 3 Rn. 129; *Krings,* in: Höfling, FS für Friauf, S. 269 (273); *Hillgruber,* JZ 2010, 41 (43).

1408 Vgl. BT-Drucks. 12/6000, v. 05.11.1993, S. 54.

Schutz vor Diskriminierungen wegen der sexuellen Identität durch Art. 3 Abs. 1 GG sich nach der Rechtsprechung des Bundesverfassungsgerichts mittlerweile mit dem Schutz nach Art. 3 Abs. 3 GG decke und eine Erweiterung des Art. 3 Abs. 3 GG daher (überflüssige) „Symbolpolitik" darstelle."[1409] Dieses Argument ist zwar grundsätzlich korrekt, allerdings bleibt festzuhalten, dass zum Zeitpunkt der Hinterbliebenenversorgungsentscheidung im Jahr 2009 dieser Beschluss der Bundestagsmehrheit noch nicht vorlag, sondern andersherum sich der Beschluss auf die bereits ergangene Rechtsprechung bezieht. Diesen ex-post geänderten Verfassungsgeberwillen macht sich das Bundesverfassungsgericht zu nütze, indem es in seiner späteren Entscheidung auf ihn abstellt.[1410] Ob die Bundestagsmehrheit ohne die voreilige Entscheidung des Bundesverfassungsgerichts tatsächlich für eine Aufnahme der sexuellen Identität in den Art. 3 Abs. 1 GG gestimmt hätte, bleibt offen.[1411]

(3) Europarechtsfreundliche Verfassungsauslegung

Demgegenüber entspricht die Rechtsprechung des Bundesverfassungsgerichts zum Schutz vor Ungleichbehandlungen aufgrund der sexuellen Orientierung der Entwicklung auf europarechtlicher Ebene.[1412] In seiner Entscheidung zur Hinterbliebenenversorgung aus dem Jahr 2009 beruft sich das Bundesverfassungsgericht explizit auf die „Rechtsentwicklung im Europarecht" und Art. 13 EGV (mittlerweile Art. 19 AEUV) sowie Art. 21 Abs. 1 EuGrCh, welche die sexuelle Ausrichtung in den Kreis der Diskriminierungsverbote miteinbeziehen.[1413] Zudem stellt das Gericht auch auf die Rechtsprechung des Europäischen Gerichtshofs für Menschenrechte ab, der für Unterscheidungen aufgrund der sexuellen Orientierung ebenso „ernstliche Gründe" als Rechtfertigung fordert, wie für Unterscheidungen aufgrund des Geschlechts.[1414] Aufgrund dessen folgt das Gericht mit der Einordnung der sexuellen Orientierung als Quasi-Diskriminierungsverbot bzw. Analogmerkmal nicht lediglich gesellschaftlichen Strömungen bzw. sich stetig ändernden Wertvorstellungen, sondern nimmt eine europa- und völkerrechtsfreundliche Auslegung des deutschen Verfassungsrechts vor.[1415] Zu beachten ist hierbei allerdings, dass die bloße Berufung auf Europa- und Völkerrecht keine verfassungsdogmatische Begründung für den Schutz der sexuellen Orientierung im Grundgesetz ersetzen, sondern diese allenfalls stützen

---

1409 Vgl. BVerfGE 131, 239 (257) mit Verweis auf BT-Drucks. 17/4775 v. 14.02.2011, S. 5.

1410 Ebenso *Kischel,* in: Epping/Hillgruber, OK-GG, Art. 6 (Stand: 01.12.2015) Rn. 130.

1411 Ebenso *Kischel,* in: Epping/Hillgruber, OK-GG, Art. 6 (Stand: 01.12.2015) Rn. 130; *Gärditz,* in: Uhle, Zur Disposition gestellt?, S. 85 (109); *Sachs,* JuS 2013, 758 (759).

1412 Ebenso *Krieger,* in: Schmidt-Bleibtreu/Hofmann/Henneke, GG, Art. 3 Rn. 41; *Michael,* NJW 2010, 3537 (3539 f.); *Maierhöfer,* EuGRZ 2013, 105 (110 f.); vgl. auch bereits *Robbers,* in: Bosinski, Eingetragene Lebenspartnerschaft, S. 45 (50).

1413 Vgl. BVerfGE 124, 199 (220).

1414 Vgl. BVerfGE 124, 199 (220) mit Verweis auf EGMR, Urteil vom 24. Juli 2003 – Nr. 40.016/98 – Karner gegen Österreich, ÖJZ 2004, 36 (38) m.w.N.

1415 Ebenso *Krieger,* in: Schmidt-Bleibtreu/Hofmann/Henneke, GG, Art. 3 Rn. 41; *Michael,* NJW 2010, 3537 (3539 f.).

kann. Insoweit wäre es wünschenswert gewesen, dass sich das Bundesverfassungsgericht ausführlicher mit der dogmatischen Begründung einer Einbeziehung europäischer Rechtsentwicklungen in die Auslegung des deutschen Verfassungsrechts befasst hätte.[1416] Denn eine solche Einbeziehung externer Rechtsquellen in die Interpretation des Grundgesetzes ist verfassungsdogmatisch durchaus begründbar.[1417] Das Unionsrecht strahlt neben dem auf seinen Vorranganspruch begrenzten unmittelbaren Wirkungsbereich auch als „Rechtserkenntnisquelle" auf den Inhalt des nationalen Rechts aus.[1418] Eine solche „Europäisierung der Grundrechtsinterpretation" hat das Bundesverfassungsgericht für die Europäische Menschenrechtskonvention bereits anerkannt und mit der jüngsten Rechtsprechung auch für die Grundrechte-Charta etabliert.[1419] Zu integrieren ist dabei neben den geschriebenen Normen der Europäischen Menschenrechtskonvention und der Grundrechte-Charta auch die Rechtsprechung des Europäischen Gerichtshofs und des Europäischen Gerichtshofs für Menschenrechte.[1420] In diesem Zusammenhang wäre es allerdings konsequent gewesen, auch die folgende Judikatur des Europäischen Gerichtshofs für Menschenrechte zu beobachten.[1421] In den auf die Entscheidung *Karner v. Österreich* folgenden Entscheidungen *Schalk und Kopf v. Österreich* sowie *Gas und Dubois v. Frankreich* bleibt der Gerichtshof zwar dabei, dass eine Ungleichbehandlung aufgrund der sexuellen Orientierung nur durch besonders gewichtige Gründe gerechtfertigt werden kann.[1422] Allerdings verneint der Gerichtshof einen Anspruch gleichgeschlechtlicher

---

1416 Krit. hierzu *Gärditz,* in: Uhle, Zur Disposition gestellt?, S. 85 (108) mit Verweis auf die ebenfalls krit. Beiträge von *Hillgruber,* JZ 2010, 41 (43) und ferner *Reimer/Jestaedt,* JZ 2013, 468 (475).

1417 Vgl. ausführlich zur Bedeutung und Begründung einer europarechts- und völkerrechtsfreundlichen Verfassungsinterpretation *Michael,* NJW 2010, 3537 (3539 f.) mit weiterführendem Hinweis auf *Streinz,* EuropaR, 8. Aufl., § 11 Rn. 761; *Jarass,* EU-Grundrechte, § 2 II, Rn. 17 ff.; *Michael/Morlok,* Grundrechte, 2. Aufl., § 7 Rn. 122 ff.; zum Verhältnis der Rechtsprechung des BVerfG zur Rechtsprechung des EGMR und des EuGH vgl. auch *Voßkuhle,* NJW 2013, 1329 (1329 ff.).

1418 So zurecht *Michael,* NJW 2010, 3537 (3540) mit Verweis auf *Streinz,* EuropaR, 8. Aufl., Rn. 761.

1419 Vgl. *Michael,* NJW 2010, 3537 (3540) mit Verweis auf BVerfGE 74, 358 (370); BVerfG, NJW 2010, 2783 sowie BVerfG, Beschl. v. 05.04.2010 – 2 BvR 366/10, BeckRS 2010, 48605. Krit. in Bezug auf Art. 21 EuGrCh als bloße Rechtserkenntnisquelle *Gärditz,* in: Uhle, Zur Disposition gestellt?, S. 85 (108), mit dem Argument die Norm enthalte bereits ein Verbot der Diskriminierung aufgrund der sexuellen Orientierung und habe insofern kein „Spiegelgrundrecht" im nationalen Recht.

1420 *Michael,* NJW 2010, 3537 (3540).

1421 Siehe auch *Michael,* NJW 2010, 3537 (3539), der feststellt, dass sich das BVerfG nur in seiner Entscheidung zur Hinterbliebenenversorgung direkt auf die europäischen Rechtserkenntnisquellen beruft und in den Folgeentscheidungen lediglich auf seine eigene Rechtsprechung verweist.

1422 EGMR, Schalk u. Kopf v. Österreich, Nr. 30141/04, 24.06.2010, Rn. 97; Gas u. Dubois v. Frankreich, Nr. 25951/07, 15.03.2012, Rn. 59.

Paare auf Öffnung der Ehe aus Art. 12 EMRK mit der Begründung, er müsse die Entscheidung über eine solch bedeutende Frage den Mitgliedstaaten überlassen.[1423] Er stellt darüber hinaus fest, dass eine Differenzierung zwischen Ehe und anderen Lebensformen keine Ungleichbehandlung aufgrund der sexuellen Orientierung darstellt, sondern eine Ungleichbehandlung aufgrund des Familienstandes, welche aufgrund der besonderen Erwähnung der Ehe in Art. 12 EMRK gleichheitsrechtlich nicht zu beanstanden sei.[1424] Damit argumentiert der Europäische Gerichtshof für Menschenrechte vergleichbar mit dem Bundesgerichtshof und der 1. Kammer des Zweiten Senats des Bundesverfassungsgerichts, deren Argumentation sich das Bundesverfassungsgericht aber nicht angeschlossen hat.[1425] Begrenzt wird eine solche europarechtsfreundliche Interpretation des Grundgesetzes allerdings durch die Verfassung selbst, indem die besonderen Ausprägungen des deutschen Verfassungsrechts – etwa der besondere Eheschutz – Berücksichtigung finden müssen.[1426] Dies ist vorliegend, wie noch gezeigt werden wird, geschehen.

(4) Der durch die Anknüpfung an die sexuelle Orientierung geltende strenge Rechtfertigungsmaßstab

Auch der durch das Gericht innerhalb des Art. 3 Abs. 1 GG angewendete strenge Rechtfertigungsmaßstab ist sachgemäß und steht im Einklang mit der bisherigen Rechtsprechung.[1427]

Strenge Rechtfertigungsanforderungen an eine Ungleichbehandlung gelten nach ständiger Rechtsprechung des Gerichts, wenn sich die Ungleichbehandlung auf die Ausübung grundrechtlich geschützter Freiheiten nachteilig auswirken kann[1428] und wenn es dem Einzelnen nicht oder nur schwer möglich ist, nachteilige Folgen durch sein Verhalten zu beeinflussen[1429]. Knüpft eine benachteiligende Ungleichbehandlung

---

1423 Vgl. EGMR, Schalk u. Kopf v. Österreich, Nr. 30141/04, 24.06.2010, Rn. 58 ff.

1424 Vgl. EGMR, Gas u. Dubois v. Frankreich, Nr. 25951/07, 15.03.2012, Rn. 66 ff.; vgl. hierzu auch umfassend *Maierhöfer,* EuGRZ 2013, 105 (111) mit Verweis auf die krit. Beiträge von *Wiemann,* EuGRZ 2010, 408 (411 ff.) und *Sanders,* StAZ 2011, 175 (178 f.) sowie weiterführend hierzu *Wiemann,* Sexuelle Orientierung im Völker- und Europarecht, passim.

1425 Vgl. hierzu oben 3. Teil, B., I., 1.; ebenso *Maierhöfer,* EuGRZ 2013, 105 (113).

1426 Vgl. *Michael,* NJW 2010, 3537 (3540 ff.), „keine nivellierende Adaption von Ansätzen europäischen Verfassungsrechts"; *Gade/Thiele,* DÖV 2013, 142 (151), „spezifisch nationale Verfassungsausprägungen", also der „besondere Schutz der Ehe" als Grenze europarechtskonformer Verfassungsauslegung.

1427 Zur Entwicklung der Rechtsprechung des BVerfG zu dem gem. Art. 3 Abs. 1 GG geltenden Rechtfertigungsmaßstab von Ungleichbehandlungen durch Gesetz vgl. grundlegend *Britz,* NJW 2014, 346 (346 ff.).

1428 BVerfGE 60, 123 (134); 82, 126 (146); 88, 87 (96); 105, 73 (110 f.); 106, 166 (176); 111, 176 (184); 112, 164 (174); 126, 400 (417 f.); 129, 49 (69); 132, 179 (189, Rn. 31).

1429 BVerfGE 55, 72 (89); 88, 87 (96); 97, 169 (181); 127, 263 (280); 129, 49 (69); 126, 400 (418); 132, 179 (189, Rn. 31).

an die sexuelle Orientierung eines Menschen an, so wirkt sich diese Ungleichbehandlung nachteilig auf das allgemeine Persönlichkeitsrecht des Betroffenen aus. Denn dieses schützt, wie oben dargelegt, die sexuelle Selbstbestimmung. Hinzu kommt, dass es sich – wie das Bundesverfassungsgericht zu Recht feststellt – bei der sexuellen Orientierung um ein personenbezogenes Anknüpfungsmerkmal handelt. Die sexuelle Orientierung eines Menschen ist, so entspricht es dem aktuellen Stand der Sexualforschung,[1430] stark biologisch prädisponiert, sodass der Einzelne sich durch eigenes Verhalten, nämlich durch die Änderung seiner sexuellen Orientierung, der benachteiligenden Regelung nicht entziehen kann. Dies ist allenfalls und wenn überhaupt bei bisexuellen, aber nicht bei homosexuellen Menschen möglich. Schließlich ergibt sich ein strenger Rechtfertigungsmaßstab nach Ansicht des Bundesverfassungsgerichts auch daraus, dass sich das personenbezogene Merkmal der sexuellen Orientierung den in Art. 3 Abs. 3 GG genannten Merkmalen annähert und aufgrund dessen die Gefahr besteht, dass die an die sexuelle Orientierung anknüpfende Ungleichbehandlung zur Diskriminierung einer Minderheit führt.[1431] Dieser strenge Rechtfertigungsmaßstab ist bereits aus der früheren Rechtsprechung des Bundesverfassungsgerichts bekannt.[1432] Das Gericht geht in diesem Zusammenhang davon aus, dass durch die Anknüpfung der Ungleichbehandlung an ein Merkmal, welches mit den in Art. 3 Abs. 3 GG genannten Merkmalen vergleichbar ist, die Gefahr besonders groß ist, eine Minderheit zu diskriminieren.[1433] Auch der durch diese Überlegungen ausgelöste strengere Rechtfertigungsmaßstab ist sachgerecht, denn Aufgabe der Verfassung und damit auch der Verfassungsrechtsprechung ist es auch, den Einzelnen vor Mehrheitsentscheidungen zu schützen.[1434]

(5) Keine Notwendigkeit der Erweiterung des Art. 3 Abs. 3 GG um das Merkmal der „sexuellen Identität“

Zu klären ist in diesem Zusammenhang schließlich, ob die Notwendigkeit der Erweiterung des Art. 3 Abs. 3 GG um das Merkmal der „sexuellen Identität“ besteht. Bereits im Jahr 1993 wurde eine solche Erweiterung von der Gemeinsamen Verfassungskommission abgelehnt.[1435] Im Jahr 2010 wurden dem Bundestag von den Fraktionen Bündnis 90/Die Grünen, SPD und Die Linke erneut drei Gesetzesentwürfe vorgelegt, die alle das Ziel verfolgten, den Art. 3 Abs. 3 GG um das Merkmal

1430 Vgl. oben, 3. Teil, B., III., 1., b., bb), (2).
1431 BVerfGE 124, 199 (220); 131, 239 (256); 132, 179 (189); 133, 377 (408).
1432 Vgl. BVerfGE 88, 87 (96); 97, 169 (181).
1433 BVerfGE 88, 87 (96); 97, 169 (181); 124, 199 (220); 129, 49 (69); 130, 240 (254); 131, 239 (256); 132, 179 (189); 133, 377 (408).
1434 So auch *Krieger,* in: Schmidt-Bleibtreu/Hofmann/Henneke, GG, Art. 3 Rn. 42; krit. hingegen in Bezug auf eine Funktion der Grundrechte als Minderheitenschutz *Gärditz,* in: Uhle, Zur Disposition gestellt?, S. 85 (114 ff.) m.w.N.
1435 Vgl. BT-Drucks. 12/6000, v. 05.11.1993, S. 54.

der sexuellen Identität zu erweitern.[1436] Die Verankerung dieses Merkmals in der Verfassung sollte nach Ansicht der Oppositionsparteien den Schutz, welchen die sexuelle Identität bislang erfährt, noch vergrößern, sowie diese „der Gestaltungsmacht des einfachen Gesetzgebers und damit dem Wechselspiel der verschiedenen politischen und gesellschaftlichen Kräfte (...) entziehen".[1437] Die Bundestagsmehrheit hielt demgegenüber die in den Gesetzesentwürfen vorgeschlagene Einfügung der „sexuellen Identität" in den Katalog des Art. 3 Abs. 3 GG für nicht erforderlich, unter anderem mit der Begründung, dass sich der Schutzbereich des Art. 3 Abs. 1 GG im Hinblick auf den Schutz der sexuellen Identität mittlerweile mit dem des Absatz 3 decke.[1438]

Dieser Ansicht des Bundestages kann gefolgt werden. Auch nach der hier vertretenen Ansicht besteht eine vollständige Deckungsgleichheit der Schutzbereiche von Art. 3 Abs. 1 GG und Art. 3 Abs. 3 GG in Bezug auf das Merkmal der sexuellen Identität.[1439] Daneben erfährt die sexuelle Identität auch auf europarechtlicher und einfachrechtlicher Ebene umfassenden Schutz.[1440] Auf europäischer Ebene benennt Art. 21 Abs. 1 der Charta der Grundrechte die „sexuelle Ausrichtung" explizit als Diskriminierungsverbot. Dieses Diskriminierungsverbot wirkt innerhalb des Kompetenzbereiches der Europäischen Union und erfasst damit auch die Tätigkeit der Mitgliedstaaten bei der Durchführung von Unionsrecht.[1441] Art. 10 AEUV verpflichtet die Union, Diskriminierungen aufgrund der sexuellen Ausrichtung zu bekämpfen. Gem. Art. 19 Abs. 1 AEUV[1442] kann der Rat im Rahmen der durch die Verträge auf die Europäische Union übertragenen Zuständigkeiten geeignete Vorkehrungen treffen, um Diskriminierungen aus Gründen der sexuellen Ausrichtung zu bekämpfen. Unter anderem auf dieser Grundlage basiert auch die Richtlinie „2000/78/EG des Rates zur Festlegung eines allgemeinen Rahmens für die Verwirklichung der Gleichbehandlung in Beschäftigung und Beruf", deren Zweck gem.

1436 Vgl. BT-Drucks. 17/88 v. 27.11.2009, 17/254 v. 15.12.2009 und 17/472 v. 20.01.2010.

1437 BT-Drucks. 17/88 v. 27.11.2009, S. 1, 17/254 v. 15.12.2009 und S. 1, 17/472 v. 20.01.2010, S. 1.

1438 BT-Drucks. 17/4775 v. 14.02.2011, S. 5.

1439 Vgl. oben 3. Teil, B., III., 2., a., cc), (2).

1440 Zu diesem Ergebnis kommen auch die Sachverständigengutachten von *Gärditz, Grzeszick, Kluth, Kube* und *Schüffner*, die im Rahmen des Beratungsverlaufs des Rechtsausschusses (6. Ausschuss) zur Erweiterung des Art. 3 Abs. 3 GG um die sexuelle Identität eingeholt wurden, anliegend dem Protokoll der 11. Sitzung vom 21. April 2010. Auch der Rechtsausschuss selbst empfiehlt mit den Stimmen der CDU/CSU und der FDP, das Merkmal der sexuellen Identität nicht in den Art. 3 Abs. 3 GG aufzunehmen, vgl. BT-Drucks. 17/4775 v. 14.02.2011, S. 5. Hingegen sprechen sich die Sachverständigengutachten von *Baer, Dethloff, Graupner* und *Sacksofsky* für eine Aufnahme des Merkmals der sexuellen Identität in den Katalog des Art. 3 Abs. 3 GG aus.

1441 Vgl. Art. 51 GRCh. Vgl. hierzu auch weiterführend *Ladenburger*, in: Tettinger/Stern, GrCH, Art. 51 Rn. 20 ff.

1442 Ehemals Art. 13 EGV.

Art. 1 die Schaffung eines allgemeinen Rahmens zur Bekämpfung der Diskriminierung auch wegen der sexuellen Ausrichtung ist.[1443] Art. 8 Abs. 1 EMRK schützt die sexuelle Selbstbestimmung als Bestandteil des Privatlebens.[1444]

Darüber hinaus beruft sich das Bundesverfassungsgericht im Rahmen seiner Einordnung der sexuellen Orientierung auf den Europäischen Gerichtshof für Menschenrechte, der für Unterscheidungen aufgrund der sexuellen Orientierung ebenso „ernstliche Gründe" wie für Unterscheidungen aufgrund des Geschlechts verlangt.[1445] Zudem haben sämtliche Mitgliedstaaten der Europäischen Union in der UN-Generalversammlung ein Statement unterstützt, welches eine Diskriminierung aufgrund der sexuellen Identität verbietet.[1446] Auch der Europarat empfahl den Mitgliedstaaten im März 2010 Diskriminierungen aufgrund von sexueller Orientierung oder Geschlechtsidentität zu bekämpfen.[1447]

Zudem besteht auch auf einfachgesetzlicher Ebene ein umfassender Schutz der sexuellen Identität. Zu nennen ist hier vor allem das Allgemeine Gleichbehandlungsgesetz (AGG), welches sich unter anderem zum Ziel gesetzt hat, Benachteiligungen aufgrund der sexuellen Identität zu verhindern und zu beseitigen.[1448] Das Gesetz deckt weite Bereiche des Berufs- und Wirtschaftslebens ab. Für öffentlich-rechtliche Dienstverhältnisse gilt § 24 AGG. Des Weiteren gelten § 9 BBG und § 9 BeamtenStG. Im Betriebsverfassungsrecht ist § 75 BetrVG zu beachten. Schließlich wird die sexuelle Identität auch auf verfassungsrechtlicher Ebene geschützt. Die sexuelle Selbstbestimmung des Menschen wird als Teil der Privatsphäre im Rahmen des allgemeinen Persönlichkeitsrechts gem. Art. 2 Abs. 1 i.V.m. Art. 1 Abs. 1 GG geschützt.[1449] Differenzierungen aufgrund der sexuellen Orientierung sind an Art. 3 Abs. 1 GG zu messen und unterliegen nach der aktuellen Rechtsprechung des Bundesverfassungsgerichts einem strengen Rechtfertigungsmaßstab.[1450]

1443 Zur Bedeutung der Richtlinie im Rahmen der Gleichbehandlung von Ehe und eingetragener Lebenspartnerschaft vgl. oben 3. Teil, B., I., 2.

1444 *Grabenwarter*, Europäische Menschenrechtskonvention, § 22, Rn. 8, 25.

1445 BVerfGE 124, 199 (220) mit Verweis auf EGMR, Urteil vom 24. Juli 2003 – Nr. 40.016/98 – Karner gegen Österreich, ÖJZ 2004, S. 36 (38) m.w.N.

1446 Vgl. Joint Statement on Sexual Orientation & Gender Identity vom 8. Dezember 2008.

1447 Recommendation CM/Rec(2010)5 of the Committee of Ministers to member states on measures to combat discrimination on grounds of sexual orientation or gender identity (*Adopted by the Committee of Ministers on 31 March 2010 at the 1081st Meeting of the Ministers' Deputies*).

1448 Vgl. § 1 AGG.

1449 BVerfGE 47, 46 (73); 60, 123 (134); 88, 87 (97); 120, 224 (238 f.); 121, 175 (191 f.); vgl. hierzu auch *Di Fabio*, in: Maunz/Dürig, GG, Bd. I, Art. 2 (Stand: Juli 2001) Rn. 200; *Cornils*, ZJS 2009, 85 (85); *Hohmann-Dennhardt*, in: Kritische Justiz, Verfassungsrecht und gesellschaftliche Realität, S. 125 (127).

1450 Vgl. hierzu oben Teil 3, B., III., 1., b.

Auch Art. 33 Abs. 2 GG stellt sicher, dass zur Wahrung der Chancengleichheit lediglich an die dort genannten positiven Auswahlkriterien angeknüpft wird.[1451] Damit ist das Merkmal der sexuellen Orientierung in ausreichendem Umfang auf mehreren Ebenen geschützt, sodass sich in Bezug auf eine Verfassungsänderung kein Regelungsbedarf ergibt. Schließlich sprechen auch noch weitere Gründe gegen die Einfügung der sexuellen Orientierung in den Art. 3 Abs. 3 GG.[1452] Zu nennen sind hier insbesondere die mangelnde tatbestandliche Bestimmtheit des Rechtsbegriffs der „sexuellen Identität" sowie die sich aus einer expliziten Verankerung dieses Merkmals in Art. 3 Abs. 3 GG potentiell ergebenden verfassungsdogmatischen Schwierigkeiten im Verhältnis zu Art. 6 Abs. 1 GG und Art. 6 Abs. 2 GG. Zudem ist fraglich, ob durch die Erweiterung des Art. 3 Abs. 3 GG überhaupt ein weitergehender Schutz der sexuellen Identität des Einzelnen erreicht werden kann, als er aktuell bereits besteht.

b. Die Gleichstellung von Ehe und Lebenspartnerschaft als Verstoß gegen Art. 6 Abs. 1 GG

Nach Ansicht des Bundesverfassungsgerichts haben eingetragene Lebenspartner dann einen Anspruch auf Gleichstellung mit der Ehe aus Art. 3 Abs. 1 GG, wenn die eingetragene Lebenspartnerschaft mit der Ehe nach dem geregelten Lebenssachverhalt und den mit der Normierung verfolgten Zielen vergleichbar ist und darüber hinaus keine weiteren Sachgründe gegen eine Gleichstellung sprechen.[1453] Demgegenüber lehnt ein Großteil der in der Literatur vertretenen Ansichten einen Anspruch eingetragener Lebenspartner auf Gleichstellung mit der Ehe aus Art. 3 Abs. 1 GG mit Verweis auf Art. 6 Abs. 1 GG ab.

aa) Die Nivellierung des besonderen Eheschutzes

Dabei wird bereits bezweifelt, dass Art. 3 Abs. 1 GG gegenüber dem spezielleren Art. 6 Abs. 1 GG überhaupt anwendbar sei[1454] bzw. die verfassungsrechtlich unstreitig zulässige Privilegierung der Ehe überhaupt eine im Sinne des Art. 3 Abs. 1 GG relevante Diskriminierung der eingetragenen Lebenspartnerschaft darstellt.[1455]

1451 *Battis,* in: Sachs, GG, Art. 33 Rn. 19.

1452 Vgl. hierzu umfassend die Stellungnahmen zur Einfügung des Merkmals der „sexuellen Identität" in den Art. 3 Abs. 3 von *Gärditz, Grzeszick, Kluth, Kube* und *Schüffner,* anliegend dem Protokoll der 11. Sitzung des Rechtsausschusses vom 21. April 2010.

1453 Vgl. hierzu oben Teil 3, B., III., 1., c.

1454 Vgl. *Krings,* in: Höfling, FS für Friauf, S. 269 (273) mit Verweis auf die eine Anwendbarkeit ablehnenden Ansichten von *Hofmann,* in: Schmidt-Bleibtreu/Hofmann/Hopfauf, GG, 12. Aufl., Art. 6 Rn. 21; *Ipsen,* in: Isensee/Kirchhof, HStR VII, § 154 Rn 58; *Schmitt-Kammler/von Coelln,* in: Sachs, GG, 5.Aufl., Art. 6 Rn. 6.

1455 So etwa *Burgi,* Der Staat 39 (2000), 487 (502), mit dem Argument, die Verfassung selbst differenziere zwischen der Ehe und anderen Lebensformen, sodass bereits

Darüber hinaus wird angeführt, die eingetragene Lebenspartnerschaft habe mangels funktionaler Vergleichbarkeit mit der Ehe keinen Anspruch auf den nur der Ehe zukommenden besonderen Schutz des Art. 6 Abs. 1 GG. Indem das Bundesverfassungsgericht die in Art. 6 Abs. 1 GG enthaltene besondere Wertentscheidung nicht als hinreichend gewichtigen Sachgrund für eine Besserstellung der Ehe gegenüber der eingetragenen Lebenspartnerschaft heranziehe, werde der besondere Schutz, welchen die Verfassung ausschließlich der Ehe und der Familie gewähre, nivelliert und damit Art. 6 Abs. 1 GG letztendlich obsolet.[1456] Diese Kritik wurzelt im gegenüber Art. 119 Abs. 1 WRV geänderten Wortlaut des Art. 6 Abs. 1 GG. Art. 119 Abs. 1 GG schützte die Ehe explizit als „Grundlage des Familienlebens und der Erhaltung und Vermehrung der Nation".[1457] Der besondere, der Ehe in der Weimarer Reichsverfassung gewährte Verfassungsschutz basierte also auf der ihr vom Verfassungsgeber zugewiesenen Bedeutung für das Gemeinschaftswesen.[1458] Grund für die Privilegierung der Ehe war damit deren Reproduktionsfunktion. Darüber hinaus fungierte die Ehe nach dem Willen des Verfassungsgebers als Grundlage des Familienlebens. Sie wurde als Vorstufe zur Familie angesehen und als am besten geeigneter Ort für das Aufwachsen von Kindern qualifiziert.[1459] Demgegenüber stehen in Art. 6 Abs. 1 GG Ehe und Familie lediglich verbunden durch ein „und" nebeneinander. Aufgrund dessen ist umstritten, in welchem Verhältnis die beiden Institute innerhalb des Art. 6 Abs. 1 GG stehen. Hierbei geht es insbesondere um die Frage, ob der Schutz der Ehe unabhängig von dem der Familie durch die Verfassung gewährt wird.[1460] Das Bundesverfassungsgericht stellt auf eine getrennte

---

keine „Diskriminierung" im Sinne des Art. 3 Abs. 1 GG vorliege; ebenso *Badura,* in: Maunz/Dürig, GG, Bd. II, Art. 6 (Stand: April 2012/Mai 2013) Rn. 32a, 55; *v. Coelln,* in: Sachs, GG, Art. 6 Rn. 50; *Hofmann,* in: Schmidt-Bleibtreu/Hofmann/Henneke, GG, Art. 6 Rn. 25; *v. Roetteken,* jurisPR-ArbR 48/2009 Anm. 2, der darauf hinweist, dass die Parameter für die Gleichbehandlung von Lebenspartnerschaft und Ehe nicht allein aus Art. 3 Abs. 1 GG entnommen, sondern unter Berücksichtigung des Art. 6 Abs. 1 GG entwickelt werden müssten; *Hillgruber,* JZ 2010, 41 (42); ähnlich *Hillgruber,* JZ 2013, 843 (844), der bezogen auf das Ehegattensplitting keine „Benachteiligung" eingetragener Lebenspartner erkennt, da diesen der Splittingvorteil ebenso vorenthalten bleibe, wie allen anderen Lebensgemeinschaften.

1456 So etwa *Badura,* in: Maunz/Dürig, GG, Bd. II, Art. 6 (Stand: Mai 2013) Rn. 32a; *Seiler,* in: Kahl/Waldhoff/Walter, BK-GG, Art. 6 Abs. 1 (Stand: Juli 2014) Rn. 172 f.; *Uhle,* in: Epping/Hillgruber, OK-GG, Art. 6 (Stand: 01.09.2015) Rn. 36.3; *von Coelln,* in: Sachs, GG, Art. 6 Rn. 50; *Hofmann,* in: Schmidt-Bleibtreu/Hofmann/Henneke, GG, Art. 6 Rn. 24 f.; *Gärditz,* in: Uhle, Zur Disposition gestellt?, S. 85 (102 f.); *Hillgruber,* JZ 2010, 41 (41 f.); *Krings,* NVwZ 2011, 26 (26); *Gade/Thiele,* DÖV 2013, 142 (151); *Benedict,* JZ 2013, 477 (486).

1457 Vgl. hierzu ausführlich oben Teil 2, A., I.

1458 Vgl. oben 2. Teil, A., I., 3., c.

1459 Vgl. oben 2. Teil, A., I., 3., c.

1460 Allgemein anerkannt ist inzwischen jedenfalls der eigenständige Schutz der Familie, welche als Lebens-, Erziehungs- und Hausgemeinschaft oder auch nur als bloße

Betrachtung von verfassungsrechtlichem Eheschutz einerseits und Familienschutz andererseits ab. Nach aktueller Rechtsprechung sieht das Gericht die Rechtfertigung der Privilegierung der (auch kinderlosen) Ehe „in der auf Dauer übernommenen, auch rechtlich verbindlichen Verantwortung für den Partner".[1461] Aufgrund dessen kommt das Gericht zu dem Schluss, dass sich die Ehe insoweit nicht von der eingetragenen Lebenspartnerschaft unterscheidet.[1462] Soweit die Privilegierung der Ehe darauf beruht, dass aus ihr Kinder hervorgehen, ist die verfassungsrechtliche Förderung von Eltern nach Ansicht des Bundesverfassungsgerichts primär Gegenstand des Grundrechtsschutzes der Familie und in diesem Zusammenhang nicht auf verheiratete Eltern beschränkt.[1463] Auch andere Befürworter eines unabhängigen Schutzes der Ehe von der Familie argumentieren mit einer selbstständigen Funktion der Ehe als rechtlicher Verantwortungs- und Beistandsgemeinschaft der Eheleute,[1464] sowie mit der im Gegensatz zu Art. 119 Abs. 1 S. 1 WRV neutraleren Formulierung des Art. 6 Abs. 1 GG[1465].

Demgegenüber lehnt ein Großteil der Literatur eine funktionale Trennung von Eheschutz auf der einen und Familienschutz auf der anderen Seite mit dem Argument ab, dass sich die Privilegierung der Ehe nicht ausschließlich auf die auf Dauer übernommene, rechtlich verbindliche Verantwortung für den Partner beschränke, sondern auch in der Funktion der Ehe als potentielle Fortpflanzungsgemeinschaft sowie als typische und bestgeeignete Grundlage für das Aufwachsen von Kindern liege.[1466] Da es gleichgeschlechtlichen Partnerschaften an dieser zumindest

---

Begegnungsgemeinschaft einen Ort zur seelischen Stabilisierung und entlastenden Selbstdarstellung bietet, welcher frei von öffentlicher Kontrolle ist (vgl. BVerfGE 57, 170 (178); 80, 81 (90 f.); 108, 82 (112)). Dabei ist der Grundrechtsschutz der Familie unabhängig von einer Ehe und von der Abstammung der Kinder (*v. Coelln*, in: Sachs, GG, Art. 6 Rn. 15).

1461 BVerfGE 124, 199 (225).

1462 BVerfGE 124, 199 (225).

1463 BVerfGE 124, 199 (225 f.).

1464 *Coester-Waltjen*, in: v. Münch/Kunig, GG, Bd. 1, Art. 6 Rn. 4, 11; *Brosius-Gersdorf*, in: Dreier, GG, 3. Aufl., Bd. I, Art. 6 Rn. 43; *Gröschner*, in: Dreier, GG, 2. Aufl., Bd. I, Art. 6 Rn. 69 ff.; *E. M. v. Münch*, in: Benda/Maihofer/Vogel, HVerfR, § 9 Rn. 3; *Kloepfer*, in: Merten/Papier, HGR II, § 43 Rn. 73; *Sanders*, in: Emmenegger/Wiedmann, Linien der Rechtsprechung des BVerfG, S. 351 (371 f.); *Nesselrode*, Das Spannungsverhältnis zwischen Ehe und Familie, S. 164 ff; *Stüber*, KJ 2000, 594 (598); *Freytag*, DÖV 2002, 445 (450 f.); *Michael*, NJW 2010, 3537 (3538); *Koschmieder*, JA 2014, 566 (569).

1465 *Brosius-Gersdorf*, in: Dreier, GG, 3. Aufl., Bd. I, Art. 6 Rn. 43; *Freytag*, DÖV 2002, 445 (450 f.); *Stüber*, KJ 2000, 594 (598).

1466 *Badura*, in: Maunz/Dürig, GG, Bd. II, Art. 6 (Stand: April 2012) Rn. 54, 71; *Robbers*, in: v. Mangoldt/Klein/Starck, GG, Bd. 1, Art. 6 Rn. 17, 46 f.; *Gröschner*, in: Dreier, GG, 2. Aufl., Art. 6 Rn. 47; *v. Coelln*, in: Sachs, GG, Art. 6 Rn. 6, 18, 50; *Uhle*, in: Epping/Hillgruber, OK-GG, Art. 6 (Stand: 01.09.2015) Rn. 4, 17, 36.3; *Hofmann*, in: Schmidt-Bleibtreu/Hofmann/Henneke, GG, Art. 6 Rn. 25; *Seiler*, in: Kahl/Waldhoff/

potentiellen Fortpflanzungsfähigkeit fehle, sei eine – Art. 6 Abs. 1 GG übergehende – Gleichstellung der Lebenspartnerschaft mit der Ehe nicht gerechtfertigt, denn eine solche verkenne den bevölkerungspolitischen Privilegierungsgrund der Ehe.[1467] Indem das Bundesverfassungsgericht die Rechtfertigung einer Begünstigung der Ehe gegenüber anderen statusrechtlich geprägten Rechtsverhältnissen durch Art. 6 Abs. 1 GG ablehne, werde der besondere Schutz, welchen die Ehe aufgrund ihrer Verankerung in der Verfassung genieße, nivelliert.[1468] Die mit der Lebenspartnerschaftsentscheidung beginnende Rechtsprechung des Bundesverfassungsgerichts führe zu einer faktischen Miteinbeziehung der eingetragenen Lebenspartnerschaft

---

Walter, BK-GG, Bd. 2, Art. 6 Abs. 1 (Stand: Juli 2014) Rn. 174; *Stern,* Staatsrecht, Bd. IV/1, S. 488 f.; *Ipsen,* in: Isensee/P. Kirchhof, HStR VII, § 154 Rn. 14 ff.; *Steiner,* in: Merten/Papier, HGR IV, § 108 Rn. 7; *P. Kirchhof,* in: Bosinski, Eingetragene Lebenspartnerschaft, S. 57 (61); *Krings,* in: Höfling, FS für Friauf, S. 269 (273 f.); *Zimmermann,* in: Cremer u.a., FS für Steinberger, S. 645 (651 ff.); *Lecheler,* in: Isensee/P. Kirchhof, HStR VI, § 133 Rn. 59; *v. Campenhausen,* in: VVDStRL 45 (1987), S. 8 (15); *Pauly,* NJW 1997, 1955 (1955); *Burgi,* Der Staat 39 (2000), 487 (499 ff.); *Pawlowski,* JZ 2000, 765 (765); *Gade,* VR 2002, 397 (403); *Roellecke,* NJW 2002, 2539 (2539); *Di Fabio,* NJW 2003, 993 (994); *Grziwotz,* FamRZ 2009, 1982 (1983); *Hillgruber,* JZ 2013, 843 (845); ebenso das abweichende Sondervotum der Verfassungsrichter *Landau* und *Kessal-Wulf,* BVerfGE 133, 377 (426 [426 f.]), die davon ausgehen, dass die Ehe deswegen besonders geschützt wird, „weil sie Vorstufe zur Familie sein kann, die wiederum Voraussetzung der Generationenfolge und damit der Zukunftsgerichtetheit von Gesellschaft und Staat ist". Vgl auch die frühere Rechtsprechung des BVerfG (BVerfGE 6, 55 (71)), „Ehe und Familie als die Keimzelle jeder menschlichen Gemeinschaft"; (BVerfGE 76, 1 (51)), Ehe als „alleinige Grundlage einer vollständigen Familiengemeinschaft und als solche Voraussetzung für die bestmögliche körperliche, geistige und seelische Entwicklung von Kindern"; sowie BVerfG (K), NJW 1993, 3058 (3058), Eheschutz zur Absicherung der Familiengründung.

1467 *V. Coelln,* in: Sachs, GG, Art. 6 Rn. 50; *Ipsen,* in: Isensee/P. Kirchhof, HStR VII, § 154 Rn. 21; *Robbers,* in: v. Mangoldt/Klein/Starck, GG, Bd. 1, Art. 6 Rn. 13, 17, 46 f.; *P. Kirchhof,* FPR 2001, 436 (438); *Burgi,* Der Staat 39 (2000), 487 (499 ff.); so auch das Sondervotum der Bundesverfassungsrichterin *Haas,* BVerfGE 105, 313 (359 [362]) „(...), da der Lebenspartnerschaft die die Ehe prägenden, ihre Exklusivität auf die Verbindung von Mann und Frau beschränkenden und ihre besondere Förderung rechtfertigenden Elemente fehlen. Denn sie ist nicht auf ein eigenes Kind hin angelegt, führt nicht zu Elternverantwortlichkeit und erbringt dadurch keinen Beitrag für die Zukunftsfähigkeit von Staat und Gesellschaft."; ebenso die abweichende Meinung des Verfassungsrichters *Landau* und der Verfassungsrichterin *Kessal-Wulf,* BVerfGE 133, 377 (426 [426 f.]).

1468 *Badura,* in: Maunz/Dürig, GG, Bd. II, Art. 6 (Stand: Mai 2013) Rn. 32a; *Uhle,* in: Epping/Hillgruber, OK-GG, Art. 6 (Stand: 01.09.2015) Rn. 36.3; *v. Coelln,* in: Sachs, GG, Art. 6 Rn. 50; *Krings,* NVwZ 2011, 26 (26); *Gärditz,* JZ 2011, 930 (933 f.), der von einer „Nivellierungstendenz" spricht; *Benedict,* JZ 2013, 477 (486); *Gade/Thiele,* DÖV 2013, 142 (150 f.).

in den Schutzbereich des Art. 6 Abs. 1 GG und infolge dessen zu einer ungeschriebenen Verfassungsänderung bzw. einem Verfassungsbruch, wodurch das Gericht seinen Kompetenzbereich überschreite und eine tatsächliche Verfassungsänderung umgehe.[1469]

bb) Die Funktionalisierung des verfassungsrechtlichen Eheschutzes

Schließlich lehnt ein Teil der Literatur eine funktionale Interpretation des verfassungsrechtlichen Eheschutzes insgesamt ab. Gegen eine solche durch das Bundesverfassungsgericht vorgenommene funktionale Interpretation wird vorgebracht, dass die Ehe nicht allein aufgrund der ihr innewohnenden Funktionen geschützt werde, sondern auch um ihrer selbst willen, aufgrund des ihr innewohnenden Eigenwertes.[1470] Zudem dürfe eine bereits getroffene Festlegung des Verfassungsgebers nicht durch eine weitere Rationalitätsprüfung untergraben werden.[1471] Darüber hinaus eröffne die Funktionalisierung des Grundrechtsschutzes „unakzeptable Spielräume für die Verfassungsinterpretation".[1472]

1469 *Hofmann,* in: Schmidt-Bleibtreu/Hofmann/Henneke, GG, Art. 6 Rn. 22, 25; *Uhle,* in: Epping/Hillgruber, OK-GG, Art. 6 (Stand: 01.09.2015) Rn. 36.3, 37; *v. Coelln,* in: Sachs, GG, Art. 6 Rn. 50; *Seiler,* in: Kahl/Waldhoff/Walter, BK-GG, Art. 6 Abs. 1 (Stand: Juli 2014) Rn. 172; *Krings,* in: Höfling, FS für Friauf, S. 269 (274); *Gärditz,* in: Uhle, Zur Disposition gestellt?, S. 85 (97); *Tettinger,* JZ 2002, 1146 (1150 f.); *Braun,* JuS 2003, 21 (22 ff.); *Grziwotz,* FamRZ 2010, 1531 (1532); *Hillgruber,* JZ 2010, 41 (41); *ders.,* JZ 2011, 861 (866); *Krings,* NVwZ 2011, 26 (26 f.); *Rieble,* NJW 2011, 819 (821); *Geis,* DRiZ 2012, 303 (303); *Benedict,* JZ 2013, 477 (486).

1470 So etwa *Krings,* ZRP 2000, 409 (412); *Badura,* in: Maunz/Dürig, GG, Bd. II, Art. 6 (Stand: April 2012) Rn. 38 f.; *Germann,* VVDStRL 73 (2014), S. 257 (281 ff.), der durch den „Durchgriff auf die Funktionen von Ehe und Familie" eine Dementierung der Wirkung des besonderen Schutzes in Art. 6 Abs. 1 GG befürchtet; vgl. auch *Gärditz,* in: Uhle, Zur Disposition gestellt?, S. 85 (121 ff.), der vor einer „zunehmenden Funktionalisierung und Ökonomisierung" von Ehe und Familie warnt; für eine funktionale Interpretation hingegen *Gröschner,* in: Dreier, GG, 2. Aufl., Bd. I, Art. 6 Rn. 37 mit Verweis auf die von *Pirson,* in: Kahl/Waldhoff/Walter, BK-GG, Bd. 2, Art. 6 Abs. 1 (Stand: August 1976) Rn. 6 ff. praktizierte „funktionelle Auslegungsmethode" sowie auf *Robbers,* in: v. Mangoldt/Klein/Starck, GG, Bd. 1, Art. 6 Rn. 31 ff., 82 ff. und *Tettinger,* in: Marré/Schümmelfeder/Kämper, Essener Gespräche, Bd. 35 (2001), S. 117 (143): „besonderer Funktionsschutz"; *Tillmanns,* JA 2003, 934 (935), („funktional gebotene Differenzierung" bezüglich der Fortpflanzungsfunktion der Ehe).

1471 *Hillgruber,* JZ 2010, 41 (42), „eine – nicht auf Richtigkeit oder auch nur auf Sachlichkeit überprüfbare – Wertentscheidung des Verfassungsgebers"; *Krings,* NVwZ 2011, 26 (27), „Dezision der Verfassung eine bestimmte Lebensform unter ihren Schutz zu stellen" mit Verweis auf *Ipsen,* in: Isensee/Kirchhof, HStR VII, § 154 Rn. 58; ebenso *Gärditz,* in: Uhle, Zur Disposition gestellt?, S. 85 (105 f. Fn. 76).

1472 *Burgi,* in: Friauf/Höfling, GG, Bd. 1, Art. 6 (Stand: 2002) Rn. 17.

cc) Eigene Ansicht

(1) Bestätigung der Lebenspartnerschaftsentscheidung

Zunächst ist festzustellen, dass die aktuelle Rechtsprechung des Bundesverfassungsgerichts zur Gleichstellung der eingetragenen Lebenspartnerschaft mit der Ehe als eine Bestätigung der bereits in der Lebenspartnerschaftsentscheidung statuierten Vorgaben zu sehen ist.[1473] In der Lebenspartnerschaftsentscheidung erteilte das Bundesverfassungsgericht eine sich aus dem in Art. 6 Abs. 1 GG enthaltenen Fördergebot ergebende Privilegierungsermächtigung der Ehe gegenüber anderen Lebensformen.[1474] Ein Benachteiligungsgebot für andere Lebensgemeinschaften bzw. eine Nichtanerkennung solcher Gemeinschaften, „die mit der Ehe als Gemeinschaft verschiedengeschlechtlicher Partner nicht in Konkurrenz treten können", lehnte das Gericht hingegen ab.[1475]

Von dieser Linie weicht das Bundesverfassungsgericht auch in seiner aktuellen Rechtsprechung nicht ab. So betont das Gericht auch in seiner Entscheidung zur Gewährung von Hinterbliebenenversorgung an eingetragene Lebenspartner, dass es dem Gesetzgeber aufgrund des verfassungsrechtlichen Schutzes der Ehe grundsätzlich nicht verwehrt sei, diese gegenüber anderen Lebensformen zu begünstigen.[1476] Als Beispiel führt das Gericht die Bevorzugung der Ehe gegenüber einer nichtehelichen Lebensgemeinschaft bei der sozialrechtlichen Finanzierung einer künstlichen Befruchtung an.[1477] Darüber hinaus stellt das Bundesverfassungsgericht aber auch fest, dass Art. 6 Abs. 1 GG die Ungleichbehandlung einer mit der Ehe „nach dem geregelten Lebenssachverhalt und mit der Normierung verfolgten Zielen" vergleichbaren Lebensform nicht rechtfertigen kann.[1478] Eine solche Differenzierung bedarf nach Ansicht des Gerichts eines über Art. 6 Abs. 1 GG hinausgehenden sachlichen Rechtfertigungsgrundes.[1479] Auch diese Auslegung des Art. 6 Abs. 1 GG stellt eine Fortführung der in der Lebenspartnerschaftsentscheidung begonnenen Rechtsprechungslinie dar. Bereits in dieser Entscheidung stellte das Bundesverfassungsgericht fest, dass Art. 6 Abs. 1 GG keine Rechtsgrundlage für die Benachteiligung anderer Lebensformen darstelle.[1480] Hierauf baut das Gericht in der Hinterbliebenenversorgungsentscheidung und den darauf folgenden Entscheidungen auf, indem es feststellt, dass die in Art. 6 Abs. 1 GG enthaltene Schutzpflicht zugunsten von Ehe und Familie unabhängig davon bestehe, inwieweit anderen Lebensformen ein Gleichbehandlungsanspruch nach Art. 3 Abs. 1 GG zusteht.[1481]

1473 Ebenso *Putzer*, Recht und Politik 2011, 88 (90).

1474 BVerfGE 105, 313 (348); vgl. hierzu oben unter 3. Teil, A., II., 2., a.

1475 BVerfGE 105, 313 (348); vgl. hierzu oben unter 3. Teil, A., II., 2., b.

1476 BVerfGE 124, 199 (225) mit Verweis auf BVerfGE 6, 55 (76 f.); 105, 313 (348); so auch BVerfGE 133, 59 (96); vgl. oben 3. Teil, B., II., 1., b., aa., (2), (b).

1477 BVerfGE 124, 199 (225) mit Verweis auf BVerfGE 117, 316 (328 f.).

1478 BVerfGE 124, 199 (226).

1479 BVerfGE 124, 199 (226).

1480 BVerfGE 105, 313 (348).

1481 BVerfGE 126, 400 (420 f.).

(2) Die Umsetzung der in der Maruko-Entscheidung statuierten Vorgaben

Darüber hinaus setzt das Bundesverfassungsgericht in seiner aktuellen Rechtsprechung die Vorgaben um, welche vom EuGH in der Maruko-Entscheidung[1482] festgelegt wurden. In dieser Entscheidung kam der Europäische Gerichtshof zu dem Ergebnis, dass die Ungleichbehandlung von Ehe und eingetragener Lebenspartnerschaft dann eine unmittelbare Diskriminierung wegen der sexuellen Ausrichtung im Sinne von Art. 2 Abs. 2 lit. a der Richtlinie 2000/78/EG darstellt, wenn Ehe und eingetragene Lebenspartnerschaft in der jeweiligen Situation als vergleichbar angesehen werden können.[1483] Die Vergleichbarkeit der beiden Rechtsinstitute ist dabei ausschließlich nach nationalem Recht zu beurteilen und fällt in den Kompetenzbereich der deutschen Gerichte. Exakt an diese Vorgaben des Gerichtshofs hält sich das Bundesverfassungsgericht in der Hinterbliebenenversorgungsentscheidung, wenn es darauf abstellt, dass bei einer Vergleichbarkeit von Ehe und eingetragener Lebenspartnerschaft „nach dem geregelten Lebenssachverhalt und den mit der Normierung verfolgten Zielen" ein über die bloße Förderung der Ehe hinausreichender sachlicher Grund zur Rechtfertigung einer Ungleichbehandlung vorliegen muss.[1484] Dabei stellt das Bundesverfassungsgericht ebenso wie der Europäische Gerichtshof nicht auf eine allgemeine und umfassende rechtliche Gleichstellung von Ehe und eingetragener Lebenspartnerschaft ab, sondern darauf, ob eine vergleichbare Situation in Bezug auf die jeweils begehrte Leistung vorliegt.[1485] Das Bundesverfassungsgericht folgt also mit seiner Rechtsprechung zur Gleichstellung der eingetragenen Lebenspartnerschaft mit der Ehe den auf Grundlage des geltenden Gemeinschaftsrechts gemachten Vorgaben des Europäischen Gerichtshofs.

(3) Die Rechtfertigung der verfassungsrechtlichen Privilegierung der Ehe

In seiner jüngsten Rechtsprechung setzt sich das Bundesverfassungsgericht auch mit der Rechtfertigung der verfassungsrechtlichen Privilegierung der Ehe gem. Art. 6 Abs. 1 GG auseinander und begründet diese kurz und knapp mit ihrer Funktion als dauerhafte und rechtlich verbindliche Form der Paarbeziehung.[1486] Dabei vereinigt die Ehe verschiedene Funktionen in sich. Sie spielt sowohl für den Einzelnen als auch für die Gesellschaft eine wichtige Rolle. Als dauerhafte, rechtlich abgesicherte Paarbeziehung gibt die Ehe dem Einzelnen Halt und fungiert darüber hinaus als Wohn- und Wirtschaftsgemeinschaft. Der Einzelne erhält in der Ehe

1482 Vgl. hierzu oben Teil 3, B., I., 2.

1483 Vgl. EuGH, Urt. v. 01.04.2008, Rs. C 267/06, Slg. 2008, I-1813 – (*Tadao Maruko/Versorgungsanstalt der deutschen Bühnen*).

1484 Vgl. BVerfGE 124, 199 (226).

1485 Vgl. EuGH, Urt. v. 01.04.2008, Rs. C 267/06, Slg. 2008, I-1813 – (*Tadao Maruko/Versorgungsanstalt der deutschen Bühnen*); EuGH, Urteil v. 10.05.2011, Rs. C-147/08, Slg. 2011, I-3663 f. – (*Jürgen Römer/Freie und Hansestadt Hamburg*).

1486 Zu den darüber hinausgehenden verschiedenen Funktionen der Ehe, vgl. jüngst *Spieker*, in: Uhle, Zur Disposition gestellt?, S. 11 ff.

Lebenshilfe, welche für die Ordnung des Gemeinschaftslebens von grundlegender Bedeutung ist.[1487] Zudem bildet die Ehe ein soziales Sicherheitsnetz, welches auch die Gemeinschaft entlastet. Schließlich hat die Ehe als verschiedengeschlechtliche Paarbeziehung typischerweise auch eine Reproduktionsfunktion. Damit einhergehend bildet sie eine rechtlich abgesicherte Grundlage für das Aufwachsen von Kindern. Nach Ansicht des Bundesverfassungsgerichts ergibt sich die Privilegierung der Ehe allerdings, getrennt vom Schutz der Familie betrachtet, primär aus der „auf Dauer übernommenen, auch rechtlich verbindlichen Verantwortung für den Partner".[1488] Diese Funktion sei es, aufgrund derer der Ehe der besondere verfassungsrechtliche Schutz des Art. 6 Abs. 1 GG gewährt werde. Worauf sich das Gericht bei dieser Annahme stützt, bleibt offen. Auf eine bestimmte Methodik der Verfassungsauslegung beruft es sich jedenfalls nicht.

Bereits diese rein funktionale Form der Interpretation des verfassungsrechtlichen Eheschutzes stößt zu Recht auf Kritik.[1489] Auch vorliegend kann einer rein funktionalen Interpretation des Art. 6 Abs. 1 GG nicht gefolgt werden, denn sie greift zu kurz. Zu Recht wird in diesem Zusammenhang angeführt, dass Art. 6 Abs. 1 GG das Institut der Ehe als Ganzes schützt, sodass die Reduktion der Rechtfertigung des verfassungsrechtlichen Eheschutzes auf eine bestimmte Funktion der Ehe durch das Bundesverfassungsgericht den Schutzumfang des gesamten Instituts unnötig schmälert. Die Entscheidung des Verfassungsgebers, die Ehe unter den besonderen Schutz der Verfassung zu stellen, ist nicht gesondert zu rechtfertigen.[1490] Zwar bietet eine funktionale Auslegung des verfassungsrechtlichen Eheschutzes die Möglichkeit, einen gewissen gesellschaftlichen und sozialen Wandel in die Grundrechtsauslegung miteinfließen zu lassen. Eine solche Funktionalisierung des Grundrechtsschutzes birgt aber auch die Gefahr in sich, dass tatsächlicher oder auch nur angenommener gesellschaftlicher Wandel zu einer beliebigen Auslegung des Grundgesetzes führt und damit dessen Wertbeständigkeit gefährdet.[1491]

Weitere Auslegungsmethoden, welche die vorgenommene Auslegung bestätigen könnten, bezieht das Gericht darüber hinaus in den aktuellen Entscheidungen nicht in seine Überlegungen mit ein. Zwar ist eine grammatikalische Auslegung des Art. 6 Abs. 1 GG nicht ergiebig, denn ein Grund für den besonderen Schutz der Ehe wird in dieser Norm – im Gegensatz zur Weimarer Reichsverfassung – explizit nicht genannt. Allerdings hat die im 1. Teil dieser Arbeit durchgeführte verfassungsgeschichtliche

---

1487 Vgl. BVerfGE 76, 1 (51).

1488 Vgl. BVerfGE 124, 199 (225).

1489 Vgl. hierzu bereits oben 3. Teil, B., III., 2., b., bb).

1490 *Krings*, NVwZ 2011, 26 (27).

1491 Ähnlich *Burgi*, in: Friauf/Höfling, GG, Bd. 1, Art. 6 (Stand: 2002) Rn. 17, mit dem Argument, die Funktionalisierung des Grundrechtsschutzes eröffne „unakzeptable Spielräume für die Verfassungsinterpretation"; a.A. *Gröschner*, in: Dreier, GG, 2. Aufl., Bd. I, Art. 6 Rn. 37 Fn. 121, der darauf hinweist, dass die „Grenze der Funktionalisierbarkeit von Ehe und Familie zugunsten der Gemeinschaft" immer der Wesensgehalt des betreffenden Grundrechts ist.

Untersuchung der Norm ergeben, dass die Ehe als staatlich präferierte und althergebrachte Form der verschiedengeschlechtlichen Paarbeziehung, welche sowohl für den Einzelnen, als auch für die Gemeinschaft einen besonderen Wert darstellt, den verfassungsrechtlichen Schutz genießen sollte.[1492] Dabei war sowohl die Eigenschaft der Ehe als dauerhafte, rechtlich verbindliche Form der Paarbeziehung, als auch ihre Funktion als typische und bestgeeignete Grundlage einer Familie für die Gewährung des besonderen Schutzes von Bedeutung. Allerdings sollte dieser Schutz auch der kinderlosen Ehe zukommen, sodass auf eine kausale Verknüpfung von Ehe und Familie verzichtet wurde. Diese gegenüber Art. 119 Abs. 1 WRV kürzere Fassung des Art. 6 Abs. 1 GG und der hiermit verbundene eigenständige Schutz der Ehe im Grundgesetz sprechen dafür, dass die in der Weimarer Reichsverfassung vorgenommene, exklusive Funktionszuweisung der Ehe als Grundlage der Familie entfallen ist. Diente die Ehe in der Weimarer Reichsverfassung aufgrund der ihr innewohnenden potentiellen Reproduktionsfunktion noch primär der Volksgemeinschaft, lässt sich im Grundgesetz auch eine subjektive und individualistische Ausrichtung des Eheschutzes erkennen.[1493] Die Ehe wird um ihrer selbst willen als Lebens- und Arbeitsgemeinschaft geschützt.[1494] Daneben spielte aber auch die Funktion der Ehe als Grundlage einer Familie in der verfassungsgeschichtlichen Entwicklung des Art. 6 Abs. 1 GG eine große Rolle. Die Ehe als verschiedengeschlechtliche Gemeinschaft wurde als typische und aufgrund des die Ehegatten verbindenden rechtlichen Rahmens auch als bestgeeignete Grundlage einer Familie angesehen und sollte auch aufgrund dieser Funktion verfassungsrechtlichen Schutz genießen. Nicht überzeugend ist deshalb die Argumentation des Bundesverfassungsgerichts, nicht in jeder Ehe gebe es Kinder und auch nicht jede Ehe sei auf Kinder ausgerichtet.[1495]

Der Rechtsprechung des Bundesverfassungsgerichts ist folglich insoweit zuzustimmen, als ein Grund für die verfassungsrechtliche Privilegierung der Ehe in der auf Dauer eingegangenen, rechtlich verbindlichen Paarbeziehung der Ehegatten zu sehen ist. Diese Eigenschaft ist es, die alle Ehen verbindet, und gegenüber anderen, weniger verbindlichen Verbindungen, abgrenzt. Dieser die Ehegatten verbindende rechtliche Rahmen ist es auch, welcher die Ehe als besonders geeignete Lebensbasis für ein Kind auszeichnet.[1496] Darüber hinaus wurde die Ehe aber auch deswegen unter verfassungsrechtlichen Schutz gestellt, weil sie einerseits aufgrund der Verschiedengeschlechtlichkeit der Ehegatten, andererseits aufgrund des die

1492 Vgl. hierzu oben 2. Teil, A., II.

1493 *Hofmann,* in: Schmidt-Bleibtreu/Hofmann/Henneke, GG, Art. 6 Rn. 1 f.; *Robbers,* in: v. Mangoldt/Klein/Starck, GG, Bd. 1, Art. 6 Rn. 5.

1494 So auch *Coester-Waltjen,* in: v. Münch/Kunig, GG, Bd. 1, Art. 6 Rn. 131; *Schmid,* Familie in Art. 6 GG, S. 267; *Tettinger,* in: Marré/Schümmelfeder/Kämper, Essener Gespräche, Bd. 35 (2001) S. 117 (128 f.); *Nesselrode,* Das Spannungsverhältnis zwischen Ehe und Familie, S. 165 f.

1495 Vgl. BVerfGE 124, 199 (229); ebenso BVerfGE 131, 239 (263); 133, 377 (420). Vgl. hierzu ausführlich unten unter 3. Teil, B., III., 2., b., cc), (4), (d).

1496 So auch BVerfGE 117, 316 (328 f.).

Ehegatten verbindenden rechtlichen Rahmens die typische und bestgeeignete Vorstufe zur Gründung einer Familie darstellte. Diese Kombination aus einerseits der jeder verschiedengeschlechtlichen Verbindung innewohnenden potentiellen Reproduktionsfunktion und andererseits der rechtlich abgesicherten Verbindungen innewohnenden Eigenschaft, bestgeeignete Grundlage für das Aufwachsen von Kindern zu sein, ist es, welche die Ehe zur typischen Grundlage einer Familie macht und die den besonderen Schutz derselben begründet. Diese Funktionskombination ist es auch, welche von dem durch Art. 6 Abs. 1 GG gewährleisteten Funktionsschutz umfasst ist.[1497] Demgegenüber kann die eingetragene Lebenspartnerschaft die Verbindung dieser Funktionen aus rein biologischen Gründen nicht in sich vereinigen. Zwar gibt es auch in eingetragenen Lebenspartnerschaften Kinder, adoptiert oder mit einem verschiedengeschlechtlichen Partner gezeugt, die aufgrund der eheähnlichen einfachrechtlichen Ausgestaltung der eingetragenen Lebenspartnerschaft in ebenso „behüteten Verhältnissen" aufwachsen, wie Kinder von Eheleuten.[1498] Zu Recht geht das Bundesverfassungsgericht in diesem Zusammenhang davon aus, dass auch die sozial-familiäre Gemeinschaft zwischen eingetragenen Lebenspartnern und dem leiblichen oder angenommenen Kind eines Lebenspartners eine durch Art. 6 Abs. 1 GG geschützte Familie bildet.[1499] Eigene Kinder kann die eingetragene Lebenspartnerschaft jedoch nicht hervorbringen, insoweit unterscheidet sie sich von der Ehe. Diese zwei Komponenten – dauerhafte Rechtsverbindlichkeit und typische Grundlage einer Familie – sind es, welche, auch heute noch,[1500] die besondere Schutzwürdigkeit der Ehe ausmachen. Diese durch den Verfassungsgeber vorgenommene staatliche Privilegierung der Ehe erkennt zwar auch das Bundesverfassungsgericht an, macht aber von dem offenen Wortlaut des Art. 6 Abs. 1 GG im Vergleich zu Art. 119 Abs. 1 WRV Gebrauch und schiebt „die verfassungsrechtlich zulässige und geforderte Förderung von Eltern" in den Grundrechtsschutz der Familie.[1501] Diese sei, so betont das Bundesverfassungsgericht, nicht auf verheiratete Eltern beschränkt.[1502] Diese Auslegung des Art. 6 Abs. 1 GG bleibt zwar aufgrund des

1497 Anders *Sanders,* in: Emmenegger/Wiedmann, Linien der Rechtsprechung des BVerfG, S. 351 (371), die wohl davon ausgeht, dass der „Kern der Ehe" entweder nur in der Reproduktionsfunktion der Ehe oder nur in deren Funktion als Verantwortungsgemeinschaft gesehen werden kann.

1498 Vgl. BVerfGE 131, 239 (264); 133, 59 (89 f.); 133, 377 (420).

1499 BVerfGE 133, 59 (82); a.A. *Uhle,* in: Epping/Hillgruber, OK-GG, Art. 6 (Stand: 01.09.2015) Rn. 18, der davon ausgeht, dass der Familienbegriff des Art. 6 Abs. 1 auf „zumindest prinzipiell ehefähige Partnerschaften und deren umfassende Gemeinschaft mit Kindern" ausgerichtet sei.

1500 Trotz der in der heutigen Zeit vorherrschenden Pluralität der Lebensformen ist die Ehe mit Kindern immer noch die meistgelebte Familienform, vgl. Statistisches Bundesamt, Statistisches Jahrbuch 2015, S. 51.

1501 BVerfGE 124, 199 (225 f.).

1502 BVerfGE 124, 199 (225 f.) mit Verweis auf BVerfGE 106, 166 (176 ff.); 112, 50 (67 ff.); 118, 45 (62 ff.).

offenen Wortlauts dieser Norm noch innerhalb der Wortlautgrenze, entspricht aber weder deren historischem Hintergrund, noch dem Telos der Norm, der Ehe aufgrund der verschiedenen, nur in ihr vereinigten Funktionen verfassungsrechtlichen Schutz zukommen zu lassen.[1503] Diese durch das Bundesverfassungsgericht vorgenommene, rein funktionale Auslegung führt dazu, dass die Funktionen der Ehe aufgespalten werden. Dabei bleibt auf der Strecke, dass die Ehe gerade deswegen geschützt wird, weil sie mehrere Funktionen in sich vereinigt. Diese Funktionskombination bedingt und begründet ihren den verfassungsrechtlichen Schutz.

(4) Der Anspruch eingetragener Lebenspartner auf Gleichbehandlung aus Art. 3 Abs. 1 GG

Über Art. 3 Abs. 1 GG wird die eingetragene Lebenspartnerschaft in der aktuellen Rechtsprechung des Bundesverfassungsgerichts immer dann wie eine Ehe privilegiert, wenn sie „nach dem geregelten Lebenssachverhalt und den mit der Normierung verfolgten Zielen“ mit der Ehe vergleichbar ist und darüber hinaus kein sachlicher Rechtfertigungsgrund gegen eine Privilegierung der eingetragenen Lebenspartnerschaft spricht.[1504] Nach hier vertretener Ansicht ist dieser Rechtsprechung des Bundesverfassungsgerichts nur teilweise zuzustimmen.

(a) Art. 3 Abs. 1 GG als korrekter Prüfungsmaßstab

Zu Recht stellt das Gericht zunächst fest, dass sich der Anspruch der eingetragenen Lebenspartner auf Gleichstellung mit der Ehe anhand des allgemeinen Gleichheitssatzes des Art. 3 Abs. 1 GG beurteilt.

Art. 3 Abs. 1 GG prägt den Gedanken der allgemeinen Rechtsgleichheit, welcher immer dann einschlägig ist, wenn es sich um einen verfassungsrechtlich relevanten Vergleich zwischen zwei Personen(gruppen) oder Sachverhalten handelt.[1505] Konkretisiert wird der allgemeine Gleichheitssatz dabei durch die speziellen Wertentscheidungen der Verfassung.[1506] Eine Prüfung des Art. 3 Abs. 1 GG kommt deshalb dann nicht in Betracht, wenn die zu prüfende einfachgesetzliche Norm gegen ein spezielles Grundrecht verstößt.[1507] Ein solcher Anwendungsvorrang der spezielleren Norm liegt nach der Rechtsprechung des Bundesverfassungsgerichts immer dann

---

1503 Vgl. auch *Gärditz*, JZ 2011, 930 (934), der in diesem Zusammenhang zu Recht von einer „methodisch verfehlten Ankopplung des Rechts an soziale Wirklichkeiten“ spricht und kritisiert, dass die Verfassungsinterpretation einen „sozialen Wandel der familiären Lebensverhältnisse“ unvermittelt in Deutungen des geltenden Verfassungsrechts übersetze.

1504 Vgl. BVerfGE 124, 199 (226).

1505 BVerfGE 12, 290 (295).

1506 BVerfGE 3, 225 (240); 6, 55 (71); 9, 237 (248 f.); 12, 151 (163); 13, 290 (295 f.); so auch *Kischel*, in: Epping/Hillgruber, OK-GG, Art. 3 (Stand: 01.12.2015) Rn. 1.

1507 BVerfGE 6, 55 (71, 82); 9, 237 (248 f.); 13, 290 (296); so auch *Kischel*, in: Epping/Hillgruber, OK-GG, Art. 3 (Stand: 01.12.2015) Rn. 2.

vor, wenn die Spezialnorm lediglich eine „Ausformung“ der allgemeinen Norm darstellt, diese also immer auch betroffen ist, wenn die Spezialnorm betroffen ist.[1508] Ist hingegen eine Verletzung der Spezialnorm denkbar, ohne dass auch die allgemeine Norm verletzt ist, muss festgestellt werden, welche der beiden Normen primär zur Anwendung gelangt.[1509] Dabei ist der zu prüfende Sachverhalt an dem Grundrecht zu messen, welches nach seinem „spezifischen Sinngehalt“ eine engere sachliche Verbindung zu diesem vorweist.[1510] Im Verhältnis von Art. 6 Abs. 1 GG zu Art. 3 Abs. 1 GG gilt deshalb nach Ansicht des Bundesverfassungsgerichts grundsätzlich das Folgende: Der Umfang des Art. 6 Abs. 1 GG erschöpft sich nicht in einem Diskriminierungsverbot gegenüber den Ehegatten und der Ehe, sondern der besondere Schutz der Ehe durch die staatliche Ordnung reicht über den Schutzgedanken des Art. 3 Abs. 1 GG hinaus, sodass im Einzelfall sowohl der Schutzgedanke des Art. 3 Abs. 1 GG als auch der des Art. 6 Abs. 1 GG in Betracht kommen kann.[1511] Deshalb muss im jeweils vorliegenden Fall entschieden werden, welche Norm aufgrund ihres „spezifischen Sinngehalts“ die engere Beziehung zum konkreten Sachverhalt hat und deswegen als adäquater Maßstab zur Beurteilung der verfassungsrechtlichen Relevanz eines Geschehens Anwendung findet.[1512] Das bedeutet, Art. 6 Abs. 1 GG ist dann gegenüber dem allgemeinen Gleichheitssatz die speziellere Norm, wenn direkt an die Wertentscheidung des Art. 6 Abs. 1 GG angeknüpft wird, es also um die Benachteiligung von Verheirateten bzw. der Ehe an sich geht.[1513] In dieser Konstellation fungiert Art. 6 Abs. 1 GG als besonderer, den Maßstab des Art. 3 Abs. 1 GG verschärfender[1514] und in personeller Hinsicht konkretisierender[1515] Gleichheitssatz, welcher Art. 3 Abs. 1 GG verdrängt.[1516] Art. 6 Abs. 1 GG ist dann als spezielles Benachteiligungsverbot

1508 BVerfGE 13, 290 (296).
1509 BVerfGE 13, 290 (296).
1510 BVerfGE 13, 290 (296); vgl. hierzu auch *Kingreen,* Die verfassungsrechtliche Stellung der nichtehelichen Lebensgemeinschaft, S. 130.
1511 BVerfGE 13, 290 (296 f.); so auch *Leibholz/Rinck,* GG, Bd. I, Art. 6 (Stand: August 2008) Rn. 18.
1512 BVerfGE 13, 290 (296).
1513 BVerfGE 16, 203 (208); 28, 324 (346 f.); so auch *Coester-Waltjen,* in: v. Münch/Kunig, GG, Bd. 1, Art. 6 Rn. 124; *Brosius-Gersdorf,* in: Dreier, GG, 3. Aufl., Bd. I, Art. 6 Rn. 91, 93; *Antoni,* in: Hömig, GG, Art. 6 Rn. 3; *Burgi,* in: Friauf/Höfling, GG, Bd. 1, Art. 6 (2002) Rn. 41.
1514 BVerfGE 13, 290 (296); 18, 257 (269); so auch *Umbach,* in: ders./Clemens, GG, Bd. I, Art. 6 Rn. 19; *Pirson,* in: Kahl/Waldhoff/Walter, BK-GG, Bd. 2, Art. 6 Abs. 1 (Stand: April 1978) Rn. 80 ff.; *Jarass,* in: ders./Pieroth, GG, Art. 6 Rn. 3; *Stern,* Staatsrecht, Bd. IV/1, S. 621.
1515 BVerfGE 12, 180 (194).
1516 BVerfGE 99, 216 (232); *Brosius-Gersdorf,* in: Dreier, GG, 3. Aufl., Bd. I, Art. 6 Rn. 91; *Coester-Waltjen,* in: v. Münch/Kunig, GG, Bd. 1, Art. 6 Rn. 124; *Jarass,* in: ders./Pieroth, GG, Art. 6 Rn. 3; *Umbach,* in: ders./Clemens, GG, Bd. I, Art. 6 Rn. 17, 19; ähnlich *Huster,* in: Friauf/Höfling, GG, Bd. 1, Art. 3 (Stand: 2002) Rn. 94, der allerdings eine pauschale, auf Art. 6 Abs. 1 GG gestützte Bevorzugung der Ehe

anzusehen, welches es verbietet, die Ehegatten gegenüber Ledigen oder anderen Lebensgemeinschaften schlechter zu stellen.[1517] Hingegen kommt Art. 3 Abs. 1 GG dann zum tragen, wenn er gegenüber der zu prüfenden Norm die stärkere Affinität besitzt.[1518] Dies ist dann der Fall, wenn eine Norm zwar nicht unmittelbar die ehelichen Rechtsbeziehungen regelt, aber die Ehe durch die Rechtswirkungen dieser Norm trotzdem benachteiligt wird.[1519] Knüpfen also im Zusammenhang mit Art. 6 Abs. 1 GG die relevanten Differenzierungen nicht unmittelbar an die Lebensform Ehe an, so ist eine engere Verbindung und stärkere Affinität des Sachverhalts zu Art. 3 Abs. 1 GG anzunehmen.[1520] Erfolgt nach dieser Abwägung die Prüfung der Verfassungsmäßigkeit einfachgesetzlicher Normen am Maßstab des Art. 3 Abs. 1 GG, ist allerdings stets die besondere Wertentscheidung des Art. 6 Abs. 1 GG zugunsten der Ehe zu beachten, welche die Gestaltungsfreiheit des Gesetzgebers beschränkt.[1521] Der gegenüber dem allgemeinen Gleichheitssatz unabhängige Sinngehalt des Art. 6 Abs. 1 GG tritt dann neben Art. 3 Abs. 1 GG und beschränkt durch die in der Norm enthaltene besondere Wertentscheidung die Gestaltungsfreiheit des Gesetzgebers bei der Wahl von eine Ungleichbehandlung rechtfertigenden Sachgründen.[1522] Prüfungsmaßstab ist in dieser Konstellation nicht Art. 6 Abs. 1 GG allein, sondern Art. 3 Abs. 1 GG in Verbindung mit Art. 6 Abs. 1 GG.[1523]

---

gegenüber anderen Lebensgemeinschaften ablehnt und fordert, dass die Besserstellung auf die Eigenschaften der Ehe bezogen sein muss, um derentwillen diese auch verfassungsrechtlich geschützt wird.

1517 BVerfGE 76, 1 (72). Vgl. hierzu bereits oben 2. Teil, C., II., 2., a., bb).

1518 Vgl. BVerfGE 13, 290 (296); 28, 324 (346 f.); 67, 186 (195); 75, 348 (357); so auch *Coester-Waltjen,* in: v. Münch/Kunig, GG, Bd. 1, Art. 6 Rn. 124; *Jarass,* in: ders./Pieroth, GG, Art. 6 Rn. 3; *Umbach,* in: ders./Clemens, GG, Bd. I, Art. 6 Rn. 19; *Antoni,* in: Hömig, GG, Art. 6 Rn. 3; *Stern,* Staatsrecht, Bd. IV/1, S. 622 f.; a.A.: *Pirson,* in: Kahl/Waldhoff/Walter, BK-GG, Bd. 2, Art. 6 Abs. 1 (Stand: April 1978) Rn. 83 f.; *Kingreen,* Die verfassungsrechtliche Stellung der nichtehelichen Lebensgemeinschaft, S. 130; krit. auch *Schoch,* DVBl. 1988, 863 (872).

1519 *Badura,* in: Maunz/Dürig, GG, Bd. II, Art. 6 (Stand: Mai 2013) Rn. 32.

1520 BVerfGE 6, 55 (71, 82); 13, 290 (296 f.); 15, 328 (330); 28, 324 (346 f.); 75, 348 (357); so auch *Brosius-Gersdorf,* in: Dreier, GG, 3. Aufl., Bd. I, Art. 6 Rn. 91 Fn. 379; *Leibholz/Rinck,* GG, Bd. I, Art. 6 (Stand: August 2008) Rn. 18; *Badura,* in: Maunz/Dürig, GG, Bd. II, Art. 6 (Stand: Mai 2013) Rn. 32; ähnlich auch *Burgi,* in: Friauf/Höfling, GG, Bd. 1, Art. 6 (Stand: 2002) Rn. 41.

1521 BVerfGE 13, 290 (296 f., 298 f.); 18, 257 (269); 29, 71 (79); 66, 84 (93); 71, 364 (383 ff.); 75, 382 (393); 82, 60 (86); 87, 1 (36 f.); 89, 346 (352); 91, 93 (108); so auch *Pirson,* in: Kahl/Waldhoff/Walter, BK-GG, Bd. 2, Art. 6 Abs. 1 (Stand: April 1978) Rn. 80 ff; *Badura,* in: Maunz/Dürig, GG, Bd. II, Art. 6 (Stand: Mai 2013) Rn. 32; *v. Coelln,* in: Sachs, GG, Art. 6 Rn. 36, der von einer „Verschärfung" des Diskriminierungsverbotes des Art. 3 Abs. 1 GG durch Art. 6 Abs. 1 GG spricht.

1522 *Badura,* in: Maunz/Dürig, GG, Bd. II, Art. 6 (Stand: Mai 2013) Rn. 32.

1523 BVerfGE 13, 290 (296 f., 298); 18, 257 (269); 66, 84 (93); 71, 364 (368 ff.); 87, 1 (36 f.); vgl. auch *Badura,* in: Maunz/Dürig, GG, Bd. II, Art. 6 (Stand: Mai 2013) Rn. 32;

Allerdings geht es in der vorliegenden Konstellation weder unmittelbar noch mittelbar um eine Benachteiligung der Ehe bzw. Verheirateten gegenüber anderen Lebensformen. Das Bundesverfassungsgericht hat sich damit auseinanderzusetzen, ob durch die unstreitig zulässige Privilegierung der Ehe gem. Art. 6 Abs. 1 GG eine andere Lebensgemeinschaft ungerechtfertigt benachteiligt wird und deshalb ebenso wie die Ehe bevorzugt werden muss. Aufgrund dessen kommt Art. 6 Abs. 1 GG von vornherein nicht als Prüfungsmaßstab in Frage und kann deswegen auch gegenüber Art. 3 Abs. 1 GG keine Sperrwirkung entfalten.[1524] Ob Art. 6 Abs. 1 GG einen verfassungsrechtlichen Rechtfertigungsgrund für eine Besserstellung der Ehe gegenüber der eingetragenen Lebenspartnerschaft darstellt, ist von der Frage der reinen Anwendbarkeit des Art. 3 Abs. 1 GG als Prüfungsmaßstab für eine Ungleichbehandlung zu unterscheiden.

(b) Vorliegen einer Ungleichbehandlung

Art. 3 Abs. 1 GG gebietet es, wesentlich Gleiches gleich und wesentlich Ungleiches ungleich zu behandeln.[1525] Hierunter fällt nach ständiger Rechtsprechung des Bundesverfassungsgericht auch das Verbot eines gleichheitswidrigen Begünstigungsausschlusses, bei dem eine Begünstigung einem Personenkreis gewährt, einem anderen Personenkreis aber vorenthalten wird.[1526] In den aktuellen Entscheidungen des Bundesverfassungsgerichts geht es aber gerade darum, dass der Ehe eine Begünstigung zuteil wird, die der eingetragenen Lebenspartnerschaft dagegen nicht gewährt wird. Es geht um eine Ungleichbehandlung von zwei rechtsverbindlich und auf Dauer angelegten Lebensformen. Zwar wird teilweise bezweifelt, dass die unstreitig zulässige Privilegierung der Ehe überhaupt eine im Sinne des Art. 3 Abs. 1 GG relevante Diskriminierung darstellt.[1527] Betont wird in diesem Zusammenhang, dass die Verfassung selbst es sei, die eine bestimmte Lebensform privilegiere und aufgrund dessen nicht automatisch andere Lebensformen, die nicht unter diesem Schutz stehen, benachteiligt würden.[1528] Dieser Ansicht kann allerdings nicht gefolgt werden. Richtig ist vielmehr, dass die durch Art. 6 Abs. 1 GG gerechtfertigte Förderung der Ehe immer mit einer Ungleichbehandlung anderer Lebensformen

Pirson, in: Kahl/Waldhoff/Walter, BK-GG, Bd. 2, Art. 6 Abs. 1 (Stand: April 1978) Rn. 80 ff.

1524 Ähnlich *Pieroth/Kingreen,* KritV 85 (2002), 219 (239), die mit Verweis auf *Wasmuth,* Der Staat 41 (2002), 47 (65), sowie *Zuck,* NJW 2001, 3240 (3241), davon ausgehen, dass eine Konkurrenz zwischen Ehe und Lebenspartnerschaft fehlt, sodass der besondere Gleichheitssatz des Art. 6 Abs. 1 GG nicht zugunsten der Ehe aktiviert werden müsse.

1525 BVerfGE 79, 1 (17); 98, 365 (385); 126, 400 (416); 129, 49 (68); 131, 239 (255); 132, 179 (188, Rn. 30); 133, 59 (86, Rn. 72); 133, 377 (407, Rn. 73); vgl. hierzu bereits oben Teil 3, B., III., 1., a.

1526 Vgl. BVerfGE 110, 412 (431); 112, 164 (174); 116, 164 (180).

1527 Vgl. hierzu bereits oben 3. Teil, B., III., 2., b., aa).

1528 So etwa *Hofmann,* in: Schmidt-Bleibtreu/Hofmann/Henneke, GG, Art. 6 Rn. 25.

einhergeht. Ob diese Ungleichbehandlung jedoch Relevanz im Sinne des Art. 3 Abs. 1 GG entfaltet, hängt zum einen davon ab, ob eine mit der Ehe in der konkreten Situation vergleichbare Lebensform benachteiligt wird und zum anderen, ob der in Art. 6 Abs. 1 GG festgeschriebene besondere Schutz der Ehe diese Benachteiligung rechtfertigt.[1529] Innerhalb der Prüfung gem. Art. 3 Abs. 1 GG soll gerade festgestellt werden, ob zwei vergleichbare Lebensformen unterschiedlich behandelt werden, ohne dass dies gerechtfertigt werden kann. Die Nichtannahme einer Ungleichbehandlung würde den Grundrechtsschutz der eventuell ungerechtfertigt benachteiligten Lebensform verkürzen.

(c) Art. 6 Abs. 1 GG als partielle Differenzierungsermächtigung im Verhältnis zwischen Ehe und Lebenspartnerschaft

Ist die eingetragene Lebenspartnerschaft „nach dem geregelten Lebenssachverhalt und den mit der Normierung verfolgten Zielen“ mit der Ehe vergleichbar, kann nach Ansicht des Bundesverfassungsgerichts Art. 6 Abs. 1 GG nicht als Rechtfertigungsgrund für eine Ungleichbehandlung von Ehe und eingetragener Lebenspartnerschaft gelten.[1530] Ist diese Voraussetzung im konkreten Einzelfall gegeben, fordert das Gericht einen „über die abstrakte Förderung der Ehe“ hinausreichenden Rechtfertigungsgrund für die Ungleichbehandlung.[1531] Dies ist nach hier vertretener Ansicht in Übereinstimmung mit der engeren Formulierung des Zweiten Senats des Bundesverfassungsgerichts korrekt. Nach richtiger Ansicht des Zweiten Senats kann Art. 6 Abs. 1 GG dann nicht die Benachteiligung „anderer, in vergleichbarer Weise rechtlich verbindlich verfasster Lebensformen“ rechtfertigen, wenn diese „nach dem geregelten Lebenssachverhalt und den mit der Normierung verfolgten Zwecken“ mit der Ehe vergleichbar sind.[1532] Die Untersuchung des Art. 6 Abs. 1 GG hat ergeben, dass die Norm kein Abstandsgebot in Bezug auf eingetragene Lebenspartnerschaften enthält.[1533] Vielmehr gebietet es Art. 6 Abs. 1 GG, dafür Sorge zu tragen, dass die Ehe die ihr zugedachten Funktionen erfüllen kann, was primär beinhaltet, diese vor Konkurrenzinstituten, namentlich der nichtehelichen Lebensgemeinschaft, zu schützen.[1534] Insofern stellt Art. 6 Abs. 1 GG in erster Linie einen sachlichen Rechtfertigungsgrund für die Besserstellung der Ehe gegenüber verschiedengeschlechtlichen, weniger verbindlich ausgestalteten Lebensformen dar.[1535] Geht es hingegen um eine in vergleichbarer Weise rechtlich geordnete Lebensgemeinschaft, „die sich von der Ehe durch die Gleichgeschlechtlichkeit der Partner unterscheidet, wegen dieses Unterschiedes mit der Ehe nicht konkurriert und dem

1529 So auch *Stüber*, FPR 2006, 117 (118).
1530 Vgl. BVerfGE 124, 199 (226).
1531 Vgl. BVerfGE 124, 199 (226).
1532 Vgl. BVerfGE 131, 239 (260).
1533 Vgl. hierzu oben unter Teil 3, A., II., 2., b.
1534 Vgl. oben unter 3. Teil, A., II., 2., d.
1535 Ebenso der Zweite Senat des BVerfG, vgl. BVerfGE 131, 239 (259 f.); 133, 377 (411).

Institut der Ehe daher auch nicht abträglich sein kann",[1536] kann Art. 6 Abs. 1 GG eine gem. Art. 3 Abs. 1 GG relevante Ungleichbehandlung dann nicht rechtfertigen, wenn beide Gemeinschaften in der konkreten Situation vergleichbar sind.

(d) Die Vergleichbarkeit von Ehe und Lebenspartnerschaft i.S.d. Art. 3 Abs. 1 GG

Die Heranziehung des Art 6 Abs. 1 GG als pauschalen, eine Bevorzugung der Ehe rechtfertigenden Differenzierungsgrund lehnt das Bundesverfassungsgericht ab, wenn Ehe und eingetragene Lebenspartnerschaft „nach dem geregelten Lebenssachverhalt und den mit der Normierung verfolgten Zielen" vergleichbar sind.[1537] Dabei geht das Gericht grundsätzlich davon aus, dass sich Ehe und Lebenspartnerschaft im Wesentlichen nicht voneinander unterscheiden, denn beide Lebenspartnerschaften seien auf Dauer angelegt und begründeten eine gegenseitige Einstandspflicht.[1538]

Dieses Vorgehen ist sachgerecht, denn sowohl Ehe als auch eingetragene Lebenspartnerschaft sind auf Dauer angelegte, rechtlich verfestigte Lebensformen. Wird eine einfachgesetzliche Förderung der Ehe aufgrund ihrer Eigenschaft als dauerhafte und rechtlich verbindliche Form der Paarbeziehung gewährt, ist davon auszugehen, dass Ehe und eingetragene Lebenspartnerschaft diesbezüglich vergleichbar sind.[1539] Darüber hinaus erkennt das Bundesverfassungsgericht zwar an, dass sich die Ehe „in ihrer Eignung als Ausgangspunkt der Generationenfolge" von der eingetragenen Lebenspartnerschaft unterscheidet und darüber hinaus auch „der durch vielfältige gesetzliche Ausgestaltung privilegierte Rechtsraum zur Familiengründung" ist.[1540] Auf die im konkreten Fall zu beurteilende Vergleichbarkeit von Ehe und eingetragener Lebenspartnerschaft wirkt sich diese – rein potentielle – Funktion der Ehe in der jüngsten Rechtsprechung des Gerichts aber nicht aus. Dies liegt daran, dass das Bundesverfassungsgericht die Rechtfertigung der verfassungsrechtlichen

---

1536 Vgl. BVerfGE 131, 239 (260 f.). Der Annahme einer solchen Vergleichbarkeit von Ehe und eingetragener Lebenspartnerschaft steht auch nicht entgegen, dass das BVerfG die eingetragene Lebenspartnerschaft in der Lebenspartnerschaftsentscheidung als „aliud" zur Ehe bezeichnet hat, vgl. BVerfGE 105, 313 (351). So aber *Uhle,* in: Epping/Hillgruber, Ok-GG, Art. 6 (Stand: 01.09.2015) Rn. 37; *Hillgruber,* JZ 2010, 41 (42); *Krings,* in: Höfling, FS für Friauf, S. 269 (273); *Gärditz,* in: Uhle, Zur Disposition gestellt?, S. 85 (99), die dies als widersprüchlich bezeichnen. Die „aliud"-Formulierung des BVerfG bezog sich aber darauf, dass es sich bei der eingetragenen Lebenspartnerschaft nicht um eine verschiedengeschlechtliche Verbindung handelt, vgl. BVerfGE 105, 313 (351).

1537 Vgl. BVerfGE 124, 199 (226).

1538 BVerfGE 124, 199 (225).

1539 Ebenso *Wiemann,* NJW 2010, 1427 (1429), die zu Recht darauf hinweist, dass eine solche Vergleichbarkeit auf einen Großteil der wirtschaftlichen Aspekte zutreffen dürfte, wie etwa die Hinterbliebenenversorgung durch andere Versorgungssysteme.

1540 BVerfGE 126, 400 (427).

Privilegierung der Ehe gem. Art. 6 Abs. 1 GG getrennt von derjenigen der Familie betrachtet. Nach Ansicht des Gerichts ergibt sich die Rechtfertigung dieser Privilegierung ausschließlich aus der Funktion der Ehe als auf Dauer übernommener, auch rechtlich verbindlicher Verantwortungsgemeinschaft.[1541] Die Förderung von Elternschaft sei dagegen Gegenstand des Grundrechtsschutzes der Familie.[1542] Die potentielle Funktion der Ehe als typische und im Vergleich zu weniger verbindlich geschlossenen Gemeinschaften auch bestgeeigneter Grundlage einer Familie, findet in dieser Betrachtungsweise keine Berücksichtigung. Infolge dessen geht das Bundesverfassungsgericht auch bei der Prüfung der Vergleichbarkeit von Ehe und Lebenspartnerschaft im konkreten Fall davon aus, dass der Gesetzgeber an die Eigenschaft der Ehe als typischer und bestgeeigneter Grundlage der Familie entweder keine rechtlichen Vorteile knüpfen wollte bzw. dies andernfalls nur unzureichend umgesetzt habe. Denn die im konkreten Fall in Frage stehende Regelung mache die Privilegierung der Ehe gerade nicht vom Vorhandensein gemeinsamer Kinder abhängig, sondern gewähre auch kinderlosen Ehen die gegenständliche Vergünstigung.[1543] Diese Argumentation überzeugt allerdings nicht, denn Art. 6 Abs. 1 GG schützt nach hier vertretener Auffassung nicht nur die Funktion der Ehe als dauerhafte und rechtlich verbindliche Form der Paarbeziehung, sondern auch die jeder Ehe potentiell innewohnenden Funktion als typische und bestgeeignete Grundlage der Familie.[1544] Aufgrund dessen legitimiert Art. 6 Abs. 1 GG auch gerade

1541 Vgl. BVerfGE 124, 199 (225).

1542 Vgl. BVerfGE 124, 199 (225).

1543 BVerfGE 126, 400 (427 f.).

1544 Vgl. hierzu bereits oben unter Teil 3, B., III., 2., b., cc), (3). Anders sieht dies das BVerfG, vgl. BVerfGE 124, 199 (228 f.); vgl. auch BVerfGE 131, 239 (263). Dem gegen die Vergleichbarkeit von Ehe und Lebenspartnerschaft erhobenen Einwand (BGH, NJW-RR 2007, 1441 (1442 f.); so auch BVerwGE 129, 129 (134); BVerfGK 13, 501 (506)), die Ehe sei immer noch die typische Grundlage für das Aufwachsen von Kindern, begegnet es mit der Aussage, dass es zum einen weder in jeder Ehe Kinder gebe, noch jede Ehe überhaupt auf Kinder angelegt sei und zum anderen auch in zahlreichen eingetragenen Lebenspartnerschaften Kinder aufwüchsen. Diese Ausführungen können aber eben nicht entkräften, dass die Ehe gerade die typische Grundlage einer Familie darstellt. Der Zweite Senat schließt sich zwar der Argumentation des Ersten Senats an (vgl. BVerfGE 131, 239 (263)), betont aber – und dies ist widersprüchlich –, dass der Gesetzgeber berücksichtigen dürfe, dass die Ehe „nach wie vor Grundlage für ein „behütetes" Aufwachsen von Kindern ist", vgl. BVerfGE 131, 239 (260); 133, 377 (411); vgl. auch *Jarass,* in: ders./Pieroth, GG, Art. 6 Rn. 21, der die Betreuung von Kindern als einen die Ungleichbehandlung rechtfertigenden Sachgrund ansieht; krit. auch *Osterloh/Nußberger,* in: Sachs, GG, Art. 3 Rn. 257b sowie das Sondervotum der Verfassungsrichter *Landau* und *Kessal-Wulf,* (BVerfGE 133, 377 (426 [437])), die auf die Möglichkeit einer typisierenden Privilegierung der Ehe aufgrund ihres „Charakters als Vorstufe zur Familie und ihrer Bedeutung für die Generationenfolge in Gesellschaft und Staat" hinweisen. Diese Aussage des Zweiten Senats steht im Widerspruch zur Aussage des Ersten

eine einfachgesetzliche Förderung der Ehe aufgrund dieser potentiellen Eigenschaft und nicht nur dann, wenn auch tatsächlich Kinder vorhanden sind.[1545] In Bezug auf den Anspruch der eingetragenen Lebenspartner auf Gleichstellung mit der Ehe aus Art. 3 Abs. 1 GG gilt somit nach hier vertretener Ansicht folgendes: Eine Vergleichbarkeit von Ehe und eingetragener Lebenspartnerschaft „nach dem geregelten Lebenssachverhalt und den mit der Normierung verfolgten Zielen" kann nur dann angenommen werden, wenn die eingetragene Lebenspartnerschaft in Bezug auf die konkrete Leistung dieselbe Funktion erfüllt wie die Ehe.[1546] Geht es um eine einfachrechtliche Privilegierung der Ehe aufgrund ihrer Eigenschaft als auf Dauer übernommener, rechtlich verbindlicher Form der Verantwortungsgemeinschaft, kann eine Vergleichbarkeit mit der eingetragenen Lebenspartnerschaft als ebenfalls rechtlich verbindliche, dauerhafte Form der Paarbeziehung vorliegen. Geht es hingegen um eine Förderung aufgrund der durch die Verschiedengeschlechtlichkeit der Ehegatten bedingten Eigenschaft der Ehe, typische und im Vergleich zu weniger verbindlich ausgestalteten Paarbeziehungen bestgeeignete Grundlage einer Familie zu sein, kann eine Vergleichbarkeit von Ehe und eingetragener Lebenspartnerschaft nicht angenommen werden.[1547] Erfolgt eine einfachgesetzliche Förderung der Ehe

Senats, dass es gerade nicht in jeder Ehe Kinder gibt bzw. jede Ehe auf Kinder ausgerichtet ist.

1545 Ebenso *Gade/Thiele,* DÖV 2013, 142 (151) mit Verweis auf *Schmitt-Kammler/ v. Coelln,* in: Sachs, GG, 5. Aufl., Art. 6 Rn. 6; *Ipsen,* in: Isensee/Kirchhof, HStR VII, § 154 Rn. 17.

1546 So bereits *Robbers,* in: Bosinski, Eingetragene Lebenspartnerschaft, S. 45 (51); ähnlich *Pieroth/Kingreen,* KritV 85 (2002), 219 (236), nach denen eine ungleiche Behandlung von Ehen und Nicht-Ehen nur insoweit zulässig ist, als das „sich beide auch tatsächlich voneinander unterscheiden". Vgl. hierzu auch *Seiler,* in: Kahl/ Waldhoff/Walter, BK-GG, Bd. 2, Art. 6 Abs. 1 (Stand: Juli 2014) Rn. 173, der zu Recht feststellt, dass sich eine Vergleichbarkeit von Ehe und Lebenspartnerschaft primär aus einer einfachrechtlich parallelen Ausgestaltung beider Institute ergibt, zu welcher der Gesetzgeber aber in Bezug auf die eingetragene Lebenspartnerschaft nicht verpflichtet war (vgl. hierzu auch oben unter Teil 2, A., II., 3.). Aufgrund dessen müsse auch eine nur partielle Angleichung der eingetragenen Lebenspartnerschaft an die Ehe denkbar sein, welche sich nicht in eine „Verfassungspflicht zur Vollangleichung" wandeln könne.

1547 Ähnlich *Seiler,* in: Kahl/Waldhoff/Walter, BK-GG, Bd. 2, Art. 6 Abs. 1 (Stand: Juli 2014) Rn. 172 f., der eine Vergleichbarkeit von Ehe und eingetragener Lebenspartnerschaft dort nicht annehmen will, „wo unmittelbar oder auch nur mittelbar zugleich das Anwachsen der Ehe zur ehelichen Familie geschützt wird"; *Robbers,* JZ 2001, 779 (784), der davon ausgeht, dass eherechtliche Regelungen dann nicht auf gleichgeschlechtliche Partnerschaften übertragen werden dürfen, „wenn sie ihre primäre Rechtfertigung aus dem Bezug auf gemeinsame Kinder herleiten"; *Kaiser,* JZ 2001, 617 (624 f.), die sich nur für die Erstreckung solcher Vorschriften auf die eingetragene Lebenspartnerschaft ausspricht, „deren Grund die persönliche Verbundenheit und das Zusammenleben der Partner ist"; *Tillmanns,* JA 2003,

somit unter anderem auch aufgrund deren potentieller Eigenschaft als Grundlage der Familie, liegt keine Vergleichbarkeit von Ehe und Lebenspartnerschaft „nach dem geregelten Lebenssachverhalt und den mit der Normierung verfolgten Zielen" vor.[1548] Zwar ist die eingetragene Lebenspartnerschaft aufgrund der die Lebenspartner verbindenden, dauerhaften und rechtlich abgesicherten Beziehung ebenso geeignet, das behütete Aufwachsen von Kindern zu fördern wie die Ehe, auf eigene Kinder ist die eingetragene Lebenspartnerschaft hingegen nicht angelegt. Bezüglich dieses wesentlichen Kriteriums unterscheidet sie sich von der Ehe. Diese Abstufung zwischen Ehe und eingetragener Lebenspartnerschaft ist sachgerecht und bringt Art. 3 Abs. 1 GG und Art. 6 Abs. 1 GG in Einklang. Zum einen wird so der eingetragenen Lebenspartnerschaft die ihr aufgrund von Art. 3 Abs. 1 GG zustehende Gleichbehandlung gewährt, wenn sie im konkreten Fall mit der Ehe tatsächlich vergleichbar ist. Zum anderen wird ein pauschales Differenzierungsverbot zugunsten der eingetragenen Lebenspartnerschaft vermieden. Sind Ehe und eingetragene Lebenspartnerschaft in der konkreten Situation vergleichbar und existiert darüber hinaus kein sachlicher Rechtfertigungsgrund für eine Differenzierung, so spricht nichts dagegen, Ehe und eingetragene Lebenspartnerschaft auch tatsächlich gleich zu behandeln. So kann eine im Einzelfall ungerechtfertigte, pauschale Privilegierung der eingetragenen Lebenspartnerschaft ausgeschlossen werden und die allein durch Art. 6 Abs. 1 GG gerechtfertigte Privilegierung bleibt Vorrecht der verfassungsrechtlich geschützten Ehe. Das tatsächliche Vorhandensein von Kindern, sei es in einer Ehe, nichtehelichen Lebensgemeinschaft oder eingetragenen Lebenspartnerschaft findet im Rahmen des verfassungsrechtlichen Familienschutzes Berücksichtigung.

---

934 (935), der ein „Privilegierungs- oder Schutzabstandsgebot" in Bezug auf „die mit der Ehe konkurrierenden oder ihr ähnlichen Institute" sowie „funktional gebotene Differenzierung" bezüglich der Fortpflanzungsfunktion der Ehe annimmt und *Lindenberg/Micker*, DÖV 2003, 707 (713), die zwischen der Ehe als Solidar- und Fortpflanzungsgemeinschaft und der eingetragenen Lebenspartnerschaft als reiner Solidargemeinschaft unterscheiden und eherechtlichen Regelungen nur insoweit auf die eingetragene Lebenspartnerschaft anwenden wollen, wie eine Vergleichbarkeit zwischen eingetragener Lebenspartnerschaft und Ehe besteht. Ähnlich auch *Pieroth/Kingreen*, KritV 85 (2002), 219 (235 f.).

1548 In Bezug auf die oben dargestellten Entscheidungen des Gerichts ist eine mangelnde Vergleichbarkeit von Ehe und Lebenspartnerschaft wohl insbesondere beim Ehegattensplitting (vgl. BVerfGE 133, 377 (377 ff.)) anzunehmen, wenn man davon ausgeht, dass diese Leistung der Ehe gerade aufgrund ihrer Funktion, potentielle Grundlage einer Familie zu sein, zukommen soll, vgl. hierzu die weiterführenden Nachweise in BVerfGE 133, 377 (419). Ähnlich auch *Ipsen*, in: Isensee/Kirchhof, HStR VII, § 154 Rn. 45, 56; *Hillgruber*, JZ 2013, 843 (845); *Selder*, DStR 2013, 1064 (1066); a.A. *Winkelmeier-Becker*, DRiZ 2012, 302 (302). Argumentiert man hingegen – wie das BVerfG – primär mit der Funktion der Ehe als Gemeinschaft des Erwerbs und Verbrauchs, trifft dieses Argument auch auf die eingetragene Lebenspartnerschaft zu, vgl. hierzu auch das Sondervotum der Bundesverfassungsrichter *Landau* und *Kessal-Wulf*, BVerfGE 133, 377 (426 [428 ff.; 437 f.]).

3. *Schlussfolgerungen in Bezug auf die geltende Auslegung des Art. 6 Abs. 1 GG*

Die Untersuchung der aktuellen Rechtsprechung des Bundesverfassungsgerichts zur Gleichstellung der eingetragenen Lebenspartnerschaft mit der Ehe führt zu folgenden Schlussfolgerungen in Bezug auf die aktuell geltende Auslegung des Art. 6 Abs. 1 GG durch das Bundesverfassungsgericht.

a. *Keine Spezialität des Art. 6 Abs. 1 GG gegenüber Art. 3 Abs. 1 GG in Bezug auf die eingetragene Lebenspartnerschaft*

Aus der bisherigen Untersuchung wird deutlich, dass die Privilegierung der Ehe gem. Art. 6 Abs. 1 GG in einem Spannungsverhältnis[1549] zum allgemeinen Gleichheitssatz des Art. 3 Abs. 1 GG steht, denn die Besserstellung einer Form der Partnerschaft geht zwangsläufig mit der Schlechterstellung anderer Partnerschaftsformen einher. Zur Auflösung dieses Spannungsverhältnisses ist es notwendig, sowohl dem „besonderen Schutz" der Ehe als auch dem allgemeinen Gleichheitssatz im Wege der praktischen Konkordanz die größtmögliche Geltung zu verschaffen. Das Bundesverfassungsgericht geht zu Recht davon aus, dass sich der Anspruch eingetragener Lebenspartner auf Gleichbehandlung mit der Ehe anhand des allgemeinen Gleichheitssatzes des Art. 3 Abs. 1 GG beurteilt, denn es geht um eine im Sinne dieser Norm relevante Ungleichbehandlung von zwei auf Dauer angelegten, rechtlich verbindlich verfassten Lebensformen. Art. 6 Abs. 1 GG entfaltet bezüglich dieser Konstellation keinerlei Sperrwirkung, sondern wird erst im Rahmen der Rechtfertigung der Ungleichbehandlung relevant. In diesem Zusammenhang kommt der Zweite Senat zu Recht zu dem Ergebnis, dass Art. 6 Abs. 1 GG dann nicht die Benachteiligung „anderer, in vergleichbarer Weise rechtlich verbindlich verfasster Lebensformen" rechtfertigen kann, wenn diese „nach dem geregelten Lebenssachverhalt und den mit der Normierung verfolgten Zwecken" mit der Ehe vergleichbar sind.[1550] In diesem Fall bedarf die Benachteiligung der eingetragenen Lebenspartnerschaft als in vergleichbarer Weise rechtlich verfasster Lebensform einen über die abstrakte Förderung der Ehe hinausgehenden sachlichen Rechtfertigungsgrund. Die eingetragene Lebenspartnerschaft hat folglich nach richtiger Ansicht des Bundesverfassungsgerichts immer dann einen Anspruch auf Gleichstellung mit der Ehe aus Art. 3 Abs. 1 GG, wenn sie mit dieser nach dem geregelten Lebenssachverhalt und den mit der Normierung verfolgten Zielen vergleichbar ist und darüber hinaus keine (über die abstrakte Förderung der Ehe hinausreichenden) sachlichen Rechtfertigungsgründe gegen eine Gleichbehandlung sprechen. Eine Vergleichbarkeit von Ehe

---

1549 Von einem Spannungsverhältnis sprechen auch *Stüber,* FPR 2006, 117 (118); *ders.,* NJW 2006, 1774 (1775); *Wiemann,* NJW 2010, 1427 (1427) und *Henkel,* NJW 2011, 259 (261).

1550 Vgl. BVerfGE 131, 239 (260 f.); 133, 377 (411 f.); vgl. hierzu bereits oben Teil 3, B., III., 2., b., cc), (4), (c).

und eingetragener Lebenspartnerschaft setzt im konkreten Fall allerdings entgegen der Ansicht des Bundesverfassungsgerichts voraus, dass es um eine Förderung der Ehe als auf Dauer angelegte, rechtlich verbindliche Verantwortungsgemeinschaft geht. Geht es hingegen um eine Förderung der Ehe als typischer und bestgeeigneter Grundlage der Familie, kann eine Vergleichbarkeit nicht angenommen werden.[1551]

Aus dieser Rechtsprechung ergibt sich, dass das Bundesverfassungsgericht Art. 6 Abs. 1 GG im Verhältnis zwischen eingetragener Lebenspartnerschaft und Ehe nicht als speziellen Gleichheitssatz gegenüber Art. 3 Abs. 1 GG ansieht.[1552] Vielmehr trennt das Gericht die Befugnisse, welche Art. 6 Abs. 1 GG dem Staat zur Förderung von Ehe und Familie gewährt, von etwaigen durch die eingetragene Lebenspartnerschaft geltend gemachten Gleichbehandlungsansprüchen. Demzufolge ist die Frage, inwieweit andere Lebensgemeinschaften einen Anspruch auf Gleichbehandlung mit der Ehe haben, anhand des allgemeinen Gleichheitssatzes gem. Art. 3 Abs. 1 GG und den durch das Bundesverfassungsgericht hierzu entwickelten Anwendungsgrundsätzen zu entscheiden.[1553] Art. 6 Abs. 1 GG fungiert hierbei allenfalls als ein die Ungleichbehandlung rechtfertigender Sachgrund.[1554] In diesem Zusammenhang wirkt Art. 6 Abs. 1 GG nicht als pauschaler Rechtfertigungsgrund für eine Ungleichbehandlung der eingetragenen Lebenspartnerschaft, sondern „unter Berücksichtigung des besonderen Bedeutungsgehalts des allgemeinen Gleichheitssatzes".[1555] Das bedeutet, Art. 6 Abs. 1 GG kann dann als sachlicher Rechtfertigungsgrund für eine Ungleichbehandlung der eingetragenen Lebenspartnerschaft gegenüber der Ehe herangezogen werden, wenn Ehe und Lebenspartnerschaft im konkreten Einzelfall nicht dieselbe Funktion erfüllen, d.h. beide Institute aufgrund dessen auch nicht vergleichbar sind. Dieser Funktionsschutz zugunsten der Ehe ist es, welcher im Rahmen des „besonderen Schutzes" im Vergleich zu anderen Lebensformen gewährleistet werden muss.[1556]

1551 Ähnlich sieht dies wohl der Zweite Senat des BVerfG, indem er betont, dass der Gesetzgeber berücksichtigen dürfe, „dass die Ehe nach wie vor in signifikantem Umfang Grundlage für ein „behütetes" Aufwachsen von Kindern ist.", vgl. BVerfGE 131, 239 (260); 133, 377 (411).

1552 Für eine Spezialität des Art. 6 Abs. 1 GG gegenüber Art. 3 Abs. 1 GG aber *von Coelln,* in: Sachs, GG, Art. 6 Rn. 50; *Uhle,* in: Epping/Hillgruber, OK-GG, Art. 6 (Stand: 01.09.2015) Rn. 36.3; *Ipsen,* in: Isensee/Kirchhof, HStR VII, § 154 Rn. 58; *Schüffner,* Eheschutz und Lebenspartnerschaft, S. 396; vgl. auch *Sachs,* JR 2001, 45 (47); *Freytag,* DÖV 2002, 445 (454).

1553 BVerfGE 126, 400 (421).

1554 Vgl. hierzu auch *Grünberger,* FPR 2010, 203 (205); *Henkel,* NJW 2011, 259 (262).

1555 So treffend *Henkel,* NJW 2011, 259 (262).

1556 Vgl. hierzu bereits oben Teil 3, A., I., 1., c., cc) und A., II., 2., d. Ähnlich *Henkel,* NJW 2011, 259 (262), der ebenfalls davon ausgeht, dass der Ehe im Vergleich mit anderen Lebensformen ein Vorrang zukommen kann, „wenn und soweit dies zur Erreichung der mit dem besonderen Schutz bezweckten grundgesetzlichen Ziele erforderlich ist".

In Bezug auf Unverheiratete fungiert Art. 6 Abs. 1 GG hingegen als spezieller Gleichheitssatz, welcher einen Rechtfertigungsgrund für eine Besserstellung der Ehe gegenüber nichtehelichen Lebensgemeinschaften darstellt. Denn Art. 3 Abs. 1 GG sichert nichtehelichen Lebensgemeinschaften grundsätzlich keinen Anspruch auf Gleichbehandlung gegenüber Ehen zu.[1557] Daran hat auch die jüngste Rechtsprechung des Bundesverfassungsgerichts nichts geändert. Vielmehr würde eine fehlende Differenzierung durch den Gesetzgeber den der Ehe zustehenden besonderen Schutz des Art. 6 Abs. 1 GG unterlaufen.[1558] Insoweit dient Art. 6 Abs. 1 GG im Verhältnis zwischen Ehe und nichtehelicher Lebensgemeinschaft als verfassungsrechtlicher „Bevorzugungstitel", welcher eine gesetzliche Begünstigung der Ehe gegenüber der nichtehelichen Lebensgemeinschaft gegen Einwände aus Art. 3 Abs. 1 GG abschirmt.[1559] Aufgrund der rechtlich einforderbaren gegenseitigen Beistandspflicht[1560] darf die Ehe gegenüber der nichtehelichen Lebensgemeinschaft begünstigt werden.[1561] Durch den bewussten Verzicht der Partner einer nichtehelichen Lebensgemeinschaft auf den Abschluss einer Ehe bzw. einer eingetragenen Lebenspartnerschaft oder eines Partnerschaftsvertrages nehmen diese in Kauf, nicht in einer rechtlich abgesicherten Partnerschaft zu leben.[1562] Der Gesetzgeber darf sogar ungünstige Eheregeln auf die nichteheliche Lebensgemeinschaft anwenden, um dadurch eine Benachteiligung der Ehe zu vermeiden.[1563] Allerdings kann sich im Einzelfall bei Benachteiligungen gegenüber der Ehe und der eingetragenen Lebenspartnerschaft aus Art. 3 Abs. 1 GG ein Anspruch auf Begünstigung der nicht verheirateten bzw. nicht in eingetragener Lebenspartnerschaft lebenden Paare ergeben.[1564] Dies ist beispielsweise dann der Fall, wenn diesen vom Gesetzgeber gleiche Lasten wie Ehen oder eingetragenen Lebenspartnerschaften auferlegt werden oder wenn vergleichbare Aufgaben wahrgenommen werden.[1565] Zudem ist eine gesetzliche

---

1557 BVerfGE 117, 316 (325 ff.); *Brosius-Gersdorf,* in: Dreier, GG, 3. Aufl., Bd. I, Art. 6 Rn. 57; *v. Coelln,* in: Sachs, GG, Art. 6 Rn. 47; *Richter,* in: Denninger u.a., AK-GG, Art. 6 (Stand: 2001) Rn. 58; *Badura,* in: Maunz/Dürig, GG, Bd. II Art. 6 (Stand: April 2012) Rn. 55; *Hofmann,* in: Schmidt-Bleibtreu/Hofmann/Henneke, GG, Art. 6 Rn. 23; *Steiner,* in: Merten/Papier, HGR IV, § 108 Rn. 27.

1558 *Badura,* in: Maunz/Dürig, GG, Bd. II, Art. 6 (Stand: April 2012) Rn. 55; *Steiner,* in: Merten/Papier, HGR IV, § 108 Rn. 31.

1559 *Steiner,* in: Merten/Papier, HGR IV, § 108 Rn. 31.

1560 *Schwab,* FamRZ 2007, 1 (3).

1561 St. Rspr. des BVerfG, vgl. zuletzt BVerfGE 117, 316 (328 f.); 124, 199 (225); 131, 239 (259). Gleiches ist wohl auch für das Verhältnis zwischen eingetragener Lebenspartnerschaft und lebenspartnerschaftsähnlicher Gemeinschaft zu sagen.

1562 *V. Coelln,* in: Sachs, GG, Art. 6 Rn. 47.

1563 BVerfGE 9, 20 (20 ff.); 87, 234 (264); so auch *v. Coelln,* in: Sachs, GG, Art. 6 Rn. 47. Z.B. § 20 SGB XII, § 7 Abs. 3 Nr. 3c SGB II und § 138 Abs. 1 Nr. 3 InsO.

1564 *Brosius-Gersdorf,* in: Dreier, GG, 3. Aufl., Bd. I, Art. 6 Rn. 57; *Burgi,* in: Friauf/Höfling, GG, Bd. 1, Art. 6 (Stand: 2002) Rn. 43.

1565 *Brosius-Gersdorf,* in: Dreier, GG, 3. Aufl., Bd. I, Art. 6 Rn. 57; a.A. *Badura,* in: Maunz/Dürig, GG, Bd. II, Art. 6 (Stand: April 2012) Rn. 56.

Gleichstellung der Ehe bzw. eingetragenen Lebenspartnerschaft mit der nichtehelichen Lebensgemeinschaft bei solchen Regelungen zulässig, die nicht an die Besonderheiten der Ehe anknüpfen, sondern schutzwürdige Beteiligte betreffen.[1566] Im einfachrechtlichen Umgang mit der nichtehelichen Lebensgemeinschaft kann der Gesetzgeber aber Regelungen erlassen und kann sich hierbei auch an den eherechtlichen Vorschriften orientieren.[1567] Auch die analoge Anwendung einzelner, für Ehegatten geltender, einfachrechtlicher Vorschriften auf nichteheliche Lebensgemeinschaften ist mit Art. 6 Abs. 1 GG vereinbar.[1568]

b. Funktionswandel der Ehe und Entkoppelung von der Familie

In der aktuellen Rechtsprechung des Bundesverfassungsgerichts ist ein Funktionswandel der Ehe sowie eine Entkoppelung des verfassungsrechtlichen Eheschutzes vom Schutz der Familie innerhalb des Art. 6 Abs. 1 GG zu beobachten.[1569] Dieser Prozess wurde bereits durch die gegenüber Art. 119 Abs. 1 WRV geänderte Fassung des Art. 6 Abs. 1 GG in Gang gesetzt.[1570] Schützte Art. 119 Abs. 1 WRV noch ausdrücklich die Ehe „als Grundlage des Familienlebens und der Erhaltung und Vermehrung der Nation“, sind in Art. 6 Abs. 1 GG Ehe und Familie nur noch durch ein „und“ verbunden. Dieser geänderte Wortlaut des Art. 6 Abs. 1 GG lässt auf einen gleichrangigen Schutz von Ehe und Familie schließen.[1571] Zudem ergibt sich daraus, dass Art. 6 Abs. 1 GG die Ehe nicht mehr „nur“ als Vorstufe zur Familie schützt, sondern die Ehe gleichberechtigt neben der Familie steht, ein geändertes

---

1566 *Robbers,* in: v. Mangoldt/Klein/Starck, GG, Bd. 1, Art. 6 Rn. 44; *v. Coelln,* in: Sachs, GG, Art. 6 Rn. 47; *Stern,* Staatsrecht IV/1, S. 476 f.

1567 BVerfGE 82, 6 (15); *Robbers,* in: v. Mangoldt/Klein/Starck, GG, Bd. 1, Art. 6 Rn. 44; *Coester-Waltjen,* in: v. Münch/Kunig, GG, Bd. 1, Art. 6 Rn. 7; *E. M. v. Münch,* in: Benda/Maihofer/Vogel, HVerfR, § 9 Rn. 12.

1568 Vgl. z.B. BVerfGE 82, 6 (15).

1569 Vgl. hierzu auch *Michael,* NJW 2010, 3537 (3538); *Henkel,* NJW 2011, 259 (261 f.); *Bömelburg,* NJW 2012, 2753 (2755).

1570 Vgl. zur verfassungsgeschichtlichen Entstehung dieser beiden Normen oben Teil 2, A.

1571 Vgl. BVerfGE 11, 64 (69); vgl. hierzu auch bereits oben Teil 2, A., III., 2.; so auch *Brosius-Gersdorf,* in: Dreier, GG, 3. Aufl., Bd. I, Art. 6 Rn. 46; *v. Coelln,* in: Sachs, GG, Art. 6 Rn. 19; *Coester-Waltjen,* in: v. Münch/Kunig, GG, Bd. 1, Art. 6 Rn. 131; *Stern,* Staatsrecht, Bd. IV/1, S. 401; *Berens,* Der Grundrechtsschutz der Familie, S. 37 ff.; *Risse,* Der verfassungsrechtliche Schutz der Homosexualität, S. 209 f.; *Huster,* Neutralität des Staates, S. 505 ff.; *Mager,* Einrichtungsgarantien, S. 198; *P. Kirchhof,* ZRP 2003, 73 (75 f.); *Freytag,* DÖV 2002, 445 (450 f.); *Beck,* NJW 2001, 1894 (1897); *Trimbach/Webert,* NJ 1998, 63 (66); *Bruns,* ZRP 1996, 6 (6 f.); a. A. *Robbers,* in: v. Mangoldt/Klein/Starck, GG, Bd. 1, Art. 6 Rn. 17; *Tillmanns,* JA 2003, 934 (936); *Krings,* ZRP 2000, 409 (410); *Pawlowski,* JZ 2000, 765 (765). Für einen Vorrang der Familien- vor der Eheförderung im Steuerrecht vgl. hingegen *E. M. v. Münch,* in: Benda/Maihofer/Vogel, HVerfR, § 9 Rn. 36; *Herzog,* Bitburger Gespräche (2001), S. 7 (11); *Zuleeg,* NVwZ 1986, 800 (806).

Ehefunktionsverständnis im Vergleich zur Weimarer Reichsverfassung.[1572] Während die Ehe in der Weimarer Reichsverfassung aufgrund ihrer Reproduktionsfunktion noch primär der Volksgemeinschaft zu dienen bestimmt war, ergibt sich aus dem Grundgesetz auch eine subjektive und individualistische Ausrichtung des Eheschutzes.[1573] Geschützt wird die Ehe um ihrer selbst willen, als Lebens- und Arbeitsgemeinschaft.[1574]

Auf dieser Ausgangslage baut das Bundesverfassungsgericht auf und sieht in seiner jüngsten Rechtsprechung die Rechtfertigung der Privilegierung der (auch kinderlosen) Ehe primär „in der auf Dauer übernommenen, auch rechtlich verbindlichen Verantwortung für den Partner".[1575] Darüber hinaus stellt das Gericht fest, dass „soweit eine Privilegierung der Ehe darauf beruht, dass aus ihr Kinder hervorgehen, (...) die verfassungsrechtlich zulässige und geforderte Förderung von Eltern im Übrigen in erster Linie Gegenstand des Grundrechtsschutzes der Familie und als solche nicht auf verheiratete Eltern beschränkt (ist)".[1576] Diese Rechtsprechung zeigt ein geändertes Funktionsverständnis der Ehe im Vergleich zur Weimarer Reichsverfassung. In seiner jüngsten Rechtsprechung betont das Bundesverfassungsgericht primär die Funktion der Ehe als auf Dauer angelegte, rechtlich verbindliche Lebensgemeinschaft und nicht wie in der Weimarer Reichsverfassung als Reproduktionsgemeinschaft. In diesem Zusammenhang zeichnet sich auch eine Entkopplung der verfassungsrechtlichen Begriffe von Ehe und Familie in der verfassungsgerichtlichen Rechtsprechung ab. Denn dadurch, dass das Bundesverfassungsgericht die verfassungsrechtliche Privilegierung der Ehe lediglich mit deren Funktion als dauerhafte und rechtlich verbindlich geschlossene Form der Paarbeziehung rechtfertigt, bleibt deren Eigenschaft, aufgrund der Verschiedengeschlechtlichkeit der Ehegatten typische und aufgrund der rechtlich abgesicherten Verbindung auch bestgeeignete Grundlage einer Familie zu sein, außen vor.[1577] In diesem Zusammenhang stellt

---

1572 Vgl. hierzu auch bereits oben Teil 2, A., III., 2.

1573 *Hofmann,* in: Schmidt-Bleibtreu/Hofmann/Henneke, GG, Art. 6 Rn. 1 f.; *Robbers,* in: v. Mangoldt/Klein/Starck, GG, Bd. 1, Art. 6 Rn. 5.

1574 So auch *Coester-Waltjen,* in: v. Münch/Kunig, GG, Bd. 1, Art. 6 Rn. 131; *Nesselrode,* Das Spannungsverhältnis zwischen Ehe und Familie, S. 165 f.

1575 BVerfGE 124, 199 (225).

1576 BVerfGE 124, 199 (225 f.) mit Verweis auf BVerfGE 106, 166 (176 ff.); 112, 50 (67 ff.); 118, 45 (62 ff.).

1577 Vgl. BVerfGE 124, 199 (225); ebenso für eine Entkopplung *Brosius-Gersdorf,* in: Dreier, GG, 3. Aufl., Art. 6 Rn. 43; *Kotzur,* in: Stern/Becker, Grundrechte, Art. 6 Rn. 42; ähnlich *Coester-Waltjen,* in: v. Münch/Kunig, GG, Bd. 1, Art. 6 Rn. 4; *Seiler,* in: Kahl/Waldhoff/Walter, BK-GG, Bd. 2, Art. 6 Abs. 1 (Stand: Juli 2014) Rn. 89 („relative Entkopplung"); gegen eine solche Entkopplung *Badura,* in: Maunz/Dürig, GG, Bd. II, Art. 6 (Stand: April 2012) Rn. 23; *v. Coelln,* in: Sachs, GG, Art. 6 Rn. 18; *Uhle,* in: Epping/Hillgruber, OK-GG, Art. 6 (Stand: 01.09.2015) Rn. 17; *Robbers,* in: v. Mangoldt/Klein/Starck, GG, Bd. 1, Art. 6 Abs. 1, Rn. 17; *Kloepfer,* in: Merten/Papier, HGR II, § 43 Rn. 70; *Tettinger,* in: Marré/Schümmelfeder/Kämper, Essener

das Gericht einerseits fest, dass es nicht in jeder Ehe Kinder gebe und auch nicht jede Ehe auf Kinder ausgerichtet sei, andererseits lebten auch in „zahlreichen" eingetragenen Lebenspartnerschaften Kinder.[1578] Die Funktion der Ehe als potentielle Grundlage einer Familie ordnet das Gericht dem Grundrechtsschutz der Familie zu, der als solcher aber nicht auf verheiratete Eltern beschränkt sei.[1579] Dabei wird deutlich, dass das Bundesverfassungsgericht die Privilegierung der Ehe nicht mit der potentiellen Fortpflanzungsfähigkeit der verschiedengeschlechtlichen Ehegatten begründet. Das Gericht stellt vielmehr im Rahmen des grundrechtlichen Familienschutzes auf die Förderung von Eltern ab, bezieht sich also nicht auf die potentielle Möglichkeit zur Reproduktion, sondern ausschließlich auf das tatsächliche Vorhandensein von Kindern und damit einer Familie. Damit weicht das Gericht von seiner bisherigen Rechtsprechung ab: Im Jahr 1987 stellte es noch fest, dass die Ehe „alleinige Grundlage einer vollständigen Familiengemeinschaft und als solche Voraussetzung für die bestmögliche körperliche, geistige und seelische Entwicklung von Kindern" sei.[1580]

Für die Förderung der Ehe durch den einfachen Gesetzgeber bedeuten die in der aktuellen Rechtsprechung des Bundesverfassungsgerichts statuierten Vorgaben, dass er keine Vorteile an die abstrakte Vermutung, dass eine Ehe zur Zeugung von Kindern führt, knüpfen darf, sondern lediglich an die Eigenschaft der Ehe als dauerhafte Form einer verbindlichen Paarbeziehung bzw. als tatsächlicher Grundlage einer Familie.[1581] Vorteil einer solch vollständigen Entkopplung des Ehe- und Familienschutzes ist die genaue Abgrenzung der Ehe- von der Familienförderung.[1582] Da der Gesetzgeber keine Vorteile an die abstrakte Vermutung koppeln kann, dass eine Ehe typischerweise auch zur Zeugung von Kindern und damit zur Gründung einer Familie führt, kann auf diesem Weg vermieden werden, dass auch kinderlose Ehen in den Genuss einer Förderung der Ehe in ihrer Funktion als typischer Grundlage einer Familie kommen. Familienförderung findet nur dort statt, wo es tatsächlich auch Kinder gibt. Allerdings lässt das Bundesverfassungsgericht bei dieser Einordnung den verfassungsgeschichtlichen Hintergrund des Art. 6 Abs. 1 GG sowie die tatsächliche Lebenswirklichkeit weitgehend unbeachtet. Hieraus ergibt sich, dass sich die verfassungsrechtliche Privilegierung der Ehe nicht nur aufgrund ihrer Eigenschaft als auf Dauer übernommener, rechtlich verbindlicher Verantwortungsgemeinschaft rechtfertigt, sondern auch aufgrund ihrer Funktion als typischer und

---

Gespräche Bd. 35 (2001), S. 117 (138); *Burgi,* Der Staat 2000, 487 (500); *Di Fabio,* NJW 2003, 993 (998).

1578 Vgl. BVerfGE 124, 199 (229).

1579 Vgl. BVerfGE 124, 199 (225 f.) mit Verweis auf BVerfGE 106, 166 (176 ff.); 112, 50 (67 ff.); 118, 45 (62 ff.).

1580 BVerfGE 76, 1 (51) mit Verweis auf BVerfGE 25, 167 (196).

1581 Ebenso *Hoppe,* DVBl. 2009, 1516 (1517); *Putzer,* Recht und Politik 2011, 88 (91); *Bömelburg,* NJW 2012, 2753 (2755); vgl. auch *Koschmieder,* JA 2014, 566 (568).

1582 Vgl. *Brosius-Gersdorf,* in: Dreier, GG, 3. Aufl., Art. 6 Rn. 45, 88 mit Verweis auf *Brosius-Gersdorf,* Familienförderung, S. 486 ff.

im Vergleich zu weniger verbindlich eingegangenen Lebensformen, bestgeeigneter Grundlage einer Familie.[1583] Aufgrund dessen ist nach hier vertretener Ansicht nicht davon auszugehen, dass Ehe und Familie vollständig voneinander entkoppelt sind. Vielmehr sind die beiden Institute innerhalb des Art. 6 Abs. 1 GG eng miteinander verknüpft, denn die Ehe genießt den verfassungsrechtlichen Schutz – neben ihrer Eigenschaft als dauerhafter Form der Paarbeziehung – auch aufgrund ihrer Funktion als typischer und bestgeeigneter Grundlage einer Familie.[1584] Hierin unterscheidet sie sich von der eingetragenen Lebenspartnerschaft. Dies gilt unabhängig davon, dass nicht aus jeder Ehe Kinder hervorgehen und der verfassungsrechtliche Familienschutz nicht ausschließlich auf der Ehe basierenden Familien gewährt wird. Auch in der heutigen Zeit ist die Ehe immer noch die typische Grundlage für die Zeugung von Kindern und die Entstehung einer Familie.[1585]

C. Gesamtbetrachtung der Rechtsprechungsentwicklung

Insgesamt lässt sich festhalten, dass der „besondere Schutz" der Ehe gem. Art. 6 Abs. 1 GG in der Rechtsprechung des Bundesverfassungsgerichts durch die jüngsten Urteile zur Gleichstellung der eingetragenen Lebenspartnerschaft mit der Ehe stark an Kontur gewonnen hat.

In der 2002 ergangenen Lebenspartnerschaftsentscheidung wird das Funktionsverständnis, welches das Bundesverfassungsgericht vom „besonderen Schutz" der Ehe entwickelt hat, bestätigt.[1586] Wie im 2. Teil dieser Untersuchung herausgearbeitet, hat nach Auslegung des Bundesverfassungsgerichts der „besondere Schutz" der Ehe zum einen die Funktion, die Ehe vor Beeinträchtigung und Schädigung zu bewahren, zum anderen soll er eine Förderung der Ehe gewährleisten. Genau unter diesen Aspekten untersucht das Bundesverfassungsgericht auch eine Verletzung des

---

1583 Vgl. hierzu oben Teil 3, B., III., 2., b., cc), (4), (d).

1584 Ähnlich *Seiler,* in: Uhle, Zur Disposition gestellt?, S. 37 (38), „(...) gleichrangig nebengeordnet und stehen zueinander in einem Verhältnis sinnvoller, wenn auch nicht zwingender Ergänzung."

1585 Vgl. Statistisches Bundesamt, Statistisches Jahrbuch 2015, S. 57.

1586 A.A. *Stern,* Staatsrecht, Bd. IV/1, S. 490, der die in der Lebenspartnerschaftsentscheidung vorgenommene Interpretation des „besonderen Schutzes" als „Bruch" in der Rechtsprechung des BVerfG und „verfassungsgerichtlich vollzogenen Verfassungswandel" betrachtet, denn „besonderer" Schutz durch die staatliche Ordnung werde der Ehe als „engster familiärer Gemeinschaft" nicht mehr zuteil; ähnlich *Steiner,* in: Merten/Papier, HGR IV, § 108 Rn. 37, der in der in der Lebenspartnerschaftsentscheidung vertretenen Interpretation des „besonderen Schutzes" eine Abkehr von der Leitentscheidung des Art. 6 Abs. 1 GG erblickt, dass das Familienrecht sich zwingend an der Ehe von Mann und Frau und der aus dieser Ehe hervorgegangenen Familie orientieren müsse; ähnlich auch *Badura,* in: Maunz/Dürig, GG, Bd. II, Art. 6 (Stand: Mai 2013) Rn. 58 d, nach dem das BVerfG in der Lebenspartnerschaftsentscheidung die maßgebende Wirkung des Art. 6 Abs. 1 GG nicht berücksichtigt habe.

„besonderen Schutzes" und verneint diese konsequent mit dem Argument, dass die Ehe durch die Einführung der eingetragenen Lebenspartnerschaft weder geschädigt oder beeinträchtigt werde, noch die ihr zustehende Förderung entzogen werde.[1587] Zu diesem zweistufigen positiven und negativen Funktionsverständnis des „besonderen Schutzes" kommt dann im Rahmen der Lebenspartnerschaftsentscheidung noch die explizite Erlaubnis, die Ehe gegenüber anderen Lebensformen zu begünstigen. Insoweit konkretisiert das Bundesverfassungsgericht in dieser Entscheidung sein dogmatisches Verständnis des „besonderen Schutzes".

Auch in der darauffolgenden Judikatur zur Gleichstellung der eingetragenen Lebenspartnerschaft mit der Ehe ab dem Jahr 2009 betont das Gericht, dass sich aus dem in Art. 6 Abs. 1 GG enthaltenen Förderauftrag, welcher eine Privilegierung der Ehe gegenüber anderen Lebensformen gestattet, kein Gebot ableiten lässt, andere Lebensformen gegenüber der Ehe zu benachteiligen.[1588] Darüber hinaus zieht das Bundesverfassungsgericht in den aktuellen Entscheidungen aus der bereits in der Lebenspartnerschaftsentscheidung getroffenen Feststellung, dass der in Art. 6 Abs. 1 GG statuierte besondere Schutz der Ehe durch die rechtliche Anerkennung der eingetragenen Lebenspartnerschaft, welche mit der Ehe aufgrund der Gleichgeschlechtlichkeit der Lebenspartner nicht in Konkurrenz steht, nicht verletzt werde,[1589] die folgerichtige Konsequenz, dass bei einer gem. Art. 3 Abs. 1 GG relevanten Ungleichbehandlung von Ehe und eingetragener Lebenspartnerschaft Art. 6 Abs. 1 GG nicht pauschal als ein die Ungleichbehandlung rechtfertigender Sachgrund herangezogen werden kann.[1590] Art. 6 Abs. 1 GG rechtfertigt, so besonders deutlich der Zweite Senat, primär die Besserstellung der Ehe gegenüber weniger verbindlich eingegangenen, verschiedengeschlechtlichen Paarbeziehungen, nicht aber gegenüber in vergleichbarer Weise rechtlich verbindlich verfasster Lebensformen, welche mit der Ehe in der konkreten Situation vergleichbar sind und aufgrund der Verschiedengeschlechtlichkeit der Partner nicht mit der Ehe konkurrieren und dieser damit auch nicht abträglich sein können.[1591]

Im Ergebnis bedeutet dies, dass zwischen Ehe und eingetragener Lebenspartnerschaft ein aus Art. 3 Abs. 1 GG abgeleitetes Differenzierungsverbot besteht, denn das Bundesverfassungsgericht rechtfertigt die verfassungsrechtliche Privilegierung der Ehe mit derselben Eigenschaft, die auch die eingetragene Lebenspartnerschaft maßgeblich auszeichnet, sodass faktisch keine konkrete Lebenssituation denkbar ist, in der Ehe und eingetragene Lebenspartnerschaft nicht vergleichbar sind.[1592] Zwar steht nach der Rechtsprechung des Gerichts ausschließlich die Ehe

---

1587 BVerfGE 105, 313 (346 f.).
1588 Vgl. BVerfGE 124, 199 (226).
1589 Vgl. BVerfGE 105, 313 (346 ff.).
1590 Vgl. BVerfGE 124, 199 (226); ebenso *Hwang*, KritV 97 (2014), 133 (141).
1591 Vgl. insb. BVerfGE 131, 239 (260 f.); 133, 377 (411 f.).
1592 Ebenso *Grünberger*, FPR 2010, 203 (208) („separate, but equal"); *Wiemann*, NJW 2010, 1427 (1430); *Krings*, in: Höfling, FS für Friauf, S. 269 (272); *Hillgruber*, JZ 2010, 41 (41); *Gärditz*, JZ 2011, 930 (934); *ders.*, in: Uhle, Zur Disposition gestellt?, S. 85

als verschiedengeschlechtliche Paarbeziehung gem. Art. 6 Abs. 1 GG unter dem „besonderen Schutz" der staatlichen Ordnung, der eingetragenen Lebenspartnerschaft kommt aber über den allgemeinen Gleichheitssatz des Art. 3 Abs. 1 GG letztendlich derselbe „besondere" Schutz zugute wie der Ehe.[1593] Kritiker sehen hierin eine Erweiterung des Art. 6 Abs. 1 GG um die eingetragene Lebenspartnerschaft und damit eine faktische Verfassungsänderung durch Obsoletwerden des „besonderen Schutzes" unter verfassungswidriger Umgehung der Zustimmung des verfassungsändernden Gesetzgebers.[1594] Der Verwirklichung des besonderen Eheschutzes steht diese Konstellation nach richtiger Auffassung des Bundesverfassungsgerichts allerdings nicht entgegen. Dem Bundesverfassungsgericht ist nach hier vertretener Ansicht kein Verfassungsbruch vorzuwerfen, denn die Ehe steht auch in der jüngsten Rechtsprechung des Gerichts noch unter dem „besonderen Schutz" der staatlichen Ordnung.

Zum einen bedeutet „besonderer Schutz" – wie oben erläutert[1595] – nicht ausschließlicher Schutz, sodass insofern der ehegleiche Schutz der eingetragenen Lebenspartnerschaft dem in Art. 6 Abs. 1 GG garantierten „besonderen Schutz" nicht entgegensteht. Die Ehe wird immer noch verfassungsrechtlich gegenüber unverbindlich geschlossenen Partnerschaften privilegiert und darf gegenüber anderen Lebensformen grundsätzlich nicht benachteiligt werden.[1596] Das besondere Schutzniveau, welches die Ehe genießt, ändert sich auch durch den ehegleichen Schutz der eingetragenen Lebenspartnerschaft nicht.[1597] Das „besondere" in Art. 6 Abs. 1 GG wird nicht verallgemeinert,[1598] sondern lediglich auf eine ebenfalls dauerhaft und rechtlich verbindlich geschlossene und mit der Ehe in der konkreten Situation

(90 ff.) („Privilegierungsverbot"); *Sanders,* FF 2012, 391 (394); *Benedict,* JZ 2013, 477 (486); *Gade/Thiele,* DÖV 2013, 142 (149); *Reimer/Jestaedt,* JZ 2013, 468 (469).

1593 Krit. hierzu *Seiler,* in: Kahl/Waldhoff/Walter, BK-GG, Bd. 2, Art. 6 Abs. 1 Rn. 172, der es widersprüchlich findet, eingetragenen Lebenspartnerschaften den Eheschutz des Art. 6 Abs. 1 GG einerseits zu versagen, ihnen aber andererseits einen über Art. 3 Abs. 1 GG abgeleiteten Schutz gleichen Inhalts zukommen zu lassen; *Hillgruber,* JZ 2010, 41 (41 f.); *Hopfner,* BetrAV 2009, 772 (772 f.); *Sanders,* FF 2012, 391 (394), die dafür plädiert, Lebenspartner nicht indirekt über Art. 3 Abs. 1 GG zu schützen, sondern ihnen direkt den Schutz des Art. 6 Abs. 1 GG zukommen zu lassen; *dies.,* NJW 2013, 2236 (2238); zustimmend hingegen *Classen,* JZ 2010, 411 (411).

1594 Vgl hierzu bereits oben Teil 3, B., III., 2., b., aa). Diese Ansicht vertreten u.a. *Hillgruber,* JZ 2010, 41 (41); *Krings,* NVwZ 2011, 26 (26 f.); *Benedict,* JZ 2013, 477 (486); *Gade/Thiele,* DÖV 2013, 142 (151).

1595 Vgl. oben Teil 3, A., I., 1., c., cc), (3).

1596 So auch *Wiemann,* NJW 2010, 1427 (1430); *Muckel,* JA 2011, 74 (76).

1597 Ebenso *Michael,* NJW 2010, 3537 (3541); *Classen,* JZ 2010, 411 (411); *Putzer,* Recht und Politik 2011, 88 (90); vgl. auch *Gärditz,* in: Uhle, Zur Disposition gestellt?, S. 85 (98), der von einer „personellen Ausweitung" des durch Art. 6 Abs. 1 GG gewährten Schutzniveaus spricht.

1598 So aber *Seiler,* in: Kahl/Waldhoff/Walter, BK-GG, Bd. 2, Art. 6 Abs. 1 (Stand: Juli 2014) Rn. 172; *ders.,* in: Uhle, Zur Disposition gestellt?, S. 37 (57).

vergleichbare Lebensgemeinschaft ausgedehnt, welche der Verfassungsgeber nicht im Blick haben konnte, da zur Zeit der Verfassungsgebung Homosexualität noch als sittenwidrig galt und homosexuelle Handlungen gem. § 175 StGB a.F. unter Strafe standen.

Zum anderen hat die vorliegende Untersuchung in Übereinstimmung mit der Ansicht des Zweiten Senats ergeben, dass Art. 6 Abs. 1 GG primär als sachlicher Differenzierungsgrund für eine Privilegierung der Ehe gegenüber weniger verbindlich eingegangenen Gemeinschaften ins Grundgesetz eingefügt wurde, die mit der Ehe in Konkurrenz stehen, und nicht gegenüber eingetragenen Lebenspartnerschaften, die sich durch ein vergleichbares Maß an gegenseitiger Pflichtenbindung auszeichnen und aufgrund der Gleichgeschlechtlichkeit der Partner nicht mit der Ehe konkurrieren und dieser aufgrund dessen auch nicht abträglich sind. Es entspricht nicht dem sich aus Historie und Telos ergebenden Schutzkonzept des Art. 6 Abs. 1 GG, Grundlage für eine Benachteiligung einer ebenfalls auf Dauer angelegten, rechtlich verbindlichen Lebensform zu sein, die mit der Ehe einerseits nicht in Konkurrenz steht, sowie andererseits mit dieser nach dem konkreten Lebenssachverhalt vergleichbar ist.[1599]

Schließlich ist es nach hier vertretener Auffassung auch nicht widersprüchlich, der eingetragenen Lebenspartnerschaft den über Art. 6 Abs. 1 GG verwehrten „besonderen Schutz" über Art. 3 Abs. 1 GG zukommen zu lassen. Jeder Grundrechtsberechtigte ist legitimiert, den ihm zustehenden Grundrechtsschutz vollständig in Anspruch zu nehmen. Nur, weil der Schutzbereich eines Grundrechts nicht eröffnet ist, heißt das nicht, dass nicht ein anderes, ebenfalls anwendbares Grundrecht einen vergleichbaren Schutz gewährleisten kann. Sind Ehe und eingetragene Lebenspartnerschaft nach der konkreten Lebenssituation und den mit der Normierung verfolgten Zielen vergleichbar und steht Art. 6 Abs. 1 GG einer Gleichstellung auch nicht als spezieller Rechtfertigungsgrund für die Ungleichbehandlung entgegen, so ist der Schutz der eingetragenen Lebenspartnerschaft über Art. 3 Abs. 1 GG konsequent. Der Gesetzgeber selbst hat durch die weitgehende einfachrechtliche Angleichung den wesentlichen Schritt zur Gleichstellung der eingetragenen Lebenspartnerschaft mit der Ehe getan und muss sich nun hieran messen lassen.[1600] Art. 6 Abs. 1 GG muss

---

1599 Ähnlich *Henkel,* NJW 2011, 259 (262), mit Verweis auf BAG, NZA-RR 2010, 664 (664 ff.); *Bruns,* NJW 2008, 1929 (1929 ff.); *Classen,* JZ 2010, 411 (411 f.), nach dem die Ehe keine Lebensform darstellt, „die sich gegen andere Formen menschlichen Zusammenlebens richtet, der jedoch im Vergleich ein Vorrang zukommen kann – allerdings nur im Einzelfall, wenn und soweit dies zur Erreichung der mit dem besonderen Schutz bezweckten grundgesetzlichen Ziele erforderlich ist."

1600 *Muckel,* JA 2013, 714 (717); anders *Seiler,* in: Uhle, Zur Disposition gestellt?, S. 37 (55), der kritisiert, dass die „einfachgesetzliche Verrechtlichung der gleichgeschlechtlichen Partnerschaft und ihre tatsächlichen Ähnlichkeiten" durch das BVerfG zum Anlass genommen würden, eine „Wesensgleichheit beider Gemeinschaftsformen zu unterstellen"; ähnlich *Gärditz,* in: Uhle, Zur Disposition gestellt?, S. 85 (98) mit Verweis auf *Kotzur,* in: Stern/Becker, Grundrechte, Art. 6 Rn. 32, nach

im Kontext des Grundgesetzes, also verfassungskonform interpretiert werden, hierzu gehört auch die Berücksichtigung von Art. 3 Abs. 1 GG.[1601] Ist die eingetragene Lebenspartnerschaft als rechtlich gesicherte Verantwortungsgemeinschaft zweier gleichgeschlechtlicher Menschen mit der Ehe im konkreten Fall vergleichbar, muss sie gem. Art. 3 Abs. 1 GG auch wie die Ehe geschützt werden. Dieses Vorgehen führt zur Auflösung des in Bezug auf Ehe und eingetragene Lebenspartnerschaft bestehenden Spannungsverhältnisses zwischen Art. 6 Abs. 1 GG und Art. 3 Abs. 1 GG und bringt aufgrund dessen die Verfassung in Einklang.

Allerdings kann von einer Vergleichbarkeit von Ehe und eingetragener Lebenspartnerschaft nach hier vertretener Ansicht nur dann ausgegangen werden, wenn es um eine Förderung der Ehe aufgrund ihrer Eigenschaft als rechtlich verbindliche Paarbeziehung geht. Geht es hingegen um die Förderung der Ehe als typische und bestgeeignete Grundlage der Familie, kann nicht von einer konkreten Vergleichbarkeit mit der eingetragenen Lebenspartnerschaft ausgegangen werden. Nach hier vertretener Auffassung rechtfertigt sich die verfassungsrechtliche Privilegierung der Ehe gem. Art. 6 Abs. 1 GG nicht ausschließlich aufgrund ihrer Eigenschaft als auf Dauer eingegangener, rechtlich verbindlicher Form der Paarbeziehung, sondern auch aufgrund der ihr innewohnenden potentiellen Eigenschaft, Grundlage einer Familie zu sein. Auch diese Eigenschaft rechtfertigt entgegen der Ansicht des Bundesverfassungsgerichts eine Privilegierung der Ehe gem. Art. 6 Abs. 1 GG. Indem das Bundesverfassungsgericht die Rechtfertigung der verfassungsrechtlichen Privilegierung der Ehe in Art. 6 Abs. 1 GG mit deren Eigenschaft als auf Dauer übernommener, rechtlich verbindlicher Verantwortungsgemeinschaft für den Partner begründet und im Übrigen die Förderung von tatsächlicher Elternschaft in den Grundrechtsschutz der Familie schiebt, lässt das Gericht eine einfachgesetzliche Förderung der Ehe als potentieller Grundlage der Familie nicht mehr zu. Die in der Lebenspartnerschaftsentscheidung uneingeschränkt erteilte Privilegierungsbefugnis des Gesetzgebers zugunsten der Ehe gilt nur noch begrenzt: Die Ehe darf nur dann gefördert werden, wenn es um ihre Funktion als dauerhafte Form der Paarbeziehung geht, nicht hingegen als potentielle Grundlage einer Familie. Diese funktionale Begrenzung des „besonderen Schutzes“ durch die einschränkende Auslegung der zunächst schrankenlos erteilten Privilegierungsermächtigung im Vergleich mit der eingetragenen Lebenspartnerschaft und die hierdurch bewirkte Entkopplung von Ehe und Familie greift nach hier vertretener Ansicht deutlich zu kurz: Zwar befindet sich das Gericht mit dieser Auslegung des Art. 6 Abs. 1 GG

---

dem die Gleichstellung der eingetragenen Lebenspartnerschaft mit der Ehe eine „politische Option“ war, aus der verfassungsrechtlicher Zwang wurde; siehe auch *Benedict*, JZ 2013, 477 (484), der ebenfalls kritisiert „wie sehr politische Entscheidungen im Grunde nicht im Parlament, sondern in Karlsruhe getroffen werden“.

1601 Ebenso Grünberger, FPR 2010, 203 (205), der sich für eine Auslegung des Art. 6 Abs. 1 GG „im Lichte“ des Art. 3 Abs. 1 GG ausspricht; vgl. auch *Classen*, JZ 2011, 411 (411), der zu Recht darauf hinweist, dass Art. 3 GG ebenso wie Art. 6 GG nicht entwertet werden darf.

innerhalb der Wortlautgrenze der Norm[1602] – Ehe und Familie stehen in Art. 6 Abs. 1 GG lediglich verbunden durch ein „und" nebeneinander –, sie entspricht aber weder dem Willen des historischen Verfassungsgebers noch der tatsächlichen Lebenswirklichkeit.[1603] Der Verfassungsgeber hat sich dazu entschlossen, die Ehe als Ganzes unter den Schutz der Verfassung zu stellen, aufgrund aller Funktionen, welche sie in sich vereinigt, ohne einzelne ihrer Funktionen herauszugreifen. Die Verkürzung des verfassungsrechtlichen Schutzes auf eine bestimmte Funktion der Ehe stellt einen Verstoß gegen die Dezision des Verfassungsgebers dar.[1604] Art. 6 Abs. 1 GG kann nach hier vertretener Ansicht zwar keine Benachteiligung der eingetragenen Lebenspartnerschaft rechtfertigen, wenn diese im konkreten Fall mit der Ehe vergleichbar ist, die Norm rechtfertigt aber immer eine Privilegierung der Ehe. Könnte die Ehe nicht die Funktionen erfüllen, welche ihr von der Verfassung zugewiesen worden sind, würde dies einen Verstoß gegen das in Art. 6 Abs. 1 GG verankerte Schutz- und Fördergebot darstellen.[1605]

1602 Ebenso *Böhm,* DVBl. 2014, 401 (402): „Der Wortlaut eröffnet Auslegungspotentiale." Vgl. auch *Kotzur,* in: Stern/Becker, Grundrechte, Art. 6 Rn. 6 (Wortlaut als „tragfähige Grundlage, neue Wirklichkeiten zu verarbeiten").

1603 Vgl. hierzu bereits oben Teil 3, B., III., 2., b., cc), (3) und (4), (d).

1604 *Krings,* NVwZ 2011, 26 (27).

1605 BVerfGE 105, 313 (350); vgl. hierzu bereits oben Teil 3, A., I., 1., c., cc), (4) und A., II., 2., d.

4. Teil: Zusammenfassung, Fazit und Ausblick

A. Zusammenfassung

1. Erstmals in der deutschen und europäischen Verfassungsgeschichte wird die Ehe in der Weimarer Reichsverfassung von 1919 unter den „besonderen Schutz der Verfassung" gestellt. Art. 119 Abs. 1 S. 1 WRV, welcher auf einem Entwurf des Zentrumsmitglieds *Konrad Beyerle* beruht, entstand hauptsächlich im Unterausschuss des 8. Verfassungsausschusses der Nationalversammlung und stellt – in Abgrenzung zur außerehelichen Beziehung und kommunistischen Gesellschaftsordnung – die klassische bürgerliche Ehe als auf Dauer angelegte Verbindung zwischen Mann und Frau und Grundlage der Familie unter seinen Schutz. Ziel war die Anerkennung und Sicherung des Rechtsinstituts. Die Auswertung der Stellungnahmen der mit Art. 119 Abs. 1 S. 1 WRV beschäftigten Abgeordneten hat gezeigt, dass die grundsätzliche Aufnahme der Ehe in die Verfassung nicht wirklich umstritten war. Die rechtliche Umsetzung derselben aber schon. Die Intention des Verfassungsgebers, welche hinter der Aufnahme des Eheschutzes in die Weimarer Reichsverfassung stand, wurde zwar nicht explizit genannt, die vorliegende Untersuchung hat aber ergeben, dass primär konservative, auf Schutz und Bewahrung des Rechtsinstituts gerichtete Motive ausschlaggebend waren. Die monogame Ehe galt als erstrebenswerte Normalform des Zusammenlebens zweier Menschen. Dabei lässt bereits die Verortung des Art. 119 Abs. 1 innerhalb der Weimarer Reichsverfassung direkt zu Beginn des Abschnitts über das „Gemeinschaftsleben" Rückschlüsse auf die hohe Wertigkeit der Ehe sowohl für den Einzelnen als auch für das Gemeinschaftsleben zu. Die Untersuchung der zeitgenössischen Kommentierung dieses Artikels hat zudem ergeben, dass Art. 119 Abs. 1 S. 1 WRV als verfassungsmäßige Garantie interpretiert wurde, welche die Ehe, also die Verbindung von Mann und Frau zu vollkommener und dauernder Lebensgemeinschaft, als Institution anerkannte und in ihrem Bestand gewährleistete. Die Begründung der Gewährung besonderen verfassungsrechtlichen Schutzes lag zum einen in der Reproduktionsfunktion der Ehe, zum anderen wurde die Ehe als Grundlage der Familie angesehen. Unmittelbare rechtliche Wirkung hatte Art. 119 Abs. 1 S. 1 WRV allerdings nicht, es handelte sich um einen reinen Gesetzgebungsauftrag, gerichtet an den zukünftigen Gesetzgeber. Aus der Formulierung des „besonderen Schutzes" der Ehe sollte sich nach dem Willen der Abgeordneten ergeben, dass eine Abschaffung der Ehe selbst oder eine Änderung ihrer charakteristischen Grundzüge nur im Wege der Verfassungsänderung möglich war. Hieraus erklärt sich auch die später entwickelte Deutung der Norm als Institutsgarantie. Eine eigenständige Bedeutung hatte diese Formulierung darüber hinaus nicht.

2. In Anlehnung an Art. 119 Abs. 1 WRV statuiert auch das Grundgesetz der Bundesrepublik Deutschland einen besonderen verfassungsrechtlichen Eheschutz. In Art. 6 Abs. 1 GG wird die Ehe unter den „besonderen Schutz der staatlichen Ordnung"

gestellt. Die Norm hat ihren Ursprung in einem Fachausschuss des Parlamentarischen Rates, dem Ausschuss für Grundsatzfragen. Dort wurde der verfassungsrechtliche Eheschutz auf Antrag des CDU-Abgeordneten *von Mangoldt* eingebracht. Die Untersuchung der Entstehungsgeschichte des Art. 6 Abs. 1 GG hat ergeben, dass die Befürworter des verfassungsrechtlichen Eheschutzes, hauptsächlich Abgeordnete konservativer Parteien, Ehe und Familie zu den wichtigsten Grundlagen des Staates zählten. Das Wirken in Ehe und Familie gehöre zur Entfaltung der Persönlichkeit. Der Schutz dieser Rechtsgüter stelle daher ein fundamentales Grundrecht dar. Auch die Kritiker bezweifelten die grundsätzliche Bedeutung von Ehe und Familie nicht, machten aber inhaltliche Bedenken geltend: Sie hielten die Statuierung eines verfassungsrechtlichen Eheschutzes für eine reine Deklaration, unmittelbare Rechtswirkung erblicken sie in einem Eheschutzartikel nicht. Schutzgut des Art. 6 Abs. 1 GG sollte – in Fortführung des Art. 119 Abs. 1 S. 1 WRV – die traditionelle, bürgerliche Ehe als dauerhafte Verbindung zwischen Mann und Frau sein. Ein expliziter Grund für die Aufnahme des Eheschutzes wurde bei den Beratungen des Art. 6 Abs. 1 GG darüber hinaus nicht genannt. Der Wortlaut der Norm wurde mehrmals abgeändert, bevor es zu einer Annahme durch den Hauptausschuss kam. Zuletzt geschah dies durch den Allgemeinen Redaktionsausschuss. Dieser verzichtete auf eine Legaldefinition, ging aber weiterhin von der traditionellen, bürgerlichen Ehe als auf Dauer angelegte Verbindung zwischen Mann und Frau aus. Die Statuierung der Ehe als Grundlage der Familie sowie als „rechtmäßiger" Form des Zusammenlebens entfiel allerdings. Die Bindungswirkung des Art. 6 Abs. 1 GG bestimmt sich nach Art. 1 Abs. 3 GG. Hiernach bindet die Norm alle drei Staatsgewalten als unmittelbar geltendes Recht. Wie auch in der Reichsverfassung kam der Formulierung des „besonderen Schutzes" im Rahmen der Verfassungsgesetzgebung keine eigenständige Bedeutung zu, sondern die Intention der Verfassungsgeber war es, die Grundinhalte von Ehe und Familie vor Abänderung und Aushöhlung durch einfaches Gesetz zu schützen. Hieraus ergab sich – ebenso wie bei Art. 119 Abs. 1 S. 1 WRV – die Deutung des Art. 6 Abs. 1 GG als Institutsgarantie.

3. Insgesamt lässt sich feststellen, dass ein Großteil der Bedeutung des Art. 119 Abs. 1 S. 1 WRV in das Grundgesetz übernommen wurde, der Eheschutz in der Weimarer Reichsverfassung insoweit also als Vorbild für das Grundgesetz diente. Eine vollständige Übertragung der Bedeutung hat allerdings nicht stattgefunden, sodass hinsichtlich bestimmter Inhalte eine Differenzierung erfolgen muss. Sowohl Art. 119 Abs. 1 WRV als auch Art. 6 GG sind konservativen Ursprungs, beide Normen stellen die bürgerliche Ehe als auf Dauer angelegte Beziehung zwischen Mann und Frau unter einen besonderen verfassungsrechtlichen Schutz. Die in Art. 119 Abs. 1 WRV noch kausale Verbindung zwischen Ehe und Familie wurde in Art. 6 Abs. 1 GG jedoch nicht übernommen. Darüber hinaus unterscheiden sich beide Normen durch ihre unterschiedliche Bindungswirkung. Letztendlich lässt sich aus der Entstehungsgeschichte des Art. 6 Abs. 1 GG nicht eindeutig ermitteln, was unter dem „besonderen Schutz" zu verstehen ist, sodass es Aufgabe von Rechtsprechung und Gesetzgebung ist, die Begriffe von Ehe und Familie sowie den diesen Rechtsinstituten verbürgten besonderen Schutz auszugestalten und zu definieren.

4. Aufgrund des unbestimmten Begriffs der „Ehe“ in Art. 6 Abs. 1 des Grundgesetzes ist für einen effektiven Verfassungsschutz zunächst die Klärung des verfassungsrechtlichen Ehebegriffs unentbehrlich. Dieser Ehebegriff ergibt sich weder aus der außerrechtlichen Ordnung noch aus einfachgesetzlichen Normen oder dem Naturrecht. Notwendig ist vielmehr eine selbstständige Begriffsbildung durch das Bundesverfassungsgericht. Dieses versteht unter „Ehe“ im Sinne des Art. 6 Abs. 1 GG die Vereinigung eines Mannes und einer Frau zu einer auf Dauer angelegten Lebensgemeinschaft, begründet auf freiem Entschluss unter Mitwirkung des Staates, in der Mann und Frau in gleichberechtigter Partnerschaft zueinander stehen und über die Ausgestaltung ihres Zusammenlebens frei entscheiden können. Das Gericht geht dabei davon aus, dass der Verfassung das Bild der „verweltlichten“ bürgerlich-rechtlichen Ehe zugrunde liegt und orientiert sich damit an der allgemeinen Begriffsbedeutung zum Zeitpunkt der Verfassungsgebung. Bei der Bestimmung des grundgesetzlichen Ehebegriffs stützt sich das Bundesverfassungsgericht auf die besonderen Wertentscheidungen des Grundgesetzes, aus denen es keine feststehende Definition der Ehe, sondern das Institut der Ehe prägende, wesentliche Strukturprinzipien ableitet. Die Intentionen des Verfassungsgebers bei Erschaffung der Norm, die Bedeutung der Ehe in der außerrechtlichen Lebensordnung sowie der einfachrechtliche Ehebegriff bilden hierbei lediglich Orientierungspunkte. Diese Strukturelemente werden durch die in Art. 6 Abs. 1 GG enthaltene Institutsgarantie gewährleistet und sind der Disposition des einfachen Gesetzgebers entzogen. Darüber hinaus bedarf Art. 6 Abs. 1 GG als normgeprägtes Grundrecht einer Ausgestaltung durch den einfachen Gesetzgeber. Denn das Bundesverfassungsgericht sieht das Institut der Ehe nicht als abstrakt gewährleistet an, sondern nimmt einen Einfluss der herrschenden, in den gesetzlichen Regelungen zum Ausdruck kommenden Anschauungen auf die inhaltliche Ausgestaltung des Instituts an.

5. Begrifflich abzugrenzen ist das durch Art. 6 Abs. 1 geschützte Institut der Ehe zudem von anderen auf Dauer angelegten und mehr oder weniger verbindlich verfassten Lebensgemeinschaften, wie der eingetragenen Lebenspartnerschaft, der nichtehelichen Lebensgemeinschaft und der Familie. Dabei richtet sich die eingetragene Lebenspartnerschaft in Abgrenzung zur Ehe ausschließlich an gleichgeschlechtliche Verbindungen, während der Begriff der nichtehelichen Gemeinschaft bzw. der lebenspartnerschaftsähnlichen Gemeinschaft verschieden- und gleichgeschlechtliche Paare umfasst, deren Partnerschaft zwar auch eine gewisse Verbindlichkeit aufweist, die aber bewusst auf die Eingehung einer Ehe bzw. einer eingetragenen Lebenspartnerschaft verzichten. In Abgrenzung zur Ehe kommt es im Rahmen des verfassungsrechtlichen Familienbegriffs nicht darauf an, ob die Eltern miteinander verheiratet sind oder waren; auch auf ein Verwandtschaftsverhältnis von Eltern und Kindern kommt es nicht an. Unter den Familienbegriff kann insofern auch eine gleichgeschlechtliche Partnerschaft fallen, sofern sie Kinder umfasst.

6. Aus der untypischen und einzigartigen Formulierung des „besonderen Schutzes“ in Art. 6 Abs. 1 GG lässt sich nicht ableiten, was hierunter zu verstehen ist. Das Bundesverfassungsgericht leitet aus der Formulierung des „besonderen Schutzes“ im weiteren Sinne drei verschiedene Grundrechtsdimensionen ab: Hiernach beinhaltet

Art. 6 Abs. 1 GG eine Institutsgarantie, ein Grundrecht und eine verbindliche Wertentscheidung für den gesamten Bereich des Ehe und Familie betreffenden privaten und öffentlichen Rechts dar. Die Institutsgarantie soll einen umfassenden Wandel der durch das Grundgesetz geschützten Ehe verhindern. Hierzu gewährleistet sie zum einen das Institut der Ehe an sich, zum anderen wesentliche Strukturprinzipien, welche das grundgesetzliche Bild der Ehe prägen, sowie den Kern der das Eherecht bildenden Vorschriften. Das in Art. 6 Abs. 1 GG enthaltene schrankenlose Grundrecht schützt als Menschenrecht die spezifische Privatsphäre der Ehe vor schädigenden und störenden Eingriffen des Staates und gewährleistet in diesem Zusammenhang die Eheschließungsfreiheit, die Ehegestaltungsfreiheit sowie die Eheauflösungs- und Wiederverheiratungsfreiheit. Aus der Einordnung des Art. 6 Abs. 1 GG als wertentscheidende Grundsatznorm ergeben sich nach Auslegung des Bundesverfassungsgerichts die den „besonderen Schutz" der Ehe im engeren Sinne prägenden Schutz- und Förderpflichten zugunsten der Ehe. Diese unterteilen sich in eine negative Schutzdimension, welche ein Schädigungs-, Beeinträchtigungs-, und Benachteiligungsverbot enthält sowie eine positive Schutzfunktion, die ein Schutz- und Fördergebot enthält. Verpflichtet zur Gewährleistung des besonderen Schutzes ist die staatliche Gemeinschaft.

7. In der aktuellen Rechtsprechung des Bundesverfassungsgerichts zur Gleichstellung der eingetragenen Lebenspartnerschaft mit der Ehe ist eine Entwicklung des in Art. 6 Abs. 1 GG verbürgten „besonderen Schutzes" zu erkennen. Den Beginn dieser Entwicklung markiert das Lebenspartnerschaftsurteil des Bundesverfassungsgerichts aus dem Jahr 2002. In diesem Urteil geht es um die Verfassungsmäßigkeit des durch das LPartDisBG eingeführten, nahezu ehegleichen Instituts der eingetragenen Lebenspartnerschaft. Kritiker sehen durch die Einführung dieses Instituts den in Art. 6 Abs. 1 GG statuierten besonderen verfassungsrechtlichen Schutz der Ehe als verletzt an. Das Bundesverfassungsgericht hat hingegen entschieden, dass die Einführung der eingetragenen Lebenspartnerschaft mit Art. 6 Abs. 1 GG vereinbar ist. Nach Ansicht des Gerichts verletzt die Einführung der eingetragenen Lebenspartnerschaft weder das Grundrecht noch die Institutsgarantie oder die wertentscheidende Grundsatznorm. Die durch Art. 6 Abs. 1 GG verbürgte Eheschließungsfreiheit wird nach Ansicht des Bundesverfassungsgerichts nicht durch das LPartDisBG verletzt, denn zum einen könne jede ehefähige Person auch nach Einführung der eingetragenen Lebenspartnerschaft eine Ehe eingehen, zum anderen würden verschiedengeschlechtliche Paare auch nicht von der Eheschließung abgehalten. Darüber hinaus werde auch der Zugang zur Ehe durch das LPartDisBG nicht grundrechtswidrig beschränkt. Demgegenüber wird in Teilen der Literatur vertreten, dass ein Eheverbot der bestehenden eingetragenen Lebenspartnerschaft die in Art. 6 Abs. 1 GG enthaltene Eheschließungsfreiheit verletzt. Nach vorliegend vertretener Ansicht wird die Eheschließungsfreiheit durch die Einführung der eingetragenen Lebenspartnerschaft hingegen nicht tangiert, denn niemand wird von der Eingehung einer Ehe abgehalten. Vielmehr gewährleistet das durch den Gesetzgeber mittlerweile in § 1306 BGB eingeführte Eheverbot der bestehenden eingetragenen Lebenspartnerschaft, ebenso wie das in § 1306 BGB geregelte Eheverbot der

bereits bestehenden Ehe, lediglich den Schutz des Wesensmerkmals der personellen Exklusivität. Auch aus dem in der Institutsgarantie enthaltenen Gebot, die Ehe als Lebensform anzubieten und zu schützen, lässt sich nach Ansicht des Gerichts kein Verbot ableiten, gleichgeschlechtlichen Paaren die Anerkennung ihrer Partnerschaft zu versagen, denn die Institutsgarantie sei lediglich auf die Ehe bezogen und richte sich nicht gegen gleichgeschlechtliche Partnerschaften, welche aufgrund der Verschiedengeschlechtlichkeit der Partner keine Ehe im Sinne des Art. 6 Abs. 1 GG eingehen könnten. Auch in der Literatur wird diese einen begrenzten Wirkungsbereich der Institutsgarantie annehmende Ansicht teilweise vertreten, während ein anderer Teil der Literatur ein Unterlaufen der Institutsgarantie durch Schaffung eines nahezu ehegleichen Instituts befürchtet. Demgegenüber hat die Institutsgarantie nach hier vertretener Ansicht den Zweck, die Ehe und ihre wesentlichen Merkmale vor der Ausgestaltungsbefugnis des einfachen Gesetzgebers zu schützen, sodass die Einführung der eingetragenen Lebenspartnerschaft nicht gegen die Institutsgarantie verstößt. Darüber hinaus verstößt die Einführung der eingetragenen Lebenspartnerschaft nach Ansicht des Bundesverfassungsgerichts auch nicht gegen die Eigenschaft des Art. 6 Abs. 1 GG als wertentscheidende Grundsatznorm. Das Gericht stellt in diesem Zusammenhang fest, dass die Einführung der eingetragenen Lebenspartnerschaft weder gegen das in Art. 6 Abs. 1 GG enthaltene Schädigungs-, Beeinträchtigungs- und Benachteiligungsverbot noch gegen das Fördergebot verstößt. Die Norm enthalte zwar eine Privilegierungsbefugnis zugunsten der Ehe, welche den Gesetzgeber dazu berechtige, diese gegenüber anderen Lebensformen zu begünstigen, hieraus ergebe sich im Umkehrschluss aber weder ein Gebot, andere Lebensformen gegenüber der Ehe zu benachteiligen, noch die eingetragene Lebenspartnerschaft in einem Abstand zur Ehe auszugestalten. Das Ausmaß des verfassungsrechtlich gebotenen Schutzes und der Förderung der Ehe werde durch eine rechtliche Anerkennung anderer Lebensformen, die mit der Ehe nicht konkurrieren, nicht verringert. Auch eine über den verfassungsrechtlichen Schutz- und Förderauftrag hinausgehende Bedeutung des „besonderen Schutzes" in dem Sinne, dass die Ehe im Vergleich zu anderen Lebensformen stets mehr geschützt werden muss, ergibt sich für das Bundesverfassungsgericht nicht. Während ein Teil der in der Literatur vertretenen Ansichten ebenso wie das Bundesverfassungsgericht davon ausgeht, dass die Einführung der eingetragenen Lebenspartnerschaft die in Art. 6 Abs. 1 GG enthaltene Wertentscheidung nicht berührt, geht ein anderer Teil der Literatur davon aus, dass die ehegleiche Ausgestaltung der eingetragenen Lebenspartnerschaft gegen ein sich aus Art. 6 Abs. 1 GG ergebendes „Abstandsgebot" verstößt. Demgegenüber ergibt sich nach hier vertretener Auffassung aus Art. 6 Abs. 1 GG kein solches Abstandsgebot gegenüber der eingetragenen Lebenspartnerschaft. Ein solches lässt sich zum einen aus dem verfassungsgeschichtlichen Hintergrund des Art. 6 Abs. 1 GG nicht herleiten. Zum anderen würde durch die Annahme eines in Art. 6 Abs. 1 GG enthaltenen Abstandsgebotes, welches es dem Gesetzgeber verbietet, eine zumindest eheähnliche rechtlich verbindliche Lebensgemeinschaft für gleichgeschlechtliche Paare zu schaffen, die vollständige Verwirklichung der ebenfalls verfassungsrechtlich abgesicherten Rechte gleichgeschlechtlicher Paare verhindert. Schließlich wird nach hier vertretener Ansicht der „besondere Schutz" der Ehe durch die Einführung der eingetragenen Lebenspartnerschaft auch nicht, wie von den Vertretern eines Abstandsgebotes befürchtet, gefährdet, denn der einfachgesetzliche Schutz der eingetragenen Lebenspartnerschaft ist zum einen nicht so weitreichend wie der besondere verfassungsrechtliche Schutz der Ehe, zum anderen wird die exklusive Stellung der Ehe aufgrund der Gleichgeschlechtlichkeit der Lebenspartner auch nicht streitig gemacht. Allerdings wird vorliegend in Übereinstimmung mit dem Bundesverfassungsgericht und Teilen der Literatur und in Anerkennung einer der Institution Ehe durch das Grundgesetz zugewiesenen besonderen Stellung die Ansicht vertreten, dass der in Art. 6 Abs. 1 GG enthaltene Schutz- und Förderauftrag zumindest erfordert, dass der Gesetzgeber dafür Sorge zu tragen hat, dass die Ehe die ihr verfassungsrechtlich zugedachte Funktion erfüllen kann. In diesem Zusammenhang gebietet es der durch Art. 6 Abs. 1 GG gebotene Schutz, einen Funktionsverlust der Ehe zu verhindern, indem diese vor Konkurrenzinstituten, namentlich der verschiedengeschlechtlichen, nichtehelichen Lebensgemeinschaft, geschützt wird.

8. Darüber hinaus setzt sich das Bundesverfassungsgericht in der Lebenspartnerschaftsentscheidung auch mit der Vereinbarkeit der Einführung der eingetragenen Lebenspartnerschaft mit Art. 3 Abs. 3 GG sowie Art. 3 Abs. 1 GG auseinander. Nach Ansicht des Gerichts sind verschiedengeschlechtliche Paare durch die Beschränkung der eingetragenen Lebenspartnerschaft auf gleichgeschlechtliche Paare keiner Diskriminierung gem. Art. 3 Abs. 3 S. 1 GG ausgesetzt, denn das LPartDisBG knüpfe nicht an das Geschlecht einer Person an, sondern es gehe um die „Geschlechtskombination einer Personenverbindung", mit welcher das Gesetz bestimmte Rechte und Pflichten verbinde. Diese Argumentation kritisiert ein Teil der Literatur als wenig überzeugend, weil Voraussetzung für das Eingehen einer eingetragenen Lebenspartnerschaft mit einer bestimmten Person deren Geschlecht sei. Auch nach hier vorliegend vertretener Ansicht liegt eine Anknüpfung an das Geschlecht vor. Im Vergleich beider Geschlechter werden aber weder Frauen noch Männer benachteiligt. Auch die Nichtzulassung verschiedengeschlechtlicher nichtehelicher Lebensgemeinschaften sowie verwandtschaftlicher Einstandsgemeinschaften zur Rechtsform der eingetragenen Lebenspartnerschaft verstößt nach Ansicht des Bundesverfassungsgerichts nicht gegen Art. 3 Abs. 1 GG, da verschiedengeschlechtlichen Gemeinschaften die Ehe offen stünde und eine Ungleichbehandlung von eingetragener Lebenspartnerschaft einerseits und geschwisterlichen oder sonstigen Einstandsgemeinschaften andererseits durch die zwischen diesen Gemeinschaften bestehenden Unterschiede gerechtfertigt sei. Demgegenüber stellt nach einem Teil der Literatur und auch nach hier vertretener Ansicht die Ungleichbehandlung von gleichgeschlechtlichen Partnerschaften und geschwisterlichen und anderen Einstandsgemeinschaften eine gem. Art. 3 Abs. 1 GG relevante Diskriminierung dar, denn zwischen diesen Lebensformen bestehen keine hinreichend gewichtigen Unterschiede und auch darüber hinaus ergeben sich keine Gründe, die eine Ungleichbehandlung rechtfertigen könnten.

9. Sowohl nach Ansicht des Bundesverfassungsgerichts als auch nach vorliegend vertretener Ansicht stellt die Einführung der eingetragenen Lebenspartnerschaft keine Verletzung des besonderen verfassungsrechtlichen Eheschutzes dar. Art. 6 Abs. 1 GG wirkt im Verhältnis zur eingetragenen Lebenspartnerschaft anders als gegenüber verschiedengeschlechtlichen nichtehelichen Lebensgemeinschaften. Grundsätzlich ist es dem Gesetzgeber, so die explizite Aussage des ersten Senats in der Lebenspartnerschaftsentscheidung, ausdrücklich erlaubt, die Ehe in Umsetzung und Ausgestaltung des in Art. 6 Abs. 1 GG enthaltenen Förderauftrags gegenüber anderen Lebensformen zu privilegieren, verpflichtet hierzu ist er aber nicht. Im Verhältnis der Ehe zur eingetragenen Lebenspartnerschaft lehnt das Bundesverfassungsgericht ein sich aus Art. 6 Abs. 1 GG ergebendes Abstandsgebot allerdings zu Recht ab. Darüber hinaus ergibt sich aus Art. 6 Abs. 1 GG zum einen ein Benachteiligungsverbot zugunsten der Ehe, welches eine Schlechterstellung derselben gegenüber anderen Lebensformen verhindert. Zum anderen verpflichtet die Norm den Gesetzgeber, die Funktionen der Ehe zu schützen, was auch beinhaltet, sie vor Konkurrenzinstituten zu schützen. Schließlich stellt das Bundesverfassungsgericht fest, dass keine verfassungsrechtliche Verpflichtung des Gesetzgebers zur Schaffung der eingetragenen Lebenspartnerschaft bestand.

10. Fortgeführt wird die Rechtsprechung des Bundesverfassungsgerichts zur Gleichstellung der eingetragenen Lebenspartnerschaft mit der Ehe ab dem Jahr 2009. Die jüngsten Entscheidungen sind im Kontext der zuvor ergangenen Kammerrechtsprechung des Zweiten Senats des Bundesverfassungsgerichts und der Maruko-Entscheidung des EuGH zu betrachten. In sechs kurz aufeinander folgenden Urteilen erklärt das Bundesverfassungsgericht die Ungleichbehandlung von Ehegatten und eingetragenen Lebenspartnern in verschiedenen Bereichen des einfachen Rechts aufgrund eines Verstoßes gegen Art. 3 Abs. 1 GG für verfassungswidrig. Der Prüfungsablauf ist dabei immer ähnlich. Prüfungsmaßstab ist stets Art. 3 Abs. 1 GG, da es um den Vergleich zweier auf Dauer angelegter, rechtlich verbindlich verfasster Lebensformen geht. Sodann stellt das Gericht fest, dass eine Ungleichbehandlung zwischen Ehe und eingetragener Lebenspartnerschaft vorliegt, denn der Ehe werde eine bestimmte Begünstigung gewährt, welche der eingetragenen Lebenspartnerschaft versagt werde. Die Rechtfertigung der Ungleichbehandlung misst das Bundesverfassungsgericht an einem strengen Rechtfertigungsmaßstab, welcher sich nach dem Gericht daraus ergibt, dass es sich um eine unterschiedliche Behandlung von Personengruppen aufgrund ihrer sexuellen Orientierung handelt. Hierbei stellt das Gericht fest, dass Art. 6 Abs. 1 GG dann nicht als ein die Ungleichbehandlung rechtfertigender Sachgrund herangezogen werden kann, wenn Ehe und eingetragene Lebenspartnerschaft nach dem geregelten Lebenssachverhalt und den mit der Normierung verfolgten Zielen vergleichbar sind. Kritisiert wird diese Rechtsprechung zunächst deshalb, weil die Anknüpfung der Ungleichbehandlung an die sexuelle Orientierung als unzulässig angesehen wird. Dies wird zum einen damit begründet, dass die Ungleichbehandlung von Ehe und eingetragener Lebenspartnerschaft an das Merkmal des Familienstands bzw. des Geschlechts und nicht an das der sexuellen Orientierung anknüpfe. Zum anderen wird die Anknüpfung

der Ungleichbehandlung an das Merkmal der sexuellen Orientierung teilweise mit dem Argument kritisiert, dass hierdurch der Wille des Verfassungsgesetzgebers, das Merkmal der sexuellen Orientierung gerade nicht in den abschließenden Katalog der Differenzierungsmerkmale des Art. 3 Abs. 3 GG aufzunehmen, missachtet werde. Nach hier vertretener Ansicht stellt die Ungleichbehandlung von Ehe und eingetragener Lebenspartnerschaft eine mittelbare Anknüpfung an die sexuelle Orientierung dar, eine Vergleichbarkeit der sexuellen Orientierung mit den in Art. 3 Abs. 3 GG genannten Merkmalen liegt vor. Die verfassungsrichterliche Etablierung der sexuellen Orientierung als sog. „Quasi-Diskriminierungsverbot" begegnet allerdings Bedenken. Demgegenüber entspricht der Schutz vor Ungleichbehandlungen aufgrund der sexuellen Orientierung der Entwicklung auf europarechtlicher Ebene, und der durch die Anknüpfung an die sexuelle Orientierung geltende strenge Rechtfertigungsmaßstab ist nach hier vertretener Ansicht auch sachgemäß und steht in Einklang mit der bisherigen Rechtsprechung des Bundesverfassungsgerichts. Eine Notwendigkeit der Erweiterung des Art. 3 Abs. 3 GG um das Merkmal der sexuellen Identität besteht im Übrigen nicht. Zugleich wird die Gleichstellung von Ehe und Lebenspartnerschaft in der jüngsten Rechtsprechung des Bundesverfassungsgerichts auch als Verstoß gegen Art. 6 Abs. 1 GG kritisiert. Hierbei spielen insbesondere der Vorwurf der Nivellierung des besonderen Eheschutzes sowie die Funktionalisierung desselben durch das Bundesverfassungsgericht eine Rolle. Nach hier vertretener Ansicht ist zunächst festzustellen, dass die jüngste Rechtsprechung des Bundesverfassungsgerichts eine Bestätigung der bereits in der Lebenspartnerschaftsentscheidung begonnenen Rechtsprechungslinie darstellt. Des Weiteren setzt das Gericht die Vorgaben um, welche durch die Maruko-Entscheidung des EuGH für die nationalen Gerichte gemacht wurden. Die Rechtfertigung der verfassungsrechtlichen Privilegierung der Ehe ergibt sich allerdings nicht wie vom Bundesverfassungsgericht vertreten primär aus der Funktion der Ehe als dauerhafte und rechtlich verbindliche Form der Paarbeziehung, sondern auch aus ihrer Funktion als typische und im Vergleich zu weniger verbindlich eingegangenen Partnerschaftsformen, bestgeeignete Grundlage einer Familie. Aufgrund dessen kann der Rechtsprechung des Bundesverfassungsgerichts in Bezug auf die Gleichstellung von eingetragener Lebenspartnerschaft und Ehe nur teilweise gefolgt werden. Zurecht nimmt das Gericht zunächst an, dass sich der Anspruch eingetragener Lebenspartner auf Gleichstellung mit der Ehe an Art. 3 Abs. 1 GG misst. Auch eine Ungleichbehandlung von Ehe und Lebenspartnerschaft ist im konkreten Fall zu bejahen. Art. 6 Abs. 1 GG kann diese Ungleichbehandlung einer anderen, ebenfalls rechtlich verbindlich verfassten Lebensform nach vorliegend vertretener Auffassung in Übereinstimmung mit dem Zweiten Senat des Bundesverfassungsgerichts dann nicht rechtfertigen, wenn diese „nach dem geregelten Lebenssachverhalt und den mit der Normierung verfolgten Zwecken" mit der Ehe vergleichbar ist. Eine Vergleichbarkeit von Ehe und Lebenspartnerschaft kann allerdings entgegen der durch das Bundesverfassungsgericht vertretenen Ansicht im konkreten Fall nur dann vorliegen, wenn es um eine einfachgesetzliche Förderung der Ehe aufgrund ihrer Eigenschaft als rechtlich verbindliche Form einer dauerhaften Paarbeziehung geht.

Eine Vergleichbarkeit kann hingegen dann nicht angenommen werden, wenn es um die Förderung der Ehe aufgrund ihrer Funktion als typische und bestgeeignete Grundlage einer Familie geht, denn diese Funktion kann die eingetragene Lebenspartnerschaft aus biologischen Gründen nicht ausfüllen. Hinsichtlich der geltenden Auslegung des Art. 6 Abs. 1 GG durch das Bundesverfassungsgericht ergibt sich, dass nach richtiger Ansicht des Gerichts Art. 6 Abs. 1 GG in Bezug auf die eingetragene Lebenspartnerschaft nicht lex specialis zu Art. 3 Abs. 1 GG ist, sondern allenfalls als ein die Ungleichbehandlung von Ehe und eingetragener Lebenspartnerschaft rechtfertigender Sachgrund herangezogen werden kann, wenn beide Institute im konkreten Fall nicht vergleichbar sind. Darüber hinaus hat in der aktuellen Rechtsprechung des Gerichts ein Funktionswandel der Ehe und eine Entkopplung derselben von der Familie stattgefunden. Diese Entwicklung liegt zwar innerhalb der Wortlautgrenze, entspricht aber nach hier vertretener Auffassung weder dem historischen Verfassungsgeberwillen noch dem Telos der Norm.

11. Insgesamt hat die vorliegende Untersuchung ergeben, dass der „besondere Schutz" der Ehe gem. Art. 6 Abs. 1 GG durch die jüngste Rechtsprechung des Bundesverfassungsgerichts stark an Kontur gewonnen hat. Das in der Lebenspartnerschaftsentscheidung entwickelte Funktionsverständnis des „besonderen Schutzes" wurde in der dem Urteil folgenden Judikatur bestätigt und weiterentwickelt. Im Ergebnis bleibt festzuhalten, dass die Ehe auch in der jüngsten Rechtsprechung des Bundesverfassungsgerichts zur Gleichstellung der eingetragenen Lebenspartnerschaft mit der Ehe noch unter dem „besonderen Schutz der staatlichen Ordnung" steht. Die durch das Bundesverfassungsgericht über Art. 3 Abs. 1 GG vorgenommene Gleichstellung von Lebenspartnerschaft und Ehe verletzt nicht den in Art. 6 Abs. 1 GG garantierten „besonderen Schutz", sondern stellt eine verfassungskonforme Auslegung beider Normen dar. Hierbei muss allerdings, entgegen der Auslegung des Bundesverfassungsgerichts, berücksichtigt werden, dass sich Ehe und Lebenspartnerschaft durch die Funktion der Ehe, typische und im Vergleich zu weniger verbindlich eingegangenen Formen der Paarbeziehung bestgeeignete Grundlage einer Familie zu sein, voneinander unterscheiden. Aufgrund dessen kann von einer Vergleichbarkeit von Ehe und Familie im Sinne des Art. 3 Abs. 1 GG dann nicht ausgegangen werden, wenn es um eine Förderung der Ehe als typische und bestgeeignete Grundlage der Familie geht.

B. Fazit und Ausblick

Der „besondere Schutz" der staatlichen Ordnung, unter dem die Ehe gem. Art. 6 Abs. 1 GG steht, wurde durch die Rechtsprechung des Bundesverfassungsgerichts maßgeblich geprägt. Da eine genaue dogmatische Einordnung des besonderen Eheschutzes zum Zeitpunkt der Verfassungsgebung noch nicht erfolgt war, legte das Bundesverfassungsgericht 1957 den Grundstein für diese Einordnung und bezeichnete Art. 6 Abs. 1 GG als „klassisches Grundrecht", sowie als „sogenannte Instituts- oder Einrichtungsgarantie" und zugleich als „wertentscheidende Grundsatznorm", also als „verbindliche Wertentscheidung für den gesamten Bereich des

Ehe und Familie betreffenden privaten und öffentlichen Rechts".[1606] Diese Einteilung ist bis heute ständige Rechtsprechung des Gerichts und findet allgemein Zustimmung. Der „besondere Schutz" der Ehe gewinnt im Rahmen der Eigenschaft des Art. 6 Abs. 1 GG als wertentscheidende Grundsatznorm an Bedeutung. Das Gericht leitet hieraus „*positiv* die Aufgabe für den Staat, Ehe und Familie nicht nur vor Beeinträchtigungen durch andere Kräfte zu bewahren, sondern auch durch geeignete Maßnahmen zu fördern, *negativ* das Verbot für den Staat selbst, die Ehe zu schädigen oder sonst zu beeinträchtigen",[1607] ab.

Allerdings hat sich die gesellschaftliche Realität, in der Art. 6 Abs. 1 GG gilt, verändert. Im Jahr 1957 stellte das Bundesverfassungsgericht noch fest, dass die Strafbarkeit der Homosexualität gem. § 175 StGB a.F. weder gegen Art. 2 Abs. 1 GG noch gegen Art. 3 GG verstößt.[1608] Ein solches Urteil wäre in der heutigen Zeit undenkbar, da sich seit dem Zeitpunkt der Verfassungsgebung ein gesellschaftlicher Wandel vollzogen hat. Die sexuelle Orientierung wird als Teil der sexuellen Selbstbestimmung des Menschen im Rahmen der Privatsphäre durch das allgemeine Persönlichkeitsrecht gem. Art. 2 Abs. 1 in Verbindung mit Art. 1 Abs. 1 GG geschützt. Zudem hat sich der Gesetzgeber entschieden, gleichgeschlechtlich orientierten Paaren das Institut der eingetragenen Lebenspartnerschaft zur Verfügung zu stellen, um ihre Beziehung in eine rechtsverbindliche Form zu bringen. Dieser gesellschaftliche Wandel darf aber nicht ungefiltert in Verfassungsinterpretation „übersetzt" werden,[1609] denn ein gesellschaftlicher bzw. sozialer Wandel ist nicht automatisch mit einem Wandel der Verfassung gleichzusetzen.[1610] Vielmehr ist es Aufgabe des Bundesverfassungsgerichts, ihn bei der Verfassungsinterpretation zwar zu berücksichtigen, allerdings ohne dabei den „besonderen Schutz" der Ehe als objektive Wertentscheidung des Verfassungsgebers zugunsten einer bestimmten Lebensform zu verletzen. Hierzu ist es erforderlich, dass durch die Einführung der eingetragenen Lebenspartnerschaft entstandene Spannungsverhältnis zwischen Art. 6 Abs. 1 GG und Art. 3 Abs. 1 GG möglichst grundrechtskonform aufzulösen und so die Einheit der Verfassung zu wahren.

Dies ist dem Bundesverfassungsgericht zum überwiegenden Teil gelungen. Durch die Einführung der eingetragenen Lebenspartnerschaft als nahezu ehegleiches Institut durch den Gesetzgeber und die durch das Bundesverfassungsgericht selbst angeordnete weitergehende einfachgesetzliche Gleichstellung von Ehe und Lebenspartnerschaft wurde teilweise in Frage gestellt, ob die Ehe noch den durch Art. 6 Abs. 1 GG vermittelten besonderen Schutz der staatlichen Ordnung genießt.

1606 BVerfGE 6, 55 (71 f.).

1607 BVerfGE 6, 55 (76).

1608 Vgl. BVerfGE 6, 389 (434).

1609 *Gärditz,* in: Uhle, Zur Disposition gestellt?, S. 85 (129).

1610 Ähnlich auch *Lindenberg/Micker,* DÖV 2003, 707 (713), die sich gegen die Gleichsetzung von tatsächlichen Gegebenheiten mit einem Verfassungswandel aussprechen und zu Recht feststellen, dass gesellschaftliche Gegenentwicklungen nichts an einer bestimmten Verfassungsentscheidung ändern.

Dies hat das Bundesverfassungsgericht mit überzeugenden Argumenten bejaht. Die vorliegende Untersuchung hat ergeben, dass die Ehe nach wie vor als vom Verfassungsgeber präferierte Form der verschiedengeschlechtlichen Paarbeziehung unter dem durch die Verfassung gem. Art. 6 Abs. 1 GG vorgegebenen „besonderen Schutz" steht. In diesem Zusammenhang hat sich gezeigt, dass Art. 6 Abs. 1 GG grundsätzlich für eine Interpretation durch das Bundesverfassungsgericht offen ist.[1611] Durch den unbestimmten Wortlaut der Norm können – innerhalb der durch die Formulierung des „besonderen Schutzes" vorgegebenen Grenzen[1612] – gesellschaftliche Entwicklungen im Rahmen der Grundrechtsinterpretation berücksichtigt werden.[1613] Damit ist Art. 6 Abs. 1 GG zukunftsfähig,[1614] denn ein Auseinandergleiten von Verfassungsnorm und sozialer Wirklichkeit kann verhindert werden. Dies ist wesentlich, denn die Verfassung darf den Bezug zur gesellschaftlichen Entwicklung nicht verlieren, sonst versteinert sie.

Festzuhalten bleibt schließlich, dass die eingetragene Lebenspartnerschaft auch nach aktueller Rechtsprechung des Bundesverfassungsgerichts keine Ehe im Sinne des Art. 6 Abs. 1 GG darstellt, denn ihr fehlt das den verfassungsrechtlichen Ehebegriff bestimmende Merkmal der Verschiedengeschlechtlichkeit der Partner.[1615] Art. 6 Abs. 1 GG schützt aktuell nur die verschiedengeschlechtliche Verbindung.[1616] Allerdings wird nach der jüngsten Rechtsprechung des Bundesverfassungsgerichts

---

1611 Vgl. auch *Böhm,* in: VVDStRL 73 (2014), S. 211 (249), die schlussfolgert, Art. 6 Abs. 1 GG sei offen für die Aufnahme neuer Inhalte, insofern sei die Grundrechtsdogmatik von Ehe und Familie dynamisch.

1612 Vgl. hierzu *Badura,* in: Maunz/Dürig, GG, Bd. II, Art. 6 (Stand: April 2012) Rn. 36, der zu Recht auf die „ordnende und begrenzende Funktion" des Verfassungstextes hinweist, welche „sich gerade gegenüber einer abweichenden Praxis und auch im Wandel der Verhältnisse durchsetzen soll"; ähnlich *Hopfner,* BetrAV 2009 772 (772 f.).

1613 Vgl. hierzu auch BVerfGE 2, 380 (401): Eine Verfassungsbestimmung kann „einen Bedeutungswandel erfahren, wenn in ihrem Bereich neue, nicht vorausgesehene Tatbestände auftauchen oder bekannte Tatbestände durch ihre Einordnung in den Gesamtablauf einer Entwicklung in neuer Beziehung oder Bedeutung erscheinen." Hierbei ist allerdings zu beachten, dass – wie die obige Untersuchung ergeben hat – die Intention des Verfassungsgebers bei Schaffung des Art. 6 Abs. 1 GG auf den besonderen Schutz der Ehe gerichtet war, jegliche andere Lebensformen sollten diesen besonderen Schutz gerade nicht genießen. Insofern kann im Zusammenhang mit der Verrechtlichung der gleichgeschlechtlichen Beziehung nach hier vertretener Ansicht auch nicht von dem Auftauchen eines nicht vorausgesehenen Tatbestandes gesprochen werden.

1614 Zu diesem Ergebnis kommt auch *Böhm,* in: VVDStRL 73 (2014), S. 211 (250).

1615 BVerfGE 105, 313 (342) und jüngst BVerfGE 131, 239 (259).

1616 Vgl. aber *Sacksofsky,* Streit 2011, 32 (38), die vorschlägt, den Schutzzweck des Art. 6 Abs. 1 GG weiter zu verstehen, als „Grundrecht für rechtlich verbindliche, auf Dauer angelegte Partnerschaften". Sie begründet dies damit, dass die grundrechtlich relevante Interessenlage von Ehe und Lebenspartnerschaften identisch

über Art. 3 Abs. 1 GG die eingetragene Lebenspartnerschaft ebenso geschützt wie die Ehe. Aufgrund dessen wird es teilweise für folgerichtig erachtet, die in Art. 6 Abs. 1 GG geschützte Ehe auch für gleichgeschlechtliche Paare zu öffnen.[1617] Das Bundesverfassungsgericht geht zwar zum jetzigen Zeitpunkt noch davon aus, das prägendes Strukturmerkmal der Ehe die Verschiedengeschlechtlichkeit der Partner ist, betont aber die Bedeutung der herrschenden Anschauungen für den verfassungsrechtlichen Ehebegriff[1618] und hält einen gesellschaftlichen Wandel betreffend des Eheverständnisses zumindest für möglich, aber für momentan noch nicht erfolgt.[1619] Dagegen ist nach hier vertretener Auffassung für die bedingungslose Miteinbeziehung der eingetragenen Lebenspartnerschaft in den Schutzbereich

---

sei; ebenso *Sanders,* in: Emmenegger/Wiedmann, Leitlinien der Rechtsprechung des BVerfG, S. 351 (365 f.), die sich für eine Einbeziehung der Lebenspartnerschaft in den verfassungsrechtlichen Ehebegriff ausspricht; vgl. auch *Brosius-Gersdorf,* FamFR 2013, 169, (171 f.), nach der eine Gleichstellung von Ehe und Lebenspartnerschaft keiner Verfassungsänderung bedarf, sondern bereits durch die Aufnahme einer weiten Definition der Ehe in das BGB erreicht werden kann. Dies begründet sie damit, dass die Verschiedengeschlechtlichkeit der Ehegatten nicht Teil der in Art. 6 Abs. 1 GG enthaltenen Institutsgarantie sei; ähnlich *Michael,* NJW 2010, 3537 (3542), nach dem Art. 6 Abs. 1 GG als normgeprägtes Grundrecht für eine Begriffsänderung durch den einfachen Gesetzgeber offen wäre; sowie *Brosius-Gersdorf,* NJW 2015, 3537 (3561), nach der „der verfassungsrechtliche Schutz des Ehegrundrechts einer Erstreckung der Zivilehe auf gleichgeschlechtliche Paare durch den Gesetzgeber nicht entgegensteht".

1617 Für eine Öffnung der Ehe auch für gleichgeschlechtliche Paare *Putzer,* Recht und Politik 2011, 88 (91 f.); *Brosius-Gersdorf,* in: Dreier, GG, 3. Aufl., Bd. I, Art. 6 Rn. 81; *Sanders,* NJW 2013, 2236 (2238 f.); *Classen,* DVBl. 2013, 1086 (1090); *Bömelburg,* NJW 2012, 2753 (2758); *Grünberger,* FPR 2010, 203 (208); *Michael,* NJW 2010, 3537 (3542); *Muscheler,* FPR 2010, 227 (228); *Beck,* FPR 2010, 220 (225 f.); *Hoppe,* DVBl. 2009, 1516 (1519); dagegen *Robbers,* in: v. Mangoldt/Klein/Strack, GG, Bd. 1, Art. 6 Rn. 45; *Badura,* in: Maunz/Dürig, GG, Bd. II, Art. 6 (Stand: Mai 2013) Rn. 32a; *Hofmann,* in: Schmidt-Bleibtreu/Hofmann/Henneke, GG, Art. 6 Rn. 6 ff.; *Coester-Waltjen,* in: von Münch/Kunig, GG, Bd. 1, Art. 6 Rn. 9; *Kloepfer,* in: Merten/Papier, HGR II, § 43 Rn. 68; *Gärditz,* JZ 2011, 930 (934); *Frenz,* NVWZ 2013, 1200 (1201); *Scholz/Uhle,* NJW 2001, 393 (397).

1618 BVerfGE 36, 146 (163); 105, 313 (345).

1619 BVerfG (K), NJW 1993, 3058 (3058); zu Recht krit. bezüglich des Einflusses eines „Wandels der Anschauungen" auf den Ehebegriff *Sanders,* FF 2012, 391 (394). Im Rahmen des Elternrechts i.S.d. Art. 6 Abs. 2 GG hat das BVerfG bereits entschieden, dass der verfassungsrechtliche Begriff der Elternschaft nicht auf verschiedengeschlechtliche Paare beschränkt ist. Zwar habe der historische Gesetzgeber bei der Abfassung von Art. 6 Abs. 2 GG ausschließlich an verschiedengeschlechtliche Paare gedacht, die Grenzen des historischen Begriffsverständnisses seien allerdings „mit der Veränderung der rechtlichen Einordnung der Homosexualität nach und nach entfallen" und „nicht nur das Gesetzesrecht, sondern auch die Einstellung der Gesellschaft zur Gleichgeschlechtlichkeit und der Lebenssituation

des Art. 6 Abs. 1 GG, trotz des grundsätzlich offenen Wortlauts dieser Norm, eine Verfassungsänderung gem. Art. 79 GG erforderlich.[1620] Zum einen ging der historische Verfassungsgeber eindeutig von der Ehe als Verbindung zwischen Mann und Frau aus, sodass eine Einbeziehung gleichgeschlechtlicher Lebensformen gegen diesen expliziten Willen verstoßen würde.[1621] Zum anderen sind Ehe und eingetragene Lebenspartnerschaft nicht funktionsgleich, sodass ein gleichrangiger Schutz dieser beiden Institute innerhalb des Art. 6 Abs. 1 GG nicht gerechtfertigt wäre.[1622] Wie bereits dargelegt, steht die Ehe unter dem besonderen Schutz des Staates, weil sie neben ihrer Eigenschaft als dauerhafte, rechtlich verbindliche Form der Paarbeziehung aufgrund der Verschiedengeschlechtlichkeit der Ehegatten auch die typische und im Vergleich zu rechtlich weniger verbindlichen Lebensformen bestgeeignete Grundlage für Kinder und damit einer Familie darstellt.[1623] Diese Funktionskombination kann die eingetragene Lebenspartnerschaft aus rein biologischen Gründen nicht erfüllen. Aufgrund dessen ist ein Schutz der eingetragenen Lebenspartnerschaft gem. Art. 3 Abs. 1 GG auch nur dann gerechtfertigt, wenn Ehe und eingetragene Lebenspartnerschaft im konkreten Fall eine vergleichbare Funktion erfüllen, es also nicht um eine Förderung der Ehe aufgrund ihrer Eigenschaft als Grundlage der Familie geht. Sollte der Verfassungsgeber entgegen dieser Argumentation der Ansicht sein, dass sich diese Bedeutung bzw. Funktion der Ehe seit der Verfassungsgebung grundlegend geändert hat, so steht es ihm frei, mithilfe der erforderlichen Mehrheit eine Verfassungsänderung herbeizuführen und hierbei die Ehe als dauerhafte, staatlich anerkannte Form einer verschieden- oder gleichgeschlechtlichen Paarbeziehung zu definieren und damit die ursprüngliche Verbindung zwischen Ehe und Familie in Art. 6 Abs. 1 GG vollständig zu entkoppeln. Eine solche grundlegende Veränderung kann aber nicht mehr durch Verfassungsinterpretation oder durch einen ungeschriebenen Verfassungswandel[1624] erfolgen,

---

gleichgeschlechtlicher Paare" habe sich erheblich gewandelt, vgl. BVerfGE 133, 59 (79) sowie die krit. Anmerkung hierzu von *Reimer/Jestaedt,* JZ 2013, 468 (468 ff.).

1620 Ebenso *Gade/Thiele,* DÖV 2013, 142 (151).

1621 Anders *Sanders* FF 2012, 391 (394) mit Verweis auf BVerfGE 1, 299 (312); 59, 128 (153), die sich gegen ein subjektiv-historisches Eheverständnis mit der Argumentation wendet, dass das BVerfG dem historischen Willen des Gesetzgebers auch sonst nur sekundäre Bedeutung beimesse.

1622 So auch *v. Coelln,* in: Sachs, GG, Art. 6 Rn. 6; a.A. *Möller,* DÖV 2005, 64 (64 ff.); *Sanders,* NJW 2013, 2236 (2238 f.).

1623 Ebenso *Robbers,* in: v. Mangoldt/Klein/Starck, GG, Bd. 1, Art. 6 Rn. 17, 46; *Gröschner,* in: Dreier, GG, 2. Aufl., Bd. I, Art. 6 Rn. 50; *Stern,* Staatsrecht IV/1, S. 488 f.; *Krings,* NVwZ 2011, 26 (27).

1624 Zu Begriff und Voraussetzungen eines solchen Verfassungswandels, vgl. *Badura,* in: Maunz/Dürig, GG, Bd. II, Art. 6 (Stand: April 2012) Rn. 36 f. m.w.N. sowie ausführlich *Rijsbergen,* Der besondere Schutz von Ehe und Familie, S. 118 ff.

sondern muss zwingend durch eine Verfassungsänderung umgesetzt werden.[1625] Gesellschaftspolitische Erwägungen, wie etwa, dass die Ehe nicht mehr die Funktion erfüllt, welche ihr vom Verfassungsgeber einst zugedacht war bzw. Ehe und eingetragene Lebenspartnerschaft vollkommen gleichwertig geschützt werden sollten, können nur im Wege der Verfassungsänderung Eingang in den Art. 6 Abs. 1 GG finden.[1626] Wenn der Verfassungsgeber der Ansicht ist, dass die Eigenschaft der Ehe, neben ihrer Form als verbindlicher Paarbeziehung, typische und bestgeeignete Grundlage einer Familie zu sein nicht mehr maßgeblich ist für ihren besonderen Schutz, kann er auch gleichgeschlechtliche Partnerschaften unter verfassungsrechtlichen Schutz stellen. Ansonsten droht die Untergrabung einer verfassungsrechtlichen Wertentscheidung. Gesellschaftlicher Wandel kann nur bis zu einer bestimmten Grenze auch in die Verfassungsinterpretation einfließen. Entspricht die Verfassung nicht mehr der gesellschaftlichen Realität, darf sie nicht entgegen dem ursprünglichen Willen des Verfassungsgebers umgedeutet, sondern muss geändert werden.[1627] Art. 6 Abs. 1 GG ist durch verfassungsänderndes Gesetz abänderbar, sofern die Voraussetzungen des Art. 79 GG eingehalten werden.[1628] Nach der in Art. 79 Abs. 3 GG enthaltenen Ewigkeitsklausel dürfen nicht die in den Art. 1 und 20 GG niedergelegten Grundsätze berührt werden.[1629] Hieraus ergibt sich, dass alle Grundrechte gegen Aufhebung oder substantielle Änderung geschützt sind, welche

---

1625 Ebenso *Benedict*, JZ 2013, 477 (487); Gade/Thiele, DÖV 2013, 142 (151); *Gärditz*, in: Uhle, Zur Disposition gestellt?, S. 85 (112) m.w.N., der zutreffend das Vorliegen eines etwaigen Verfassungswandels als „Kompetenz- (und) nicht Wahrheitsfrage" einstuft, da das Grundgesetz das Verfahren der Verfassungsänderung in Art. 79 GG institutionalisiert habe; ebenso *Badura*, in: Maunz/Dürig, GG, Bd. II, Art. 6 (Stand: April 2012) Rn. 37, der darauf hinweist, dass das „Werkzeug" des Verfassungswandels „kein Weg des Parlaments und des Gerichts zur Umgehung der an strenge Voraussetzungen gebundenen verfassungsändernden Gesetzgebung sein darf."; ebenso *Hopfner*, BetrAV 2009, 772 (773): „Die strengen Regeln der Verfassungsänderung bestehen nicht ohne Grund. Nicht mit jeder gesellschaftlichen Entwicklung soll die Verfassung mitwachsen."

1626 Ebenso *von Coelln*, in: Sachs, GG, Art. 6 Rn. 50; *Coester-Waltjen*, in: v. Münch/Kunig, GG, Bd. 1, Art. 6 Rn. 9; *Robbers*, in: v. Mangoldt/Klein/Starck, GG, Bd. 1, Art. 6 Rn. 47; *Gärditz*, in: Uhle, Zur Disposition gestellt?, S. 85 (104); *Franz/Günther*, JuS 2007, 716 (718).

1627 Zu den Grenzen der verfassungsgerichtlichen Bewertung gesellschaftlichen Wandels vgl. auch das Sondervotum der Verfassungsrichter *Landau* und *Kessal-Wulf* (BVerfGE 133, 377 (426 [437]): „Gesellschaftlichen Wandel aufzunehmen, zu bewerten und gegebenenfalls rechtliche Formen hierfür bereitzustellen, kann nur Sache des Gesetzgebers, nicht aber des Verfassungsgerichts sein.").

1628 *Badura*, in: Maunz/Dürig, GG, Bd. II, Art. 6 (Stand: April 2012) Rn. 35.

1629 Vgl. auch BVerfGE 30, 1 (24 ff.); 84, 90 (121); 94, 49 (102 f.).

die Würde des Menschen konstituieren oder in sonstiger Weise zur Grundlage der menschlichen Gemeinschaft gehören.[1630] Aufgrund dessen wäre eine Abschaffung der Ehe bzw. der rechtlichen Gewährleistung der ehelichen Lebensgemeinschaft unzulässig.[1631] Möglich wäre aber eine Erweiterung des Art. 6 Abs. 1 GG zugunsten gleichgeschlechtlicher Gemeinschaften durch den Verfassungsgesetzgeber.

1630 *Badura,* in: Maunz/Dürig, GG, Bd. II, Art. 6 (Stand: April 2012) Rn. 35.
1631 *Badura,* in: Maunz/Dürig, GG, Bd. II, Art. 6 (Stand: April 2012) Rn. 35.

Literaturverzeichnis

Abel, Gunther, Die Bedeutung der Lehre von den Einrichtungsgarantien für die Auslegung des Bonner Grundgesetzes, Berlin 1964 [zit.: *Abel,* Einrichtungsgarantien].

Anschütz, Gerhard, Die Verfassung des Deutschen Reichs vom 11. August 1919, 14. Aufl., Berlin 1933 [zit.: *Anschütz,* Reichsverfassung].

Apelt, Willibalt, Geschichte der Weimarer Reichsverfassung, 2. Aufl., München und Berlin 1933 [zit.: *Apelt,* Geschichte d. WRV].

Badura, Peter, Arten der Verfassungsrechtssätze, in: Isensee, Josef/Kirchhof, Paul (Hrsg.), Handbuch des Staatsrechts der Bundesrepublik Deutschland, Band VII: Normativität und Schutz der Verfassung – Internationale Beziehungen, Heidelberg 1993, S. 33 ff. [zit.: *Badura,* in: Isensee/P. Kirchhof, HStR VII, § 159].

Badura, Peter, Ehe und Familie stehen unter dem besonderen Schutze der staatlichen Ordnung (Art. 6 Abs. 1 GG), in: Stiftung Gesellschaft für Rechtspolitik, Trier/Institut für Rechtspolitik an der Universität Trier (Hrsg.), Bitburger Gespräche, Jahrbuch 2001, München 2001, S. 87 ff. [zit.: *Badura,* in: Bitburger Gespräche (2001)].

Badura, Peter, Staatsrecht. Systematische Erläuterungen des Grundgesetzes für die Bundesrepublik Deutschland, 6. Aufl., München 2015 [zit.: *Badura,* Staatsrecht].

Beck, Volker, Die verfassungsrechtliche Begründung der eingetragenen Lebenspartnerschaft, NJW 2001, 1894 ff.

Beck, Volker, Gleichstellung durch Öffnung der Ehe, FPR 2010, 220 ff.

Beier, Klaus M./Bosinski, Hartmut A. G./Loewit, Kurt, Sexualmedizin, München 2001 [zit.: *Beier/Bosinski/Loewit,* Sexualmedizin].

Benedict, Jörg, Die Ehe unter dem besonderen Schutz der Verfassung – Ein vorläufiges Fazit, JZ 2013, 477 ff.

Berens, Petra, Der Grundrechtsschutz der Familie unter besonderer Berücksichtigung der kinderreichen Familie, Diss. jur. Köln 2004 [zit.: *Berens,* Grundrechtsschutz der Familie].

Berghahn, Sabine, Ehe und Familie in der Verfassungsdiskussion – vom institutionellen zum sozialen Grundrechtsverständnis?, KJ 26 (1993), 397 ff.

Beyerle, Konrad, Die Verfassung des deutschen Reiches, München 1919 [zit.: *Beyerle,* Reichsverfassung, S.].

Beyerle, Konrad, Zehn Jahre Reichsverfassung, München 1929 [zit.: *Beyerle,* Zehn Jahre Reichsverfassung].

Birk, Dieter/Wernsmann, Rainer, Der Schutz von Ehe und Familie im Einkommensteuerrecht, JZ 2001, 218 ff.

Böckenförde, Ernst-Wolfgang, Die Methoden der Verfassungsinterpretation – Bestandsaufnahme und Kritik, NJW 1976, 2089 ff.

Böckenförde, Ernst-Wolfgang, Grundrechte als Grundsatznormen. Zur gegenwärtigen Lage der Grundrechtsdogmatik, Der Staat, Bd. 29 (1990), 1 ff.

Böhm, Monika, Dynamische Grundrechtsdogmatik von Ehe und Familie, in: Veröffentlichungen der Vereinigung der Deutschen Staatsrechtslehrer (VVDStRL) 73 (2014), S. 211 ff. [zit: *Böhm,* in: VVDStRL 73 (2014)].

Böhm, Monika, Dynamische Grundrechtsdogmatik von Ehe und Familie?, DVBl. 2014, 401 ff.

Bömelburg, Regina, Die eingetragene Lebenspartnerschaft – ein überholtes Rechtsinstitut?, NJW 2012, 2753 ff.

Braun, Johann, Ehe und Familie am Scheideweg. Eine Kritik des sogenannten Lebenspartnerschaftsgesetzes, Regensburg 2002 [zit.: *Braun,* Ehe und Familie am Scheideweg].

Braun, Johann, „Ein neues familienrechtliches Institut". Zum Inkrafttreten des Lebenspartnerschaftsgesetzes, JZ 2002, 23 ff.

Braun, Johann, Das Lebenspartnerschaftsgesetz auf dem Prüfstand – BVerfG, NJW 2002, 2543, Jus 2003, 21 ff.

Britz, Gabriele, Der allgemeine Gleichheitssatz in der Rechtsprechung des BVerfG. Anforderungen an die Rechtfertigung von Ungleichbehandlungen durch Gesetz, NJW 2014, 346 ff.

Brosius-Gersdorf, Frauke, Demografischer Wandel und Familienförderung, Tübingen 2011 [zit.: *Brosius-Gersdorf,* Familienförderung].

Brosius-Gersdorf, Frauke, Gleichstellung von Ehe und Lebenspartnerschaft, FamFR 2013, 169 ff.

Brosius-Gersdorf, Frauke, Die Ehe für alle durch Änderung des BGB. Zur Verfassungsmäßigkeit der Ehe für gleichgeschlechtliche Paare, NJW 2015, 3557 ff.

Bruns, Manfred, Art. 6 I GG und gesetzliche Regelungen für gleichgeschlechtliche Lebensgemeinschaften, ZRP 1996, 6 ff.

Bruns, Manfred, Die Maruko-Entscheidung im Spannungsfeld zwischen europäischer und nationaler Auslegung, NJW 2008, 1929 ff.

Bruns, Manfred, Lebenspartner und die betriebliche Altersversorgung, NZA 2009, 596 ff.

Bruns, Manfred/Beck, Volker, Das Eheverbot der Gleichgeschlechtlichkeit, MDR 1991, 832 ff.

Buba, Hans Peter/Vaskovics, Laszlo A. (Hrsg.), Benachteiligung gleichgeschlechtlich orientierter Personen und Paare. Studie im Auftrag des Bundesministeriums der Justiz, Köln 2001 [zit.: *Buba/Vaskovics,* Benachteiligung gleichgeschlechtlich orientierter Personen und Paare].

Burgi, Martin, Schützt das Grundgesetz die Ehe vor der Konkurrenz anderer Lebensgemeinschaften?, Der Staat, Bd. 39 (2000), 487 ff.

Burhoff, Detlef/Willemsen, Volker, Handbuch der nichtehelichen Lebensgemeinschaft, 3. Aufl., Münster 2009 [zit.: *Burhoff/Willemsen,* Nichteheliche Lebensgemeinschaft].

Burkiczak, Christian, Grundgesetz und Deregulierung des Tarifvertragsrechts, Berlin 2006 [zit.: *Burkiczak,* Grundgesetz und Deregulierung des Tarifvertragsrechts].

Busch, Arno, Zwangsehe und Ehrenmord. Menschenrechtsverletzungen in der Mitte Europas. Brauchen wir einen neuen Strafbestand „Zwangsehe“, § 234b StGB?, NJ 2010, 18 ff.

Calliess, Christian/Ruffert, Matthias (Hrsg.), EUV/AEUV. Das Verfassungsrecht der Europäischen Union mit Europäischer Grundrechtecharta, Kommentar, 4. Aufl., München 2011 [zit.: *Bearbeiter,* in: Calliess/Ruffert, EUV/AEUV].

Campenhausen, Axel Freiherr von, Verfassungsgarantie und sozialer Wandel – Das Beispiel von Ehe und Familie, in: Veröffentlichungen der Vereinigung der Deutschen Staatsrechtslehrer (VVDStRL) 45 (1987), S. 8 ff. [zit: *v. Campenhausen,* in: VVDStRL 45 (1987)].

Classen, Claus Dieter, Erwiderung: Der besondere Schutz der Ehe – aufgehoben durch das BVerfG? Zu Christian Hillgruber, JZ 2010, 41, JZ 2010, 411 f.

Classen, Claus Dieter, Dynamische Grundrechtsdogmatik von Ehe und Familie?, DVBl. 2013, 1086 ff.

Cornils, Matthias, Die Ausgestaltung der Grundrechte. Untersuchungen zur Grundrechtsbindung des Ausgestaltungsgesetzgebers, Tübingen 2005 [zit.: *Cornils,* Ausgestaltung der Grundrechte].

Cornils, Matthias, Sexuelle Selbstbestimmung und ihre Grenzen. Entscheidungsanmerkung zu BVerfG, Beschluss v. 27.05.2008 – 1 BvL 10; BVerfG, Beschluss v. 26.2.2008 – 2 BvR 392/07, ZJS 2009, 85 ff.

Cremer, Wolfram, Freiheitsgrundrechte: Funktionen und Strukturen, Tübingen 2003 [zit. *Cremer,* Freiheitsgrundrechte].

Denninger, Erhard/Hoffmann-Riem, Wolfgang/Schneider, Hans-Peter/Stein, Ekkehart (Hrsg.), Kommentar zum Grundgesetz für die Bundesrepublik Deutschland (AK-GG), Loseblattsammlung, Stand: 3. Aktualisierungslieferung, Neuwied 2002 [zit.: *Bearbeiter,* in: Denninger u.a., AK-GG, Art. 6].

Deutscher Bundestag und Bundesarchiv, Der Parlamentarische Rat 1948–1949, Akten und Protokolle, Band 5/I: Ausschuß für Grundsatzfragen [zit.: Der Parlamentarische Rat, Bd. 5/I].

Deutscher Bundestag und Bundesarchiv, Der Parlamentarische Rat 1948–1949, Akten und Protokolle, Band 5/II: Ausschuß für Grundsatzfragen [zit.: Der Parlamentarische Rat, Bd. 5/II].

Deutscher Bundestag und Bundesarchiv, Der Parlamentarische Rat 1948–1949, Akten und Protokolle, Band 7: Entwürfe zum Grundgesetz [zit.: Der Parlamentarische Rat, Bd. 7].

Deutscher Bundestag und Bundesarchiv, Der Parlamentarische Rat 1948–1949, Akten und Protokolle, Band 14, Teilband 2: Hauptausschuß [zit.: Der Parlamentarische Rat, Bd. 14/II].

Di Fabio, Udo, Der Schutz von Ehe und Familie: Verfassungsentscheidung für die vitale Gesellschaft, NJW 2003, 993 ff.

Diederichsen, Uwe, Homosexuelle – von Gesetzes wegen?, NJW 2000, 1841 ff.

Diederichsen, Uwe, Art. 6 I GG: Der besondere Schutz von Ehe und Familie – eine deutsche Utopie, FPR 2007, 221 ff.

Dreier, Horst, Die Zwischenkriegszeit, in: Merten, Detlef/Papier, Hans-Jürgen (Hrsg.), Handbuch der Grundrechte in Deutschland und Europa, Band I: Entwicklung und Grundlagen, Heidelberg 2004, S. 153 ff. [zit.: *Dreier*, in: Merten/Papier, HGR I, § 4].

Dreier, Horst (Hrsg.), Grundgesetz. Kommentar, Band I, Artikel 1–19, 2. Aufl., Tübingen 2004 [zit.: *Bearbeiter*, in: Dreier, GG, 2. Aufl., Bd. I].

Dreier, Horst (Hrsg.), Grundgesetz. Kommentar, Band I, Artikel 1–19, 3. Aufl., Tübingen 2013 [zit.: *Bearbeiter*, in: Dreier, GG, 3. Aufl., Bd. I].

Epping, Volker, Grundrechte, 6. Aufl., Berlin u.a. 2015 [zit.: *Epping*, Grundrechte, Rn.].

Epping, Volker/Hillgruber, Christian (Hrsg.), Grundgesetz. Beck'scher Online-Kommentar, München, Stand: 01.12.2015 [zit.: *Bearbeiter*, in: Epping/Hillgruber, OK-GG].

Fenske, Hans, Deutsche Verfassungsgeschichte: vom Norddeutschen Bund bis heute, 4. Aufl., Berlin 2006 [zit.: *Fenske*, Verfassungsgeschichte, S.].

Franz, Einiko B./Günther, Thomas, Grundfälle zu Art. 6 GG, JuS 2007, 626 ff.

Franz, Einiko B./Günther, Thomas, Grundfälle zu Art. 6 GG, JuS 2007, 716 ff.

Franzen, Martin, Gleichbehandlung eingetragener Lebenspartner mit Ehepaaren bei der Hinterbliebenenversorgung. Urteil des Europäischen Gerichtshofs vom 01.04.2008 in der Rechtssache Maruko, EuZA 2009, 395 ff.

Frenz, Walter, Eheschutz adé? BVerfG stärkt gleichgeschlechtliche Paare, NVwZ 2013, 1200 ff.

Freytag, Christiane, Lebenspartnerschaftsgesetz, Eheschutz und Differenzierungsgebot. Eine verfassungsrechtliche Untersuchung unter Berücksichtigung der neuesten Entscheidungen des Bundesverfassungsgerichts in dieser Sache, DÖV 2002, 445 ff.

Friauf, Karl Heinrich/Höfling, Wolfram (Hrsg.), Berliner Kommentar zum Grundgesetz, Loseblattsammlung, Band 1: Artikel 1–15, Stand: 48. Ergänzungslieferung, Berlin 2015 [zit.: *Bearbeiter*, in: Friauf/Höfling, GG, Bd. 1].

Frotscher, Werner/Pieroth, Bodo, Verfassungsgeschichte, 14. Aufl., München 2015 [zit.: *Frotscher/Pieroth*, Verfassungsgeschichte].

Gade, Gunther Dietrich, Der rechtliche Umgang mit gleichgeschlechtlichen Lebensgemeinschaften, VR 2002, 397 ff.

Gade, Gunther Dietrich/Thiele, Christoph, Ehe und eingetragene Lebenspartnerschaft: Zwei namensverschiedene Rechtsinstitute gleichen Inhalts? – 10 Jahre Rechtsprechung des Bundesverfassungsgerichts zur eingetragenen Lebenspartnerschaft –, DÖV 2013, 142 ff.

Gärditz, Klaus Ferdinand, Gemeinsames Adoptionsrecht Eingetragener Lebenspartner als Verfassungsgebot?, JZ 2011, 930 ff.

Gärditz, Klaus Ferdinand, Verfassungsgebot Gleichstellung? Ehe und eingetragene Lebenspartnerschaft im Spiegel der Judikatur des Bundesverfassungsgerichts, in: Uhle, Arndt (Hrsg.), Zur Disposition gestellt? Der besondere Schutz von Ehe und Familie zwischen Verfassungsanspruch und Verfassungswirklichkeit, Wissenschaftliche Abhandlungen und Reden zur Philosophie, Politik und Geistesgeschichte, Band 78, Berlin 2014, S. 85 ff. [zit.: *Gärditz*, in: Uhle, Zur Disposition gestellt?].

Geis, Norbert, Verfassungsänderung durch die Hintertür, DRiZ 2012, 303.

Grabenwarter, Christoph, Europäische Menschenrechtskonvention: ein Studienbuch, 4. Aufl., München 2009 [zit.: *Grabenwarter*, Europäische Menschenrechtskonvention].

Grabitz, Eberhard (Begr.)/*Hilf, Meinhard/Nettesheim, Martin* (Hrsg.), Das Recht der Europäischen Union, Band 1: EUV/AEUV, Stand: 57. Ergänzungslieferung, München 2015 [zit.: *Bearbeiter*, in: Grabitz u.a., AEUV].

Gerlach, Irene, Familienpolitik, Wiesbaden 2004 [zit.: *Gerlach*, Familienpolitik].

Germann, Michael, Dynamische Grundrechtsdogmatik von Ehe und Familie?, in: Veröffentlichungen der Vereinigung der Deutschen Staatsrechtslehrer (VVDStRL) 73 (2014), 257 ff. [zit: *Germann*, in: VVDStRL 73 (2014)].

Gernhuber, Joachim/Coester-Waltjen, Dagmar, Familienrecht, 6. Aufl., München 2010 [zit.: *Coester-Waltjen*, in: Gernhuber/Coester-Waltjen, Familienrecht].

Giese, Friedrich, Die Verfassung des deutschen Reiches vom 11. August 1919, 2. Aufl., Berlin 1920 [zit.: *Giese*, Reichsverfassung].

Göbel-Zimmermann, Ralph/Born, Manuela, Zwangsverheiratung – Integratives Gesamtkonzept zum Schutz Betroffener, ZAR 2007, 54 ff.

Göhler-Schlicht, Gabriele, Bundesrat lehnt Scheidung ohne Anwälte ab, FF 2007, 170 f.

Gröpl, Christoph/Windthorst, Kay/von Coelln, Christian, Grundgesetz. Studienkommentar, 2. Aufl., München 2015 [zit.: *Bearbeiter*, in: Gröpl/Windthorst/v. Coelln, GG].

Grünberger, Michael, Anmerkung zu BVerfG, Beschluss v. 06.12.2005 – 1 BvL 3/03, JZ 2010, 516 ff.

Grünberger, Michael, Die Gleichbehandlung von Ehe und Lebenspartnerschaft im Zusammenspiel von Unionsrecht und nationalem Verfassungsrecht. Das Urteil des BVerfG zur VBL-Hinterbliebenenrente, FPR 2010, 203 ff.

Grziwotz, Herbert, Anmerkung zu BVerfG, Beschluss des Ersten Senats v. 07.07.2009 – 1 BvR 1164/07, FamRZ 2009, 1982 f.

Grziwotz, Herbert, Anmerkung zu BVerfG, Beschluss des Ersten Senats v. 21.07.2010 – 1 BvR 611, 2464/07, FamRZ 2010, 1531 ff.

Grziwotz, Herbert, Nichteheliche Lebensgemeinschaft, 5. Aufl., München 2014 [zit.: *Grziwotz*, Nichteheliche Lebensgemeinschaft].

Gusy, Christoph, Das Bundesverfassungsgericht als politischer Faktor, EuGRZ 1982, 93 ff.

Gusy, Christoph, Der Grundrechtsschutz von Ehe und Familie, JA 1986, 183 ff.

Gusy, Christoph, Familiennachzug und Grundgesetz, DÖV 1986, 321 ff.

Gusy, Christoph, Die Weimarer Reichsverfassung, Tübingen 1997 [zit.: *Gusy*, Weimarer Reichsverfassung].

Häberle, Peter (Hrsg.), Entstehungsgeschichte der Artikel des Grundgesetzes, Neuausgabe des Jahrbuch des öffentlichen Rechts der Gegenwart, Band 1, 2. Aufl., Tübingen 2010 [zit.: Häberle, Entstehungsgeschichte des GG].

Hamann, Andreas: Das Grundgesetz für die Bundesrepublik Deutschland vom 23. Mai 1949. Ein Kommentar für Wissenschaft und Praxis, Berlin u.a. 1956 [zit.: *Hamann*, Das Grundgesetz. Ein Kommentar für Wissenschaft und Praxis].

Henkel, Jörg, Fällt nun auch das Fremdkindadoptionsverbot?, NJW 2011, 259 ff.

Henrich, Dieter, Wertentscheidungen im Wertewandel: Betrachtungen zu Art. 6 Abs. 1 GG, in: Badura, Peter/Scholz, Rupert, Wege und Verfahren des Verfassungslebens. Festschrift für Peter Lerche zum 65. Geburtstag, München 1993, S. 239 ff. [zit.: *Henrich*, in: Badura/Scholz, FS für Lerche].

Hense, Thomas, Konrad Beyerle: sein Wirken für Wissenschaft und Politik in Kaiserreich und Weimarer Republik, Frankfurt am Main u.a., 2001 [zit.: *Hense*, Konrad Beyerle].

Herzmann, Karsten, Der Schutz von Ehe und Familie nach Art. 6 I GG, JA 2015, 248 ff.

Herzog, Roman, Europäischer Grundrechtsschutz für Ehe und Familie, in: Stiftung Gesellschaft für Rechtspolitik, Trier/Institut für Rechtspolitik an der Universität Trier (Hrsg.), Bitburger Gespräche, Jahrbuch 2001, München 2001, S. 7 ff. [zit.: *Herzog*, in: Bitburger Gespräche (2001)].

Hesse, Konrad, Grundzüge des Verfassungsrechts der Bundesrepublik Deutschland, 20. Aufl., Heidelberg 1995 [zit.: *Hesse*, Verfassungsrecht].

Hillgruber, Christian, Anmerkung zu BVerfG, Beschluss v. 07.07.2009 – 1 BvR 1164/07, JZ 2010, 41 ff.

Hillgruber, Christian, § 200: Grundrechtlicher Schutzbereich, Grundrechtsausgestaltung und Grundrechtseingriff, in: Isensee, Josef /Kirchhof, Paul (Hrsg.), Handbuch des Staatsrechts der Bundesrepublik Deutschland, Band IX: Allgemeine Grundrechtslehren, 3. Aufl., Heidelberg 2011, S. 981 ff. [zit.: *Hillgruber,* in: Isensee/P. Kirchhof, HStR IX].

Hillgruber, Christian, Ohne rechtes Maß? Eine Kritik der Rechtsprechung des BVerfG nach 60 Jahren, JZ 2011, 861 ff.

Hillgruber, Christian, Anmerkung zu BVerfG, Beschluss v. 07.05.2013 – 2 BvR 909/06, 1981/06, 288/07, JZ 2013, 843 ff.

Hömig, Dieter (Hrsg.), Grundgesetz für die Bundesrepublik Deutschland. Handkommentar, 10. Aufl., Baden-Baden 2013 [zit.: *Bearbeiter,* in: Hömig].

Hohmann-Dennhardt, Christine, Gleichheit nur für Heteros? Keine Diskriminierung wegen der „sexuellen Identität“, in: Kritische Justiz (Hrsg.), Verfassungsrecht und gesellschaftliche Realität. Dokumentation: Kongress „60 Jahre Grundgesetz: Fundamente der Freiheit stärken“ der Bundestagsfraktion Bündnis 90/Die Grünen am 13./14. März 2009 in Berlin, Baden-Baden 2009, S. 125 ff. [zit.: *Hohmann-Dennhardt,* in: Kritische Justiz, Verfassungsrecht und gesellschaftliche Realität].

Hopfner, Sebastian, Anmerkung zu BVerfG, Beschluss vom 07.07.2009 – 1 BvR 1164/07 –, Lebenspartnerschaft ist gleich Ehe – Verfassungsinterpretation oder Verfassungsänderung?, BetrAV 2009, 772 f.

Hoppe, Tilman, Anmerkung zu BVerfG, Beschluss vom 07.07.2009 – 1 BvR 1164/07 – Ungleichbehandlung von Ehe und eingetragener Lebenspartnerschaft im Bereich der betrieblichen Hinterbliebenenversorgung (VBL) verfassungswidrig, DVBl. 2009, 1516 ff.

Horn, Hans-Detlef, Schutz der Privatsphäre, in: Isensee, Josef/Kirchhof, Paul (Hrsg.), Handbuch des Staatsrechts der Bundesrepublik Deutschland, Band VII: Freiheitsrechte, 3. Aufl., Heidelberg 2009, S. 147 ff. [zit.: *Horn,* in: Isensee/P. Kirchhof, HStR VII, § 149].

Huber, Ernst Rudolf, Deutsche Verfassungsgeschichte seit 1789, Band VI: Die Weimarer Reichsverfassung, Stuttgart 1981 [zit.: *Huber,* Verfassungsgeschichte, Bd. VI].

Hubrich, Eduard, Das demokratische Verfassungsrecht des deutschen Reiches, Greifswald 1921 [zit.: *Hubrich,* Verfassungsrecht].

Hucko, Elmar Matthias, Von der Paulskirche zum Museum Koenig. Vier deutsche Verfassungen, Köln 1984 [zit.: *Hucko,* Von der Paulskirche zum Museum Koenig].

Hufen, Friedhelm, Staatsrecht II. Grundrechte, 4. Aufl., München 2014 [zit.: *Hufen,* Grundrechte].

Huster, Stefan: Die ethische Neutralität des Staates. Eine liberale Interpretation der Verfassung, Tübingen 2002 [zit.: *Huster,* Neutralität des Staates].

Huster, Stefan: Die Unterscheidung von politischen Zielen und verfassungsrechtlichen Argumenten. Eine Untersuchung am Beispiel des Ehe- und Familienschutzes im deutschen Verfassungsrecht, in: Hiebaum, Christian/Koller, Peter (Hrsg.), Politische Ziele und juristische Argumentationen, ARSP Beiheft Band 92, Stuttgart 2003, S. 47 ff. [zit. *Huster,* in: ARSP-B, Bd. 92].

Hwang, Shu-Perng, Besonderer Schutz der Ehe im Umbruch? Zugleich Anmerkungen zu den neueren Entscheidungen des Bundesverfassungsgerichts, KritV 97 (2014), 133 ff.

Ipsen, Jörn, Ehe und Familie, in: Isensee, Josef/Kirchhof, Paul (Hrsg.), Handbuch des Staatsrechts der Bundesrepublik Deutschland, Band VII: Freiheitsrechte, 3. Aufl., Heidelberg 2009, S. 431 ff. [zit.: *Ipsen,* in: Isensee/Kirchhof, HStR VII, § 154].

Isensee, Josef, in: ders./Kirchhof, Paul (Hrsg.), Handbuch des Staatsrechts der Bundesrepublik Deutschland, Band V: Allgemeine Grundrechtslehren, 2. Aufl., Heidelberg 2000, S. 143 ff. [zit.: *Isensee,* in: ders./Kirchhof, HStR V, § 111].

Jarass, Hans D., Grundrechte als Wertentscheidungen bzw. objektivrechtliche Prinzipien in der Rechtsprechung des Bundesverfassungsgerichts, AöR 110 (1985), 363 ff.

Jarass, Hans D., EU-Grundrechte: ein Studien- und Handbuch, München 2005 [zit.: *Jarass,* EU-Grundrechte].

Jarass, Hans D./ Pieroth, Bodo, Grundgesetz für die Bundesrepublik Deutschland. Kommentar, 11. Aufl., Münster 2011 [zit.: *Bearbeiter,* in: Jarass/Pieroth, GG, 11. Aufl.].

Jarass, Hans D./Pieroth, Bodo, Grundgesetz für die Bundesrepublik Deutschland. Kommentar, 13. Aufl., Münster 2014 [zit.: *Bearbeiter,* in: Jarass/Pieroth, GG].

Jestaedt, Matthias, Ein Grundrecht auf Kinderbetreuung?, ZfJ 2000, 281 ff.

Kahl, Wolfgang/Waldhoff, Christian/Walter, Christian (Hrsg.), Bonner Kommentar zum Grundgesetz, Loseblattsammlung, Band 1: Einleitung, Art. 1–3, Stand: 169. Ergänzungslieferung, Heidelberg 2014 [zit.: *Bearbeiter,* in: Kahl/Waldhoff/Walter, BK-GG, Bd. 1].

Kahl, Wolfgang/Waldhoff, Christian/Walter, Christian (Hrsg.), Bonner Kommentar zum Grundgesetz, Loseblattsammlung, Band 2: Art. 4–6 I, Stand: 176. Ergänzungslieferung, Heidelberg 2015 [zit.: *Bearbeiter,* in: Kahl/Waldhoff/Walter, BK-GG, Bd. 2].

Kaiser, Dagmar, Das Lebenspartnerschaftsgesetz. Zur Gleichstellung homosexueller Partnerschaften aus familienrechtlicher Sicht, JZ 2001, 617 ff.

Kanther, Wilhelm, Die „neue soziale Familie" oder zur Verfassungswidrigkeit von § 9 LPartG, NJW 2003, 797 f.

Karpen, Ulrich, Grundgesetz, Konsens und Wertewandel, JuS 1987, 593 ff.

Kemper, Rainer, Ehe und Eingetragene Lebenspartnerschaft. Übereinstimmungen, Ähnlichkeiten und Abweichungen in den Regelungen der beiden für dauerhafte Lebensbeziehungen gedachten Rechtsinstitute, FPR 2001, 449 ff.

Kemper, Rainer, Anmerkung zu BVerfG, Urteil vom 17.7.2002 – 1 BvF 1/01, 1BvF 2/01, FPR 2002, 585 f.

Kemper, Rainer, Der zweite Schritt – Die Lebenspartnerschaft auf dem Weg vom eheähnlichen zum ehegleichen Rechtsinstitut, FF 2005, 88 ff.

Kielmansegg, Peter, Graf von, Verfassungsänderung im Wege der Auslegung, Frankfurter Allgemeine Zeitung, Nr. 178 v. 03.08.2002, S. 6 [zit.: *P. Graf v. Kielmansegg,* in: FAZ, Nr. 178 v. 03.08.2002].

Kingreen, Thorsten, Die verfassungsrechtliche Stellung der nichtehelichen Lebensgemeinschaft im Spannungsfeld zwischen Freiheits- und Gleichheitsrechten, Berlin 1995 [zit.: *Kingreen,* Die verfassungsrechtliche Stellung der nichtehelichen Lebensgemeinschaft].

Kingreen, Thorsten, Das Grundrecht von Ehe und Familie (Art. 6 I GG), Jura 1997, 401 ff.

Kingreen, Thorsten, Verfassungsfragen des Ehegatten- und Familiennachzugs im Aufenthaltsrecht, ZAR 2007, 13 ff.

Kirchhof, Gregor, Der besondere Schutz der Familie in Art. 6 Abs. 1 des Grundgesetzes. Abwehrrecht, Einrichtungsgarantie, Benachteiligungsverbot, staatliche Schutz und Förderpflicht, AöR 129 (2004), 542 ff.

Kirchhof, Paul, Lebenspartnerschaftsgesetze und Grundgesetz, FPR 2001, 436 ff.

Kirchhof, Paul, Der Schutz von Ehe und Familie, die Pflege mitmenschlicher Beistandsgemeinschaften und die Gewähr sonstiger Freiheit, in: Bosinski, Hartmut A.G. (Hrsg.), Eingetragene Lebenspartnerschaft. Rechtssicherheit für homosexuelle Paare – Angriff auf Ehe und Familie?, Regensburg 2001, S. 57 ff. [zit. *P. Kirchhof,* in: Bosinski, Eingetragene Lebenspartnerschaft].

Kirchhof, Paul, Maßstäbe für eine familiengerechte Besteuerung, ZRP 2003, 73 ff.

Kleffmann, Gunnar, Ehe und andere Lebensgemeinschaften nach Landes- und Bundesverfassungsrecht, Frankfurt am Main 2000 [zit.: *Kleffmann,* Ehe und andere Lebensgemeinschaften nach Landes- und Bundesverfassungsrecht].

Klein, Anne, Für die Verfassungskonformität des Lebenspartnerschaftsgesetzes, FPR 2001, 434 ff.

Klein, Björn, Das neue Eheverbot der bestehenden Eingetragenen Lebenspartnerschaft gemäß § 1306 BGB am Maßstab des Art. 6 Abs. 1 GG. Unter besonderer Berücksichtigung der Stellung der Ehe und der Eingetragenen Lebenspartnerschaft im Gefüge des Grundgesetzes, Frankfurt am Main 2008 [zit.: *B. Klein,* Das neue Eheverbot der Eingetragenen Lebenspartnerschaft].

Klein, Friedrich, Institutionelle Garantien und Rechtsinstitutsgarantien. Ein Beitrag zum Grundrechtsproblem und zur systematischen, dogmatisch-konstruktiven Erfassung der in der Weimarer Reichsverfassung enthaltenen Gewährleistungen, Breslau 1934 [zit.: *F. Klein,* Institutionelle Garantien und Rechtsinstitutsgarantien].

Kloepfer, Michael, Einrichtungsgarantien, in: Merten, Detlef/Papier, Hans-Jürgen (Hrsg.), Handbuch der Grundrechte in Deutschland und Europa, Band II, Grundrechte in Deutschland: Allgemeine Lehren I, Heidelberg 2006, S. 921 ff. [zit.: *Kloepfer,* in: Merten/Papier, HGR II, § 43].

Kloepfer, Michael, Verfassungsrecht II. Grundrechte, München 2010 [zit.: *Kloepfer,* VerfR II].

Köster, Friedhelm, Entstehungsgeschichte der Grundrechtsbestimmungen des zweiten Hauptteils der Weimarer Reichsverfassung in den Vorarbeiten der Reichsregierung und den Beratungen der Nationalversammlung, Göttingen 2000 [zit.: *Köster,* Entstehungsgeschichte].

Koschmieder, Norman, Aktuelle verfassungsrechtliche Probleme zum Schutz von Ehe und Familie, JA 2014, 566 ff.

Krings, Günter, Die „eingetragene Lebenspartnerschaft" für gleichgeschlechtliche Paare. Der Gesetzgeber zwischen Schutzabstandsgebot und Gleichheitssatz, ZRP 2000, 409 ff.

Krings, Günter, Verfassungsrechtliche Vorgaben für eine rechtliche Ordnung nichtehelicher Lebensgemeinschaften, FPR 2001, 7 ff.

Krings, Günter, Grund und Grenzen grundrechtlicher Schutzansprüche. Die subjektiv-rechtliche Rekonstruktion der grundrechtlichen Schutzpflichten und ihre Auswirkung auf die verfassungsrechtliche Fundierung des Verbrauchervertragsrechts, Berlin 2003 [zit.: *Krings,* Grund und Grenzen grundrechtlicher Schutzansprüche].

Krings, Günter, Der besondere Eheschutz zwischen Verfassung und Verfassungsgericht – Der Wandel in der Auslegung des Art. 6 Abs. 1 GG in der jüngeren Rechtsprechung des BVerfG, in: Höfling, Wolfram (Hrsg.), Kommentierte Verfassungsrechtsdogmatik, Festgabe für Karl Heinrich Friauf, Köln 2011, S. 269 ff. [zit.: *Krings,* in: Höfling, FS für Friauf].

Krings, Günter, Vom Differenzierungsgebot zum Differenzierungsverbot – Hinterbliebenenversorgung eingetragener Lebenspartner, NVwZ 2011, 26 f.

Lamprecht, Rolf, Vom Untertan zum Bürger – Wie das Bonner Grundgesetz an seinem Karlsruher „Über-Ich" gewachsen ist, NJW 2009, 1454 ff.

Larenz, Karl, Methodenlehre der Rechtswissenschaft, 5. Aufl., Berlin u.a. 1983 [zit.: *Larenz,* Methodenlehre].

Lecheler, Helmut, Verfassungsgarantie und sozialer Wandel. Das Beispiel von Ehe und Familie, DVBl. 1986, 905 ff.

Lecheler, Helmut, Schutz von Ehe und Familie, in: Isensee, Josef/Kirchhof, Paul (Hrsg.), Handbuch des Staatsrechts der Bundesrepublik Deutschland, Band VI: Freiheitsrechte, 2. Aufl., Heidelberg 2001, S. 211 ff. [zit.: *Lecheler,* in: Isensee/P. Kirchhof, HStR VI, § 133].

Leibholz, Gerhard/Rinck, Hans-Justus (Begr.), Grundgesetz für die Bundesrepublik Deutschland. Kommentar, Rechtsprechung des Bundesverfassungsgerichts, Loseblattsammlung, Band I: Art. 1–11, Stand: 69. Ergänzungslieferung, Köln 2015 [zit.: Leibholz/Rinck, GG, Bd. I].

Lembke, Mark, Sind an die Ehe anknüpfende Leistungen des Arbeitgebers auch an Lebenspartner zu gewähren?, NJW 2008, 1631 ff.

Lindenberg, Ina Maria/Micker, Lars, Die Vereinbarkeit des Lebenspartnerschaftsgesetzes mit Art. 6 Abs. 1 GG, DÖV 2003, 707 ff.

Louven, Klaus, Eheverbot für gleichgeschlechtliche Paare, ZRP 1993, 12 ff.

Mager, Ute, Einrichtungsgarantien. Entstehung, Wurzeln, Wandlungen und grundgesetzmäßige Neubestimmung einer dogmatischen Figur des Verfassungsrechts, Tübingen 2003 [zit.: *Mager,* Einrichtungsgarantien].

Maierhöfer, Christian: Homosexualität, Ehe und Gleichheit: Ein Missverständnis im Dialog der Gerichte. Die Urteile des BVerfG und des EGMR vom 19. Februar 2013, EuGRZ 2013, 105 ff.

Mangoldt, Hermann von (Begr.)/*Klein, Friedrich* (Hrsg.), Das Bonner Grundgesetz, Band I, 2. Aufl., Berlin u.a. 1966 [zit.: *Klein,* in: v. Mangoldt/Klein, GG, 2. Aufl., Bd. 1].

Mangoldt, Hermann von (Begr.)/*Klein, Friedrich/Starck, Christian* (Hrsg.), Kommentar zum Grundgesetz, Band 1: Präambel, Artikel 1–19, 6. Aufl., München 2010 [zit.: *Bearbeiter,* in: v. Mangoldt/Klein/Starck, GG, Bd. 1].

Maunz, Theodor/Dürig, Günter (Begr.), Grundgesetz Kommentar, Band 1: Texte-Art. 5, Loseblattsammlung, Stand: 75. Ergänzungslieferung, München 2015 [zit.: *Bearbeiter,* in: Maunz/Dürig, GG, Bd. I].

Maunz, Theodor/Dürig, Günter (Begr.), Grundgesetz Kommentar, Band 2: Art. 6–15, Loseblattsammlung, Stand: 75. Ergänzungslieferung, München 2015 [zit.: *Bearbeiter,* in: Maunz/Dürig, GG, Bd. II].

Maunz, Theodor (Begr.), *Schmidt-Bleibtreu, Bruno/Klein, Franz/Bethge, Herbert,* Bundesverfassungsgerichtsgesetz, Loseblattsammlung, Band 2, Stand: 47. Ergänzungslieferung, München 2015 [zit.: *Bearbeiter,* in: Maunz/Schmidt-Bleibtreu/Klein/Bethge, Bd. 2].

Mausbach, Joseph, Kulturfragen in der Deutschen Verfassung. Eine Erklärung wichtiger Verfassungsartikel, Mönchengladbach 1920 [zit.: *Mausbach,* Kulturfragen].

Menzel, Eberhard, Das Ende der institutionellen Garantie, AöR Neue Folge, Band 28 (1937), 32 ff.

Merten, Detlef, Eheliche und nichteheliche Lebensgemeinschaften unter dem Grundgesetz, in: Isensee, Josef/Lecheler, Helmut (Hrsg.), Freiheit und Eigentum. Festschrift für Walter Leisner zum 70. Geburtstag, Berlin 1999, S. 615 ff. [zit.: *Merten,* in: Isensee/Lecheler, FS für Leisner].

Merten, Detlef, Negative Grundrechte, in: ders./Papier, Hans-Jürgen (Hrsg.), Handbuch der Grundrechte, Band II, Grundrechte in Deutschland: Allgemeine Lehren I, Heidelberg 2006, S. 741 ff. [zit.: *Merten,* in: ders./Papier, HGR II, § 42].

Michael, Lothar, Lebenspartnerschaften unter dem besonderen Schutze einer (über-) staatlichen Ordnung. Legitimation und Grenzen eine Grundrechtswandels kraft europäischer Integration, NJW 2010, 3537 ff.

Michael, Lothar/Morlok, Martin, Grundrechte, 2. Aufl., Baden-Baden 2010 [zit.: *Michael/Morlok,* Grundrechte, 2. Aufl.].

Michael, Lothar/Morlok, Martin, Grundrechte, 5. Aufl., Baden-Baden 2016 [zit.: *Michael/Morlok,* Grundrechte].

Mikat, Paul, Ethische Strukturen der Ehe in unserer Zeit. Zur Normierungsfrage im Kontext des abendländischen Eheverständnisses, in: Marré, Heiner/Stüting, Johannes (Hrsg.), Der Schutz von Ehe und Familie. Essener Gespräche zum Thema Staat und Kirche, Band 21, Münster 1986, S. 9 ff. [zit.: *Mikat,* in: Marré/Stüting, Essener Gespräche, Bd. 21 (1986)].

Möller, Kai, Der Ehebegriff des Grundgesetzes und die gleichgeschlechtliche Ehe, DÖV 2005, 64 ff.

Morlok, Martin, Selbstverständnis als Rechtskriterium, Tübingen 1993 [zit.: *Morlok,* Selbstverständnis als Rechtskriterium].

Muckel, Stefan, Ungleichbehandlung von Ehe und eingetragener Lebenspartnerschaft verfassungswidrig, JA 2011, 74 ff.

Muckel, Stefan, Ausschluss eingetragener Lebenspartner vom Ehegattensplitting verfassungswidrig, JA 2013, 714 ff.

Münch, Ursula, Familienpolitik in der Bundesrepublik Deutschland: Maßnahmen, Defizite, Organisation familienpolitischer Staatstätigkeit, Freiburg im Breisgau, 1990 [zit.: *Münch,* Familienpolitik in der Bundesrepublik Deutschland].

Münch, Eva Marie von, Ehe und Familie, in: Benda, Ernst/Maihofer, Werner/Vogel, Hans-Jochen, Handbuch des Verfassungsrechts, 2. Aufl., Berlin, New York 1994, S. 293 ff. [zit.: *E. M. v. Münch,* in: Benda/Maihofer/Vogel, HVerfR, § Rn.].

Münch, Ingo von, Verfassungsrecht und nichteheliche Lebensgemeinschaft, in: Landwehr, Götz (Hrsg.), Die nichteheliche Lebensgemeinschaft, Göttingen 1978, S. 137 ff. [zit.: *I. v. Münch,* in: Landwehr, Nichteheliche Lebensgemeinschaft].

Münch, Ingo von (Begr.), *Kunig, Philip* (Hrsg.), Grundgesetz Kommentar, Band 1: Präambel bis Art. 69, 6. Aufl., München 2012 [zit.: *Bearbeiter,* in: v. Münch/Kunig, GG, Bd. 1].

Muscheler, Karlheinz, Die Reform des Lebenspartnerschaftsrechts, FPR 2010, 227 ff.

Muscheler, Karlheinz, Familienrecht, 3. Aufl., München 2013 [zit.: *Muscheler,* Familienrecht].

Nesselrode, Friederike Gräfin, Das Spannungsverhältnis zwischen Ehe und Familie in Artikel 6 des Grundgesetzes, Berlin 2007 [zit.: *Nesselrode*, Das Spannungsverhältnis zwischen Ehe und Familie].

Nevinny-Stickel, Josef/Hammerstein, Jürgen, Medizinisch-juristische Aspekte der menschlichen Transsexualität, NJW 1967, 663 ff.

Nipperdey, Hans Carl (Hrsg.), Die Grundrechte und Grundpflichten der Reichsverfassung, Kommentar zum zweiten Teil der Reichsverfassung, 1. Band: Allgemeine Bedeutung der Grundrechte und die Artikel 102–117, Berlin 1929 [zit.: *Bearbeiter*, in: Nipperdey, Reichsverfassung, Bd. 1].

Nipperdey, Hans Carl (Hrsg.), Die Grundrechte und Grundpflichten der Reichsverfassung, Kommentar zum zweiten Teil der Reichsverfassung, Zweiter Band: Artikel 118–142, Berlin 1930 [zit.: *Bearbeiter*, in: Nipperdey, Reichsverfassung, Bd. 2].

Nipperdey, Hans Carl (Hrsg.), Die Grundrechte und Grundpflichten der Reichsverfassung, Kommentar zum zweiten Teil der Reichsverfassung, 3. Band: Artikel 143–165 und Zur Ideengeschichte der Grundrechte, Berlin 1930, [zit.: *Bearbeiter*, in: Nipperdey, Reichsverfassung, Bd. 3].

Obermeyer, Sandra, Die Institutsgarantie – Eine „gelungene Kunstschöpfung der Wissenschaft"? – Zum Urteil des Bundesverfassungsgerichts vom 17.07.2002 zu den gesetzlichen Regelungen über Lebenspartnerschaften –, KritV 86 (2003), 142 ff.

Ossenbühl, Fritz, Die Interpretation der Grundrechte in der Rechtsprechung des Bundesverfassungsgerichts, NJW 1976, 2100 ff.

Ott, Sieghart, Die Begriffe „Ehe und Familie" in Art. 6 I GG, NJW 1998, 117 ff.

Papier, Hans-Jürgen, Ehe und Familie in der neueren Rechtsprechung des BVerfG, NJW 2002, 2129 ff.

Pauly, Walter, Sperrwirkungen des verfassungsrechtlichen Ehebegriffs, NJW 1997, 1955 ff.

Pauly, Walter, Grundrechtslaboratorium Weimar. Zur Entstehung des zweiten Hauptteils der Reichsverfassung vom 14. August 1919, Tübingen 2004 [zit.: *Pauly*, Grundrechtslaboratorium Weimar].

Pawlowski, Hans-Martin, Zur Einführung gesetzlicher Regelungen für eingetragene (gleichgeschlechtliche) Lebenspartnerschaften, JZ 2000, 765 f.

Pechstein, Matthias, Familiengerechtigkeit als Gestaltungsgebot für die staatliche Ordnung. Zur Abgrenzung von Eingriff und Leistung bei Maßnahmen des sog. Familienlastenausgleichs, Baden-Baden 1994 [zit.: *Pechstein*, Familiengerechtigkeit als Gestaltungsgebot].

Pieroth, Bodo, Die Grundrechte des Grundgesetzes in der Verfassungstradition, in: Merten, Detlef/Papier, Hans-Jürgen (Hrsg.), Handbuch der Grundrechte in Deutschland und Europa, Band II, Grundrechte in Deutschland: Allgemeine Lehren I, Heidelberg 2006, S. 3 ff. [zit.: *Pieroth*, in: Merten/Papier, HGR II, § 25].

Pieroth, Bodo/Kingreen, Thorsten, Funktionen des Ehegrundrechts am Beispiel des Lebenspartnerschaftsgesetzes, KritV 85 (2002), 219 ff.

Pieroth, Bodo/Schlink, Bernhard, Grundrechte (Staatsrecht II), 30. Aufl., Heidelberg u.a. 2014 [zit.: *Pieroth/Schlink,* Grundrechte].

Putzer, Max, 10 Jahre Lebenspartnerschaften: Auf dem Weg zu einer völligen Gleichstellung verschieden- und gleichgeschlechtlicher Paare – Konsequenzen aus der neuesten Rechtsprechung des BVerfG. Zugleich Anmerkung zu BVerfG, Beschluss. v. 21.07.2010 – 1 BvR 611/07, 1 BvR 2467/07, NJW 2010, 2783 ff., Recht und Politik 2011, 88 ff.

Ramm, Thilo, Die Fortpflanzung ein Freiheitsrecht?, JZ 1989, 861 ff.

Reimer, Philipp/Jestaedt, Matthias, Anmerkung zu BVerfG, Urteil v. 19. Februar 2013 aufgrund der mündlichen Verhandlung vom 18. Dezember 2012 – 1 BvL 1/11, 1 BvR 3247/09, JZ 2013, 468 ff.

Reiß, Stefan, Öffnung der Ehe für Lesben und Schwule?, KJ 27 (1994), 98 ff.

Rieble, Volker, Richterliche Gesetzesbindung und BVerfG, NJW 2011, 819 ff.

Richter, Ludwig, Kirche und Schule in den Beratungen der Weimarer Nationalversammlung, Düsseldorf 1996 [zit.: *Richter,* Kirche und Schule in den Beratungen].

Rijsbergen, Claudia, Der besondere Schutz von Ehe und Familie: Die verfassungsrechtliche Einordnung nichtehelicher Lebensgemeinschaften und Lebenspartnerschaften unter dem Blickwinkel des Verfassungswandels, Diss. jur. Tübingen 2005 [zit.: *Rijsbergen,* Der besondere Schutz von Ehe und Familie].

Risse, Jörg, Der verfassungsrechtliche Schutz der Homosexualität, Baden-Baden 1998 [zit.: *Risse,* Der verfassungsrechtliche Schutz der Homosexualität].

Robbers, Gerhard, Eingetragene Lebenspartnerschaften. Verfassungsrechtliche Überlegungen, JZ 2001, 779 ff.

Robbers, Gerhard, Das Lebenspartnerschaftsgesetz. Intention und Bedeutung, in: Bosinski, Hartmut A. G. (Hrsg.), „Eingetragene Lebenspartnerschaft“: Rechtssicherheit für homosexuelle Paare – Angriff auf Ehe und Familie?, Regensburg 2001, S. 45 ff. [zit.: *Robbers,* in: Bosinski, Eingetragene Lebenspartnerschaft].

Roellecke, Gerd, Kommen Kinder aus der Klinik?, NJW 2002, 2539 f.

Röthel, Anne, Nichteheliche Lebensgemeinschaften – Neue Rechtsfragen und Regelungsaufgaben im In- und Ausland, ZRP 1999, 511 ff.

Roetteken, Torsten von, Verfassungswidrige Ungleichbehandlung von Ehe und eingetragener Lebenspartnerschaft in Hinterbliebenenversorgung durch VBL-Satzung, jurisPR-ArbR 48/2009 Anm. 2.

Rohloff, Winfried, Zusammenwirken von allgemeinem Gleichheitssatz und Freiheitsgewährleistungen, Diss. jur., Augsburg 1992 [zit.: Zusammenwirken von allg. Gleichheitssatz und Freiheitsgewährleistungen].

Sachs, Michael, Rechtsförmliche Lebenspartnerschaften für Menschen gleichen Geschlechts – Verfassungsgebot oder Verfassungsverstoß?, JR 2001, 45 ff.

Sachs, Michael, Verfassungsrecht II: Grundrechte, 2. Auflage, Berlin u.a. 2003 [zit.: *Sachs,* Grundrechte].

Sachs, Michael (Hrsg.), Grundgesetz, Kommentar, 5. Aufl., München 2009 [zit.: *Bearbeiter,* in: Sachs, GG, 5. Aufl.].

Sachs, Michael (Hrsg.), Grundgesetz, Kommentar, 6. Aufl., München 2011 [zit.: *Bearbeiter,* in: Sachs, GG, 6. Aufl.].

Sachs, Michael (Hrsg.), Grundgesetz, Kommentar, 7. Aufl., München 2014 [zit.: *Bearbeiter,* in: Sachs, GG].

Sachs, Michael, Grundrechte: Ungleichbehandlung eingetragener Lebenspartnerschaften, JuS 2013, 758 ff.

Sacksofsky, Ute, Diskriminierungsverbot wegen sexueller Orientierung im Grundgesetz?! Zugleich Besprechung des Beschlusses des BVerfG v. 21.07.2010, 1 BvR 611/07 und 1 BvR 2464/07, Streit 2011, 32 ff.

Säcker, Franz Jürgen/Rixecker, Roland (Hrsg.), Münchener Kommentar zum Bürgerlichen Gesetzbuch, Band 7: Familienrecht I (§§ 1297–1588, Versorgungsausgleichgesetz, Gewaltschutzgesetz, Lebenspartnerschaftsgesetz), 6. Auflage, München 2013 (zit.: *Bearbeiter,* in: MüKo-BGB, Bd. 7).

Sanders, Anne, Das Ehebild des Bundesverfassungsgerichts zwischen Gleichberechtigung, nichtehelicher Lebensgemeinschaft und Lebenspartnerschaft, in: Emmenegger, Sigrid/Wiedmann, Ariane (Hrsg.), Linien der Rechtsprechung des Bundesverfassungsgerichts – erörtert von den wissenschaftlichen Mitarbeitern, Band 2, Berlin 2011, S. 351 ff. [zit.: *Sanders,* in: Emmenegger/Wiedmann, Linien der Rechtsprechung des BVerfG].

Sanders, Anne, Eheschließung Gleichgeschlechtlicher: Noch nicht, aber bald?, StAZ 2011, 175 ff.

Sanders, Anne, Auf dem Weg zur Ehe: Lebenspartnerschaften vor dem BVerfG. Zugleich Anmerkung zu den Beschlüssen des BVerfG v. 19.06.2012 – 2 BvR 1379/09 – und v. 18.07.2012 – 1 BvL 16/11, FF 2012, 391 ff.

Sanders, Anne, Ehegattensplitting für Lebenspartner vor dem BVerfG, NJW 2013, 2236 ff.

Scheffler, Erna, Ehe und Familie, in: Bettermann, August/Nipperdey, Hans-Carl/Scheuner, Ulrich (Hrsg.): Die Grundrechte, 4. Band: Grundrechte und institutionelle Garantien, 1. Halbband, Berlin 1960, S. 245 ff. [zit.: *Scheffler,* in: Bettermann/Nipperdey/Scheuner, Die Grundrechte IV/1, S.].

Scheuner, Ulrich: Die institutionellen Garantien des Grundgesetzes, in: Wandersleb, Hermann (Hrsg.), Recht, Staat, Wirtschaft: Schriftenreihe des Innenministeriums des Landes Nordrhein-Westfalen für staatswissenschaftliche Fortbildung, Band 4, Düsseldorf 1953, S. 88 ff. [zit.: *Scheuner,* in: Wandersleb, Recht, Staat, Wirtschaft, Bd. 4].

Schimmel, Roland, Eheschließungen gleichgeschlechtlicher Paare?, Berlin 1996 [zit.: *Schimmel,* Eheschließungen gleichgeschlechtlicher Paare?].

Schimmel, Roland/Meier, Christian: Gleichgeschlechtliche Ehen schon nach geltendem Recht?, StAZ 1993, S. 210 ff.

Schlink, Bernhard, Die Entthronung der Staatsrechtswissenschaft durch die Verfassungsgerichtsbarkeit, Der Staat, Bd. 28 (1989), 161 ff.

Schlüter, Wilfried, Die nichteheliche Lebensgemeinschaft: Vortrag gehalten vor der Berliner Juristischen Gesellschaft am 5. März 1980 – erweiterte Fassung, Berlin u.a. 1980 [zit.: *Schlüter,* Nichteheliche Lebensgemeinschaft].

Schmid, Viola, Die Familie in Art. 6 des Grundgesetzes, Berlin 1989 [zit.: *Schmid,* Familie in Art. 6 GG].

Schmidt-Bleibtreu, Bruno/Hofmann, Hans/Hopfauf, Axel (Hrsg.), Kommentar zum Grundgesetz, 12. Aufl., Köln 2011 [zit.: *Bearbeiter,* in: Schmidt-Bleibtreu/Hofmann/Hopfauf, GG, 12. Aufl.].

Schmidt-Bleibtreu, Bruno/Hofmann, Hans/Henneke, Hans-Günter (Hrsg.), Kommentar zum Grundgesetz, 13. Aufl., Köln 2014 [zit.: *Bearbeiter,* in: Schmidt-Bleibtreu/Hofmann/Henneke, GG].

Schmidt-Jortzig, Edzard, Die Einrichtungsgarantien der Verfassung, Göttingen 1979 [zit.: *Schmidt-Jortzig,* Einrichtungsgarantien der Verfassung].

Schmitt Glaeser, Walter, Schutz der Privatsphäre, in: Isensee, Josef/Kirchhof, Paul (Hrsg.), Handbuch des Staatsrechts der Bundesrepublik Deutschland, Band VI: Freiheitsrechte, 2. Aufl., Heidelberg 2001, S. 41 ff. [zit.: *Schmitt Glaeser,* in: Isensee/P. Kirchhof, HStR VI, § 129].

Schmitt, Carl, Freiheitsrechte und institutionelle Garantien der Reichsverfassung, in: Rechtswissenschaftliche Beiträge zum 25-jährigen Bestehen der Handels-Hochschule Berlin, 1931, S. 1 ff. [zit.: *Schmitt,* in: FS Handels-Hochschule Berlin].

Schmitt, Carl, Inhalt und Bedeutung des zweiten Hauptteils der Reichsverfassung, in: Anschütz, Gerhard/Thoma, Richard (Hrsg.), Handbuch des deutschen Staatsrechts, Zweiter Band, Tübingen 1932, S. 572 ff. [zit.: *Schmitt,* in: Anschütz/Thoma, HDStR II].

Schmitt, Carl, Verfassungslehre, 5. Aufl., Berlin 1970 [zit.: *Schmitt,* Verfassungslehre, S.].

Schmitt, Carl, Verfassungsrechtliche Aufsätze aus den Jahren 1924–1954: Materialien zu einer Verfassungslehre, 3. Aufl., Berlin 1985 [zit.: *Schmitt,* Verfassungsrechtliche Aufsätze aus den Jahren 1924–54].

Schnitzler, Klaus, „Scheidung light" endgültig ad acta?, in: FF 2007, 307 ff.

Schoch, Friedrich, Der Gleichheitssatz, DVBl. 1988, 863 ff.

Scholz, Rainer, Die nichteheliche Lebensgemeinschaft – ein Problem für den Gesetzgeber?, ZRP 1981, 225 ff.

Scholz, Rupert/Uhle, Arnd, „Eingetragene Lebenspartnerschaft“ und Grundgesetz, NJW 2001, 393 ff.

Schüffner, Marc, Eheschutz und Lebenspartnerschaft. Eine verfassungsrechtliche Untersuchung des Lebenspartnerschaftsrechts im Lichte des Art. 6 GG, Berlin 2007 [zit.: *Schüffner,* Eheschutz und Lebenspartnerschaft].

Schwab, Dieter, Zur Geschichte des verfassungsrechtlichen Schutzes von Ehe und Familie, in: Habscheid, Walther J. (Hrsg.), Festschrift für Wilhelm Bosch zum 65. Geburtstag, Bielefeld 1976, S. 893 ff. [zit.: *Schwab,* in: Habscheid, FS für Bosch].

Schwab, Dieter, Eingetragene Lebenspartnerschaft – Ein Überblick –, FamRZ 2001, 385 ff.

Schwab, Dieter, Familie und Staat, FamRZ 2007, 1 ff.

Schwab, Dieter, Kirchliche Trauung ohne Standesamt. Die stille Beendigung eines historischen Konflikts, FamRZ 2008, 1121 ff.

Seiler, Christian, Ehe und Familie – noch besonders geschützt? Der Auftrag des Art. 6 GG und das einfache Recht, in: Uhle, Arndt (Hrsg.), Zur Disposition gestellt? Der besondere Schutz von Ehe und Familie zwischen Verfassungsanspruch und Verfassungswirklichkeit, Wissenschaftliche Abhandlungen und Reden zur Philosophie, Politik und Geistesgeschichte, Band 78, Berlin 2014, S. 37 ff. [zit.: *Seiler,* in: Uhle, Zur Disposition gestellt?].

Selder, Johannes, Das Bundesverfassungsgericht und die Homo-Ehe im Steuerrecht, DStR 2013, 1064 ff.

Sickert, Ariane, Die lebenspartnerschaftliche Familie, Berlin 2005 [zit.: *Sickert,* Die lebenspartnerschaftliche Familie].

Siebert, Ferdinand, Von Frankfurt nach Bonn. Hundert Jahre deutsche Verfassungen. Einführung, Text, Kommentar, 13. Aufl., Frankfurt am Main 1981 [zit.: *Siebert,* Von Frankfurt nach Bonn].

Siekmann, Helmut/Duttge, Gunnar, Staatsrecht, Grundrechte, 3. Aufl., Thüngersheim 2000 [zit.: *Bearbeiter,* in: Siekmann/Duttge, Grundrechte].

Smend, Rudolf, Festvortrag zur Feier des zehnjährigen Bestehens des Bundesverfassungsgerichts am 26. Januar 1962, in: Häberle, Peter (Hrsg.), Verfassungsgerichtsbarkeit, Darmstadt 1976, S. 329 ff. [*Smend,* in: Häberle, Verfassungsgerichtsbarkeit].

Sodan, Helge, Methoden der Verfassungsinterpretation in der verfassungsgerichtlichen Judikatur, in: Depenheuer, Otto/Ilyas, Dogan/Can, Osman (Hrsg.), Deutsch-Türkisches Forum für Staatsrechtslehre I, Münster 2004, S. 11 ff. [zit.: *Sodan,* in: Depenheuer/Dogan/Can, Forum für Staatsrechtslehre I].

Sodan, Helge, Grundgesetz. Beck'scher Kompakt-Kommentar, 3. Aufl., München 2015 [zit.: *Bearbeiter,* in: Sodan, GG].

Spieker, Manfred, Ehe und Familie als Ressource der Gesellschaft, in: Uhle, Arndt (Hrsg.), Zur Disposition gestellt? Der besondere Schutz von Ehe und Familie zwischen Verfassungsanspruch und Verfassungswirklichkeit, Wissenschaftliche Abhandlungen und Reden zur Philosophie, Politik und Geistesgeschichte, Band 78, Berlin 2014, S. 11 ff. [zit.: *Spieker*, in: Uhle, Zur Disposition gestellt?].

Statistisches Bundesamt, Statistisches Jahrbuch 2015. Deutschland und Internationales, Wiesbaden 2015 [zit. Statistisches Bundesamt, Statistisches Jahrbuch 2015].

Steiger, Heinhard, Verfassungsgarantie und sozialer Wandel – Das Beispiel von Ehe und Familie, in: Veröffentlichungen der Vereinigung der Deutschen Staatsrechtslehrer (VVDStRL) 45 (1987), S. 56 ff. [zit: *Steiger*, in: VVDStRL 45 (1987)].

Steiner, Udo, Zum Ehebild in der jüngeren Rechtsprechung des Bundesverfassungsgerichts, in: Hofer, Sibylle/Klippel, Diethelm/Walter, Ute (Hrsg.), Perspektiven des Familienrechts. Festschrift für Dieter Schwab zum 70. Geburtstag, Bielefeld 2005, S. 433 ff. [zit.: *Steiner*, in: Hofer/Klippel/Walter, FS für Schwab].

Steiner, Udo, Schutz von Ehe und Familie, in: Merten, Detlef/Papier, Hans-Jürgen, Handbuch der Grundrechte in Deutschland und Europa, Band IV, Grundrechte in Deutschland: Einzelgrundrechte I, Heidelberg 2011, S. 1249 ff. [zit.: *Steiner*, in: Merten/Papier, HGR IV, § 108].

Stern, Klaus, Das Staatsrecht der Bundesrepublik Deutschland, Band III: Allgemeine Lehren der Grundrechte, 1. Halbband: Grundlagen und Geschichte, nationaler und internationaler Grundrechtskonstitutionalismus, juristische Bedeutung der Grundrechte, Grundrechtsberechtigte, Grundrechtsverpflichtete, München 1988 [zit.: *Stern*, Staatsrecht, Bd. III/1].

Stern, Klaus, Das Staatsrecht der Bundesrepublik Deutschland, Band V: Die geschichtlichen Grundlagen des Deutschen Staatsrechts. Die Verfassungsentwicklung vom Alten Deutschen Reich zur wiedervereinigten Bundesrepublik Deutschland, München 2000 [zit.: *Stern*, Staatsrecht, Bd. V].

Stern, Klaus, Das Staatsrecht der Bundesrepublik Deutschland, Band IV: Die einzelnen Grundrechte, 1. Halbband: Der Schutz und die freiheitliche Entfaltung des Individuums, München 2006 [zit.: *Stern*, Staatsrecht, Bd. IV/1].

Stern, Klaus/Becker, Florian (Hrsg.), Grundrechte-Kommentar, 2. Aufl., Köln 2016 [zit.: *Bearbeiter*, in: Stern/Becker, Grundrechte, Art. Rn.].

Streinz, Rudolf, Europarecht, 8. Aufl., Heidelberg 2008 [zit.: *Streinz*, EuropaR, 8. Aufl.].

Stüber, Stephan, Gleichstellung homosexueller Lebensgemeinschaften als „Eingetragene Lebenspartnerschaft" mit der Ehe verfassungsgemäß?, KJ 2000, 594 ff.

Stüber, Stephan, Kein Familienzuschlag für Lebenspartner? Besprechung von BVerwG, Urteil v. 26.01.2006 – 2 C 43/04, NJW 2006, 1774 ff.

Stüber, Stephan, Vom Gebot, die Ehe zu fördern, FPR 2006, 117 ff.

Stüber, Stephan, Was folgt aus „Maruko"?, NVwZ 2008, 750 ff.

Tettinger, Peter J., Der grundgesetzlich gewährleistete besondere Schutz von Ehe und Familie, in: Marré, Heiner/Schümmelfeder, Dieter/Kämper, Burkhard (Hrsg.), Ehe und Familie unter veränderten gesellschaftlichen Rahmenbedingungen. Essener

Gespräche zum Thema Staat und Kirche, Band 35, Münster 2001, S. 117 ff. [zit.: *Tettinger,* in: Marré/Schümmelfeder/Kämper, Essener Gespräche, Bd. 35 (2001)].

Tettinger, Peter J., Kein Ruhmesblatt für „Hüter der Verfassung", JZ 2002, 1146 ff.

Tettinger, Peter J./Stern, Klaus (Hrsg.), Kölner Gemeinschaftskommentar zur Europäischen Grundrechte-Charta, München 2006 [zit.: *Bearbeiter,* in: Tettinger/Stern, GrCh].

Thoma, Richard, Grundrechte und Polizeigewalt, in: Triepel, Heinrich (Hrsg.), Verwaltungsrechtliche Abhandlungen. Festgabe zur Feier des fünfzigjährigen Bestehens des Preußischen Oberverwaltungsgerichts, Berlin 1925, S. 183 ff. [zit.: *Thoma,* in: Triepel, Verwaltungsrechtliche Abhandlungen].

Tillmanns, Reiner, Art. 6 I; 3 I, III GG: Verfassungsmäßigkeit des Lebenspartnerschaftsgesetzes, JA 2003, 934 ff.

Tischbirek, Alexander/Wihl, Tim, Verfassungswidrigkeit des „Racial Profiling". Zugleich ein Beitrag zur Systematik des Art. 3 GG, JZ 2013, 219 ff.

Triepel, Heinrich, Quellensammlung zum Deutschen Reichsstaatsrecht, 5. Aufl., Tübingen 1931 [zit.: *Triepel,* Quellensammlung].

Trimbach, Herbert/Webert, Annette, Ist die Homo-Ehe noch verfassungswidrig?, NJ 1998, 63 ff.

Uhle, Arnd, Die „Homosexuellen-Ehe": Diskriminierungsabbau oder Privilegienaufbau? Verfassungsrechtliche und verfassungspolitische Anmerkungen, Die neue Ordnung 2001, 84 ff.

Uhle, Arnd, Abschied vom engen Familienbegriff. Zur Rejustierung des bundesverfassungsgerichtlichen Familienverständnisses, NVwZ 2015, 272 ff.

Ule, Carl Hermann, Die Grundrechte, DV 1949, 333 ff.

Umbach, Dieter/Clemens, Thomas (Hrsg.), Grundgesetz. Mitarbeiterkommentar und Handbuch, Band I: Art. 1–37 GG, Heidelberg 2002 [zit.: *Bearbeiter,* in: Umbach/Clemens, GG, Bd. I].

Vogel, Hans-Jochen, Videant judices! Zur aktuellen Kritik am Bundesverfassungsgericht, DÖV 1986, 665 ff.

Voigt, Alfred, Geschichte der Grundrechte, Stuttgart 1948 [zit.: *Voigt,* Geschichte der Grundrechte].

Völtzer, Friedrich, Der Sozialstaatsgedanke in der Weimarer Reichsverfassung, Frankfurt am Main u.a. 1992 [zit.: *Völtzer,* Der Sozialstaatsgedanke in der Weimarer Reichsverfassung].

Voßkuhle, Andreas, Der Rechtsanwalt und das Bundesverfassungsgericht – Aktuelle Herausforderungen der Verfassungsrechtsprechung, NJW 2013, 1329 ff.

Wasmuth, Johannes, Zur Verfassungsmäßigkeit der eingetragenen Lebenspartnerschaft, Der Staat, Bd. 41 (2002), 47 ff.

Wiemann, Rebekka, Rosige Aussichten für die Gleichstellung gleichgeschlechtlicher Lebenspartner mit Ehegatten?, NJW 2010, 1427 ff.

Wiemann, Rebekka, Die Rechtsprechung des EGMR zur sexuellen Orientierung, EuGRZ 2010, 408 ff.

Wiemann, Rebekka, Sexuelle Orientierung im Völker – und Europarecht: zwischen kulturellem Relativismus und Universalismus, Berlin 2013 [zit.: *Wiemann,* Sexuelle Orientierung im Völker- und Europarecht].

Willoweit, Dietmar, Deutsche Verfassungsgeschichte. Vom Frankenreich bis zur Wiedervereinigung Deutschlands, 7. Aufl., München 2013 [zit.: *Willoweit,* Verfassungsgeschichte].

Willutzki, Siegfried, Die Zulässigkeit der gleichgeschlechtlichen Eheschließung, MDR 1993, 116 ff.

Winkelmeier-Becker, Elisabeth, Splitting für eingetragene Lebenspartner ist folgerichtig, DRiZ 2012, 302.

Winkler, Hans-Joachim, Die Weimarer Demokratie. Eine politische Analyse der Verfassung und der Wirklichkeit, Berlin 1963 [zit.: *Winkler,* Weimarer Demokratie].

Wirth, Christian, Artikel 6 Abs. 1 des Grundgesetzes und die demografische Entwicklung in Deutschland, Frankfurt am Main u.a. 2009 [zit.: *C. Wirth,* Art. 6 Abs. 1 GG und die demografische Entwicklung].

Wirth, Thomas, Der Unterausschuß für die Grundrechte und seine Arbeit in der Weimarer Nationalversammlung, in: Jahrbuch der Hambach-Gesellschaft, Band 2 (1989), S. 129 ff. [zit.: *T. Wirth,* in: Jahrbuch der Hambach Gesellschaft, Bd. 2].

Zeidler, Wolfgang, Ehe und Familie, in: Benda, Ernst/Maihofer, Werner/Vogel, Hans-Jochen, Handbuch des Verfassungsrechts der Bundesrepublik Deutschland, Berlin 1983, S. 555 ff. [zit.: *Zeidler,* in: Benda/Maihofer/Vogel, HVerfR, S.].

Zimmermann, Andreas, Gleichgeschlechtliche Lebenspartnerschaften und das Grundgesetz, in: Cremer, Hans-Joachim/Giegerich, Thomas/Richter, Dagmar/Zimmermann, Andreas (Hrsg.), Tradition und Weltoffenheit des Rechts. Festschrift für Helmut Steinberger, Berlin u.a. 2002, S. 645 ff. [zit.: *Zimmermann,* in: Cremer u.a., FS für Steinberger].

Zippelius, Reinhold, Verfassungsgarantie und sozialer Wandel – Das Beispiel von Ehe und Familie, DÖV 1986, 805 ff.

Zuck, Rüdiger, Tod der Familie?, NJW 2001, 3240 f.

Zuck, Rüdiger, Die verfassungsrechtliche Gewährleistung der Ehe im Wandel des Zeitgeistes, NJW 2009, 1449 ff.

Zuleeg, Manfred, Verfassungsgarantie und sozialer Wandel – das Beispiel von Ehe und Familie, NVwZ 1986, 800 ff.

www.ingramcontent.com/pod-product-compliance
Ingram Content Group UK Ltd.
Pitfield, Milton Keynes, MK11 3LW, UK
UKHW020713041026
15590UKWH00002B/651

9 783631 728192